経営教育事典

日本経営教育学会
25周年記念編纂委員会 編集

学文社

日本経営教育学会
経営教育事典編纂委員
（＊は委員長）

内田　　賢（東京学芸大学）	飯冨　順久（和光大学，会長）
加藤　茂夫（専修大学）	亀川　雅人（立教大学，常任理事）
川端　大二（愛知学泉大学，理事）	厚東　偉介（早稲田大学，常任理事）
佐久間信夫（創価大学，組織委員長）	＊齊藤　毅憲（横浜市立大学，副会長）
佐々木利廣（京都産業大学，理事）	辻村　宏和（中部大学，理事）
中村　久人（東洋大学，常任理事）	根本　　孝（明治大学）
松本　芳男（日本大学，総務委員長）	吉田　優治（千葉商科大学，理事）

経営教育事典

発刊によせて

日本経営教育学会会長
飯冨　順久

　日本経営教育学会創立25周年を記念して学会の成果を広く知らしめるため，ここに『経営教育事典』を発刊する．執筆者・会員各位および発刊に携わった方がたとともにこの喜びを分かちあいたい．本事典は，実践経営学を求める人びとのガイドとなるものと確信している．

　日本経営教育学会は，山城章博士の提唱により1979年6月（明治大学）の創立総会をもって発足した．そして第1回全国研究大会を同年12月11～12日，日本工業倶楽部で開催し，本格的研究活動が開始された．

　この25年間の主な活動を列挙してみると，1990年6月には創立10周年を記念して『経営教育ハンドブック』（同文舘），創立20周年として1999年9月には，『実践経営の課題と経営教育』第1巻，第2巻（学文社）を発行し，節目の年には本学会の研究活動の一端を世に問うてきた．

　さて，本学会は今日まで設立の目的に依拠した研究諸活動を会員のご協力のもとに精力的に進めてきたが，少なくとも以下にあげる3点は他の経営関連学会では例のない活動であり，実践経営学の貴重な源泉になっている．

　その第1は，年2回開催される全国大会ごとに経営の現場を視察するために，全国研究大会において実施してきた企業見学である．また，各大会ごとに記念講演を実施し，わが国を代表する企業の社長および会長の謦咳に，会員各位が親しく接する機会を設けてきた．

　第2は，年2回，産業界と研究者，時には行政の方もまじえた討論の場として「産学交流研究集会（現・シンポジウム）」を実施してきたことである．第1回は2001年11月財団法人企業経営通信学院・お茶の水教室において「実・学一体で『キャリア形成支援―課題と問題を探る』」，第2回は2002年1月キャンパスプラザ京都において「実践的経営教育と企業経営」，第3回は2002年11月財団法人企業経営通信学院・お茶の水教室「世界競争時代の人材開発―経営革新と人事制度の見直し」，第4回は2002年11月愛知県産業貿易館において「激動の時代における経営者の能力とその育成」，第5回は2003年11月東洋大学白山キャンパスにおいて「起業のすすめ『大学との連携と知の還流』」，第6回は2004年3月西日本工業倶楽部において「実・学一体の～町づくりは人づくり～」，第7回は2004年11月，コンファレンススクエア M+ において「『変革・教育・人材』【その1】～プロフェッショナル，源流の探究と人材の教育～」となっている．研究者と実務家が共通テーマで報告・議論する交流シ

ンポは，実学一体の考え方を実践する格好の場として位置づけられよう．

また，早くから他国の国際学会と定期的に交流してきた実績は，本学会の特色の3点目に数えられる．1987年～1991年までは主としてアジア（台北・上海・ソウル），そのほかハワイ，マドリード．1999年の上海では，本学会から70余名が参加し，大盛況のうちに大会が終了した．また，2002年より始められた"The Academy of Management"経営教育部会との交換交流も今年で4回を迎える．さらに，2005年より韓国経営教育学会と学術交流の協定が結ばれ，それぞれの全国研究大会においての報告や論文集への投稿が可能になった．

その他，会員とのコミュニケーションの手段として，会報は年6回（1993年までは12回）発行されている．学会活動の生命線ともいうべき機関誌は，1998年より刊行が始まり，広く社会からの評価に耐えうる形式に改められ，現在に至っている．

今回，創立25周年の記念事業を企画するにあたり，次の2点を重視し検討が加えられた．すなわち一人でも多くの会員が参加できること，本学会の創設目的に合致していることである．その結果，2003年11月の理事会において事典の刊行が決定し，齊藤毅憲副会長を編纂委員長に10名の編纂委員が委嘱され活動が開始された．会長の私，松本芳男総務委員長，佐久間信夫組織委員長は編纂委員会をサポートすることとなった．その際，会員809名（現863名）全員の方に少なくとも1項目は執筆を依頼し，また，本学会の目的である①経営体の諸活動に関する実践的研究，②日本的経営および国際的経営の研究，③経営者・管理者の実践能力を育成するための経営教育の研究を網羅するような構成・内容とすることを確認した．

結果として，執筆項目は1012項目，約420名の方に執筆を頂いた．また，目的に相応した構成については，各部のテーマの主要な論点を編纂委員ならびに関係する先生方が解説している．

本事典の刊行にあたり，執筆者である会員のご理解とご支援に何よりも感謝申し上げたい．また収録語選定ワーキング・グループの先生方には，長期間にわたる奉仕の精神と献身的協力に改めて敬意を表するものである．

最後に，本学会の法人会員とはいえ，本事典の刊行にあたり煩雑な編集作業を進めて頂いた学文社田中千津子社長並びにスタッフの方がたに衷心より感謝申し上げる次第である．

なお，この事典が日本の経営教育に好影響を与え，また広くかつ長く読み継がれることを心より望むものである．

2006年5月吉日

編纂にあたって

経営教育事典編纂委員会委員長
齊藤　毅憲

　学会の 25 周年記念事業として，本事典を公刊することができた．これもひとえに会員の皆様のご協力の成果と考えている．この記念事業が決定してから 2 年半もの作業となったが，この間いくつかの挑戦があったように思われる．事典づくりはきわめて多くのエネルギーと時間を必要とするものであり，まず第 1 の挑戦は事典の体系化構想であった．編集委員にご検討いただき，結論としては学会の会則に示されている 3 つの研究目的に対応して，3 部構成にすることになった．「経営教育」という学会名称から，経営教育のみの事典にすべきという主張も強くあったが，ここは会則に従うことにした．

　第 2 の挑戦は，用語の選定作業であった．それぞれのパートの冒頭にある論説・評論については，編集委員と 2 名の会長経験者にお願いすることにした．用語の選定のほうは編纂委員の支援を受けながら，会員に参加者を募る方式をとって，ワーキング・グループをつくることにした．その結果，石井泰幸（新潟経営大学），加藤巌（和光大学），川口恵一（横浜商科大学，理事），阿部香（元・東京経営短期大学），田中信弘（杏林大学），木村有里（杏林大学），菊地達昭（横浜市立大学），和田俊彦（LEC 大学），鷲沢博（元・産能短期大学）の 9 名がこれに参加している．なお，私の研究室の大学院生田中信裕（リーダー），裴俊淵，阮 育菁，吉成亮，奈良堂史がきわめて地味な作業に協力してくれている．これらの人びとによって用語の選定作業を行うことができた．

　ここまでに 1 年半が経過している．そして最後の挑戦は，できるだけ多くの会員に執筆してもらうことであった．会員の責任を原則に，会員全員にお願いするという第 1 次配分のあと，第 2 次，第 3 次配分などと，作業をつづけてきた．そして，会員の協力を得て，完成にこぎつけることができた．

　日本経営教育学会は，現在の時点での総力を結集して，この事典を完成することができた．そして，これが経営教育や経営に関与する多くの人びとに役立つことを期待している．経営学の実践性を追求する本学会にとって，多くの読者を得て，それぞれの人びとの経営実践の改善と発展に貢献できることを心から願っている．

2006 年 5 月

凡例

特長
掲載総項目数　1012
第1部　経営学の基礎，第2部　日本的経営と国際経営，第3部　経営教育と人的資源に分類．
それぞれの冒頭に論説・評論を加え，部ごとに50音順の項目掲載とした．

見出し
1) 現代かなづかいにより，50音順に配列した．
2) 人名項目（　）内は，欧文名を示した．
3) 欧文表記については，慣用的な読みに従い，それ以外はカタカナ表記とし，50音順にした．
4) 類似項目もしくは参照項目については，→で示した．

本文
1) 論説・評論については4,000字程度とした．
2) 項目については300字程度を基準とし，最大でも400字とした．
3) 文中の著作名のあとの（　）内の数字は，発行年を示す．
4) 文末の矢印は，関連項目および参照項目を示し，50音順に列記した．
5) 論説・評論や項目の末尾の〔　〕内の姓名は，執筆担当者である．

索引
1) 巻末に和文索引，欧文索引を付した．
2) 見出し項目として掲げられている用語は，項目名，掲載ページを太字として，文中に用いられている用語と区別した．

第 1 部
経営学の基礎

1. 実践経営学の創造

(1) 実践経営学の課題

　実践経営学は、アメリカ経営学が生成・発展する過程のなかで、生成・発展してきたといってよい。実践経営学を考える場合、この学問がたえず実践的であり、実・学一体の学問としてとらえることが必要なのである。経営学が実践的であるということは、経営学で提起した経営原理が経営社会にもおおきな影響を与えているということである。経営原理のなかでもっとも中心的な経営原理は、マネジメント (management) であり、このマネジメントの経営実践が経営の基本となる。

　現代におけるマネジメント研究においては、経営のグローバル化により、地球規模にわたった経営実践原理が求められているといえる。地球規模にわたって行われる経営実践が、新しい経営実践原理を創り出しており、現代経営学の展開となっている。このような経営実践の積み上げがマネジメントの経営原理の精緻化につながっているといえる。

　今日の実践経営学の課題を取り上げる場合、われわれは2つの課題に取り組むことが必要である。ひとつは企業体制論・経営体制論から提起される企業論・経営体論であり、もうひとつは、経営者論・管理者論である。

　これらの経営課題は、実践経営学の具体的経営原理において明らかにされる。前者の経営体論には、企業論の展開として検討する経営の性格論と経営体そのものの社会的存在としての経営論を明らかにする必要がある。後者の経営者論には、経営者・管理者のプロフェッショナルとしての中身の研究と経営者・管理者の育成の問題が含まれる。以上の2つの研究は、すべて実践経営学の方法のなかでとりあげることが重要である。

(2) 経営学の方法

　実践経営学が経営学の方法としてとりあげられるようになった点はアメリカ経営学の影響によるところが大であるが、今日における実践経営学の体系は、アメリカ自体の経営学のみではなく世界中に広まった各国における経営実践原理理論を含めた経営学を考慮する必要がある。実践経営学の方法は、アメリカ経営学の伝統学派であるプロセス・スクール (経営管理過程学派) の方法論から理解することができる。

　プロセス・スクールの代表的学者の一人は、クーンツ (H. Koontz) である。クーンツによるマネジメントの定義は次のようになる。すなわち、マネジメントとは、集団のなかで協働する個々人が設定した目標を効率的に達成する場合に、その環境を設計し、維持するプロセスである。これらの基本的定義は次に示す5点で説明される。第1に、管理者は計画化 (planning)、組織化 (organizing)、スタッフ化 (staffing)、統率化 (leading) および統制化 (controlling) を実施すること。第2に、マネジメントはあらゆる種類の組織に適用できる。第3に、マネジメントはすべての組織レベルにおいて管理者に適用できる。第4にすべての管理者の目的は同じであり、剰余分の価値を創造することである。第5に管理することは、生産性 (productivity) と関係しており、それは、有効性 (effectiveness) と能率 (efficiency) を意味している。

　実践経営学の方法は、日本経営教育学会創設者である山城章による KAE の原理 (山城章『経営学 (増補版)』白桃書房、1982年) を参考にすることができる。ここでの K は knowledge、知識であり、A は ability、能力であり、E は experience、経験であり、三者の統一された研究方法が実践経営学を意味している。このようにして、KAE とは K と E を基盤とし、さらに A を啓発するという研究を含むのである。つまり、KAE の A という実践能力を主軸とした研究を狙うところから実践経営学と呼ばれるのである。

　山城章の経営学では、究極的には、実践経営学から経営実践学の方法を採用する (山城章編『経営教育ハンドブック』同文舘、1990年)。経営実践学の方法では、「経営道」としての経営

学を考え，経営者・管理者をプロフェッショナルとして養成する方法を考える．経営実践学においては，経営の行為主体およびその行為主体の行為的実践が研究課題となるのである．このようにして，経営実践学の方法では，経営実践の主体者である経営者・管理者の能力開発が重要課題となり，経営教育が実践される．

(3) 経営者教育および管理者教育

経営者教育と管理者教育は，実践経営学の中心的課題であり，マネジメントの修得という点で実践経営学の中身を表している（小椋康宏編『経営教育論』学文社，2000年）．

経営者教育の基本は，企業家精神の修得である．企業家精神の修得は，企業を起こすこと，すなわち「起業」への意思決定力を創成させることである．具体的には，新事業を起こすこと，事業化，企業化へのたゆまない継続的経営行動の修得が経営者教育に求められる．

ドーリンガーによる企業家精神の定義に示す①創造力とイノベーション，②資源の収集と経済的組織の建設，および③リスクと不確実性に対応する意思決定力を修得する経営教育が必要なのである（M. J. Dollinger, *Entrepreneurship-Strategies and Resources*, 5th ed., Prentice-Hall, 1999）．企業家精神を経営者教育のなかで重視することによって，経営者が新事業を創造し，発展・展開させる経営能力を身につけることにつながる．

企業家精神はベンチャーの創造にとって必要欠くべからざるものであり，経営者はこの企業家精神を経営の能力開発の基礎においている．プロフェッショナルとしての経営者は，自己啓発によって企業家精神の能力開発を行う．

経営者教育のもうひとつの経営実践は，経営者によって積み上げられた経営実践の情報公開である．経営実践でうまくいった経営をその事業内容を含めて情報公開することは将来経営者を目指すものにとって，きわめて刺激的なものとなろう．優れた経営者のケースを経営実践の教材として使うことについては，経営後継者育成という経営者教育の自己啓発の教材として有効なものとなろう．

管理者教育の基本原理は，管理機能の仕事を身につけることである．管理の機能は，計画化，組織化，スタッフ化，統率化および統制化のプロセスの仕事を含み，かつその管理機能の基礎にあるリーダーシップの能力開発が管理者教育にとって最も重要である．管理者教育は，管理技法を身につけると同時に，管理機能の基礎にあるリーダーシップを通じて管理者の経営実践能力を高めることである．

管理者教育の基本は，管理原則の修得から管理原則を使った自己啓発を中心とした経営実践教育である．管理の技法は，企業の組織体にとどまらずあらゆる組織体に適用できるものである．したがって，管理者教育はすべての組織体にとっても必要かつ責任をもった経営実践教育であるということができる．

管理者教育の原理は，管理者がマネジメント・スキル（management skill）を修得することである．このマネジメント・スキルは，カッツ（R. M. Katz）によれば，技術的スキル，人的スキルおよび概念的スキルが重要であるという．この3つのスキルは，ロワー層，ミドル層，トップ層すべての階層の管理者に必要とされるが，このうち人的スキルが3つの階層で重要なものとして残る．この人的スキルは，日本型管理者育成の原点として開発・養成することが求められる．

経営者教育および管理者教育は自己啓発（セルフ・デベロップメント，self development）の方法によって開発される．実践経営学の真髄が，この方法によって経営実践されるのである．

(4) 実践経営学の創造

実践経営学の創造には，なにが求められるか．これに対する解として最も大事な点には，まず経営者の優れた経営実践の積み上げが必要である．経営者による経営実践の積み上げは，経営という機能を精緻化すると同時に，経営体の社会的存在としての地位を押し上げるといって

よい．企業家精神は，新しい事業に向かって企業行動する精神であり，この企業家精神を経営実践に適用するのである．

実践経営学では，経営学の第一義的課題である経営効率の問題を問わなければならない．経営効率は，有効性とも関係しており，経営の生産性を考えることである．経営体は仕事をする組織体であり，社会的存在としての位置づけを明確にしておくことである．実践経営学におけるもうひとつの問題は，人の問題である．経営体は人の集団であり，プロフェッショナルな集団である．この人の集団は日本型経営の本質にもつながり，この問題を含めた経営原理が実践経営学の中身を表すことになる．

実践経営学の創造は，経営実践の問題としては，21世紀の日本型経営の創造でもある．山城章が提唱したKAEの原理による日本型経営の創造は，その前提としてプロフェッショナルとしての日本型経営者の養成でもある．日本型経営者の養成および日本型経営の創造により，われわれは，経営実践から生み出された経営原理を日本はもとより世界の経営システムに対し情報発信するのである．この点が現代の実践経営学の行動指針として求められているといってよい．

このようにして実践経営学の創造は，世界経営社会において培われる．実践経営学の方法によって提起された経営原理は経営者の経営実践としての拠り所となる．実践経営学の創造の主体者である経営者はプロフェッショナルとして社会貢献しているのである．実践経営学の創造のためには，実・学一体の実践経営学方法論を基盤に経営実践することが必要である．そのためには，研究者・実務家一体となった研究活動が求められる．加えて，実践経営学の創造には，日本経営教育学会の責務は大きいといわなければならない．

〔小椋康宏〕

2．経営学の理論，実践，教育

理論（theory）と実践（practice）という概念は，それぞれアリストテレスのtheōriaとprâxisに由来しているが，一般的には，理論とは「経験的対象の世界を統一的に説明する知識の体系」であるのに対し，実践とは「自然的環境と社会的環境に働きかけて，この環境を変革，再構成していく目的意識的な行為」を意味している（森岡清美他編『新社会学辞典』有斐閣，1993, pp.1483-1484）．社会科学において，理論と実践は相互促進的な関係として理解されてきており，理論は実践の指針・手引きとなる一方，実践を通じて理論の妥当性が検証されたり，理論的認識が深められるという側面もある．

理論が果たす機能として，まず現象の説明と予見がある．科学的な説明を行うためには，ある現象・事物を指示する概念を定義し，その概念を用いて現象の中にみられる普遍的関係を定式化した命題を構成する必要がある．命題の定式化は，仮説・演繹による方法と観察・帰納による方法によって行われる．

図表1-1　科学的説明の図式

$$
\begin{array}{l}
\left.\begin{array}{llll} C_1 & C_2 & \cdots & C_k \end{array}\right\} \text{初期条件の記述} \\
\left.\begin{array}{llll} L_1 & L_2 & \cdots & L_k \end{array}\right\} \text{一般法則}
\end{array} \Bigg\} \text{理論を構成する諸仮説}
$$

論理的演繹

$$\rightarrow E \quad \text{説明されるべき経験的現象の記述} \Big\} \text{説明対象}$$

出所）K. J. Cohen and R. M. Cyert, *Theory of the Firm*, Prentice-Hall, 1965, p.24.

2. 経営学の理論，実践，教育

科学的な説明と予見は図表1-1のような関係で示される。ある現象(E)が観察され，その後に初期条件(C)と一般法則(L)が明らかにされた場合，その現象が「説明」されたことになる。一方，ある現象(E)が観察される以前に，初期条件と一般法則から，その現象(E)が推論された場合，その現象について「予見」を得たことになる。

経営現象の中にみられる法則性を明らかにすることを目的とするのが「理論科学としての経営学」の立場である。これに対して，ある目的を実現するために有効な手段・方策を明らかにすることを目的とするのが「応用科学としての経営学」の立場である。「応用」という名称が示唆するように，目的実現に効果的な諸方策を明らかにするために，理論的知識を応用することが前提とされている。このように理論は現象を説明したり予見するだけでなく，現実を望ましい方向に変革する実践活動の指針としても用いられる。

ある目的を実現するために有効な手段を選択するというのは純粋に事実的判断であるが，どのような目的や価値が望ましいかという問題は，価値判断を含む。たとえば「企業は誰のものであるべきか」「企業経営の目的はなんであるべきか」「企業は社会貢献活動を行うべきか」など「企業経営のあるべき姿」を問題とする場合，必然的に価値判断を含むことになる。これは「規範科学としての経営学」の立場である。

経営学を研究する場合，理論科学，応用科学，規範科学のいずれの立場を選択するかは，結局，研究者自身の価値判断による。経営に関する研究は，もともと，現実の経営問題に対処するという実践的要請の中から芽生えてきた。しかし，経営学が学問として体系化されていく過程で，学問としての独立性や科学性を追求していくことは，当然のことである。いずれの国においても上記3つの立場は存在しているが，いずれの立場が主流となるかは国や時代によっても異なる。

たとえばドイツにおいては，国民経済学に対する後発学問として出発した経営経済学は，つねに，国民経済学から独立した学問であることを基礎付けるために多大な努力が投入されたことは，数次にわたる方法論争が如実に物語っている。第二次世界大戦後は，グーテンベルク(E. Gutenberg)の登場により，学界の流れは大きく理論科学志向に傾いた。機械技師テイラー(F. W. Taylor)の科学的管理法をルーツにもちプラグマティズムの伝統をもつアメリカの経営学においても，論理実証主義を標榜したサイモン(H. A. Simon)や，多変量解析を駆使して組織理論の精緻化を追求したコンティンジェンシー理論の登場により，理論科学志向が前面に出てきた。日本における経営学研究は，ドイツとアメリカ両国の影響のもとに展開されたが，どちらかといえば第二次世界大戦前はドイツの経営経済学の影響が強く，戦後はアメリカのマネジメント論の影響が強かった。

日本の経営学界の中で，早くから原理(知識)と実際(経験)の統一による実践(能力)を重視し，経営教育を中核とする実践経営学を主張してきたのが日本経営教育学会の創設者である山城章である。経営実践とは，経営の実際をよく知り，実際に即して経営の原理(健全な経営のあり方)を活用し，活かしていくことであるとされる。この経営実践は，原理を知っているだけではできないのであり，経営の能力・手腕が必要であり，したがって，経営実践能力を開発・育成する経営教育こそ実践経営学の中核的課題と位置づけられるのである(山城章『増訂　経営学要論』白桃書房，1970，pp.25-27)。

実践経営学という概念についてもいくつかの理解があり得るが，ここでは次のような意味で理解する。

① 経営上の実践的な問題解決に貢献すること，そのような能力をもつ人材を育成することを目的とする。
② 問題解決の有効性を高めるために，理論的知識や実用的知識を不可欠の前提とする。
③ 知識を現実の問題解決に有効に活用できるような経営能力の育成を重視する。

④ あるべき経営の姿を追究するうえで,規範的な価値判断を排除しない.
⑤ 理論と実践の相互促進,実・学一体,産学連携を重視する.
次に,これらの事項について若干の説明を加える.

経営学の歴史を振り返れば,ドイツでもアメリカでも日本でも,程度の差こそあれ,経営学が経営上の問題解決に貢献するという実践的要請に応えて誕生し,発展してきたことは疑いのない事実である.実践経営学は,まさにこのような実践的問題解決への貢献を課題として取り組まなければならない.しかし,実践経営学がその問題解決の有効性を高めるためには,理論研究を通じて獲得される理論的知識や,現実世界に関するさまざまな実用的知識が必要になる.

経営実践においてさまざまな問題に対する有効な対応が可能になるためには,理論的知識が必要になる.たとえば,「参加的管理を実施すると,従業員のモチベーションが高まる」という命題と,「従業員のモチベーションが高まると,生産性が向上する」という命題があったとすれば,これらの命題を利用して,「生産性を向上させるためには従業員のモチベーションを高める必要があり,そのためには参加的管理を行うことが有効である」という判断が導かれる.このように「AならばBである」という命題を逆転させれば「BをXを実現するためにはAが有効である」ということになるが,現実の状況では問題はずっと複雑になる.まず「AならばBである」という関係が見せかけの相関ではなく因果関係であることを確認しなければならないし,そのような関係が成り立つための初期条件を明らかにしなければならない.

先に示した科学的説明の図式からも明らかなように,ある現象の背後にある一般法則と初期条件を明らかにすることは,その現象を説明することにほかならない.われわれの身のまわりには,たとえば「この薬草を煎じて飲むと熱が下がる」ということが経験的に知られていても,なぜそうなるのかがわかっていない「説明抜きの知識」が多数存在している.このような知識でも現実に熱を下げるのに一定の有用性をもつが,有効性の範囲を特定できないし,知識の発展性・進歩という点で重大な限界がある.命題が成立する初期条件やそのメカニズムを明らかにすることは,理論的研究の課題である.

優れた経営実践を行うためには,理論的知識に加えて,さまざまな実用的知識も不可欠である.たとえば,世界経済や日本経済の動向,環境規制その他さまざまな制約条件,資本市場・労働市場・商品市場などの動向,ライバル企業の経営戦略,技術革新,人々のライフスタイルの変化など,事業展開に直接的・間接的に関係するさまざまな実用的知識である.

しかし,「知っている」ことと「できる」こととは同じではない.知識はもっていても,それを現実の問題解決に有効に活用する能力(知恵)がなければ優れた経営実践はできない.そのような経営能力をもつ知恵ある人材を育成するために経営教育が不可欠なのである.経営に関する理論的知識や実用的知識を教育するのが経営学教育であり,そのような知識を活用する経営能力を育成するのが経営教育である.

経営学教育においては,経営に関する理論的・実用的な知識をいわゆる形式知として習得させることが中心である.これに対して経営教育においては,形式知として習得した知識を,ケース・メソッドや経営実践を通じて,現実の問題解決のために活用する能力(知恵)を身につけさせることが中心になる.

このような経営教育を実践するためには,学界と産業界の緊密なコラボレーションが不可欠であり,実・学一体となった産学連携が求められることになる.日本経営教育学会のアイデンティティは,まさにこのような実・学一体のコラボレーションを通じて,実践経営学や経営教育学を確立することに求められるであろう.

先に「知っていること」と「できること」とは別問題であると述べたが,同様に「できること」と「やること」も別問題である.ある目的を実現したり,ある問題を解決するために必要

な知識や能力をもっていたとしても、現実にそれを実行するとは限らない.「やる」という行動をとるためには「決断・勇気」が必要である. 問題解決に必要な知識と能力に加え，実行に移す決断力をもった人材を育成することまで経営教育において可能であるかどうか，経営教育に課せられた大きな課題といえよう.

最後に，価値判断を排除しないという点についてその理由を述べる. 価値自由，没価値性ということが近代科学の共通のルールであったが，現実の経営問題解決への貢献を課題とする実践経営学という立場に立てば，「望ましい経営のあり方」について積極的に提言することは不可避である. 今日の企業社会においては，環境問題，企業不祥事などが続発し，企業倫理の確立とコンプライアンス経営の実践が強く求められている. こうした状況において，科学の客観性の名の下に価値判断からの自由をかたくなに守り，価値判断を一方的に経営者に委ねるような姿勢はもはや許されないと考えられるからである.

〔松本芳男〕

3. コーポレート・ガバナンスと経営学の課題

「コーポレート・ガバナンス」（corporate governance）に関しては，今日さまざまな定義がなされている. コーポレート・ガバナンスに関する議論は1980年代後半以降のアメリカの機関投資家の活動を契機にさかんになり，今日もなお，機関投資家の活動がコーポレート・ガバナンスの議論の中心に置かれていることが多い. このような歴史的事実を重視するならば，コーポレート・ガバナンスは狭義には，株主による経営者の監視，広義には多くのステークホルダーによる経営者および企業活動の監視と定義することができる.

株主やステークホルダーが経営者を監視する方法には，株主総会や取締役会などの会社機関を通した監視と市場，会計士監査，SECなどの監督当局などを通した外からの監視がある. 株主総会では機関投資家をはじめとする株主が株主提案や経営者の提案に反対することなどによって経営者の政策をチェックすることができる. 株主提案や委任状争奪はアメリカでは活発に行われてきた.

アメリカでも1970年代までは機関投資家は「モノ言わぬ株主」とよばれ，経営者の方針に賛成し，経営者の方針に反対の場合には株式を売却するという行動をとってきた. 機関投資家のこのような行動は「ウォール・ストリート・ルール」とよばれたが，年金基金（主要な機関投資家）の受託責任を明確に定めたエリサ法（従業員退職所得保障法）の成立や，機関投資家があまりにも大量の株式を所有するようになったため，その大量の株式売却が株価の下落をもたらすようになったことなどの理由により，80年代には機関投資家は「ウォール・ストリート・ルール」に基づいて行動することはなくなった. 年金基金は年金加入者の利益になるように株主総会で積極的に議決権を行使するようになり，また委任状争奪に参加することになった.

アメリカにおける1980年代以降のコーポレート・ガバナンス改革は，取締役会改革を中心に進められてきた. それは社外取締役の比率を高めること，および独立性の高い社外取締役（独立取締役）を選任することを主眼とするものである. 従来，アメリカの経営者は自分と交友関係にある者や会社と利害関係のある者を社外取締役に選任することが多かった. 特に社外取締役は株主に代わって会社の業務を監視する受託責任を負う機関であるが，取締役会や社外取締役が経営者と密接な利害関係をもっていたのでは，経営者を厳正に監視することは不可能である.

ニューヨーク証券取引所は，社外取締役を全取締役の過半数とすることを上場基準にしているが，現実には，アメリカの大企業の取締役会では4分の3程度を社外取締役が占めている. また，全員が社外取締役によって構成される監査委員会，報酬委員会，指名委員会等の取締役会内の委員会も整備され，コーポレート・ガバナンスの改善に向けたアメリカ企業の取締役会

改革はこの数年で急速に推進された.

アメリカにおいては2002年制度の企業改革法(サーベンス・オクスレー法)以来,監査法人による監査やSECによる規制など,企業経営者に対する外からの監視体制は格段に強化された.しかし,アメリカにおいては以前から,「経営者支配権市場」によって経営者は厳しい監視にさらされてきた.アメリカでは敵対的企業買収が盛んであるが,買収の標的になる企業は,主として経営効率が低いために資産の大きさの割に株価の低い企業である.

こうした企業価値の低い企業は,経営効率の高い企業の経営者によって買収され,被買収企業の経営者は退任(退出)させられることになる.経営効率の低い経営者によって管理されていた経営資源は経営効率の高い経営者の下に移されるため,経営資源が有効に活用されるようになる.敵対的企業買収は有能な経営者の下への経営資源の移動をマクロ経済レベルで実現させることになるため,社会全体の効率の向上をもたらす.

「経営者支配権市場」の存在は,効率の低い経営者から効率の高い経営者への経営資源の移転によって,直接企業の経営効率を高めるだけでなく,敵対的買収の潜在的脅威によって間接的に企業の経営効率を高める効果をももつ.すなわち,経営者は敵対的買収の脅威を意識しているため,株価を下落させて買収の標的となることを避けようとして,つねに経営効率の高い経営を心がけるようになる.これは資本市場の経営者に対する「規律づけ」とよばれる効果である.

コーポレート・ガバナンス改革は日本やアメリカだけでなく,イギリスやドイツをはじめとするヨーロッパ諸国,韓国,中国などのアジア諸国などでも積極的に進められているが,企業不祥事の防止や企業競争力の強化ないし企業経営の効率化を目的に推進されることが多い.アメリカのエンロンや日本の三菱自動車などの企業不祥事は株主はもちろんのこと,従業員,消費者,地域社会,取引企業など多くのステークホルダーに甚大な被害を与えた.

エンロンの破綻以降次つぎと発覚したアメリカ企業の不祥事を目のあたりにして,投資家はアメリカ企業の株式を売却し,より健全なEU企業の株式などへの投資に乗り換えるという行動をとった.それはアメリカ企業の株価の下落とドルの下落をもたらし,株主とアメリカ経済に損失をもたらすことになった.経営者に対する監視体制を構築し,維持することによりコーポレート・ガバナンスの水準を向上させることは,したがって株主の投資リスクを減少させ,ステークホルダーの被害のリスクを減少させるだけでなく,1国経済にとって資本逃避のリスクを減少させるためにも不可欠である.

またコーポレート・ガバナンスが健全に機能することによって経営者の業績に対する監視が十分なものとなれば,企業の経営効率が高まるため,企業レベルでは企業価値が高まり,経済レベルでは経営効率の低い企業への諸資源の配分,すなわち資源のミスアロケーションを回避することができる.企業の経営効率の向上は,企業価値を高め,株主利益を向上させるから,企業は国際競争力を高めることができるだけでなく,外国からの投資をより多く集めることができる.さまざまなステークホルダーがコーポレート・ガバナンスの改善を求める際,その動機もさまざまであるが,各国の政府によるコーポレート・ガバナンス改革は主に企業不祥事の防止と企業の国際競争力の向上を直接的な目標とすることが多い.

昨今,経済成長がいちじるしい中国などの途上国もまさに今後の経済成長はコーポレート・ガバナンス改革の成否にかかっているといわれる.途上国においては,資本効率をはじめ経営資源の効率的管理において大きな遅れが出ている.資源の浪費がいちじるしく,それが高コスト経営や諸資源価格の高騰,さらには過大な環境負荷をもたらしているといわれる.マクロレベルでの持続可能な発展が,ミクロレベルでのコーポレート・ガバナンス改革にかかっているといわれるゆえんである.

ところで,コーポレート・ガバナンスと昨今議論が盛んになってきている企業倫理,企業の

社会的責任とはどのような関係にあるのであろうか．企業はさまざまなステークホルダーとの間に解決されなければならない課題事項をもっている．たとえば，企業と従業員との間には長時間労働，雇用差別，セクハラなどのような課題事項があり，消費者との間には欠陥商品，誇大広告などの解決しなければならない課題事項がある．企業倫理とは企業（経営者）がこのような課題事項の解決に自ら取り組み，ステークホルダーとの関係を改善しようとすることである．

これに対し（広義の）コーポレート・ガバナンスはステークホルダーがそれぞれの課題事項の改善に向けて企業を監視し，あるいは圧力をかけていくことである．したがって，企業倫理は企業の内側から課題事項の解決に向けて取り組むことであり，コーポレート・ガバナンスは企業の外側から課題事項の解決に向けて取り組むことであるということもできる．企業の社会的責任は，具体的には企業のステークホルダーに対する責任のことであり，企業倫理とコーポレート・ガバナンスを包括する概念である．

グローバルなレベルで市民社会化が進む今日，企業はさまざまなステークホルダーの要求を企業目標の中に取り込んでいかなければ存在できない時代となっている．とくに所有と経営が分離し，経営者が広範な経営意思決定の権限をもつ巨大企業において，経営者がその権限の正当性を確保するためには，ステークホルダーに対して説明責任（アカウンタビリティ）を果たすことが不可欠となっている．

コーポレート・ガバナンスに関する経営学的研究は，まず変化していくステークホルダーの要求を正しく捉え，それが企業目標と実践の中に正確に反映されているかどうかを分析することである．次にこれらのステークホルダーの立場から経営者を監視し評価するシステムが構築され現実に機能しているかどうかについて分析することも必要である．その際にコーポレート・ガバナンスについての理論を提示することよりもむしろ，現実がどうであるのかについての分析が重要であろう．法律学分野におけるコーポレート・ガバナンス研究が法律と実態の乖離に着眼したことを契機に始められたように，経営学も現実の企業の経営実践の分析を通してコーポレート・ガバナンス改善に資する成果を出していかなければならないであろう．

〔佐久間信夫〕

4．21世紀経営学の展望

(1) 社会的問題や課題の誕生

20世紀の経営学は，営利組織としての企業が最終目標である利益の最大化のためにいかに戦略を策定し組織構造をデザインし従業員の「やる気」を高めることで組織としての成果をあげるかを考えてきた．戦略論と組織論と人的資源管理論を中心にしてきたのが20世紀経営学であったともいえる．最近の多くの新しい現象の出現とともに，こうした領域は今後ともさらに進化すると思われる．

こうした領域以外に，日本でも90年代以降ますます顕著になってきた諸問題がある．たとえば，地球環境問題の悪化と持続可能性経営への期待，障害者雇用や障害者支援への注目，女性や高齢者が働きやすい職場づくりやマネジメント，ホームレスを支援するための事業創造，コミュニティを開発したり活性化する試み，不登校生や引きこもり生を支援する高校の設立，途上国を支援するための仕組みの開発，など枚挙にいとまがない．こうした問題は，それぞれ環境経営やエコビジネス，障害者支援，ダイバーシティ・マネジメント，コミュニティ・ビジネス，フェアトレードなどといった言葉で議論され始めたテーマである．

このような問題を社会的問題あるいは社会的課題と考えると，社会的問題や課題を解決するのは政府や行政の責任であるというのがこれまでの発想であった．いわゆる「大きな政府」論からの発想である．しかし欧米はもちろん日本でも「小さな政府」論への移行が進むようにな

ると、社会的問題や課題の解決はすべて政府行政の責任であるというわけにはいかなくなってくる。むしろ政府行政と企業とNPOという3つのセクターが協働しながら社会的問題や課題に対応するという方向が求められるようになっている。こうした動きは異種協働による「ソーシャル・イノベーション」とよぶことができる。

イノベーションというとすぐに技術革新という訳を思い浮かべるが、イノベーションには新しい技術や製品を開発するだけではなく、新たな社会的商品やサービスを開発し、社会的仕組みを生み出すことも含まれる。たとえば、人権・環境・ホームレス・障害者雇用・途上国支援・女性・高齢者などさまざまな社会的課題を解決するために、新しい社会的商品や社会的サービスを開発し、社会的仕組みを生み出すことも含まれる。こうしたイノベーションをソーシャル・イノベーションとよび、いまこうしたイノベーションを主体的に引き起こす主体が求められている。それは社会性を重視する大企業であったり、事業化意欲旺盛なNPOであったり、ソーシャル・ベンチャーであったりする。企業やNPOや行政などさまざまなセクターが協働してソーシャル・イノベーションを引き起こす仕組みを考えることが21世紀経営学のテーマのひとつである。

(2) ソーシャル・ビジネスへの注目

ここ数年、「ソーシャル・ビジネス」への注目が高まりつつある。社会事業(social enterprise)、社会起業家(social entrepreneur)、社会責任ビジネス(socially responsible business)などよび方は多様であるが、いずれも社会的問題解決のための斬新な事業化プランを策定し実行する主体や組織やマネジメントを表現した言葉である。

ここ数年来、ソーシャル・ビジネスへの注目が高まってきた背景には、いろいろな要因が重なり合っている。まず第1に、地球環境や途上国問題や高齢化問題など社会に敏感になった消費者や投資家の存在が考えられる。ただ安いだけで製品を購入し高い配当だけで株式投資をする消費者や投資家に代わって、いわゆるグリーン・コンシューマーやグリーン・インベスターといわれる層が少しずつではあるが増えてきている。また従業員も、組織人として自らの生活すべてを所属組織に投入する全人格的没入行動パターンから、組織人から一歩離れて自分の生き方そのものを仕事にするような仕事人が増えてきている。

消費者や投資家や従業員などのステークホルダーの意識や行動の変化とともに、第2の要因として、政府や行政も大きな政府から小さな政府へと急速にシフトしている。イギリスのサッチャー政権やアメリカのレーガン政権が強力に押し進めた小さな政府論はその一例である。政府主導型の効率性の悪い福祉サービスや医療サービスから、民間主導型の福祉医療サービスへと転換することで、企業やNPOなど民間セクターの活力を最大限活用しようという動きが現れつつある。英米をはじめ欧米先進諸国でもこの過程で多くの社会企業家が誕生した。

また第3の要因として、社会システムそのものも70年代以降機械と設備によって標準規格製品を大量生産大量販売する産業資本主義から、情報と知識中心のポスト産業資本主義の時代へと転換している。いわゆる「知価社会」(堺屋太一)の到来である。こうした社会システムの変化に伴い、組織もルールとヒエラルヒーによるマネジメントから個性・自立性とネットワークを重視する形態へと進化していくことになる。こうしたポスト産業資本主義では、設備や資本よりもアイデアや知識や情報が決定的に重要な要素になる可能性がある。ソーシャル・ビジネスは、まさにこうした知識頭脳やアイデアや情報が活かせる分野である。

(3) ソーシャル・ビジネスの主体

ソーシャル・ビジネスの主体としては、政府行政などの第1セクター、民間企業の第2セクター、NPOやNGOなどの第3セクターを考えることができる。このなかで最も重要な役割を占めるのが、NPOやNGOなどの第3セクターである。ただ非営利組織をめぐっては、これまで非営利と事業化や利益との間には大きな溝があり、崇高なボランタリー精神によって活

動することが非営利組織のミッションであるという思想が浸透してきた．そこでは斬新なアイデアに基づいた堅実な事業化プランによる利益追求は悪であるという考えが一般的であった．こうした傾向は現在でも続いているように思える．

しかしソーシャル・ビジネスの浸透とともに，日本でもNPOやNGOのビジネス化という動きが加速しつつある．政府や企業からの寄付や個人からの寄付を中心に活動する慈善型NPOあるいはフィランソロピー型NPOに代わって，起業家精神旺盛な主体が自らのアイデアを実現すべく事業プランを策定し，資金調達やガバナンスに配慮しながら堅実に事業活動を実行していく事業型NPOが誕生しつつある．さらにこうした事業型NPOをサポートするようなインフラ組織が少しずつではあるが形成されつつある．たとえば，NPOへの資金提供をミッションにするようなコミュニティ財団や労働金庫，社会起業家を養成し人的ネットワークの繋ぎを提供するようなインターメディイエイト組織型のNPO，NPOの事業活動を客観的に評価するような評価型NPO，などである．

NPO，NGOのビジネス化と同時並行に進んでいるのが企業のNPO化である．すなわち，独自の企業理念をもとに社会貢献と利益獲得を両立させるようなビジネスモデルを創り上げた企業である．ベン&ジェリー・アイスクリーム（後にユニリーバに買収）の価値主導ビジネス，ボディショップのステークホルダー・ビジネス，パタゴニアの社会変革ビジネスなどはその一例である．こうした企業は，第1に，独自の道徳観や倫理観をもった企業である点であり，第2に，株式会社でありながら社会的ミッションのもと収益性と社会性を調和するためにさまざまな工夫を行っている点であり，第3に，小規模でスモール・ビジネスである点が共通している．ニュー・ジェネレーション・カンパニー，ビジョナリー・カンパニー，社会貢献企業など呼び方はさまざまであるが，21世紀の理想的企業ビジョンのひとつであることは確かである．

さらに現在注目されているのは，NPOのビジネス化と企業のNPO化の帰結として企業とNPOのコラボレーションが進化している点である．企業とNPOのコラボレーションは，単にお互いに足りないものを補完するという相互補完関係だけに終わらず，NPOが企業の健全な発展を促進し，企業の健全性がNPOの成長や発展を促進するといったダイナミックな関係にまで進化することが必要である．

たとえば企業は，NPOをはじめとする異質な主体とのコラボレーションを通じて新たな知識や能力を持続的に学習していくことが可能になる．それが長期的には新事業や新市場の開拓，株主や顧客さらには地域社会に対するイメージの向上につながっていく．また企業内の従業員の社会に対する意識や感性を磨くことにもつながる．さらには企業体質の変革や組織変革につながり，ひいては社会変革の原動力になる．

他方，NPOも，企業とのコラボレーションによって財政基盤が強化し活動領域がさらに拡大し，事業組織体としての存在意義が高まる．このように企業の社会的影響力とNPOの価値創造力がコラボレートすることで，新たな社会的価値を発見し創造するという側面が重要になりつつある．

(4) 経営教育としてのソーシャル・ビジネス

経営教育に関する動向に限っても，ハーバード大学ビジネススクールにおいて社会的企業（social enterprise）の講座が始まったのは1993年であるが，講師陣は1994年に10人だったのが2003年には40人に増加している．また社会的企業のクラブに参加しているMBA学生は1993年の25人から2003年には320人に急増している．ハーバード大学以外にもスタンフォード大学，ケース・ウェスタン・リザーブ大学マンデルセンター，シアトル大学，ジョージメイソン大学などをはじめとする多くの大学が社会的企業や社会起業家育成のための機関やプログラムを開発している．日本でも公益経営学部，公共経営学部，社会イノベーション学部，公共政策学部などの学部が新設され，公共経営，社会デザイン，社会イノベーション，公益などが

キーワードとして使用されるようになった．「公共経営学」や「公益経営学」という分野が，新しく21世紀経営学のひとつとして市民権をえることになると考える．

〔佐々木利廣〕

5. 学会創立者　山城章の経営学の現代性

日本経営教育学会の創立者・山城章（1908～1993）の経営学は，自身が述べているごとく，3段階の発展をとげている．研究の表層変化から各段階に名称を付与すれば，① 経営経済学の段階，② 企業体制論の段階，③ 実践経営学の段階になろう．まず，各段階を概観する．

第1段階は，費用・原価の問題を中心にしたドイツ経営経済学を丹念にサーベイし，その内容を価格や統制経済ないしその下での経営に適用した段階である．この段階の出発点が，処女作『経営費用論』（同文舘，1936）にほかならない．1945年の敗戦を契機とする第2段階は，公私企業の発展的変容を解明し，法則化し，発展に内在するあり方を「対境活動」を伴う「経営自主体」に求める，独自の理論を構築した理論研究の段階である．この理論は，山城自身によって「企業体制発展の理論」と命名され，簡略に「企業体制論」と呼称される．この段階の成果は，学位論文『現代の企業』（森山書店，1961）に結実している．

米国視察を契機とする第3段階は，積極的に実践経営学を唱導する段階である．その場合，実践とは，活動を通じた原理と実際・現実の主体的統一であり，換言すれば，知識（原理）と経験（実際）の自己啓発的統合による能力形成である．知識は通常の経営学そのものを指し，能力形成は経営教育になる．日本経営教育学会が後者のための所産であることは自明である．この段階の著作を1冊だけあげれば，『実践経営学』（同文舘，1960）になる．以上3段階の現代的意義を，全体の学的発展を意識しながら考えてみよう．

第1段階には，費用理論の学説研究に留まらず，広く経営経済学的思考を，第二次世界大戦下の価格統制や配給に，また経営の生産力増強に応用しようと努力した側面があり，日本の現実に足を踏み入れ始めた段階と理解することができよう．

企業体制論によれば，私企業は生・家業→人的私企業→資本的私企業→現代企業と発展する．他方，公企業は純行政経営→非従属的公企業→独立公企業→自主公企業と発展する．これらの発展過程に内在する「あり方」は，同じく「経営自主体」である．結局，企業は，当初の経営原理や形態等の相違にもかかわらず，発展過程の「あり方」を共有しつつ，「非経営的」なものを逐次分離することによって，他者への従属ないし他者の所有物・手段であることを脱却し，高度に発展した段階では「公私企業接近の原理」が発現する．かくして，企業の発展の本質は，経営の自主性を高度化し確立していく過程であるとされる．

このような企業体制論は，次の2点で現代的意義をもつとみなされよう．

① 理論的意義：特定企業の現状の経営的特質と発展・成長の位相を理解し説明できる．
② 政策的意義：特定企業の取るべき基本方向を提示できる．たとえば，国鉄や郵政の「民営化」の必要性と方向は，この理論によって的確に示すことが可能になる．

企業体制論はまた，企業が自主性を高めるにつれ，各種利害関係者との相互作用関係を多様化し緊密化する必然を説き，自己と利害関係者の利益全体を最大化することを「公益性」とよび，それを実現するためには生産性向上が不可欠であり，その向上成果を公正に均需（きんこん）することがこれら諸関係の総体すなわちPR（public relations）の「あり方」であるとした．このような対外的諸関係の「あり方」は，「対境原理」と総称されるのである．

対境原理もまた，現代的意義をもっている．それは，現代のステークホルダー・アプローチそのものであり，具体的にはIR（投資家関係），CS（顧客関係），環境問題のみでなく，組織間関係のような戦略問題に寄与しうるからである．さらに，現今のこれら課題への取り組みがややもすれば現象の戦略・戦術面に流れる傾向が強いのに反し，収益性，公益性，生産性等

の経営の基本的次元に問題を掘り下げている点は，理論の深さの違いに写る．

山城の第2段階については，企業体制論と並行して，産学協同により稟議・総務などの問題を軸にしながら，日本的経営の研究を精力的に推進し，欧米人の日本的経営論とはまったく別次元の，経営の中枢に触れた日本的経営論を打ち立てていた点を見逃すべきでない．

企業体制論の独創性と日本的経営の研究の先駆性は，当時の日本経営学界を数十年先行し，国際的にみても，先見性と総合性にあふれた傑出した成果である．その企業観は現代経営学で広く援用されている見解，すなわち各種ステークホルダーとの相互作用を営みながら，動的環境適応を通じて存続・成長するオープン・システムとしての企業観にほかならない．このような企業体制論は，そのゆえにまた，十分かつ正確な理解が得られず，数多くの批判と誤解にさらされることになったのである．

表層的には，山城自身が第2段階の理論研究をいわば自己否定して，第3段階の実践経営学へ進んだと理解されやすい．しかし，見方によっては，企業体制論もまた実践経営学へと発展する跳躍台の意義をもっているといえるのではないか．企業論，日本的経営論，マネジメント論を統合的に包摂しようとする意図は，第2段階でも内包されていたが，もちろん第3段階の実践経営学で本格化する．実践経営学のキーワードは，いうまでもなく「実践」であるが，それは「原理と実際をうまく統一する活動」（『実践経営学』1960）とされ，以後この原理と実際（現実）の主体的統一という合意は，一貫して堅持される．

その実践の研究方法は，当初，「KASの公式」，すなわち知識（knowledge，原理）と経験的技能（skill）の統合が能力（ability）になる，とされていたが，後には「KAEの公式」，すなわち知識と経験（experience）の統合が能力になる，と修正された．この公式にいう知識（原理）と経験（実際）は，経営のそれであり，したがって実践は経営が問題になるすべての組織の経営のことであり，企業に限定されることはない．実践経営学（第3段階）は企業体制論（第2段階）とはまったく異質のもの，との通例の見方が成立する根拠は，ここにある．すなわち，第2段階は，「企業」を「対象」にしてその発展的変容の「原理性」を客観的に記述する「理論」の性格をもっていたが，第3段階では，「経営体」における「あり方」と「経営の現実」との「主体的統一」を通じて経営体の発展・成長をはかる「実践論」を志向しているからである．

実践論が実践の意義を論じるだけでは，能力形成にならない．そこで山城経営学は，実践とそのための方法としての教育を表裏一体のものとして説くのである．経営の問題には，原理（プログラム＝問題解決手順・形式知）の存在する分野と原理があいまい・不明・未解明な分野が存在する．前者については，定型的教育（知識・技能の学習）が可能であるが，後者については，別の「教育」が必要になる．しかも，経営にとってより重要性が高いのは，経営者レベルに多い後者の分野である．主として後者のための経営教育の方法として，自己啓発による主体的学習を通じた知識（原理）と経験（実際，その多くは暗黙知）の統合を主張するのである．

この主張が，近年の「知識経営」（knowledge management）に接合することは明白であり，また経営者育成について適切な示唆を与えていることは疑いない．この意味で，山城の実践論は現代的意義を十分にもっているといえよう．ただし，この意義は，KAEの公式を静的に理解するのではなく，実践や学習が時間の経過によって進行することに配慮し，動態的に理解することによって，いっそう高まるであろう．つまり，KとEの統合によるAの形成は，新たなKとEを生み出し，それらの統合がより高いAを生成する，との図式の反復展開である．それを一般的な用語でいえば，理論と現実の弁証法的止揚の反復による（能力の）進歩・向上である．

これまでの考察によって，山城経営学の各段階の現代的意義は明らかになった．だが各段階の個別意義を明らかにするだけで，山城経営学の現代性の解明は終わるだろうか．「回顧すれば，私の研究は三段階に展開したが，ようやく，この第三の段階にたどりついた……」（『日本

的経営論』丸善,1976,序文)とされている.段階は突然に変換するものではなく,溶暗から溶明して現出すると理解し,またそれが「展開」の所産であるとすれば,表面的な変化の底流に貫流する本質的ななにものかをえぐり出すべきであろう.

このような問題意識から,改めて山城経営学の表層的3段階を鳥瞰すると,その全体がKAEの公式の時間的敷延に即し,特にK(原理)とE(実際)の相互交流(実学一体)に沿った止揚を示しているとの理解ができよう.それを上記序文の記述と結び付けて示せば,費用理論(K①)→戦時下の経営実態(E①,management in Japan)→費用理論から企業体制論へ(K②)→日本的経営論(E②,Japanese way of management)→実践の原理化(K③,KAE・ABCDの原則)→実践的経営教育(E③)→日本経営学(Japan management)の構築,となろう.

段階の個別考察だけでは,理論か実践論か,いずれが妥当か,経営学をどのように性格づけるか,というレベルの問題に留まり,前段階を自己否定しつつ苦悩の末に「たどりついた」のが実践論である,との平板な結論しか出てこない.鳥瞰的考察は,「たどりついた」のが,経営学の永遠の課題である,原理と現実を主体的に統合する実践的方法論であることを彼なりに明確に示してくれるのである.

〔森本三男〕

IR（investor relations）

通常，企業が株主や投資家に対して企業への投資判断に必要な情報を適時，公平，継続して行う情報提供活動をいう．制度的情報開示には，財務状況などがあげられるが，IRはこれにとどまらず，資金調達などを目的として行う会社説明会，アニュアル・リポート，またホームページ上での企業情報の公開といったIT技術を活用した情報開示などもある．IR活動を通じて企業は株主，投資家，顧客などとの意見交換によって，相互の理解や信頼関係を構築し，資金調達なども容易となる．また，こうした情報提供による外部からの評価を，経営に反映させることも可能となる． 〔篠原 淳〕

ICタグ（IC tag）

モノの識別に利用される1ミリ以下の超小型な無線ICチップのこと．現在広く使われているバーコードに代わる技術と期待されている．商品のタグの場合，バーコードはひとつのタグにバーコードリーダーをあててバーコードの情報を読み取るが，ICタグの場合はその必要がなく，読み取り装置の付いているゲートの通過で商品情報が電波で送信される．バーコードと異なり，再利用ができ情報の書き込みは容易で，多くの商品情報（製造元，販売者，材料など）が書き込める．また，商品の識別や管理がしやすくネットワークによる管理システムが考えられている．最近では，カード型，コイン型，ラベル型などの形状が開発され，将来的にすべての商品に添付され，流通業のインフラとなる可能性がある． 〔金山茂雄〕

IT（information technology）

情報技術のことで，コンピュータや通信に関する技術を総称的に表現する用語．具体的には，情報処理にかかわるハードウェア，ソフトウェア，および，それらを組み合わせたシステムの構築，そして，情報通信に関わる技術や設備，さらには，これらの技術の使用に関するノウハウまでを含むことが多い．ITという用語は，もっぱらアメリカ，日本で用いられ，デジタル技術の発達により，情報処理技術と通信技術に区別する意味合いが薄れたために普及してきた．EUにおいては，ICT（information & communication technology／情報通信技術）という用語が使用されており，国際機関などにおいてもICTの使用が拡がる傾向がみられる．→経営情報論 〔上野哲郎〕

アカウンタビリティ（accountability）

投資家，債権者，従業員，顧客，サプライヤーなどのステークホルダー（利害関係者）に対する企業の説明・報告責任をいう．企業に対して投資や融資を行う投資家や債権者は企業の財産に対する権利（持分）を有し，企業は保有する財産を有効に活用しその結果を説明する責任を負う．従業員やサプライヤーに対しては，自社の方針や事業計画を示して，どのように貢献するべきかを説明する．地域住民・顧客に対しては，社会的責任として環境や社会的貢献活動などの情報を開示する．このように企業は，ステークホルダーに対して積極的に説明・報告責任を果たすことで，さらに信頼を獲得することになる．→社会的責任，ディスクロージャー 〔香取 徹〕

アーキテクチャー（architecture）

建築物や機械のように，さまざまな部品（構成要素）からなる構成物（システム）は，部品の連結により組成される構造や機構（メカニズム）が内部に組み込まれることによって，機能するようになる．そのため，所定のパフォーマンス（機能発揮）をもたらす構成

要素の連結方法がわかると, 部品の交換や, 同タイプの製品の設計(開発)・製造が容易になる. システムの性質を構成要素の相互依存関係のパターンによって記述したものが「アーキテクチャー」である. それには, 標準化された内容が開示されている「オープン型」と, それを開示せずに機密にしている「クローズ型」があり, また, サブシステム(モジュール)間のインターフェース(接続仕様)がルール化されている「モジュラー型」と, ルール化されていない「統合(インテグラル)型」がある. →モジュール化　〔阿部 香〕

空き店舗問題

零細小売商店数の急激な減少や大型店の閉店・郊外移転の影響を直接受けて, 商店街から退店者が増えている. 退店後に入店者があれば問題ではないが, サービス業を含めて小売業以外の営業店舗で埋め合わせられず, 閉店状態のままにおかれる時, それを空き店舗とよび, この空き店舗が増えて, 社会問題化していることを空き店舗問題という. 空き店舗の発生は, 商店街の沈滞化や衰退化を引き起こすため, 行政や商工業者団体は, 空き店舗対策として, 起業家によるチャレンジショップや集客力のある施設の誘致, 後継者の育成などの事業を行っている. →商店街の活性化, チャレンジショップ, 都市再生

〔渦原実男〕

アクション・リサーチ
(action research)

単なる研究対象の観察や記述ではなく, メンバーが組織変革に積極的に参加し, 研究と実践を統合するアプローチである. 現実の社会現象を一定の目標に方向付け, 問題となっている現状を改善するために, ①研究(research), ②実践(action), ③訓練(training)という3つの過程を相互補足的・相互循環的に体系化するために実施される調査法である. 1940年代から50年代にかけて, グループ・ダイナミクスの創始者である心理学者のレヴィン(K. Lewin)によって提唱された. →行動科学　〔遠藤ひとみ〕

アジェンダ形成

アジェンダ(agenda)とは, 「公式に取り組むべき議題, 課題, 合意, 行動計画」などと訳される. 会議などで使用される場合は「議題」, また会議後の宣言などで用いられる場合は, 「合意」, また, 施策や活動計画の名称の場合は「行動計画」など, その時と場合で意味は変化する. したがって, アジェンダ形成とは「議題形成」, 「合意形成」, 「行動計画の策定」などと理解するのが適切である. この言葉は, 政治や行政など官公庁などの文書や宣言などで使われることが多い. また, 世界的にも古くから使用されているが, 広く一般的に使用されるようになったのは, 1992年にブラジルのリオデジャネイロで開催された地球サミット(環境と開発に関する国連会議)の場で, 「アジェンダ21(21世紀への行動計画)」が宣言された時からである.

〔水尾順一〕

アドホクラシー(adhocracy)

「特定目的のための」あるいは「一時的・臨時的」という意味のアドホック(ad hoc)に由来する概念で, アルビン・トフラー(A. Toffler)が『未来の衝撃』(1970)において官僚制(bureaucracy)の対極概念として用いた. 革新的・創造的な課題を実現するためにさまざまな専門領域からエキスパートたちが集められ, 自由闊達な相互作用を展開し, 課題達成後は解散するプロジェクト・チーム型の有機的・流動的組織を意味している. ミンツバーグ(H. Mintzberg)によれば, アドホクラシーは, 複雑で変動的な環境の下で, 洗練された革新を遂行するのに有効であるが, 能率が犠牲にされ, また曖昧さに由来する人間問題を生みやすいという.　〔松本芳男〕

アートマネジメント

芸術・文化とは, 国家に対する威信, 経済波及効果, 将来世代への遺贈, コミュニティへの教育的価値などの外部性を有しており, 経済資本, 社会資本とともに文化資本として, 社会を形成する重要な要素のひとつであ

る．アートマネジメントは，芸術・文化と社会をコーディネートする役割を担っており，芸術・文化の源泉である芸術家の創造力と，観客・聴衆であるオーディエンス，そして芸術支援のためのサポートを，効率よくマネジメントすることを目的としている．文化の頂点の伸長（芸術）と文化の裾野の拡大を目指す文化政策と密接な関わりをもち，芸術団体や文化会館・美術館などの運営をはじめ，企業メセナによる芸術支援からコンテンツ産業に至るまで，その対象は幅広い．〔大木裕子〕

アベグレン（J. C. Abegglen）

日本企業の最もスタンダードな特徴は，「終身雇用，年功序列，企業別労働組合」であるといわれている．これを今から50年近く前に『日本の経営』（ダイヤモンド社，1958）で喝破し，その20年後の日本的経営研究の火付け役の一人となった人物である．また近著『新・日本の経営』（日本経済新聞社，2004）の中でも，1990年代半ばになって，日本は産業構造，企業の財務構造，企業戦略の再設計の必要に迫られたが，この激変を乗り越えた現在でも，終身の関係という社会契約が受け入れられ，守られていると論じている．→日本的経営論 〔丸山啓輔〕

アメリカ経営学

19世紀後半から20世紀初頭にかけて，アメリカ企業は成長・発展し，組織の大規模化と複雑性を増大させ，専門経営者の養成が急務となる．こうした社会背景にあって，大学および大学院で専門教育が展開される．その内容は多岐にわたるが，いずれも企業経営に関する実践の要請から生まれたものである．労働者の組織的怠業が課題となり，テイラー・システムやテイラー経営学が生まれたように，アメリカ経営学は社会の実践的要請と強くかかわっている．メイヨーやレスリスバーガーの人間関係論，バーナード＝サイモンの近代組織論，そして環境変化に対応するための経営戦略論なども，アメリカの時代背景が生み出した経営理論である．→アンソフ，科学的管理，サイモン，バーナード，ポーター，メイヨー 〔亀川雅人〕

アライアンス（alliances）

企業同士の協力関係をあらわす用語．身近なところでは，航空会社が組成する連合体や提携体がある．日本の航空会社も参加しているスター・アライアンス（Star Alliance）では，航空旅客を獲得し囲い込むために，複数の航空会社がネットワークを形成し，空港ラウンジへのアクセス，簡易チェックイン，共通のマイレージ加算などの特典を提供している．このアライアンスはコンベンショナルな協力関係（conventional alliances）であり，パートナーを活用した航空サービスの向上を狙っている．だが，より長期的かつ強力な企業提携を実現するための戦略的アライアンス（strategic alliances）では，国際的ジョイント・ベンチャーの形成，ライセンス契約の締結，異業種間での生産・販売提携なども含まれる．通常の企業活動からは実現できないような企業価値創造を狙うのがこの戦略的アライアンスの目的である．→組織間関係論
〔前田文彬〕

R&D

Research & Development の略で，「研究開発」と訳される．Research は基礎研究および応用研究，または調査などを指し，Development は Research の成果を実用に適することを目的として具現化する業務を指す．これより，R&D とは製品や技術を完成させるに至る一連の機能，役割，過程または組織として捉えることができる．一般にライフサイエンス，情報通信，環境エネルギーまたはナノテクノロジーなど先端の技術分野においては，R&D投資が成果につながるため，多額の予算を継続的に投入することが求められる．医薬品産業では特に売上高に対するR&D費の割合が高い．→研究開発管理
〔荒井好裕〕

アンソフ（H. I. Ansoff）

経営戦略研究にとって重要な基礎概念を多数開発したことで，科学的な経営戦略研究に

道を開いた代表的な研究者.彼は,『企業戦略論』(1965)によって,企業の意思決定を戦略的意思決定,管理的意思決定,業務的意思決定の3種に区分し,最上位の戦略的意思決定の本質と策定プロセスを研究.どのような事業分野に進出すべきかという戦略的経営計画の決定,つまり多角化の決定が,彼のいう戦略的意思決定である.自企業の強みと弱みを認識して,シナジー効果の発揮できる分野に事業展開する,ということがポイントになる.他の著書に,戦略的経営計画の実行を論じた『戦略経営論』(1979)などがある.

〔酒井勝男〕

暗黙知・形式知

熟練に基づく技能・ノウハウなどは,ある分野の知識であるが,それをことばで表すことは難しい.ポランニー(M. Polanyi)は,このような非言語的知識を暗黙知(tacit knowledge)と名づけた.これに対して,言語で明示的に表現できる知識は形式知(explicit knowledge)といわれる.職場に蓄積された暗黙知は言語では伝承されえないが,仕事を共有することにより熟練者がふと示す技の冴えの観察からまさに暗黙的に伝承されうる.日本の昔の職人の「技を教わるのではなく盗む」がこれに当たる.形式知は,概念としてフォーマライズされた言語(数学,コンピュータ言語などの人工言語を含む)でテキスト・マニュアルの形に表現され,それらから明示的に伝承されうる.→知識創造

〔常田 稔〕

委員会等設置会社

従来の監査役制度を廃止し,いわゆるアメリカ型企業統治モデルを導入した会社を指す.2003年4月の改正商法施行により,特例法上の大会社(または,みなし大会社)について採択が可能となった.委員会等設置会社は取締役会の中に指名委員会,報酬委員会,監査委員会の3つの委員会を設ける.各委員会は3人以上の取締役で構成し,その過半数は社外取締役としなければならない.外部者の経営トップに対する厳格なチェックにより,経営の透明性を高めるという効果が期待されている.また,委員会等設置会社では日々の業務執行を担う執行役を置く.実質的に業務決定権限の大半は執行役に委任され,取締役会は経営の監督が中心業務となる.取締役会と執行役の役割分担が明確化されたことにより,経営の迅速化が図られる.→企業統治

〔前橋明朗〕

育児・介護休業法

正式には,「育児休業,介護休業等育児または家族介護を行う労働者の福祉に関する法律」という.子どもの養育または家族の介護を行う労働者を支援し,職業生活と家庭生活との両立が図られるよう,福祉を増進し,国の経済および社会の発展に資することを目的に,1991年に制定された.子どもの養育または家族の介護のために,男女ともに育児休暇や介護休暇を取得できるようにし,時間外労働や深夜労働を制限したり,勤務時間の短縮など措置をとることを事業主に求める内容になっている.男性の育児休暇取得率の伸び悩みなど問題が残る一方,期間を限定された労働者に適用できるようになるなど法改正も重ねられている.→M字型構造 〔松村洋平〕

意思決定能力

人間の合理的行動の前段階に意思決定過程があること,人間には意思決定能力があることはいまや常識であるが,経営理論のなかで人間モデルとしてこれを明示したのはバーナード理論であり,その衣鉢を継ぐサイモン理論であった.バーナード=サイモン理論によって開拓された組織的意思決定論は「限

定された合理性」（bounded rationality）の概念を基礎とする．それは経済学的意思決定論で前提されている「客観的合理性」を否定し，人間の認知能力，情報処理能力，問題解決能力，評価能力は不完全であり，極大水準ではなく「満足水準」によって決定するというより現実に近い人間モデルである．サイモン（H. A. Simon）はこのような人間モデルを「経済人」に替えて「経営人」（administrative man）とよんだ．→サイモン，バーナード

〔小笠原英司〕

意思決定論（decision-making theory）

広義には，組織体における意思決定を対象とした学説を指すが，狭義には，各種状況下における効用の最大化を確率論的に追求する意思決定モデルを指す．他方，サイモン（H. A. Simon）らの経営組織論では，限界合理性に基づいた意思決定モデルが提示されている．従来，ORの発展などにより意思決定は科学的に最適化されると考えられてきたが，サイモンによれば，人間は限定的な合理性を備えているにすぎず，経済学が想定する完全情報下での合理的意思決定は実現されえない．実際の組織運営では，他に比して相対的に優れた選択肢が採用されると考えられている．→管理人，限定された合理性，サイモン

〔杉本昌昭〕

意匠登録

意匠とは，物品あるいは物品の部分における形状・模様・色彩に関するデザインを指す．意匠登録とは，意匠考案者または権利継承者の請求により，特許庁が意匠保護のために登録することである．登録制度は，明治21（1888）年の意匠条例の登録制度が始まりで，その後4回の改正を経て，平成11年1月1日に現行意匠法が施行された．現行意匠法によって物品の部分の意匠を保護する「部分意匠制度」の導入などが行われた．意匠権の存続期間は設定の登録の日から最長15年間である．→デザイナー

〔森下正之〕

EDI（electronic data interchange）

電子データ交換のことであり，標準化された規約（プロトコル）に基づいて電子化された注文書や請求書などのビジネス文書を専用回線，VAN（value added network，付加価値通信網），インターネットなどのネットワークを通して送受信すること．また，こうした受発注情報などを利用して企業間取引を行うこと．EDIは，企業間取引の大幅なスピードアップ，事務量や事務経費の削減などにつながる．そのためには，企業間における交換データ形式の標準化が必要である．

〔野々山隆幸〕

イノベーション（innovation）

「革新」と訳される．企業の中核的競争優位を構成する重要な要素であり，具体的には，新製品・新サービスやそれらを生み出す組織や製造工程などを指す．シュンペーター（J. A. Schumpeter）は資本主義を動かす企業家の本質的機能であるとし，ドラッカー（P. F. Drucker）は，マーケティングとともに顧客を創造するための企業活動を構成する本質的要素であるとした．通常，過去の延長線上にはないまったく新しい「ラジカル・イノベーション」が創造され，その模倣と改良の段階である「インクリメンタル・イノベーション」の創造へと移行する．なお，単なる発明とは異なり，まったく新規のものでなくともよいが，社会的な影響を与えた時点で初めてイノベーションと定義される点に留意すべきである．→インクリメンタル・イノベーション，ラジカル・イノベーション〔有村信一郎〕

インキュベーション・センター

創業を志す人または創業間もない人に対し，事業開始から成長へ向けて支援を行う施設のこと．インキュベーションとは孵化（ふか）という意味である．つまり，インキュベーション・センターとは，創業および創業間もない段階のアイデアや技術をもった個人やグループに対し，資金や人材などの経営資源を提供していく活動である．創業の段階では

事業計画の作成や事業の開始時期にかかる多大な労力やコストが原因で創業をあきらめてしまうことが多々ある．そこで，このような時期に早期に事業を軌道にのせ，自立した事業者として成長できるように支援をしていくインキュベーション・センターが必要なのである．→起業家育成　　　　　　　〔上岡史郎〕

インクリメンタル・イノベーション
(incremental innovation)

業界のトップ企業が，顧客のニーズの変化に対応するイノベーションに投資し，すべてを正しく行うがゆえに失敗する，という現象がある．その理由を議論するとき，従来の技術力の改良で築かれる「インクリメンタル（漸進的）イノベーション」と，従来とはまったく別の技術力により築かれる「破壊的イノベーション」を区別する．その結果，業績の優れた大企業ほど，既存の技術を改良することで製品の性能を高める前者のイノベーションに依存するため，小企業の後者の技術力に敗れ，市場でのリーダーシップを失うことが実証的に明らかになった．→イノベーション
〔三木國愛〕

インセンティブ・システム

組織目的の達成に向けて組織構成員（個人）を貢献させるための一連の誘因提供の仕組みのことをいい，経済的な金銭の誘因，社会的な人間関係上の誘因，生きがいなど自己実現の誘因などがある．組織の側は個人の側の欲求をよく見極めて，これらの誘因を適切に提供して貢献意欲を引き出す必要がある．このような誘因と貢献のバランスをとることがマネジャーの基本的な仕事であるが，そのようなシステムが組織内部に構築されることが重要である．→動機づけ理論

〔渡辺　峻〕

インターネット・ビジネス
(internet business)

サイバースペース（電脳空間）の中で行われるeコマース（電子商取引）やインターネット関連ビジネスの総称をいう．eコマースは，ネットワーク上でモノ・サービス・カネなどに関する経済取引の一部または全部をインターネット上で電子的に行う取引形態で，企業間の取引（B to B），企業と一般消費者の間の取引（B to C）と消費者同士の間の取引（C to C）に分けられる．B to B には，企業同士の原材料を中心とした電子調達や電子決済が，B to C には，ショッピングモールが，C to C には，ネットオークションが代表例としてある．これらはさまざまな形で，従来の流通チャネルや取引チャネルをバイパスする形で既存のビジネス・モデルを変革する．→IT　　　　　　　　　　〔上野哲郎〕

イントラネット (intranet)

企業などの内での情報を共有するため，それらの業務をインターネットの Web を利用して行うネットワークの構成方法のひとつである．インターネットの標準技法（通信プロトコル TCP/IP を始めとする）を利用しているので，企業内ネットとインターネットの接続が簡単である．外部からの不正なアクセスや外部に公開できない重要情報は firewall（防火壁）で防護する必要がある．→IT
〔大野義雄〕

エキスパート・システム
(expert system)

専門家のもっている知識をコンピュータに蓄積して，専門家と同じような問題解決を実現するシステムのこと．1982年頃 DEC 社がこのシステムを企業経営に採用し，経費の節減を達成したことでよく知られるようになっ

た．その後，これは「知識工学」といわれるものに発展してきた． 〔石井泰幸〕

エクセル

1985年にマイクロソフト社がマッキントッシュ用のパソコンのために開発販売した表計算ソフトから始まり，1987年にウインドウズ版が開発販売されてから，アップグレードを繰返し，現在，表計算ソフトのシェアを独占している．当初，表計算ソフトに関しマイクロソフト社は，マルチプランという表計算ソフトを開発販売していたが，性能の面で上回るロータス・ディベロップメント社が開発したロータス1-2-3に打ち勝つことができなかった．このような状況を打破する意味で，マイクロソフト社は，マルチプランから，ロータス1-2-3のもつ優れた環境をすべて取り込んだエクセルという表計算ソフトの開発販売へと移行する戦略を行い，そのシェアを伸ばした．そして，ウインドウズ95の発売を契機にエクセルはロータス1-2-3のシェアを越えたのである． 〔石井泰幸〕

エクセレント・カンパニー
(excellent company)

長期にわたり高業績と革新性を維持するアメリカの「超優良企業」を研究したピーターズ(T. J. Peters)とウォーターマン(R.H. Waterman)の共著(1982)の邦題．同書は，超優良企業に共通する特性として，①行動の重視，②顧客への密着，③自主性と企業家精神，④人を通じての生産性向上，⑤価値観に基づく実践，⑥本業を基軸とした発展，⑦シンプルな組織と小さな本社，⑧厳格な中央統制と個人の自立性の共存，の8つをあげている．また，特に組織成員による「価値観の共有」の重要性を強調したことから，1980年代における「組織文化論」流行の一因となった．→ビジョナリー・カンパニー〔石坂庸祐〕

エコビジネス

エコビジネス（環境ビジネス）は環境負荷の軽減を目的として展開される継続的な収益的事業活動を総称する．したがって，エコビジネスの成立，発展には環境保全型社会・経済（循環型社会）の構築が前提となる．環境問題が多様化，拡大化するに伴い，エコビジネスは公害防止装置の開発から環境志向型製品や技術の開発，生活環境・自然環境創成型事業，これらの活動を促進し，支援する金融，保険，コンサルタント，教育などの支援サービス事業へと拡大している．人類の生存にとって環境保全型社会・経済の構築は不可欠であるため，エコビジネスは21世紀の成長産業として位置づけられているが，現行の産業分類では，特定の個別産業として分類されているわけではない．エコビジネスは全産業に拡散しており，業際的，学際的な性格をもっている．→環境問題 〔石山伍夫〕

エージェンシー理論

依頼人（プリンシパル）と代理人（エージェント）との権限の委託・受託関係を分析するための理論的枠組みのこと．一般にエージェントはプリンシパルの利益を最大化すべく行動することが期待される．しかし，両者の利害は必ずしも一致しない．また，両者には情報の非対称性が存在するため，エージェントがプリンシパルの利益を犠牲にし，自己の利益を最大化するような行動をとる危険性がある．これを抑止するために，プリンシパルの利益に合致した行動をとるようなインセンティブをエージェントに与えるとか，エージェントの行動を監視することが必要となる．経営学では株主をプリンシパル，取締役などをエージェントとみて，所有と支配の関係の分析に利用されている．→エージェント，所有と経営の分離 〔安田賢憲〕

エージェント (agent)

一般的には依頼人（プリンシパル）との契約によって一定の代理業務を行う当事者を意味するが，ジェンセン（M. C. Jensen）らによって展開されたエージェンシー理論において，プリンシパルとエージェントの間に成立するエージェンシー関係における「情報の非対称性」や種々の「エージェンシー・コスト」の問題が理論化され，エージェント行動のよ

り現実的な分析と，プリンシパルとのより合理的な関係構築の方途を探究する可能性が示された．近年はインターネット上で複雑な情報処理と煩瑣な手続きを代理するソフトや技術を指す言葉としても応用されている．→エージェンシー理論
〔小笠原英司〕

SL理論

管理者が部下の成熟度に合わせ，リーダーシップ・スタイルを変えることが有効であるという．リーダーシップ・スタイルの普遍性を否定的に考える，ハーシー（P. Hersy）とブランチャード（K. H. Blanchard）の主張に代表される．SL理論は，リーダーシップの状況理論（situational leadership）であり，たとえば管理者は部下の仕事の成熟度が低いときには指示的行動をとり，部下が成熟すると管理者は指示的行動だけでなく，人間関係を大切にする行動をとるという．→コンティンジェンシー理論，リーダーシップ
〔吉成　亮〕

SPA（製造小売業）

「Speciality store retailer of Private label Apparel」の略で，アメリカの衣料品小売業GAPのドナルド・フィッシャー（D. G. Fisher）が1986年に提唱した．製造から小売までを統合し，一貫して行う業態を指す．商品のライフサイクルが短く，流行などによって左右されやすく，扱い商品数が少ない専門店やアパレル業界で，取り入れられた．中間マージンを削減し，需要予測がしやすく，返品制度を打破するために有効であるが，自社ですべてをまかなうため，リスクも高い．
〔田中信裕〕

NPO（non-profit organization）

非営利組織のこと．①事業で得た利益をメンバー間で分配しない，②組織が個人的ではなく，公益的な目的で活動する，③市民が主体となって設立された組織である．これに従うと日本の非営利組織には，狭義では財団法人や社団法人，医療法人，社会福祉法人，学校法人，更生保護法人，宗教法人，特定非営利活動法人，広義ではボランティア団体などの市民団体が含まれる．なお，NGO（non-governmental organization）とは，国際的に活動を行うNPOのことである．→公共経営
〔大平修司〕

M&A（merger & acquisition）

企業の合併・買収のこと．合併には対等合併と吸収合併があり，後者は買収となる．そして，買収にはさらに株式取得によるものと営業譲渡によるものとがある．→敵対的買収，友好的買収
〔海上尚武〕

M字型構造

女性就労の年齢別特徴を示すものでM字型就労ともいう．出産や育児のために職場を離れることで女性の労働力率（労働力人口／15歳以上人口）は，年齢別にみると一旦落ち込んで，その後再び上昇する．このような年齢によるM字カーブは多くの国でみられる特徴であるが，スウェーデンなど一部の諸国においてはMの谷が浅くなる傾向を示している．日本では，近年，晩婚化によって若年層で労働市場からの退出が遅延した結果，M字の落ち込みが小さくなったとされている．高齢化・人口減少の進展に伴い，若年層や高齢者とともに女性の労働力活用が期待されており，子育て支援などの就業対策が重要な政策課題となっている．また，企業レベルにおける育児休業制度の整備は，女性の就業継続を促す効果があるといわれる．→育児・介護休業法
〔田中信弘〕

LBO（leveraged buyout）

レバレッジド・バイアウトの略．企業買収方法のひとつで，買収を仕掛ける側が，買収先の資産などを担保に資金調達を行い，その資金で企業買収する方法である．LBOにより企業買収の対象となる可能性が高い企業は，一般的には株価が割安な企業，換金性の高い資産，もしくは優良な子会社をもつなどの特徴がある．LBOは，買収を仕掛ける企業にとって，手持ち資金を有さずとも企業買収が可能であるとのメリットがある反面，買

収に失敗した場合には，調達資金の返済が困難になるなど，リスクも多い手法である．
→M&A　　　　　　　　　　　〔馬場伸夫〕

エンジェル

　ベンチャービジネスにおいて，起業や事業の継続に必要な資金などの援助を行う投資家のこと．また起業や事業のアドバイスなどを行う者のことである．多くのベンチャー企業は，信用力(担保能力)などが不足しており，金融機関などからの資金調達が困難な場合が多い．そのため，そのようなベンチャー企業の起業などを支援し，その成果として上場した場合などのリターンを求めて資金援助をするエンジェルはベンチャービジネスにおいて不可欠な存在である．ただし，一般的には，アメリカに比べ，日本ではまだまだこのエンジェルとなる者が少ないとの指摘がある．
→ベンチャービジネス　　　　〔馬場伸夫〕

お

オーケストラ型組織

　トップのリーダーシップが個々の構成員に直接働きかけることによって，構成員の能力を引き出し，組織の活性化が促される組織のことをいう．オーケストラには指揮者とは別に，組織全体のトップであるコンサートマスターや各セクションのトップが存在するが，基本的には階層がきわめて少なく，フラットな組織である．しかも組織内の情報伝達は必ずしも上から下の方向に流れるわけではなく，場面に応じて各個人が情報伝達の核となり，さまざまな方向で能動的・受動的情報伝達が行われている．プロフェッショナルを構成員とする組織の場合には，特に命令・管理によって組織を統制することはむずかしく，個人の自発性を促すマネジメントが必要とされる．→プロフェッショナル型組織
〔大木裕子〕

オフィスオートメーション
(office automation)

　OAと略され，定型的なオフィス業務について文書作成システム，電子メールシステム，あるいはデータベースシステムなどの導入により，その効率向上を実現するものである．これは，複雑多岐化する業務的作業側面のスピードや正確さなどの大幅な向上を目指したOA化といえる．これに対して，非定形的な人間的・創造的な側面をもったオフィス活動があるが，これには判断や直感に基づく意思決定の要素が含まれる．こうした部分で経営意思決定を支援するものとして，データベースシステム，モデルベースシステム，あるいはインターフェース機能などをもつ意思決定支援システム (DSS : decision support system) などが用いられる．→経営情報論
〔金子逸郎〕

オープン・ネットワークシステム

　外部資源を有効に活用する経営をいい，組織外部からの情報のやりとりがコンピュータ・ネットワークの発達により簡単にできるようになり，SCMなどの出現となった．今後は人材・情報などの経営資源の交流がいっそう進み，自社内に閉じ込められていた優秀な人材や技術はネットワークを通して容易に流動化が可能となり，これからの経営は大きな変貌が予想される．商品の具体例は，パソコンのUBSケーブルは異なるメーカーの周辺機器との互換性であり，利用者には大きな利便性の提供となる．ビデオのVHSとベータマックスは互換性がなく，クローズド・システムである．
〔三宅芳夫〕

オペレーションズ・リサーチ
(operations research, OR)

　組織体を運営するうえで最適な意思決定を

行うために，数学的な手法を活用して行われる各種の分析を指す．第二次世界大戦中，軍事作戦の立案を科学的に支援するためにイギリスやアメリカで始められた研究が出発点となっている．その後，特に企業における意思決定に利用されるようになり，いちじるしい発展を果たした．具体的な手法としては，制約条件下で複数の製品を生産する際に利益が最大となる解を求める線形計画法，大規模プロジェクトの工程を管理する PERT，複数のプレーヤによる利益追求をモデル化するゲーム理論などがある．→ゲーム理論

〔杉本昌昭〕

温暖化対策

2005 年に京都議定書が発効され，日本には，1990 年を基準年に 2008 年から 2012 年までに，温室効果ガス 6％削減の達成目標が課されている．政府は，地球温暖化対策推進法の下で京都議定書達成計画を実行し，定量的な評価・見直しを行う．産業界では，経団連の環境自主行動計画の下で，業種ごとに省エネが，企業ごとには，ゼロ・エミッション，グリーン購入，グリーンマーケティング，環境報告書開示などが推進されている．しかし，現実的には，削減目標の達成は困難な状況であり，共同実施，クリーン開発メカニズム，排出権取引からなる京都メカニズムの利用が考えられる．環境経営の観点から，企業がこれら 3 つの柔軟措置にいかに関わり，温暖化防止に貢献するかが注目される．→環境問題，ゼロ・エミッション 〔八島雄士〕

階層組織

　組織の業務は、種類別・専門別などに分業化、グループ化して遂行されるが、それぞれのグループをまとめ、その業務を適正かつ円滑に遂行するためには、一定の人数ごとにメンバーをまとめる管理者を配することが必要となる。管理者が増えてくると、適当数の管理者をまとめる上司が必要となってくる。これを重ねていくと、その組織の最高管理者に辿りつく。こうした組織を階層組織という。
〔飯田正嘉〕

外発的動機づけ（outside motivation）

　金銭や昇進といった外発的な報酬によって動機づけられること。組織は、その目的を達成させるために、組織メンバーのやる気を引き出し、自発的行動を促すためのモチベーションが必要になる。外発的動機づけ（モチベーション）とは、組織メンバーの内から湧いてくるやる気やアイデアではなく、外から与えられた動機づけである。したがって、組織メンバーがやる気を引き出す場合にも、いい仕事や高い成果を達成すれば昇給や昇進に結びつくからという積極的な側面と成績が悪いと左遷やペナルティが課せられるからという消極的な側面がある。企業は、外発的モチベーションとして成果主義や目標管理制度などを導入している。→内発的動機づけ〔渡邊利文〕

科学的管理（scientific management）

　経営学の父とされるアメリカのテイラー（F. W. Taylor）が、1911年に著した『科学的管理の諸原則』（The Principles of Scientific Management）によって、初めて本格的に使われるようになった用語。彼の論理が科学的と称される理由は、旧来の成り行き的な管理に代えて、「時間研究」（time study）や「動作研究」（motion study）の導入により、1日の平均的な作業量を「課業」（task）として明確化したところから始まる。科学的管理とは、本来テイラーが生み出した諸原理・原則を指すものであるが、これ自体の概念は、そのシステムを指す「テイラー・システム」、そしてその内包する主義・哲学としての「テイラーリズム」、さらにテイラー自身が重視した「精神革命」という3つの概念から成立している。→アメリカ経営学
〔石本裕貴〕

学際的アプローチ
（interdisciplinary approach）

　経営学関連諸科学からの経営に関する研究は、古くはドイツ経営経済学や労働科学などがあり、またテイラー（F. W. Taylor）以降の経営工学的研究やギルブレス（L. M. Gilbreth）以降の産業心理学的研究などがあった。こうした研究を土台にして、1920年代に、メイヨー（E. Mayo）を中心とする工場現場の臨床的研究が、産業心理学者や産業社会学者等によって行われ、それに触発されて、1951年よりフォード財団の支援による心理学者や社会学者を中心とする行動「諸」科学研究（behavioral sciences approach）が行われることになる。それがアメリカの経営学界に影響を及ぼし、1961年にクーンツ（H. Koontz）をして「マネジメント理論のジャングル」とよばせしめる状況までに至った。経営の実践的研究では、学際的研究の成果から経営原理をつかみとり、ホップフ（H. A. Hopf）のいう「単なる知識を知恵に転化」し、経営実践に生かさなければならない。→行動科学
〔河野重榮〕

学習曲線

　一般に、ある製品を生産するのに必要な直接労働の単位当たり投入量（平均投入労働量）は、その製品の生産開始時点から当該時点ま

での間に生産された数量の累計(累積生産量)が増加するにつれて,一定の割合で減少するという経験的事実がある.それをグラフのかたちで表したものが「学習曲線」である.これは"learning by doing"(実践による学習)の効果を表している.生産活動の積み重ねを通じて,組織での学習(スキルの習熟,業務関連知識の習得,ノウハウの蓄積など)が行われると,生産効率が上昇して,単位当たりの生産コスト(平均コスト)が低下することを意味している.この効果は,大量生産を行うメーカーなどで顕著に表れる.そのため,そのような企業は,ライバル企業よりも多くのマーケット・シェアを獲得して,より多くの生産活動を行えば,コスト面で優位に立つことができるようになる.→経験曲線　　　　　　　〔阿部　香〕

仮想商店街

インターネットに接続されたwwwサイト(いわゆるホームページ)を利用して,さまざまな商品やサービスの情報を公開するとともに,インターネット経由でそれらの取引ができるようにしたバーチャルなショッピング・モールのこと.多くのケースでは,商品やサービスのカテゴリー別に情報が整理されている.商品やサービスの詳細は,文字情報のほか写真などでイメージをつかむことができる.代金は,クレジットカードや銀行振り込みで決済するケースが多い.楽天,YAHOO!などのインターネット関連大手が運営している全国規模のものから,全国各地の商工会議所などが地元企業の活性化のために運営する地域密着型のものなどがある.→インターネット・ビジネス　　〔小林　稔〕

価値連鎖 (value chain)

ポーター(M. E. Porter)は企業の活動を,購買物流,製造,出荷物流,販売・マーケティング,サービスの「主活動」と,全般管理・インフラストラクチャー,人事労務管理,技術開発,調達活動の「支援活動」の9つに分類し,これらの活動が連鎖して顧客に提供する価値を創造していくという考え方を提示した.この価値連鎖は,競争優位性がどの事業活動から形成されているのかを説明できるモデルであり,企業が提供する製品・サービスが企業活動のどこで価値が付加されているのかを探る内部資源分析に有効である.→ポーター
〔藤原敬一〕

カーブアウト (carve out)

企業が技術力など,なんらかの強みをもつものの,中核的でない事業を独立させ,株式公開を目指すこと.親会社から自立させることで柔軟な経営戦略の展開が可能となり,これまで埋もれていた事業を活かすことができる.独立後も親会社が支援し続けるケースが多いが,近時はカーブアウト専門のファンドも出てきており,多額の外部資本を注入するケースもある.　　　　　　　　〔中西　哲〕

株式の分割

1株を2株,2株を3株とすることによって,株式を細分化し,その数を増加させること.したがって,1株当たりの株主資産は減少するが,既存株主には,持株数に応じて新株が交付されるので,株主の利益を害することはない.そこで,株主分割の意義は,一般的に株価が高騰した場合に,その株を投資家が購入しやすい価格まで下げる目的で行われるが,最近は,一定の理由のもとに株式価格を下回るような株式分割の禁止の制限が撤廃されたことに起因してか,1株を100分割などにすることによって,その株式発行手続の遅滞の時間差などの観点から,当該株式の高騰を目論む者がおり,社会的な問題となっている.　　　　　　　　　　〔弓削忠史〕

株主主権

企業はその出資者たる株主のものであり,経営者は株主価値の最大化・創造を行うような経営が必要であるとの考え方.つまり,会社は誰のものかといった議論や昨今ではコーポレート・ガバナンス論に関連し,この会社は株主のものであるとの株主主権と対立する主張としては,会社は従業員のものであるといった従業員主権論などがある.そして,この株主主権が主張される背景として,経営

＝エージェントは株主＝プリンシパルから経営を委託され，その報酬として経営者は報酬を得ているとのエージェンシー関係や，株主はさまざまなステークホルダーへの支払などがすんだ最終的な残余利益を受け取る者であり，企業のさまざまなリスクを負担するため，などが議論されている．→エージェント，従業員主権　　　　　　　　　〔馬場伸夫〕

環境報告書

　企業等の事業者が環境に関連する経営責任者の緒言，環境保全に関する方針，目標計画，環境マネジメントに関する状況，環境負荷の低減に向けた取り組みの状況などについて取りまとめ，一般に公表するものである．また，環境マネジメントとは環境マネジメントシステム，法規制遵守，環境保全技術開発などであり，環境負荷の低減への取り組みとは，二酸化炭素排出量の削減，廃棄物の排出抑制，リサイクルの状況などである．また関連してISO14000・環境管理監査などへの取り組み姿勢なども，その公表内容として含まれる．そしてこの環境報告書が作成されるようになった背景としては，企業としての地球環境問題への取り組み，企業の社会的責任の遂行などの要望がある．→環境問題，社会的責任
〔馬場伸夫〕

環境問題

　人間を取り巻き，人間との相互作用により影響し合う外界のすべての要素を環境といい，自然，社会，政治，経済など多様な環境に区分されるが，ここでは主として自然環境（地球環境）をいう．環境が破壊されるとき，環境問題が発生するが具体的になにを問題として認識するかは，個人，社会，国，時代によって異なる．これまで，環境問題は工場から排出される汚染物質による産業公害から光化学スモッグ，粒子状汚染物質，廃棄物などの都市型，生活型公害へ，さらに，温暖化，酸性雨，砂漠化，資源枯渇などの地球環境問題へと多様化している．環境問題の発生は，一方通行型社会経済の規模が自然環境のもつ自浄能力，再生能力を超えて拡大したことに起因する．環境問題を解決し，次世代の人々に自然環境の恵みと生活の豊かさを引き渡すために，現世代の人々は「持続可能な開発（発展）」理念に基づき，自然環境の保全と経済開発の調和を図る責務を有している．→環境教育，国際的な環境問題　　　　〔石山伍夫〕

観光マーケティング

　観光客を創造するための諸活動であり，観光客が観光行動に際して抱くニーズを充足するとともに，企業や組織体の存立目的を達成するための活動をいう．具体的には，観光客のニーズを把握し，観光商品を企画して価格を設定する．また，当該商品の流通経路を設定し，販促・広告活動を行うことを指す．従前のわが国では，観光マーケティングが観光関連の営利企業の占有物と考えられており，地方公共団体や国は，これに関する知識に乏しいといわれてきた．しかし，「観光立国」がひとつの国策になった今日，営利，非営利を問わず，観光にかかわるすべての企業や組織において，観光マーケティングの活用が求められている．　　　　　　　　　〔飯嶋好彦〕

看護管理

　医療の分野で業務する看護師は，医療分野のどこの施設で働くかにより同業者数は1～2名の少人数から数百名の多人数となる．しかし，看護師が働く施設の目的や規模に違いはあっても，基本的には患者や家族住民など人間の健康問題に大きく寄与する職業集団を形成するのである．そのため，看護部門の責任者はたとえば病院や診療所，老人保健施設などの組織目的を果たすため，看護師などの人材や施設の構造・資金・情報・時間などを組み合わせる．そのうえで，看護師が人間の健康問題を解決するために医療分野にかかわる他職種と協力しながら，実践活動をできるよう支援する．この一連の活動のことである．　　　　　　　　　　　　　〔山口静子〕

監査役

　取締役の職務の執行を監査することを役割とし，株主総会により選任される会社の機関

である．主たる職務としては，内部監査・業務監査と，会計監査などがある．前者は，取締役の職務の執行が各種の法令や定款などを遵守して行われているかどうかをチェックするものである．また，後者は，定時株主総会に計算書類が提出される前に，財務諸表の適正さなどをチェックするために実施される．このように監査役の職務は，企業の業務執行を行う取締役のチェックであることからその独立性が重要とされる．そのため監査役には，職務の遂行を円滑に行うため，いつでも取締役などに対して営業の報告を求め，また会社の業務・財産を調査することができるといった報告要求調査など，法律上のさまざまな権限が与えられている．→トップ・マネジメント　　　　　　　　　　　　〔馬場伸夫〕

間接金融

資金の提供者と需要者の間に銀行などが介在して，間接的に資金の融通が行われる方法のこと．たとえば，企業が銀行から融資を受ける場合，その資金は預金者からの預金でまかなわれる．すなわち，預金者は間接的に企業に資金を融通したことになる．この際，融資先企業に対する貸倒・倒産などのリスクは銀行が負い，預金者の預金は当該銀行が破綻しない限り全額保護される．わが国では，アメリカに比べてこの間接金融方式のウエイトが高かったが，近年，大規模公開会社を中心に直接金融方式にシフトしつつある．→直接金融　　　　　　　　　　　　　　〔市古　勲〕

カンパニー制

ソニーが1994年4月から導入した組織名称に端を発しているが，もともとアメリカ企業の事業部制にみられる分権化が進んだインベストメント・センターとあまり変わらない．つまり，基本的には，事業部制と同じく部門化による事業部門ではあるが，社内資本金の配賦という形で，より明確に社内での独立性が打ち出された形態であり，資本金配賦先として株価と純利益を強く意識せざるを得なくなる．こうして，資本金の配賦とこれに伴うバランスシート，純利益の帰属の意識を高め，事業部門の収益をより明確化することによって，管理者に経営者としての責任と自覚を促し，企業としての自律を促進させる．特に，大規模な複雑化した経営組織がカンパニー制を取ることによって，より分権化され，小規模でしかも自律的な単位組織の形成が可能となり，市場環境の変化を敏感にキャッチし迅速に対応できるのみならず，この自律的単位組織が企業全体の経営活動を活性化させる源にもなりうる．
〔小原久美子〕

管理責任

経営管理の創造職能を説明する基礎概念で，バーナード経営学において重要な位置を占める．経営管理は技術的側面と道徳的側面の統一からなる技芸(technique and art)の性格をもっている．経営管理の要諦は，その全体的，道徳的側面にある．責任とは，バーナードによれば行動に一貫性を保つ道徳的準則の力を意味するが，経営管理は高度に複雑な道徳性において管理行為の責任を維持するばかりでなく，多種多様な協働参加者の道徳性を調整するという創造職能を果たすべき管理責任を負っている．経営管理者は道徳的（非論理的，価値的）リーダーシップの発揮によって，その管理責任をテストされることになる．→バーナード　　　　　〔小笠原英司〕

管理人 (administrative man)

サイモン(H. A. Simon)が提唱した経営人とも訳されるこの言葉は，経済人と対照される人間モデルである．人間モデルとは，人間の相互作用から生じる社会の諸現象を説明する場合の理論構築の基礎となる人間の行動に関する仮定である．経済人は意思決定に際し，すべての代替案を列挙し，それぞれの結果をすべて確定し，さらにすべての結果を比較評価することができる「客観的合理性」をもった人間モデルである．しかしサイモンは，実際の意思決定では代替案の列挙は部分的で，結果の予測は不完全であり，結果の評価も主観的な満足に従い選択されている，「限定された合理性」の持ち主として人間行動を仮定した．こうした人間モデルを管理人とよ

ぶ．→経済人モデル，複雑人モデル

〔大平義隆〕

官僚制（bureaucracy）

合法的支配のうち最も純粋な，いわゆる理念型（ideal types）を「官僚制」という．この言葉は，事務局（bureau）と政治（cracy）があわさった単語である．官僚制においては，規則がなによりも大切であり，規則は没主観的・非人格的なものである．規則によって決められた上司が発する命令には，形式的合理性があることで部下は上司の命令に服従するのである．言い換えれば，人々は職務の担い手としてのみ扱われ，個性をもつ人間は問題とされず，画一性が要求される．つまり，組織で働く人々は，あらかじめ決められた目的に従順に従う画一的で機械の歯車のような存在とみなされた．この組織にも合理的側面（順機能）と非合理的側面（逆機能）があることが知られている．→大企業病〔大濱慶和〕

き

機関投資家（institutional investor）

個人投資家に対比して使われるもので，通常顧客から拠出された資金を，有価証券を含む資産に運用・管理する法人の投資家を総称してよんでいる．機関投資家とよばれるグループには生命保険会社，損害保険会社，信託銀行，投資信託会社および投資顧問会社などがある．今日，機関投資家は大量の資金を保有しており，金融市場に与える影響が大きく，その投資行動はコーポレート・ガバナンスにも影響を与えている．なお，機関投資家には，適格機関投資家といわれるものがあり，機関投資家のうち証券取引法第2条に規定する内閣府で定められている投資家を指しており，証券会社，銀行，保険会社，信用金庫および年金資金運用基金などが含まれる．→企業統治 〔小椋康宏〕

企業家精神（entrepreneurship）

シュンペーター（J. A. Schumpeter）は企業家（entrepreneur）を，経済発展につながるイノベーション（生産手段の新結合の遂行）の担い手として把握している．新結合の内容には，①新しい生産物または生産物の新しい品質の創出と実現，②新しい生産方法の導入，③工業の新しい組織の創出，④新しい販売市場の開拓，⑤新しい買い付け先の開拓，がある．企業家精神とは，こうした企業家のイノベーティブな活動を指している．シュンペーターが経済的な側面に限定したのに際し，ドラッカー（P. F. Drucker）は，企業家精神が，経済的な資源を使うさまざまな人間活動や社会活動にも必要なものであり，企業はシステムとしてこの機能を戦略的に構築する必要性があるという．→イノベーション 〔大平義隆〕

企業価値（value of the firm）

企業価値に対する関心は，特定企業の財務分析を主眼としてきたが，企業買収や企業を商品・サービス同様に見立て評価する考え方の重要性が高まると将来の成長可能性も視野に入れた総合評価が必要になってきた．伝統的な企業価値は，総資産利益率，自己資本利益率，キャッシュ・フロー割引原価法などがある．また，企業価値＝株主価値度と考え，株価や利回り，株式の時価総額とする見解もある．しかしながら，企業は財務中心の経済的な価値評価に加え企業の社会性やステークホルダーからみた総合価値評価が求められている．特に近年，環境問題への取り組み，国際活動の動向，社会貢献活動，企業倫理の制度化の様態，経営者の資質など非経済的価値を重要視する傾向がある． 〔飫冨順久〕

企業再生

企業再生とは，一般的に，過剰債務に陥っ

ている企業を健全な経営状態に戻すことである. そこでは, 債権・債務を整理し, 資本の増強などによって経営の健全性の回復が図られることになる. ただし, 過剰債務は不採算部門が原因となっていることが多く, そうした部門を撤退や譲渡などで整理し, 切り離すことによって事業改革をすることが必要である. このような事業改革によって企業の再生を図ることが, 事業再生とよばれる. 事業再生は, 会社更生法の活用, 私的整理による債権・債務関係の整理に留まらず, 事業基盤の再構築という抜本的な経営改革を行うことである. 今日では, 企業再生から事業再生へと移行する傾向がみられる. →ターンアラウンド・マネジャー　　　　　　　　〔柿崎洋一〕

企業集団

各種の事業分野に属する独立した企業同士が, 対等な立場で相互に支援し合う協調関係によって, 結びつき, 形成されている集団のこと. 結びつきの契機としては, 株式の相互持合い, 金融面での支援および融資, 技術提携, 役員の相互派遣, 情報交換, 材料資源や資材の相互供給などがあり, 個々の企業にとっては, 企業集団に参加することで取引コストや情報コストの削減が図れ, またリスクの相互負担が可能になるという利点がある. わが国の企業集団の典型例としては, かつての財閥に源流をもつグループ（三井・三菱・住友の各グループ）と, 金融機関を中心としたグループ（芙蓉・三和・一勧の各グループ）などがある. →企業グループ, グループ経営
〔小野　琢〕

企業統治（コーポレート・ガバナンス）

1990年代初頭, 先進各国で大型企業不祥事が多発したことにより活発に議論が行われ, 今日では企業の不祥事への対処と競争力の強化とを解決することを目的に議論されている. 企業統治とは, 所有と経営が分離している企業において, 経営者が, 企業不祥事への対処（コンプライアンス経営の確立）と企業競争力の強化とを目的としながら, 企業に関わる利害関係者の利害調整を同時に達成しようとする企業構造を構築することである. 経営学だけではなく, 法学や経済学, 会計学や財務論などからも幅広く論じられているが, 近年, 国際機関や機関投資家, 経営者などがコーポレート・ガバナンス原則の策定を活発に行っており, 各機関や団体, 企業ごとにコーポレート・ガバナンスの緩やかな統一行動基準を定めようとする機運が高まっている. →委員会等設置会社, コンプライアンス経営　　　　　　　　　　　　〔小島大徳〕

企業の社会貢献

一般に企業の社会貢献というとき, 企業が外的な強制力によってではなく, 主に慈善的な動機から企業自身が自ら蓄積した経営資源を活用することにより, 公共の福祉の増進や生活の質の改善, また社会的諸問題の解決に寄与しようとする行為のことを指す. いわゆるフィランソロピー（philanthropy）活動やそのうちのひとつであるメセナ活動は, この活動の典型例である. なお, 企業の社会貢献を広義の社会的責任として, あるいは高次の社会的責任として位置づけ, 社会的責任の中に含む見解もある. →フィランソロピー　〔小野　琢〕

企業犯罪

企業が犯す犯罪のこと. つまり経済行為の犯罪であり, 企業がその経済利益および効能を追求するために犯した犯罪行為ということになる. 最近では, その責任は企業本体のみならず, それに関与した個人にも及ぶ場合があり, また, 世の中の進歩とともに企業犯罪の種類も増加傾向にある. →モラル・ハザード　　　　　　　　　　　　　〔矢作　望〕

企業評価

企業価値を測定することである. その目的は資本の効率性を測ることであり, 投資対象としての適否を知ることにある. 企業価値は債権者持分の負債価値と株主持分の株主価値の和で表現される. 一般に負債価値は負債簿価と大差ないのが通例であるので, 企業評価は実質的には株主価値を測定することといえる. この方法には, 配当還元モデルや割引キ

ャッシュ・フロー・モデルなど，企業のフローに基づく方法，純資産簿価（ストック）に基づく方法，類似業種比準価格方式など他社との比較による方法がある．フローやストックに基づく方法は企業のもつ本源的価値の評価であるのに対し，比較による方法は相対的な評価である．→企業価値 〔青淵正幸〕

企業文化（corporate culture）

企業文化（経営文化）の一般的定義としては，組織文化に関する諸理論をふまえて「組織構成員に共有された価値および行動パターン」，または，企業内での共通するシンボルであり，コミュニケーションツールである．この企業文化に関する研究は，1980年代に入り活発化してきた．代表的な研究にはシャイン（E. H. Schein）の組織文化のレベルと相互作用についての主張やコッターとヘスケット（J. P. Kotter and J. L. Heskett）の組織文化と業績の関係を分析したものがある．企業文化の機能については組織の発展に重要であるが，その逆機能も検討する必要がある．→組織開発，シンボリック・マネジャー
〔飫冨順久〕

企業目的（corporate objective）

企業目的は企業目標（corporate goals）と混同して使われている場合がある．2つの関係については，最上位目標（企業の存続・成長など企業の命題）⇒目的（多元的）⇒下位目標（数値目標など具体的な目標）とする見解がある．中間にある多元的目的の考え方は，次のように整理される．企業目的は元来企業の体制に関係しており，企業の誕生・生成期では経営の継続を主たる目的にしていたが，企業の発展段階が進行するに従い利潤極大化から，その修正論が登場してきた．これには，制限利潤，売上高極大化，成長率極大化，総資本付加価値率極大化説などがある．
〔飫冨順久〕

企業倫理（business ethics）

フレデリック（W. C. Frederick）によると，「一般的な倫理ルールを企業行動に適応すること」と規定されている．企業倫理は，そもそも外部から与えられるものではなく，企業の内部から互いの約束ごととして生まれてくるものである．したがって，その概念は，「社会により提供される文化に組み込まれたルールと価値のシステム」であり，習慣や生活様式，イデオロギーといった行動文化であるゆえ，それは企業行動に，拘束力をもち，いかに活動すべきかという企業の行動ルールである．現在，多くの企業が倫理基準ないし，行動規範を作成し，その遵守と監査を強化している．→職業倫理，モラル・ハザード
〔飫冨順久〕

記述科学（descriptive science）

経験的事実の観察・整理・分類・分析など，記述を中心とした科学．科学は「経験科学」と「規範科学」に分けられるが，経験科学は，さらに「記述科学」と「説明科学」に分けられる．記述科学は説明科学の前段階として，研究対象が「いかにあるか」という経験的事実を問題とし，事実を客観的に記述することを目指す．記述科学によって得られた事実から仮説を設定し，帰納的に普遍命題を打ち立て，事象を因果的に説明する段階が「説明科学」である．記述科学は自然科学の方法論であり，観察や実験により得られる経験的事実の記述を積み重ねることにより信頼にたる科学理論が構築できると考えている．→規範科学 〔中條秀治〕

規制緩和（deregulation）

第二次世界大戦後の経済発展は官民が一体となって進められ，その過程では官庁は各種の許認可権によって市場への参入，製品や価格などの規制を行ってきた．これに対して諸外国から，特に経済的規制の緩和が厳しく求められてきた．その方法は，許認可権の削減を始め，官庁と業界との間における協議のルール化や政府の融資の斡旋の透明化など幅広い．一方，政府の規制緩和政策の進展が問題とされ，電力の自由化など，欧米に続いて規制の弊害が強調されてきている．しかし，規制緩和，自由化の進展により新たなビジネス

の誕生や発展もみられる．たとえば，構造改革特別区域法の成立や国際物流，新産業創出，IT，医療，福祉，農業，教育などの分野での進行などがあげられる．〔内山利男〕

期待理論（expectancy theory）

モチベーションが心理的プロセスを通して人間行動に反映されるまでを明らかにしようとするモチベーションの過程理論であり，ブルーム（V. H. Vroom）により体系化され，ポーター（L. W. Porter）とローラー（E. E. Lawler Ⅲ）により精緻化されたといわれる．期待理論によれば，職務遂行の努力が個人的報酬につながる期待の大きさと個人的報酬に対する主観的価値の高さによりモチベーションの程度が決定する．すなわち，報酬に対する強い魅力を感じ，努力が報酬に直結する期待感が高いほど個人はいっそうの努力をするというものであり，打算的・合理的人間観を前提としている．
→動機づけ理論 〔藤芳明人〕

帰納主義（inductive principle）

「知は力なり」で有名なフランシス・ベーコン（F. Bacon）により提唱され，近代科学の基礎となった一般理論構築のための立場ないし考え方．帰納とは，具体的な事象を観察または実験し，そこから一般命題を導き出す考え方である．観察データや実験データを積み上げて，それらを比較検討し，共通因子を整理し，そこから一般理論や法則を主張する．観察や実験という経験を重視するところから経験主義ともよばれる．この理論構築ないし知識検証の方法は検証可能な事実の積み重ねに基づくため，観察データや実験データが多量であるほど信頼できる理論や法則ということになる．しかし，いくら個別の具体的な事実（特殊）を集めても一般理論（普遍）にはならないという「反帰納主義」からの批判もある． 〔中條秀治〕

機能別組織

企業規模が拡大するにつれ，営業，生産，研究，企画，人事，経理といった機能が社長から分離，その機能の専門組織を作ることとなる．これらを機能別組織とか，「職能別組織」という．専門集団による効率的な組織であるが，機能別に細分化または固定化しすぎると，組織間対立や組織の硬直化を招くので，定期的に機能や組織の見直し・リストラクチャリングおよび人事異動を行わなければならない．→職能別組織 〔國分孝志〕

規範科学（normative science）

「いかにあるべきか」という価値判断を含んだ科学．一般に，科学は経験的事実を記述する経験科学（empirical science）と特定の価値の立場に立って当為（あるべき姿）を論じる規範科学に分けられる．自然科学については，研究対象に対して主観や価値判断を交えずに客観的事実を記述するという経験科学の立場が主流である．しかし，法律学・倫理学・美学などの学問領域では，「社会のあるべき姿」や「人としての理想」あるいは「美の基準」など，特定の価値判断に基づく議論が避けがたい学問領域である．「いかにあるか」を問題とする経験科学に対して，「いかにあるべきか」という規範や価値判断の問題にまであえて踏み込むのが規範科学である．
→記述科学 〔中條秀治〕

CAD（computer aided design）

コンピュータ支援設計のこと．コンピュータグラフィックスの図形処理技術を基本とした，CAD専用のソフトを用いる．種類としては，製図の基本となっていて物体の形状を平面に設計する2次元CAD，物体の形状を視覚的・立体的に設計する3次元CADがある．また，さまざまな用途に用いられる汎用タイプから，機械設計CAD，電子CAD，建設CADなど用途が限定された専用タイプのものがある．CADの適用分野は，造船，自動車，航空機などの輸送機器業界から一般機械，電気・電子，精密機械，建築，さらにインテリア，アパレル，皮革など幅広い分野で適用されている．→CAM 〔竹井 潔〕

CAM（computer aided manufacturing）

コンピュータを利用した生産のための技術

もしくは生産へのコンピュータの利用形態．すなわち，生産のための工程設計・作業設計・工程編成などの生産準備，加工・組立・運搬・検査などの工程制御のそれぞれに必要な情報を，コンピュータを利用して，生成し活用することにより，設計作業の正確化・迅速化，設計から製造への切換えの容易化，生産の自動化・省力化を図るための技術である．CAMにより設計者を製図作業から解放することが可能となる．一方，設計者の創意工夫・創造的発想の足かせとなる危険もある．CAMは，本来CADを前提として成立する技術であるから，CAD/CAMと称せられるのが一般的である．→CAD　　〔常田　稔〕

業界団体（trade association）

同種類の財・サービスを生み出す産業に従事している業者の社会が業界である．業界の多くには，当該産業の認知度向上，業界内の個別企業と行政当局（監督官庁）との窓口業務の円滑化，コスト節減のための共同調製事業など，目的を共通にする業者の組織的な集まりである業界団体がある．日本の業界団体は当該産業の発展過程において，主に業界内の利害調整役を果たしてきたが，官民癒着や談合などの事件の温床との社会的批判が強い．そこで，地球環境の回復・保全，消費者への啓蒙など，より社会性の強い活動を志向する業界団体が増えている．→談合体質

〔野本　茂〕

共進化（coevolution）

企業と企業を取り巻く環境の関係において，相互に影響を与えあいながら，ともに進化していく状態を指す．競争関係や協調関係どちらの場合にも成り立つ．競争関係においては，価格競争や軍拡競争があり，協調関係においては，コラボレーションやアライアンスなどがあげられる．元来，生態学の用語で，エーリックとレイヴン（P. R. Ehrlich and P. H. Raven）が1964年に植物と植食性昆虫の関係で最初に用いた言葉である．企業経営における相互依存性や環境適応性を捉えるうえで，重要な概念といえる．→共生〔田中信裕〕

共生（symbiosis）

種を異にする2つの生物同士が直接的にして密接な関係の中で存在する状態を意味する生物学的概念としての共生は，生物の双方が互いに便益を得ている相利共生，一方が便益を得るが他方は便益も損失も有しない片利共生，一方が便益を得て他方は損害を蒙る寄生に分けられる．経営学および経営実践の分野では共生概念は企業とステークホルダーとの関係を取り上げるとともに，そこでは企業とステークホルダーの双方はそれぞれの成功に関して相互依存関係にあり，相利共生の関係の構築が重要であることが強調される．共生的関係の形成に際しては，異質な他者との対話という概念が意義をもつと思われる．

〔櫻井克彦〕

行政経営（administrative management）

民間企業の経営で培われてきた経営思想や管理手法を適用することで，行政サービスの質的向上と効率化を推進しようとするのが行政経営である．「行政管理」から「行政経営」への発想の切り替えが提唱されている．従来，行政管理は「お役所仕事」とよばれ，硬直的管理と非効率の代名詞であった．近年，行政においても業務の効率化と質の高いサービスが求められており，民間企業で培われた経営思想や経営管理手法の導入が図られている．たとえば，1980年代のイギリスにおける行政の民営化の動きは，「新公共経営」（new public management）とよばれる新たな行政経営の手法を生み出しているが，その基本的発想は，民間企業の経営の発想や成功事例に学ぶということであり，それらに共通する特徴は，①顧客志向・顧客満足（市民を顧客として捉えなおす），②成果主義，③市場機能の活用（コスト意識），④簡素な組織編成など，である．　　〔中條秀治〕

競争戦略

個々の事業分野において競争優位を獲得するための戦略のことであり，ポーター

(M. E. Porter)によって研究が始められた。彼によれば、競争優位を獲得するための方法には、同業他社より低コストを実現する「コスト・リーダーシップ」、ライバルにない独自性を打ち出す「差別化」、特定のセグメントに重点をおく「集中」の3つがある。企業はこの3つの基本戦略のうちどれに重点を置くのか決めなければならない。ポーターらの戦略論は激しい競争を避けるように自社を位置づける（ポジショニング）ための理論であり、「ポジショニング・アプローチ」とよばれる。これに対し、競争優位の要因を企業の経営資源に求めるアプローチに、「資源ベース論」がある。プラハラッドとハメル（C. K. Prahalad and G. Hamel）は、企業の競争優位の源泉は他者によって「模倣、複製、代替されにくい」その企業独自の資源や能力であるとし、彼らはこれをコア・コンピタンスとよんでいる。→経営戦略論　〔佐久間信夫〕

競争優位（competitive advantage）

競争上の立場を有利にするものという意味で、競争戦略では重要な用語である。限定された範囲で製品・サービスを提供することで関係する業界と市場が特定し、競争相手もまた特定される事業レベルの戦略では、識別可能な競争相手との間で激しい競争を強いられるために、競争戦略の重要性が増す。競争の局面では、競争相手それぞれが占める位置によって、勝敗を左右する競争上の相対的優位と劣位が生まれる。→ポーター　〔冨田忠義〕

共同決定制度

経営の意思決定へ労働者の代表の参加もしくは関与を認める制度をいう。組織均衡の理論からは個人の貢献が問題になり、また適応されるレベルで概念分類が必要になるが、本来は資本の経営権への参加と考えられ、意思決定をもっぱら経営者に委ねるのではなく労働者の代表との協議（審議会）もしくは共同決定にまで認めていくことをいう。成果分配や労働条件をも含め意思決定機関での責任と権限の枠組みの範囲およびその執行までが問題になり、歴史的にはドイツでの一連の法制化が知られているが、産業民主主義の思想や資本主義体制への懐疑、構造的危機感を理念上の背景にして、制度化への検討と整備を行う傾向が世界的にみられる。　〔稲福善男〕

近代管理論

バーナード（C. I. Barnard）やサイモン（H. A. Simon）、マーチとサイモン（J. G. March and H. A. Simon）の諸理論をいう。近代管理論のいずれの理論も、組織というものを分析することにより、管理論を構築している点では、共通性をもっている。バーナードは、企業は協働体系であり、その中核に組織があるとした。そして、この組織を分析することにより、経営者には共通の目的の設定、協働意欲の確保、コミュニケーションの確保という3つの役割が必要であることを明らかにした。また、サイモンは、伝統的管理論、特に経営管理過程論の管理原則が、ことわざのようであり、科学性もなく現実に適用することが困難だという痛烈な批判を行い、伝統的管理論とは一線を画す近代管理論を構築した。サイモンは、組織の中の意思決定という概念に注目し、経営者の役割の中心にこの意思決定があることを指摘した。→サイモン、バーナード　〔青木幹喜〕

く

グーテンベルク（E. Gutenberg）

ドイツの経営経済学者（1897～1984）。元ケルン大学教授、1951年出版の『経営経済学原理』（*Grundlagen der Betriebswirtschaftslehre*）は、生産性を基本原理とする数理的経営経済学で、その画期性は学界に未曾有の衝撃を与え、実践性の有無に関し、いわゆる第三次方

法論争を惹起させた．しかし第二次世界大戦敗戦後の産業復興に急を要する時代，生産性向上に焦点を絞った簡潔な学説は，実践的にも有効性を発揮し，グーテンベルクは経済省顧問に迎えられ，奇跡といわれた高度経済成長を支えた．かくして彼の学説は，いわゆるパラダイムを形成し，ケルン大学の彼のゼミナールには，全国から800名近い学生が集まったといわれている． 〔森 正紀〕

クライシス・マネジメント
（crisis management, 危機管理）

時と場所を選ばず思わぬ形で発生する不測事態（contingency）を予知・予防し，たとえ発生しても，素早い対応で被害を最小限に食い止めることである．そこで，危機管理には，つねに最悪の事態を想定し，危機が発生しないように予防・防止のための計画が立案され，訓練されるクライシス・コントロール（crisis control）と，万一，危機が発生した場合，人的および経済的な損失を最小限に食い止めるための「クライシス・マネジメント」とがある．企業の不測事態とは，死傷，動的損失，資産喪失，または，組織に打撃を与えるその他の通常の企業活動の範囲を超えて発生する潜在的な事態のことであり，①産業災害（爆発，火災，建物の崩壊など），②テロリズム（誘拐，暗殺，脅迫など），③労働争議（暴力的なストライキ，サボタージュなど），⑤その他（戦争人質など）の危機がある．→セキュリティ・マネジメント 〔大泉光一〕

クリエーター

クリエート（create）は，創造するという意味の動詞で，クリエーター（creator）は創造する人である．経営用語としてクリエーターは，主に私的および公的企業などが市場で提供する財またはサービスに対する広告表現戦略（advertising creative strategy）を担当する高度専門職に従事する人のことである．広告表現戦略を立案するベースがマーケティング戦略であり，マーケティング戦略を実現するために，広告目標を設定し，実現するために広告表現戦略とメディア（媒体）戦略が立案される．具体的には，クリエーターが表現戦略で主に創造するものに，クリエイティブ コンセプト，コピー（文案），ビジュアル（デザイン）などがある． 〔小林 勝〕

グリッド理論

1964年にブレイク（R. R. Blake）とムートン（J. S. Mouton）によって開発された動態的組織づくりのための行動理論をいう．リーダー行動の2つの側面で「人への配慮」と「生産への配慮」という2軸によって図式化された．具体的にグリッド（grid）とは，「格子」の意味で，組織におけるリーダー行動や組織の状態を，生産への配慮1点で人への配慮1点のリーダー行動は「1-1型」（貧乏のマネジメント型），生産配慮1点で人配慮9点は「1-9型」（カントリークラブ型），生産配慮9点で人配慮1点は「9-1型」（権威屈服型），生産配慮5点で人配慮5点は「5-5型」（中道型），生産配慮9点で人配慮9点は「9-9型」（チーム型）の5つの枠組みで捉え，そのスタイルを学習することにより，組織の変革や管理行動の変革を図っていこうとするものである．→組織開発 〔郭 智雄〕

グリーン・マーケティング
（green marketing）

1992年にイギリスのマーケティング学者ケン・ピーティ（K. Peattie）が提唱したマーケティング・コンセプト．この「グリーン」という言葉には，地球上の生命への関心，地球規模での環境保護などが込められている．過去の先進諸国は，大量生産・大量消費・大量廃棄を行うことで高度成長を享受してきた．しかし，その成長は一方で，環境破壊や資源枯渇などの問題を生み出した．そこで，その反省から，環境を人間社会に不可欠，かつ本質的な価値と認識し，地球環境と人間社会との共生を図るために，マーケティングがなすべきことを考察する新しい試みがグリーン・マーケティングである．→環境問題，国際的な環境問題 〔飯嶋好彦〕

クールビズとウォームビズ

クールビズとは、「涼しい」や「かっこいい」という意味のクール（cool）と、職業を意味する「ビジネス」の短縮形であるビズ（biz）をあわせた造語である。同様にウォームビズとは、「暖かい」を意味するウォーム（warm）とビズの造語である。クールビズは、夏の室温を28度に設定してオフィスで快適に過ごすためノーネクタイ、ノー上着が基本である。2005年夏、環境省は温室効果ガス削減により地球環境温暖化防止を目指し、夏のオフィスで快適にすごすためのファッションを提唱し、その名称を公募し、決定した。同様にウォームビズは、冬の暖房時の室温を20度にして、快適に過ごすことをよびかけている。→環境問題　　　　　　　　　〔小林　勝〕

グループ経営

企業は、子会社、関係会社などと企業グループを形成して行動することがある。この傾向は、大規模な企業になるほど顕著になる。また、持株会社の解禁や連結決算制度の普及などによって、企業再編、企業グループの経営評価、グループ・ブランドなどに関心が集まっている。企業グループの経営が新たに問題となり、そのあり方がグループの各企業の経営評価にも影響を及ぼす時代となっている。企業グループは、これまで主に分社化による子会社設立により形成されたが、持株会社の解禁でM&Aによる形成も増えている。企業グループの経営原理は、構成企業の経営的な自律性とともに、企業グループそれ自体の経営が独自の意義をもつことから、個と全体の相乗効果を最大化し、新たな企業価値を生み出すことにあるといえる。→企業集団、企業グループ　　　　　　　　〔柿崎洋一〕

グループ・ダイナミクス（group dynamics）

1930年代後半にレヴィン（K. Lewin）らによって提唱された社会心理学的理論で、複数の個人によって構成された集団が、成員としての個人の行動および思考に影響をおよぼすとする考え方。一般には「集団力学」と訳されている。こうした考え方により、集団と個人との力学的関係、集団による個人に対する影響プロセスなどが解明され、集団におけるコミュニケーションやリーダーシップのあり方、モチベーション、モラール、成員としての個人の管理のあり方などに新しい視点をもたらすとともに、新たな研究領域としての行動科学の発展に大きく寄与した。→行動科学　〔吉村孝司〕

クローズド・システム（closed system）

環境との間に相互作用がないシステムのことをいう。近代の工業社会の典型的な生産物である時計は、クローズド・システムであるように思えるが、時間を長期にとれば、機能的に特化している各部品も、しまいには劣化し・腐敗し、環境に飲み込まれることになる。このことはすなわち、環境との間に相互作用があることを意味している。人間の活動（コミュニケーション）を要素とするシステムの場合には、クローズド・システムは現実にはありえない。なぜならば、人間はシステムにとって環境に位置するからである。企業組織というシステムから、このことを考えてみると、人間は企業活動の担い手として、システムに参加する。その際、企業が従業員として全面的にシステムの内部に取り込もうとしても、それは不可能であるからである。→オープン・ネットワークシステム　〔中村耕司〕

グローバリゼーション（globalization）

文字どおり地球化を意味し、中国語では全球化といっているように、経済や企業活動などが地球規模で展開されることを意味する。国際化（internationalization）と同じ意味で使われる場合もあるが、国際化は2国間、ないしは少数国間での活動に限定し、その発展形態として多数国間、すなわち地球規模での活動への発展をグローバルと解するのが一般的といえよう。その中間に多国籍化（multinationalization）を位置づける考え方もある。さらに、企業経営のグローバル化の発展形態として本国・本社中心の集権的かつ統一的なグローバル化のみを目指すのではなく、現地への適応、すなわちローカル化（localization）の同時達成を目指す戦略や方

向としてグローカル化（glocalization）といった概念も提示されてきている．〔根本　孝〕

け

経営資源

　企業が事業を営むうえで必要となる諸要素のこと．一般的に，人的資源，物的資源，資金的資源，情報的資源などに分類される．人的資源とは，正社員や契約社員，パート，アルバイトなどである．物的資源とは，土地や施設・設備，原材料・部品，仕掛品，製品などである．資金的資源とは，現金や預金などである．情報的資源とは，社会や市場に関わる情報のほか，当該企業の技術やノウハウ，ブランド・イメージ，信用力，組織文化など，無形の資産を幅広く意味する．また，企業にとって，独自の経営資源は競争優位の源泉になりうる．したがって，他社が容易に入手することのできない経営資源をいかに獲得，蓄積するかが戦略上の重要なテーマとなっている．→経営戦略論　　　　　　　〔関根雅則〕

経営資源管理論

　さまざまな経営資源の定義があるが，「ヒト・モノ・カネ・情報・時間それに社会的インフラなどが経営資源」になる．経営資源の利用目的は，それらの資源を結びつけ，組み合わせ，統合して，社会に存在するニーズ（needs）やウォンツ（wants）に応えるため効用・価値を提供することを通じて，利潤に変換させることである．したがって，経営資源管理論の目指すものは，その活動プロセスを効率的，かつ効果的に行うことにある．
〔西田芳克〕

経営システム

　一般に，ヒト・モノ・カネ・情報などの経営資源を結びつけることによって所定の機能を発揮するメカニズムを構造化して，有効で能率的な活動が行われるように，その経営をシステム化（組織化）した仕組みや，の組織的な体系を経営システムという．これには，利益をもたらすメカニズムを組み込んで，自社や他社の事業所を編成してシステム化を図り，情報通信技術を活用して効果的な事業運営ができるようにした経営の仕組みや，組織全体のパフォーマンス（活動や成果）を向上させるために行われる経営行動の組織的な体系などが含まれる．→経営資源管理論，経営組織　　　　　　　〔阿部　香〕

経営者支配

　大規模な株式会社の経営者が，株主によらず，経営者自身により選任される事態を指す．バーリとミーンズ（A. A. Berle and G. C. Means）の『近代株式会社と私有財産』（1937）により一般化された．彼らは1930年1月1日時点のアメリカの資産基準で上位200社の巨大株式会社を調査し，その44％の会社は，経営者を選任する取締役会のメンバーが大株主の意向によらず，経営者自身の判断で選任されていることを明らかにした．この理由は，当時のアメリカの巨大株式会社では，株式が個人間で高度に分散所有され，株主は白紙委任状を会社に送付し，株主総会でその委任先を現職の経営者にすることにより，経営者自身が「経営能力」を基準にして，取締役を選出する．それは多くの個人株主は総会に出席せず，配当や株価上昇だけに関心をもつからだと説明した．→専門経営者
〔厚東偉介〕

経営情報論

　経営活動に必要な情報を経営情報という．経営情報論は，経営情報の管理・分析・活用を研究する学問分野である．経営情報論の目標は，経営情報を適切に管理・分析・活用する知識と技術を習得させ，IT（情報技術）またはICT（情報通信技術）を活用するこ

との重要性について理解させるとともに，高度情報通信ネットワーク社会の発展に貢献する能力と態度を育てることである．経営情報論の内容は，ビジネスゲーム演習，経営情報の管理・分析・活用，ITまたはICTの活用，経営情報システム，電子商取引，電子政府・電子自治体，情報セキュリティ，経営情報教育などである．→IT，情報管理〔野々山隆幸〕

経営診断

診断という用語は，健康診断や学力診断または景況診断というように社会一般的に広く用いられている．その実態は，診断対象がある基準（理想，平均，目標，経験，一般常識，その他）との比較においてどのような状況下にあるかを明らかにすることである．医学でいえば，病名を決定することといえるであろう．経営診断の場合は，基準との比較において問題点（不満解除のための問題と満足向上のための課題という二面性がある）を明らかにすることだけでなく，その改善方法や対処方策などまでを含めて使われている用語である．この経営診断を担う人を経営コンサルタントといい，経済産業大臣が登録する資格者を中小企業診断士という．→中小企業診断士
〔森山典孝〕

経営戦略論

軍事用語の「戦略」（strategy）が，はじめて経営学の概念として登場したのは，1960年代における米国企業の多角化が急速に進んだ時期である．その後，さまざまな理論展開がなされ，ミンツバーグ（H. Mintzberg）は10の学派に分類している．それらを大きく分けてみると，企業の外部（環境）に焦点をあてた分析型の「ポジショニング・アプローチ」と，企業の内部（資源）に焦点をあてたプロセス型の「ラーニング・アプローチ」に集約できよう．特に最近では，経営戦略が組織的相互作用の結果として生み出されるとする視点がしだいに明確となり，経営戦略論と経営組織論とが融合した形での研究が進められている．また，経営戦略論は，企業活動全体に関わる企業戦略論と，多角化した事業分野ごとの事業戦略論に分けられる．→アンソフ，ポーター　〔井上善海〕

経営組織

経営の目的を達成するために秩序づけられた成員の活動（協働）の総体をいう．経営組織というとき，成員の活動を有効に管理するための機構としての側面と，公式（フォーマル），非公式（インフォーマル）両者からなる人間組織の側面とがある．前者にあっては，第1に組織化・階層化に伴う職位の責任と権限が問題になる．第2に構造化に伴うラインとスタッフ，本社と事業所との関係が問題になる．近年，グローバルな企業競争の激化に伴う絶え間ない事業の再構築によって，企業組織の分割，他社との組織（事業）の再編が進んだ．このことは経営組織のあり方が一企業内にとどまらず企業グループや経営戦略のあり方と密接に関連していることを示している．なお，人間組織の側面は組織活性化のための小集団活動や組織風土の変革を促すうえでの組織的基盤となる．→公式組織，非公式組織　〔安藤喜久雄〕

経営理念

経営理念とは経営をするうえでの基本となる考え，信条である．経営者は，企業経営にあたり確固たる理念をもちそれを社内に浸透するのみならず，社外にも公開していかなければならない．経営理念の機能として，経営者の使命実現のよりどころとなり経営思想を内外に発信する機能，経営幹部の結束を固め，それぞれの主体的な活動を促す機能をもつ．また企業には，社員が共有すべき基本的な価値観を示す企業理念があるが，この内容の核となるのも経営者の理念，哲学である．近年，「経営の心」，「企業の心」を社会に浸透し，認知してもらう動きが活発であるが，企業がステークホルダーから理解され，共感され，理解されるうえで経営理念は最も大切な役割をもつ．→ビジョン策定力〔市川覺峯〕

経験科学（empirical science）

形式（先験的）科学の対語．それは物事を

経験し，見知り，理解するとの意味で，経験に基づく事実や知識の体系化を根拠に発展してきた学問である．現象，法則，説明についての方法論や手続きは，自然研究の分野で確立された．主観性排除のため，数理概念をもとに，客観性と普遍性を必須条件にして成り立つ等式が，経験科学では求められている．第二次世界大戦後，学問の環境に，変化が起こった．従来，再現や実験は不可能と思われていた社会的な事象への関心が，戦後急速にたかまり，それらの分野においても，自然科学の手法と成果が導入された．今では，モデル化と科学技術の振興で，生活の向上，産業構造の高度化，国家の繁栄など，政策的には実証ずみである．他方，人々の都合や生活の便利さなどの要求は，さまざまな地球環境問題に結果した．現今では，科学者自身のモラルや責任が追究されるとともに，研究成果に対しても安全・安定・安心が要請されている．同じく，科学教育そのものとそのあり方が問われるという状況にある．→記述科学

〔渡辺利得〕

経験価値

シュミット（Bernd H. Schmitt）は，伝統的なマーケティングの理論的基盤である「消費者は製品特性や便益性による価値を求めている」という前提を覆し，「消費者は経験価値を求めている」として，新たなマーケティングのあり方を提唱した．経験価値とは感覚（sense），感情（heart），精神（mind）への刺激によって引き起こされる．それは，出会いや経験，さまざまな状況下で生活してきたことの結果として生まれる．そこで，経験価値には，sense（感覚的経験価値），feel（情緒的経験価値），think（創造的・認知的経験価値），act（身体的経験価値とライフスタイル全般），relate（準拠集団や文化との関連づけ）の5つのタイプがある．消費者が強く求めているのは，このような経験価値であり，これが機能的価値に取って代わることになる．

〔阿部 香〕

経験曲線（experience curve）

アメリカで航空機の生産費用を調査する過程で発見されたものであり，ある特定事業の累積生産量が倍増するごとに，一定の割合で単位費用が減少する現象を，経験曲線効果または経験効果という．この経験曲線は，経験線効果の程度を知るために，横軸に累積生産量を，縦軸に単位費用をとり，いくつかの時点での値をプロットした曲線である．理想的には経験曲線は指数関数が示す右下がりの曲線を描き，ある時点での生産規模の費用への影響という規模の経済とは区別される．経験曲線の効果の有無は，事業戦略策定において，①自社ならびに競争会社の過去から将来にかけてのコスト・ダイナミックス，②競争戦略としてシェア競争（累積生産拡大競争），③業界の成長率とシェアを組み合わせた，事業ポートフォリオにとって重要である．→学習曲線

〔小原久美子〕

経済人モデル（model of economic man）

組織参加者の行動原理を，経済人と仮定して理解しようとするもの．この経済人とは，利潤極大化原理や，たとえば限界効用均等の法則のような経済法則に基づいて，合理的に経済活動を行う人を意味する．ここでは，意思決定に際して，すべての代替案が得られ，そのうちから最適なものを選び，かつ実行できるものと仮定されている．しかし，行動科学の発展に伴って，組織参加者には，認知の限界と行動結果の不確実性のあることが指摘され，新たに管理人（administrative man）モデル，そしてさらに経営人（managerial man）モデルが主張されるようになった．そこで，これらのモデルの理解を容易にするために，従来の古典的経済学に従って経済合理性を追求する人間を，経済人モデルと示すことになった．→管理人モデル　　〔鈴木勝美〕

ケイパビリティ（capability）

組織のもつ資産活用能力を表すものとして近年使われてきた．企業に限らずあらゆる組織体は，ヒト・モノ・カネ・情報など，独自

の経営資源をもっているが,経営資源それ自体は顧客が要求する価値を創造するものではない.それぞれの組織はみずからの経営資源を見極め,それらを経営資産として有効に活用していくことによってのみ独自の価値を生み出し,組織目的を効果的に達成できる.同じような IT 技術が導入されても,経営者のリーダーシップや従業員の意欲の違いによって必ずしも同じような効果が発揮できないのは,このためである.このような資産の有効活用の必要性は,行政組織や学校などあらゆる組織体にも求められている.→経営資源

〔児玉敏一〕

ケース・メソッド (case method)

「現実の経営に生じた情況を,文字・数字・図表などによって記述したケースを教材として,討論を通じて学習する教育方法」のこと.それは,専門経営者の育成を目的としたアメリカのハーバード大学経営大学院(ハーバード・ビジネススクール)によって開発されたものである.ケース学習のプロセスはさまざまであるが,一般的にはケースを基に,情況分析→問題発見→問題分析→問題解決というプロセスを経るものとされる.学習者は,ケースに登場する経営者や管理者の立場に立って意思決定し,その決定の内容や根拠を集団討論の場で主張することが要求される.こうした学習プロセスを通じて,経営者に必要な分析力,判断力,説得力などが育成されるという.→ビジネススクール　〔中村秋生〕

ゲートキーパー (gatekeeper)

組織内外の情報に精通し,その中から有益な外部情報を選別し,内部に提供する人物のことで,組織のパフォーマンスに好影響を及ぼす.そして,高度な専門知識に長け,外部組織への接触頻度も高いため,組織間における共通概念の欠如によって生じるセマンティック・ノイズ(semantic noise)を除去し,外部情報をわかりやすく的確に伝達できる人間でもある.

〔坂崎裕美子〕

ゲーム理論 (theory of games)

人間関係を分析するものがゲーム理論であり,この場合の人間関係は駆け引きであり,ゲームともみることができる.この理論は利害が相反する人間の行動様式を究明したもので,数学者のノイマン(J. L. von Neumann)と経済学者のモルゲンシュテルン(O. Morgenstern)によって開発された.経済学との関連でいうとゲームとは,人間の経済行為には,碁やトランプなどにみられるような各プレーヤーの行動を規定するルールがあるということである.碁の場合,相手が打ってくる手を予測しながら,その条件の下で自分の領域を最も広くしたり,失う領域を最も狭くする手はなにかを計算する.ゲーム理論は,このような駆け引きの心理を経済学に応用した戦略ゲームである.　〔西田安慶〕

研究開発管理

新製品を創造し,市場投入するまでの活動を対象とする.管理内容は,①テーマ発掘と,②テーマ具現化の２段階に分かれる.前者は独創性や新規性,後者は市場性や収益貢献性などが,管理評価上重要である.以前は研究者の創造性を阻害する形式的管理を排除することが肝要とされ,聖域化されていたが,今日では製品のライフサイクル短縮や市場のグローバル化・オープン化などに伴い,管理内容が様変わりしつつある.たとえば,①基礎研究から競合他社とアライアンスを組む,②応用研究段階から市場投入製品の利益を考慮する,③研究開発期間を半減するなど,管理対象が研究者自身の自主管理から経営者が関わる戦略性を帯びたものに変ってきている.→ R&D　　　　　　　　　〔櫻井敬三〕

減損会計 (accounting for impairment)

有形固定資産・無形固定資産・投資その他の資産(金融資産・繰延税金資産は除く)を適用対象とする減損会計とは,企業が保有する資産の収益性が低下し,投資額の回収が見込めなくなった場合に,一定の条件の下で回収可能性を反映させるように帳簿価額を減額

する会計上の手続きである．それは，資産の帳簿価額を回収可能価額（正味売却価額と使用価額のいずれか高い方の金額）との差額（減損損失）が特別損失として損益計算書に計上され，同額だけ貸借対照表の資産額は減少させられる．また，減損会計は，取得原価基準の下で行われる帳簿価額の臨時的な減額であるが，資産の回収可能性に着目している点に特徴がある．この背景として，従来は保有する固定資産の帳簿価額が価値を過大に表示したまま将来に損失を繰り延べているのではないかという疑念が示されていた．減損会計を適用することにより投資家に対して有用な情報を提供することになる． 〔秋本敏男〕

限定された合理性

サイモン（H. A. Simon）によれば人間は，そのもつ合理性により，望ましい意思決定を行う．しかし，人間の合理性には限界があり，経済学モデルなどで前提とされる「完全な合理性」に対して，「限定された合理性」とよばれる．すなわち，人間は所与のものによって定められた限界内においてのみしか合理的な意思決定ができない．限定された合理性は，人間が直面する①知識の不完全性，②予想の困難性，③行動の可能性の範囲，という諸条件により，完全な合理性をもてないがゆえに生じる．しかし，個人は経験的学習や知識などから，より妥当な合理的な意思決定を行う．また，目的に向けた計画における個人の意思決定は，その計画へ統合化されうるものであり，さらに，行動の統合を行うこともできるという．→サイモン 〔高松和宣〕

現場主義

企業の現場では実際にプロフィットを生み出している．強い企業は，「現場が強い」といわれるように，現場には「業務プロセス」と，そのプロセスを支える「人材プロセス」と「顧客プロセス」がうまく噛み合うことで，その機能はダイナミックな現場を創出することになる．それが「強い現場」となり，そこに注目するところに現場主義の意義がある．多くの組織では，この現場からさまざまな創意工夫が生み出されている．現場では，さまざまな小プロセスを超えて，首尾一貫した統合責任を担う場がある．この場は全社機能を，現場が「経営」的に動かすことを意味し，現場に行って，「現場から学ぼう」という姿勢がその語源となっている． 〔高松和幸〕

コア・コンピタンス（core competence）

企業の成功要因としての中核技術ないし組織能力を指す経営戦略論の用語．企業の競争優位の源泉を問う経営戦略論には，企業の成功要因を組織外部の戦略的位置づけに求めるポジショニング・アプローチと，その要因はむしろ組織内部の自社特有の能力にあるとする資源ベース・アプローチがある．ハメルとプラハラッド（G. Hamel and C. K. Prahalad）は1990年の論文において，当時の日本企業の強さに着目することによって，多角化企業の成功要因としての中核技術ないし組織能力の決定的重要性を明らかにした．この概念はその後，バーニー（J. B. Barney）らの資源ベース・アプローチにおける基礎概念となった．→資源ベース・アプローチ 〔鈴木秀一〕

ゴーイング・コンサーン（going concern）

有期契約事業のような特別な場合を除き，企業は資本循環を繰り返しながら無期限的に事業活動を展開する「継続事業体」であるという仮定．理論的には，企業を組織化された諸取引関係の連続体として捉えたコモンズ（J. R. Commons）の「制度派経済学」に深淵があるとされている．こんにちでは企業行動が種々のステークホルダーとの取引関係

の継続として展開されていること，企業が生命体として「存続」を企図する主体であることは，現実的企業像として一般化しており，経営学の基本的公準として確立されている．→能率と効率　　　　　　　〔小笠原英司〕

公共経営

確定した定義はないが，経営の目的を企業経営に対비して非営利経営とする説と，経営の主体が民間である私経営（民営）に対する公経営（官営）とする説がある．近年は民営NPOが活躍の場を広げており，その公共的理念に注目する説や，企業経営の営利性をも包摂する「公共性」を捉え，経営主体，事業種類，組織形態の別を問わず，市民的福利の増進を使命とする経営を広く公共経営とする説が登場している．→行政経営〔小笠原英司〕

貢献意欲

協働意思ともいわれる組織の3大要素のひとつ．バーナード（C. I. Barnard）は公式組織を「2人以上の人々の意識的に調整された活動または諸力の体系」と定義し，この組織の成立には，3つの要素．（共通目的〈common purpose〉，貢献意欲〈willingness to serve〉，伝達〈communication〉）が必要であるとした．組織は，①お互いにコミュニケーションできる人々がおり，②それらの人は行為を貢献しようとする意欲をもって，③共通目的の達成を目指すときに，成立する．貢献（contributions）とは，組織の目的の達成に寄与する個人の活動であり，貢献意欲は，その活動をしようとする意思である．個人は組織に対して「貢献」（仕事努力）を提供する代わりに，組織からは「誘因」（給与や地位）を受け取る．誘因と貢献のバランスが組織の均衡であり，組織存続と成長を確保するための条件である．→バーナード　　〔趙　偉〕

公式組織（formal organization）

組織目的を合理的に達成するために，個々の組織メンバーの職務・権限を明確にし，もろもろの活動が整合的に遂行されるよう規則・制度が設定され，指揮・命令系統が計画的に編成されている協働体系を指す．バーナードは，公式組織を「2人以上の人々の意識的に調整された活動または諸力の体系」と定義し，その成立要素として共通目的，協働意思，コミュニケーションの3つをあげている．共通の目的が明確にされ，それが組織メンバーに受容されて協働意思が生まれる．したがって，両者をつなぐコミュニケーションを欠けば，協働行為の実現は期待できない．→経営組織，階層組織　　　〔稲山耕司〕

行動科学（behavioral sciences）

個人および集団（組織）における人間の行動について，心理学，社会学，経済学，政治学，経営学などの社会科学における学際的なアプローチによって解明をはかることを目的とした研究領域．第二次世界大戦における軍事利用を目的としてスタンフォード大学に「行動科学高等研究所」が設置されたのが，行動科学とよばれる理由とされる．人間の個人的行動をはじめ，集団力学，意思決定，脳機能などに関する研究成果は軍事利用に供される一方で，企業組織における新しい管理のあり方に大きな影響を与え，調査・実験および数学モデルに代表される独自の研究手法による当該研究領域は，いまも大きく進展をみせている．→学際的アプローチ　〔吉村孝司〕

高齢社会（aged society）

総人口に占める65歳以上の高齢者人口の比率が14％を越える社会をいう．わが国では，少子化，平均寿命の伸びなどを背景に，1994年にすでにその数値を超えている．高齢社会では年少人口・生産年齢人口の比率の低下などから，社会一般の活力の減退と同時に指摘される後続世代が先行世代を支える年金制度の問題も具現化する．しかし，豊富な知識，経験を有する高齢者層がそれだけ増大する社会であるともいえよう．企業においては，定年の引き上げ，再雇用制などの運用が必要となり，高齢期における人材の能力発展が課題となる．個人においては，ライフデザイン，キャリア・デザインの重要性が増大し，働くことの意味や職業生活と家族，地域

での生活との関係が改めて問われる社会でもある．→高齢者の継続雇用　〔上嶋正博〕

顧客の維持（customer retention）

顧客を獲得するコストと顧客を維持するコストを比較したとき，一般的に前者が高い．また，顧客との関係が長期化すればするほど企業に利益をもたらすことがサービス・マネジメント研究の成果からわかってきた．そのため，今日では，獲得した顧客を維持し，離反させないことが企業経営上の要諦になっている．しかし，このことは，「すべての顧客を逃さない」という意味ではない．むしろ，顧客といってもさまざまなタイプが存在する．そこで，顧客セグメントを行い，企業経営に強い影響をおよぼすと思われるセグメント（たとえば，優良顧客，得意客など）を見極め，その重要な顧客セグメントに対して，離反を防ぐ対策を立て，それを維持することが重要になる．→顧客の創造　〔飯嶋好彦〕

顧客の創造（customer creation）

ドラッカー（P. F. Drucker）が『現代の経営』（1954）の中で事業の目的が顧客の創造であると指摘して以来，顧客創造は，企業活動の中核的な目的になっている．しかし，はじめから「顧客」といえるレベルの客は存在せず，いわゆる「見込み客」からスタートし，次に単なる「購買者」となり，その購買者が当該企業の製品やサービスに満足し，かつ反復的に購買するようになって「顧客」が創造されたといえる．しかし，顧客は，いったん満足しても，他社がよりよい製品やサービスを提供すれば，容易に離反してしまう．そのため，企業は，顧客の定期的な購買を促し，彼・彼女らを「得意客」，「ひいき客」，「支持者」，または「パートナー」とよばれるような存在にしなければならず，そのような存在になった段階で，真の意味で「顧客が創造された」といえよう．→ドラッカー　〔飯嶋好彦〕

顧客満足（customer satisfaction）

顧客が満足している状態とは，「なにかしてくれそうだ」という売り手の能力への確信および信頼だと捉えることができる．売り手がこの信頼を得るためには，大いなる期待を顧客に抱かせることが必要である．これが，売り手にとって顧客満足の必要条件となる．また，売り手が理想を語りそれに現実を近づけようとすれば，顧客は期待に比べて成果が多少低くても満足することができる．売り手は期待をもたせる提案をして成果をこれに近づけるという行為を持続的に行うことによって顧客満足をつくり出していくのである．顧客満足を高めようとすれば，個々の買い手の状況に応じた個別対応が最も適した手段ではあるが，その可能性は情報技術の程度とコストに依存する．→従業員満足　〔上原征彦〕

国際規格

国や地域を越え，国際的に使われる基準や規格，ルールのことを指す．円滑な事業活動のためには国際的な標準化が必要であり，国際規格に適応していなければ，事業活動そのものができない場合もある．国際規格には，ウィンドウズやインテルのように市場で圧倒的な競争力をもつことで「事実上の標準」（de facto standard）を勝ち取る場合と公的な機関がその標準規格を認定する場合とがある．代表的な国際規格の発行機関にはISO（国際標準化機構）があり，品質に関わる9000シリーズや環境に関わる14000シリーズなどの国際規格を発行している．→ISO規格，グローバルスタンダード　〔合谷美江〕

国際経営論

企業の国際経営を対象とする社会科学である．企業の国際経営は，生産，販売など経営活動が国境を越えて行われるようになるとき，経営の国際化がスタートする．これはさらに，多国籍化，グローバル化へと発展・拡大する．国際経営論の研究では，企業の国籍別，進出先国別（地域別），機能別（生産，マーケティング，研究開発，人事など）の3次元マトリックスのうちの複数の組み合わせ領域がテーマとなる．国際経営論は貿易論を起源とする見方もあるが，これまで企業の現地生産を対象とする理論が中心であった．時

系列的に代表的な学説をあげれば，①ハイマー・キンドルバーガー理論，②製品ライフサイクル理論（PLCモデル），③内部化理論，④折衷理論（OLIモデルなど），などである．→国際経営　　　　　　　　　　〔中村久人〕

個人経営学

齊藤毅憲が『新次元の経営学』（1993）などで提案したが，明確な定義は，まだ存在していない．従来は終身雇用制や年功序列などにより「良い会社」に属することによって，運命共同体といった，会社組織の経営学を中心に考えられてきた．しかし，環境変化や企業観の変化によって，会社中心の考え方から，「個」または「個人」中心の考え方にシフトしてきている．女性の社会進出（自立）や少子化などを背景として，「ワーク・ライフ・バランス」といった，個人を中心に据えた，仕事や家庭生活や余暇との調和を考えなければならないといった考え方を個人経営学と表現していると考える．→ワーク・ライフ・バランス　　　　　　　　　　〔田中信裕〕

個人情報保護法

コンピュータ，ネットワークによる情報化がすすみ，大量の個人情報の不正利用が続発し，社会問題化してきた．これを防ぐため，官民ともに個人情報を保護する基本理念を定め，さらに事業者に対して，個人情報を保護するためのさまざまな義務と責任を課した法律をいう（2005年施行）．たとえば，個人情報収集時には利用目的を明確にして通知・公表する，個人の同意を得ずに第三者に情報を開示してはならない，などがある．個人情報とは氏名や生年月日のように，すぐに個人を特定できるものを指す．違反したときには，罰則がある．→ディスクロージャー

〔鷲澤 博〕

コスト・リーダーシップ戦略

特定の事業分野における同一製品・サービスを，競争企業と比較して低コストで生産し，コスト面で競争優位性を獲得するという戦略のこと．ポーター（M. E. Porter）の競争の基本戦略のひとつであり，競争戦略における鍵概念でもある．コスト・リーダーシップ戦略は，第1に，経験曲線効果（製品の累積生産量が2倍になると，単位当たりコストが20～30％低減する）の活用によって表現することができる．第2に，大量生産・大量販売によって，規模の経済によるコスト低減によって実現することができる．これらのためにはシェア（市場占有率）の拡大が不可欠である．反面，この戦略は，コスト低減にばかり注意を集中するために，競争企業による差別化戦略を見過ごすなど，多くの戦略上のリスクを内包している．→ポーター

〔岸川善光〕

個尊重の経営

「個尊重」は従来，いきすぎた効率至上主義的な管理に対抗する，労働者としての権利の尊重という意の「従業員尊重」，人間としての尊厳や権利としての「人間尊重」などと捉えられてきた．今日，個人主義的なものへの価値観の変化，組織の創造性向上やスピード化のニーズへの対応などの環境の変化を背景に，構成員を"ユニークな存在"としての個として，その個性や価値観を尊重し，その成長や能力の発揮を目的とした経営が求められている．個々の自律性，主体性，企業家精神の発揮のためには，働きやすい労働環境の構築がその前提となる．運営にあたっては個々が共鳴できる組織の価値観（哲学，組織文化），制度，経営戦略の相互の整合性が鍵となる．→従業員主権　　　　　〔野村千佳子〕

コーポレート・レピュテーション
(corporate reputation)

今日の企業は，特定の利害関係者にとってだけでなく，社会的存在としてのあり方（評判）が問われている．換言すれば，企業の存在意味が，社会的多面性において問われ，かつ評価されているのである．この多面的評価を支える具体的な基準としては，①製品・サービス（品質と信頼性），②財務内容の健全性（収益力や成長性），③職場環境（組織の柔軟性や働きやすさ），④社会的責任（社会

への貢献），⑤企業ビジョン（経営者の明確なビジョンとリーダーシップ）などがある．こうした多くの面での評価が問われ，企業の評判が形成されていく．ただこうした評価は，企業経営の基盤をなす経営哲学や経営理念と密接な関係をもつがゆえに，経営者は確かな哲学をもたねばならない．→経営理念
〔大平浩二〕

コミットメント（commitment）

①関わり合い，関与，②約束，制約といった意味から経営学でもさまざまに用いられている．それらの中でここでは，①組織コミットメントと，②経営者のコミットメントをとりあげよう．①は，成員の組織への強い関わり合いを意味しており，感情コミットメントと継続コミットメントの二側面がある．前者は，特定組織への成員の同一視や愛着感の程度によってコミットメントを説明する．後者は，組織離脱によって生じる蓄積された個人の投資と構築された利益を知覚することでコミットメントは生じる，と説明される．②は，カルロス・ゴーンの日産リバイバルプランで有名となった「必達目標」である．リーダーの強い意志とその表明が，株価とやる気を引き上げ，成員の組織コミットメントを高めることになった．→貢献意欲　〔大平義隆〕

ごみ箱モデル（garbage can model）

問題・解・参加者・意思の選択機会など，意思決定の諸要素が独立かつ偶然に存在するような状況下での「意思決定モデル」である．このような高度に曖昧な状況では，論理的必然性よりもむしろ，一時的な同時性によって結びつけられた解が選択されることがあるという理論である．したがって，「やりすごし」や「みすごし」という意思決定が行われることもある．マーチ（J. G. March），コーエン（M. D. Cohen），オルセン（J. P. Olsen）らによって提唱された．→意思決定能力
〔池田玲子〕

コミューター・マリッジ

アメリカで1970年代から目立ち始め，結婚にあたって同居にはこだわらずにお互いの仕事を続けることを優先して，離れた場所で仕事をしながら暮らす共働き夫婦の生活形態のこと．「キャリア形成」，「結婚」，「仕事と家庭のバランス」，「転勤」といった両立しがたいことを夫婦で乗り切るための手法であり，現代の通い婚・週末婚・別居婚・遠距離結婚などとも言い換えられる．休日や休暇に互いの住まいを行き来する（commute）して2人が顔をあわせるところからそのようによばれており，仕事をもつ既婚女性が夫もしくは自分の「転勤」に対して，育児と仕事とを両立させ，お互いの仕事と権利を尊重する対等なパートナーシップを築くことができるのが特徴である．米国企業の中には，"ファミリーフレンドリー"と同様に，有能な女性を確保するための手段として交通費などを支給し，"コミューター・マリッジ"を支援しているところもある．→男女共同参画社会
〔嶋根政充〕

コミュニケーション

主として対人間の相互作用を指すが，集団・組織間のそれを含むこともある．その手段として一般には言語（音声・数字や記号など書式化されたものを含む）とともに，人間の五感を含むすべての身体の行為なども用いる．近年はコンピュータや携帯電話などの電子機器の利用で，相互作用空間が地球規模・宇宙まで拡張している．

経営学では人間関係論で集団規範とモチベーション・コミュニケーションの関係をめぐって議論された．バーナードはコミュニケーションを組織成立の3要素のひとつとして重視していたし，サイモンは意思決定の事実前提に対する外部影響力として捉え，理論体系に組み込んでいる．人や社会の基礎がコミュニケーションであり，コミュニケーションの質量・あり方・確かさ・速さ・距離の克服が組織や社会の効率や成果・快適性を規定する．広告・広報も組織の対社会コミュニケーションとして理解されている．→経営組織，公式組織，バーナード　〔厚東偉介〕

コミュニティ・ビジネス
(community business)

　介護サービス，幼児教育，学習塾，生涯教育，環境リサイクル，緑化サービス，芸術支援，スポーツ振興など，地域が抱える課題や住民の要望があるにもかかわらず，行政や企業が十分に対応できないすき間領域で，NPO法人やワーカーズ・コレクティブ，協同組合，有限責任事業組合（LLP）などの形態で展開する事業の総称．コミュニティ・ビジネスと「営利」の関係については議論もあるが，豊かな地域づくりという本来の目的からすれば，営利性に代わって「採算性」が経営存続の課題となる．ワーカーの協力とともに住民の理解と自主的な参加が問われる．
→NPO　　　　　　　　　〔小笠原英司〕

コラボレーション（collaboration, 協働）

　なにかをなし遂げようとして，人に備わっている身体的・精神的機能を働かせる営みがワーク（work, 働）であり，複数の人が協力してワークしあうことがコラボレーションである．インターネットに代表される情報通信技術の発展によって，公式組織内の人ばかりでなく，公式組織外のさまざまな人と，さまざまなコラボレーションが容易になった．その成果を得るためには，なし遂げようとすること（目的ないし目標）を明確にして，それにコミットメントする意欲（協働意欲）をもち続けるように動機づけ，相互の意思疎通（コミュニケーション）を図り，相互協力を進める必要がある．そのための仕組みやマネジメントが必要とされる．→バーナード
〔阿部　香〕

コンカレントエンジニアリング
(concurrent engineering, CE)

　製品の開発から廃棄に至るニーズ把握・企画・設計・試作・生産準備・製造・物流などの活動をできるだけ同時的，並行的，重複的に進めるための体系的アプローチ．もともとこのようなアプローチは日本型の製品開発方法にその源があったが，アメリカで体系化され日本に逆輸入された．CEを実現するためには，IT（情報技術）をはじめとして，CAMなどのコンピュータによる支援技術，IE（インダストリアル・エンジニアリング）などの改善技法，組織合理化手法などが必要である．CEが成功裏に実施されれば，顧客ニーズへの良好な対応，開発期間の短縮，品質の向上，コストの削減などが期待できる．しかし，失敗すると，情報の調整に要するムダ・コストもしくは組織間コンフリクトが発生するおそれがある．　　　　〔常田　稔〕

コングロマリット（conglomerate）

　複合企業のこと．企業の成長を考えるとき，既存市場への浸透，新規市場の開拓，新製品・新サービスの開発と並んで，事業の多角化が考えられる．多角化のための企業統合にもさまざまな方法がある．川上あるいは川下の製品・サービスへ向けて多角化するための垂直統合，同一タイプの製品・サービスへ向けて多角化するための水平統合のほか，新製品・新サービスを新規市場・新規顧客に提供する無関連多角化のための複合企業化がある．かつてアメリカでは独占禁止法により垂直統合・水平統合が難しかったので，無関連分野の企業を買収してコングロマリットとなる企業が多かった．現在では下火となっている．→多角化　　　　　　　〔山邑陽一〕

コンティンジェンシー理論

　古典的な組織論では，どのような組織にも共通して有効とみられる「管理原則」の解明に力点がおかれていた．それに対し，唯一最善（one best way）の組織はなく，おかれている状況（市場環境や経営環境など）によって，有効な組織は異なるという考え方にたつ一連の学説をコンティンジェンシー理論という．たとえば，バーンズ（T. Burns）とストーカー（G. M. Stalker）の研究によれば，安定的な環境のもとでは，特定の業務を能率的に遂行するのに適した「機械的な組織」が有効であるのに対して，不安定な環境のもとでは，情報の伝達や業務の遂行に柔軟性をもつ「有機的組織」が有効であることが示され

ている．コンティンジェンシー理論は，組織の環境適応理論や条件適合理論とも訳され，1970年代には経営学の支配的な考え方になったが，一方で，主体的に行動し，自らの力で環境を変えるといった組織の側面を無視しているという批判もある．→有機的な組織・機械的な組織　　　　　　　〔奈良堂史〕

コンテンツ産業

デジタルメディアを媒体とする映画，音楽，演劇，文芸，写真，ゲーム，ソフトウェア産業などの著作物をつくる産業のことをいい，今後その発展が期待されている．

〔加藤成明〕

コンピュータ資本主義

コンピュータ技術の発達により経済活動の重心がモノよりも情報へと移動してきた社会のこと．コンピュータはアメリカ企業で1950年代に本格導入されたが，当時は，会社の事務処理代行や生産工程の自動化といったオートメーションに関する貢献にとどまっていた．1980年代以降，世界中のコンピュータがネットワークでつながるようになり，情報自体の売買や，情報を媒介としたビジネスが発達し，コンピュータが新しいビジネスを作り出す原動力となった．この結果，ビジネス活動がモノ中心から情報中心へと大きく変化し，経済活動の形態が大きく変貌した．→IT，ポスト資本主義社会　　〔宇田　理〕

コンプライアンス経営

コンプライアンス（compliance）とは，「企業活動において，法令など（法規範）を遵守すること」をいう．近年では，製品の内容・品質の不当表示，クレームなどの隠蔽，盗聴事件などをはじめ，企業における倫理意識の低下を認めざるをえない多くの問題が起きている．こういった不祥事を防止するために，企業にはコンプライアンス経営の体制を整えることが大切になっている．以上のような企業活動を実現していくためには組織を構成する各メンバーがそれぞれ責任をもって行動できるような教育を行うことが肝要である．現在，多くの企業がコンプライアンス確立のために実践している仕組みをHPなどにより公表している．→社会的責任　　　　〔町田欣弥〕

コンフリクト（conflict）

集団内の意見や利害が一致せず，反目しあっている状態．個人内で複数の動機，願望，好みが相対立する精神的な葛藤の状態をも指す．コンフリクトは2人の人間が互いに合意していないことを行動に移すときに生じる．たとえば，いつも一緒にいるはずが一人は観劇に行くといい，他方は家にいたいというとき．この場合，共通の行動を促すなんらかのマインドセットが働くと解決される．コンフリクトの概念は個人だけでなく，民族・国のような集団，さらに3者以上が関わる場合にも適用される．政治体制，国際関係，経営管理，労使関係，家族関係などでも応用される．

〔横舘久宣〕

コンベンション・ビジネス
(convention business)

コンベンションセンターに関連した集客ビジネスのこと．集客産業（meeting industry）ともいう．コンベンションセンターとは会議，展示会の開催を目的に建設された巨大な集客施設であり，ホテル，レストランなどを近隣に擁し，立地された都市に大きな経済効果をもたらすことが期待されている．アメリカでは1970年代半ば以降からその建設が急増した．各都市のコンベンションビューローがその運営にあたり，その建設には公的資金が投入されることが多く，拡張競争による都市間競争が激化して現在にいたる．都市観光もふくめたトータルなミーティング体験が競争優位となっている．日本ではコンベンション法によって50都市が国際観光会議都市に指定されているが，欧米に比べて低い開催水準で推移し，アジアの中でも競争は激化している．　　　　　〔村山元理〕

債権者主権

　債権者がコーポレート・ガバナンスの主体として有する企業統治権をいう．コーポレート・ガバナンスについて株主主権や従業員主権が主張される場合は，企業の業績等の状況とは無関係に株主または従業員等の特定の主体に主権があるとする（絶対主権論）が一般的である．これに対し債権者主権が主張される場合は，債権者主権は株主主権や従業員主権と併存するものとし，企業の状況によってそれらの主権のいずれかが統治権を行使することが有効であるとする（相対主権論）．企業の株主でもあり，債権者でもあるドイツ銀行などのユニバーサル・バンクは，企業の業績が良好な場合は株主主権によって企業を統治し，企業の業績が悪化した場合は債権者主権によって清算処理などの厳しい方法で企業を統治しているのが，その事例である．→株主主権，従業員主権

〔大場敏男〕

サイバネティックス

　生体をモデルにアシュビー（W. R. Ashby）やウィーナー（N. Wiener）によって創始された学際的科学．ウィーナーが，「動物と機械における通信と制御の科学」と定義するとおり，限定的規模のシステムに安定性を確保するための制御に力点が置かれていた．その後，大規模システムにも応用が指向されるようになり，企業経営への活用を試みるビア（S. Beer）によって，効率的組織の科学と定義されるに至った．すなわち，制御ではなく，自律性によってシステム全体の安定と発展を自ら生み出す総合的方法論や効率的経営の原理として考えられるようになった．→ホメオスタシス

〔土谷幸久〕

財務管理

　企業の経営にかかわる資本の調達と運用，投資決定のための原価管理や予算管理などを財務管理という．財務管理の最大の目的は，最も効率的な資本調達を行い，その資金を原価管理など過去の実績や今後の経営環境を踏まえ，投資決定を行う予算管理を実施し，企業価値の創造と維持に貢献することにある．また，収益の分配も財務管理の重要な役割である．財務管理を行う対象として，企業の一定時点における財務状態を表した貸借対照表と，ある一定期間における経営成績を表した損益計算書がある．近年では，財務管理においては，会計期間の現金収支の状況を表したキャッシュ・フロー計算書の重要性が増しつつある．財務管理者はファイナンス理論に基づき財務管理を行う．

〔秋本敏男〕

サイモン（H. A. Simon）

　サイモン（1916～2001）の研究は，政治学・行政学・経営学・心理学・コンピュータの情報処理や人工知能など多くの領域に及ぶ．これらの領域を，「意思決定」をキー概念にして新しい総合的組織論を構築した．経営管理過程学派との「マネジメント・セオリー・ジャングル」論争で，新しい科学方法論に基づく理論を強く印象づけ，経営学の現代化に貢献した．経営学の古典『経営行動』（*Administrative Behavior*, 1947），マーチ（J. G. March）との共著『オーガニゼーションズ』（1958），『システムの科学』（1996），など経営学に関連する主著もある．1978年にノーベル経済学賞，1986年に国家科学賞を受賞した．バーナード（C. I. Barnard）の理論との関係が議論されるが，理論体系との内容・性格は大いに異なる．ドイツの社会学者ルーマン（N. Luhmann）にも影響を与える．

〔厚東偉介〕

サード・パーティ・ロジスティクス
(third party logistics, 3PL)

原材料の調達からはじまり，完成品が顧客の手に渡るまでの流れを物流機能（ロジスティクス）というが，従前の物流機能は，その製品の製造業者（「ファースト・パーティ」とよぶ），またはその販売を担う卸売業者や小売業者（「セカンド・パーティ」とよぶ）が行うのが普通であった．ところが，今日では，これら荷主に代わり，第三者が荷主のニーズに合致した物流システムを設計し，製品の運送業務にとどまらず，受発注から在庫管理，棚卸までの物流業務全般を包括的に請け負うという新サービスが生まれている．そして，この新サービスをサード・パーティ・ロジスティクス，略称3PLと呼称する．→ロジスティクス　　　　　　　　　〔飯嶋好彦〕

サーバント・リーダーシップ
(servant leadership)

奉仕的リーダーシップを意味する．それは，上から命令的に動機づけをするのではなく，それぞれの部下に必要なものを与えるような，キリスト教的な愛を基礎とするリーダーシップを意味している．最初に提唱したのは，グリーンリーフ（R. K. Greenleaf）で，その考え方の普及・実践・展開のために，グリーンリーフセンターが1964年に設立された．現在そのセンターは，アメリカのインディアナの本部のほか，世界10ヵ国に事務所をもち，日本にも，㈱グリーンリーフ・ジャパンがある．2004年6月までに14回の国際大会が開かれている．　〔鈴木勝美〕

サービス・マネジメント
(service management)

伝統的な経営学は，製造業を基盤として構築されてきた．そのため，それをサービス業にあてはめた場合，サービスが有する特異性，たとえば「無形性」や「顧客と組織との相互作用の必要性」などにより，必ずしもうまく適用できないことがある．逆に，モノのマネジメントでは想定されなかったサービスならではのマネジメント問題が発生することが多い．そこで，サービスに視点を絞り，そのマネジメントをいかに効率的かつ効果的に行うべきかについて考察するものがサービス・マネジメントである．　〔飯嶋好彦〕

サプライチェーン・マネジメント
(supply chain management, SCM)

ある製品が顧客に提供されるまでの過程には，原材料供給者，製品生産者，物流業者，小売業者などの種々の企業や人々が関与している．他方，市場競争が激化する今日では，冗費の削減に加え，他社よりも早く，かつ安く顧客ニーズに対処することが求められている．そして，これを実現するための経営手法，つまり，製品提供に関与する企業や人々を一体化し，企業の壁を越えて顧客情報などを共有することでコストを最小限に抑え，製品提供過程を効率化すると同時に，そのスピードを速めることで顧客満足度を追求する手法をいう．→顧客満足　　　　　　　　　　〔飯嶋好彦〕

差別化戦略

ポーター（M. E. Porter）が提唱したもので，企業が自社の製品やサービスに独自性を加え，競争企業に対して差別的優位性の確保を狙う競争戦略のひとつである．差別化の具体的手法には，①製品の差別化（品質，デザイン，信頼性，商品配送，アフターサービスなど），②サービスの差別化（信頼性，専門的知識，利便性など），③企業イメージ（ブランドなど）の差別化，などがある．差別化のメリットとしては，他社の製品やサービスに対して，①顧客のブランド選好を獲得できる，②その製品やサービスの市場分野で優位性を確保できる，③非価格競争化が図られ需要が安定する，④収益の拡大が図れる，などをあげることができる．→ポーター
〔藤岡日出生〕

士（さむらい）業

弁護士や公認会計士など資格者の仕事を，武士（侍）になぞらえ，敬意を込めて「士業」とよんでいる．資格には，認定機関の別，業

務・名称の（非）独占，（非）独立系，必置資格や採用資格などさまざまな分類があり，その数3,000以上ともいわれる．ひとの働き方とも関連して，資格の取得願望は根強く，最近では，士商法なる悪徳商法まで登場している．しかし，士業は，実力と結果しだいの厳しい世界であり，一方で重要な一部国家資格については，環境変化に対応し，制度の見直しも進められている．今後，社会がますますグローバル化・複雑化していく中で，その役割はプロフェッショナルとして，一段と重いものになっていくだろう．→中小企業診断士，販売士　　　　　　　　　　〔井上俊典〕

3S

単純化（simplification），標準化（standardization），専門化（specialization）の頭文字からなる生産合理化の基本的な3つの原理．単純化とは製品・材料の形状・寸法・等級などを削減し限定化すること．標準化とは製品・材料の仕様，作業の方法・手続に対する基準を設定し統一化すること．専門化とは作業を分業化し，特定の作業を特定の製品（の部分）に集中し特化すること．3Sにより，製品の品質が向上し，作業のムダ・ムリ・ムラが排除され，機械化・量産化が可能となる．本来，フォード・システムの発展に伴う少品種多量生産の合理化・効率化の基本原理とされてきたが，フレキシブル生産の重要性が叫ばれる今日においても基本原理であることに変わりはない．→5S，サンム　　　　　　　　〔常田　稔〕

産学協同（industry-academics cooperation）

産業界と大学とが，研究・教育について相互に協力し合うことであるが，現在では官も含め「産官学連携」として発展した．当初の産学協同では，大学の資金調達や学生就職が先行したため，学生運動では大学批判の的とされた．しかし，科学技術基本法制定（1995年）以降は，科学技術（文理を含む）を中心として，産・官・学の連携が強化され，共同研究・受託研究などをはじめ，大学発ベンチャーの創出・共同研究センターの設置などが急がれた．経団連・総務省・日本学術会議主催による産官学連携サミットが，2001年以後，毎年開催されるに及び，この傾向は加速されつつある．→産官学連携　　　　〔西澤　脩〕

産官学連携

重点研究分野の設定や，資金援助などを行う政府と，先端分野の開拓や既存研究の体系化を行う大学，新産業の事業化を行う産業界が分担・協力して新技術・新産業の創出などを行うこと．フォン・フンボルト（K. F. von Humboldt）による近代的大学の設立が起源であるといわれ，19世紀のドイツの化学産業の発展の礎となった．冷戦期のアメリカでは安全保障上の脅威を抱える政府と大学・民間企業が連携し軍事技術の開発を行ったが，これは航空・半導体・情報ネットワークなど新産業の発展に繋がった．TLO（技術移転）や大学発ベンチャーなどは産学連携とよばれるが，新産業創出と大学の研究成果の社会への還元に焦点が当てられている点で共通する．→産学協同　　　　　　〔西村　晋〕

産業カウンセリング

主として勤労者のメンタルヘルスの予防・治療，あるいは活性化（元気づけ・生きがいなど）の問題について相談にのることをいう．相談の対象者は，職種を問わず働いている人すべてと家族や学生なども含めている．要するに，生活や仕事をしていくうえで発生する心理的問題（人間関係など）の改善のための解決・解消を図ることやキャリア開発の支援・援助を行うことを役割としている．この役割を果たすために職業専門家として存在する場合と，パラカウンセリング（本職とは別の立場で相談にのる場合で，たとえば，教師，組織の上司や指導者，集団のリーダーなど）が自分に関係する人を対象にして相談にのる場合がある．→産業カウンセラー，メンタルヘルス　　　　　　　　　　　〔間　敏幸〕

産業クラスター

クラスター（cluster）とは元来，英語でぶどうの房を意味し，そこから地域の経済振興，産業発展のためのベンチャー企業，中小

企業と研究機関，大学の密接な連携による集団や群れを指し，「産業集積」とも訳されている．特に，日本の場合には1990年代のバブル崩壊以降の長引く不況に伴い，地方経済が疲弊し，地域産業と地域経済の空洞化が指摘されてきた．そこで，経済産業省の提唱のもと，地域の大学，研究機関を中核としてベンチャー企業，中小企業が連携して産官学の広域的人的ネットワークを構築し，ハイテク産業などのイノベーションを起こし，国際競争に耐えうる新技術，新産業を創出する産業集積を行っている．→地域企業　〔岩間剛一〕

産業の空洞化

貿易や産業，国際分業における構造変化によって，国内産業が縮小・衰退すること．雇用問題，地域経済，そして中小企業等にさまざまな影響を及ぼしている．主な原因は，①為替(円高)や内外価格差によって製造業が国際競争力を失い，輸出が減少すること，②中国などから安価な衣料品が輸入されることによって，国内生産が輸入品によって代替されること，③海外で現地生産を始めるなど，海外へ直接投資して国内産業を海外へ移転すること，である．現在の産業を前提にした国際競争力の強弱だけでなく，労働集約型産業から知的集約産業への構造の変革，内需主導型経済への転換，事業の再構築，そして新産業の創造の点からも捉える必要がある．→地域産業の集積　〔小嶌正稔〕

参入障壁

すでに先発企業が存在する特定製品分野の市場に，後発企業が新規に参入する場合に直面する諸種の障害事項のこと．たとえば，当該市場がガリバー型寡占である場合とか，先発企業の製品差別化が高度に進んでいたり，そのブランドの市場浸透度がいちじるしく高い場合とか，後発企業にとって真似のできないほど低価格が横行しているか，あるいは垂直的マーケティング・システムによって販売チャネルが閉鎖的であるなどといった場合がこれに該当する．外国の市場に進出する場合には以上のほかに，関税が大きな障壁となるが，関税以外にも輸入割当，シーリング制度やセーフガードも障壁となる．さらには日本独特の商慣行(たとえば，流通業者からの返品制，手伝い店員制，不透明なリベート制など)や，政府による厳しい安全基準なども，外国企業にとっては参入障壁となる．なお，これら関税以外の手段による参入障壁は非関税障壁とよばれる．　〔山本久義〕

し

CEO (chief executive officer)

「最高経営責任者」と訳され，アメリカの会社法は各州によって異なるが，モデルになっているのがデラウェア州のものである．株主総会で選任された取締役は全社的な意思決定と経営の監視を主な任務としている．CEOは日本の代表取締役社長に相当し，場合よっては取締役会長を兼務することがあり，大きな権限をもっている．CEOが取締役の人事権をもつことから，取締役(会)の経営者に対する監視機能が働かないという問題が生じてきている．そのために，社外取締役の比率を高めるとか，取締役の人事はCEOから独立した指名委員会に委ねる企業が増加している．→COO　〔飫冨順久〕

CSR報告書

CSRとは，Corporate Social Responsibilityの略であり，企業の社会的責任のことである．企業は，社会の一員として，株主，債権者といった従来の法律が対象としてきた利害関係者だけでなく，従業員，取引先，さらには地域社会，自然環境などをも含めた多くのステークホルダーに対して，バランスのとれた経営が必要であり，その実践が求められて

いる。このような社会的責任の重要性が認識されるようになり、環境報告書よりも自社のCSRへの取り組みを示すCSR報告書を公表する企業が増えている。→環境報告書, 社会的責任

〔馬場伸夫〕

COO (chief operating officer)

日本語では「最高執行責任者」と訳される。執行役員制度下における役職のひとつ。取締役は株主総会で選任され、取締役会は全社的な意思決定と経営の監視を行う。企業の業務執行は取締役会によって任命された執行役員によって行われる。その頂点にはCEO（最高経営責任者）が位置する。COOはCEOが定めた経営方針や戦略のもと、日常業務の執行・運営を担当する責任者で、CEOに次ぐ地位にある。実際には会長（または社長）がCEOを、社長（または副社長）がCOOを兼ねるケースが多い。執行役員制度はコーポレート・ガバナンスの観点からアメリカより導入された制度である。→企業統治

〔福田好裕〕

事業戦略

経営戦略に包括された部門的な戦略である。一般的には事業部制は製品ごとに設置されており顧客思考、市場調査などにより事業部による戦略が展開される。経営戦略は企業ドメイン（事業領域）に基づき構築されるが、企業ドメインの再構築により事業戦略も変更されることが考えられる。しかし、最近では事業部制による弊害が指摘されており、特に事業部ごとの横の組織連携が寸断されている場合が多いため、合理性に乏しい組織体になると問題視されている。→戦略的事業単位, ドメイン

〔吉田松雄〕

事業創造 (business creation)

企業がこれまでにないような製品やサービス、事業システムを自らの手で作りあげることを事業創造という。よって、新たな会社を立ち上げること（起業すること）と同義ではない。実際の経営の現場では、まったく新しい未知の技術やアイデア、事業システムなどが、開発・考案されることはまれである。したがって、事業創造は、①海外などの他地域で行われているビジネスをヒントに事業創造を行う「地理的ギャップ」、②過去に行われていたビジネスをもとに発想する「時間的ギャップ」、③他業種で行われているビジネスから発想する「業種的ギャップ」など、顧客のニーズとの間にあるギャップを埋めることで、創造されることが多い。→イノベーション, 新製品開発

〔奈良堂史〕

事業部制組織

企業規模の拡大に伴う事業活動の複雑化がもたらす弊害に対処するために、会社全体を、事業部とよばれる小さな組織単位に区分し、それら事業部の上に、統括する本部を置くという形をとって、会社全体の総合的利益管理を図ろうとする経営組織形態のことである。各事業部は、独立採算的な利益責任単位（profit center）として運営され、製品、地域、あるいは、顧客などが、分割の基準となる。その際、それぞれの事業部によって構成される組織のことを、製品別事業部制、地域別事業部制、および顧客別事業部制とよんでいる。機動性に優れているが、効率性に欠けるという点が、事業部制組織の欠点である。→機能別組織, 職能別組織

〔河野充央〕

資源ベース・アプローチ
(resource based view, or approach)

経済学では企業業績の相違は問題とされず、企業は特定の産業内では同質の行動をとり、同じ構造的要因によって同一の行動パターンが生まれるとされてきた。経営学では業績の相違を生み出すものとして管理方法、組織形態などのさまざまな要因が個別に検討されてきた。統一的に企業業績の相違を明らかにする試みは一部の経済学と経営戦略論の分野で生まれている。資源の視点から企業活動を分析する方法全般が資源ベース・アプローチといわれている。そこでは優れた資源の特徴として4つの点が指摘されている。①顧客にとって価値がある、②希少性、③模倣困難性、④取替え困難性、これらの特徴を

もった資源を多くもつ企業の業績が高くなるとされている．しかし，この資源の定義には多くの要因が含まれており，組織能力（organizational capabilities），さらにはコア・コンピタンス（core competence）という概念と重複する部分もある．→ケイパビリティ，コア・コンピタンス　　〔芦澤成光〕

自己組織化（self-organization）

無秩序な状態（混沌）の中から外部の力によらず自発的・能動的に新しい秩序が形成されることをいう．生物が形づくられたり，雪の結晶，神経回路の発達など多くの自然現象にみられる．もともとは物理学，生物学など自然科学分野で研究が進み，社会学，経営学，経済学の領域でも取り入れられるようになった概念である．経営学では組織論において野中郁次郎が，組織の進化の本質を情報の創造と捉え，組織内にたえず緊張，危機感，混沌といった「ゆらぎ」を発生させ，そこから生じた情報がメンバーに共有されて組織レベルの知識となるような学習する組織こそが望ましい自己組織化モデルであると説く．→ゆらぎ　　〔中山　健〕

システムズ・アプローチ（systems approach）

一般的に，現象や問題が相互に関係しあう構成諸要素の複合した全体をシステムという．各構成諸要素もそれを構成する下位の構成諸要素の複合した全体として把握する考え方をシステム論とよぶ．システムズ・アプローチとは，この考え方を基礎にして，物理学・化学・生物学などの自然科学だけでなく，経済学・社会学・経営学・心理学などの人間・社会諸科学の成果を統合的に利用して，現象や問題の解明をはかる方法論的接近を指す．経営学では，サイモン（H. A. Simon）を中心にして，このような方法がとられるようになったといわれ，目標，構成要素，機能，環境，制御，複合性，ネットワーク性などが分析具として利用される．システムと環境との間に情報・エネルギー・物質の交換過程があるものを「オープン・システム」といい，ないものを「クローズド・システム」として分ける．経営学ではオープン・システムの考え方が有効だと考える．→サイモン

〔厚東偉介〕

システム4

リッカート（R. Likert）による管理パターン（マネジメント方式）のひとつ．リッカートは管理パターンを独善的専制型（システム1），温情的専制型（システム2），相談型（システム3），集団参画型（システム4）に分類し，システム4が最も新しい姿だとした．システム4の基本原理は，①支持的関係の原理（部下が上司からの支持を実感できるように組織を維持する），②集団的意思決定の原理（組織を上司と部下の1対1関係の集まりではなく，小集団の連結体と考え，意思決定主体を集団と捉える），③高い業績目標の原理（高い業績目標を示して自己実現欲求を満たし，生産性を高める），である．→リッカート，連結ピン　　〔竹内伸一〕

執行役員制

日本では，1997年6月，ソニーが執行役員制を導入したのを契機に，企業の社内制度として執行役員制が広がりはじめた．執行役員制の導入は，経営機構改革の一環として，「経営の意思決定と監督」と「業務執行」とを分離し，取締役会は経営の意思決定と監督を担い，執行役員が各部門の業務執行を推進することにより，迅速な経営の意思決定と機動的な業務執行体制を確立することにある．執行役員は，商法上の規定はなく，多くの企業では取締役との兼任がみられた．そこで，2002年の商法改正により，執行役が認められ，委員会等設置会社に移行した企業に執行役が義務づけられた．ソニーなどは委員会等設置会社に移行し，執行役が業務執行の役割を果たしている．なお，監査役設置会社では，そのまま執行役員が業務執行の役割を果たしている．→企業統治　　〔青木　崇〕

実証科学

イギリスの経験論やフランスの啓蒙思想の

哲学を背景にして，すべての知識は超経験的実在ではなく，経験的事実に基づくべきだとする考え方をいっそう厳格に進めた1920年代のウィーン学団の論理実証主義を基礎にした科学を指す．理論の概念構成や命題の意味を論理的に分析し，命題に経験的な検証可能性を厳密に求める手続きと作業を要求する．検証の厳密性のため，数理的処理が随伴することが多い．経営学では，サイモン（H. A. Simon）が『経営行動』（*Administrative Behavior*, 1947）でこの立場から，従来の経営管理過程学派の管理原則を批判し，意思決定論を中心に，実証科学へと向かわせたといわれる．1960年代以降のアメリカの経営学や組織論ではこのような科学観で実証が進められ，ベーコン（F. Bacon）以来の帰納法に代わり，仮説，演繹，検証という仮説演繹法がとられ，理論構築がなされている．

〔厚東偉介〕

実践科学

山城章は経営学を方法論から8つの学派に分類している．それは，①近代経済学的経営学派，②マルクス経済学的経営，③制度派経営学，④ビヘイビアラル・サイエンス，⑤実践経営学派，⑥経営技術論派，⑦経営管理派，⑧経営教育論派である．⑤については「その特性を『実践性』におくからこれを実践科学としての実践性経営学派と名づけよう」と主張され，その内容は主体を限定し（組織体＝企業体），その本質的特徴を明らかにすることや主体の構造や問題点を解明することにある．実践すなわち，実際（実態）の行動を対象とするため，技術論的性格を帯びてくる．また，現在の社会との関係を重視せざるをえないため，外部者からの客観性は否定されることになる．→山城章　　〔鈇冨順久〕

指定管理者制度

地方公共団体が設置する文化施設などの公の施設の管理を株式会社やNPOを含む民間事業者に行わせることができる制度．民間事業者の創意工夫，効率的管理手法を幅広く活用することで，サービスの向上と行政コストの削減を進めることができると期待されている．2003年9月の改正地方自治法の施行により導入され，経過措置期間が終わる2006年9月1日までに，管理委託制度により公共団体等に委託してきた公の施設について原則として指定管理者制度に移行することになった．公の施設の種類は多種多様であり，採算がとれやすいものととれにくいものがあるが，施設の廃止を含め管理のあり方が問われている．→行政経営　　〔大久保一徳〕

シナジー効果（synergy effect）

異なったものを別々にしながら加える（部分和）よりも，異なったものを一緒にして加えた（総合和）方が，相乗効果が生まれて大きくなる，ということである．経営戦略においては，別々の組織でそれぞれ事業を単独で営むよりも，ひとつの組織で異質な事業を一緒にして営む方（多角化戦略）が，資源を補完しあうなどによって，より効率的な経営が可能になることである．また，異文化経営においては，あえて異質な文化を抱えることで情報の創造など相乗効果が生まれるという異文化シナジーも提唱されている．→経営戦略論，異文化シナジー　　〔松村洋平〕

シナリオ・プランニング（scenario planning）

石油会社ロイヤル・ダッチ・シェルがオイル・ショックを生き残った決め手となった戦略手法といわれている．一般的に，将来の予測に基づき，自社の能力を分析して，戦略を構築するのであるが，シナリオ・プランニングにおいては，将来の予測をひとつに絞るのではなく，「起こりうる未来」を複数想定することに特徴がある．「物語」の構造が異なるシナリオをいくつか想定し，いずれのシナリオにも耐えうる戦略を構築して，不確実性に対処しようするものである．また，シナリオを組織全体で共有することで，戦略を創発することも可能となる．さらに，シナリオの作成において，つねに環境に対する組織の認識（枠組み）を意識するようになり，組織の学習を促進することにもつながる．→経営戦

略論，組織学習　　　　　　〔松村洋平〕

資本コスト (cost of capital, capital cost)

生産要素のひとつである資本のコストであり，その本質は利子である．企業が調達する資本は，借入金などの負債のみならず，株式発行により調達した資本にもコストがかかる．企業は，調達するすべての資本に対して資本供給者にその報酬を支払わねばならない．資本供給者の要求する報酬に応じなければ，企業は資本を調達できない．それゆえ，資本コストは，企業が資本を運用する際の必要最低収益率とされる．それは，資本供給者のリスク調整後の機会費用であり，無リスク利子率にリスク・プレミアムを加算した百分比で示される．　　　　　　　　〔亀川雅人〕

社会起業家

欧米では1990年代頃から，福祉，教育，医療，環境問題，まちづくりなどの分野において，補助金や寄付に依存しない新たな事業モデルを開発し，地域社会の再生や社会貢献に取り組む人々が注目されている．こうした人々を社会起業家という．近年では，日本においても関心が高まっており，彼らを支援していく動きも始まっている．狭義には上述のような社会問題の解決を目指して会社を起こし，継続的に事業を展開していく人々を指す．しかし，起業形態の多様化が進む一方，営利企業でも社会貢献や社会的責任の遂行が重視される今日では，社会問題解決のために事業創造・事業革新を実行する人々全般を指すと解すべきとの見解もある．→都市再生
〔佐々徹〕

社会・技術システム論

ロンドンのタビストック研究所の研究者たちによって開発されたもので，1950年代にイギリスの炭鉱やインドの織物会社で行った実態調査研究に基づくものである．ここでは，組織は環境と相互変換を行うオープンなシステムであり，それぞれ独立した技術システムと作業集団に生じた社会的・心理的属性をもつ社会システムとによって構成され，組織全体の最適化のためには両システムの同時最適化が必要である，と主張される．

また，両システムの間には一義的最適関係はなく，同一技術条件下でも異なる社会システムをもつ組織が存在し得るとされた．また，具体的作業集団の設計において有効なものとして生み出された「自立的作業集団」の概念は，スウェーデンのボルボ社での実践事例でも有名である．→コンティンジェンシー理論
〔薗出碩也〕

社会的資本 (social capital)

社会学において，教育や地域共同体に関して使用されたのが最初である．定義においては，人的資源との関係を加えたコールマン (J. S. Coleman) やパットナム (R. Putnam) のものが一般的ではあるが，唯一のものはなくさまざまなものがある．それらの共通点をまとめると，社会的資本とは，人と人との相互関係や信頼関係などを，内在的に蓄積することによって，互いの利益になるように協調行動を促進したり，目標達成のために行動を可能にするもので，社交的なネットワーク，社会的信頼，共通な価値観，規範などをも包含する．→信頼の経営　　　　〔田中信裕〕

社会的責任
(corporate social responsibility, CSR)

営利活動に伴うさまざまな社会的・政治的問題に対して，企業自らが責任を引き受けることを指す．従来，企業は利益を追求する経済的存在と考えられてきたため，その行動が社会全体の利益に反する場合が少なくなかった．最近は企業の不祥事に対する社会的批判が高まっている．そこで企業は単に経済的存在ではなく社会的存在でもあるという反省とともに，顧客や地域社会なども含めたすべてのステークホルダーに対して責任をもつという新しい企業像が現れた．なお，このような企業の社会的責任に関しては自由主義の立場からフリードマン (M. Friedman) などが反対している．→アカウンタビリティ，企業の社会貢献，ステークホルダー　〔工藤剛治〕

社外取締役

取締役会の監督機能の強化を目的とし，企業統治の実効性を高めるため，選任される取締役のことである．平成14年改正商法で，商法上の社外取締役が定義された．商法における社外取締役とは，その会社の業務を執行しない取締役であり，過去において，その会社・子会社の業務執行取締役，執行役または支配人その他の使用人となったことがなく，かつ，現在も子会社の業務執行取締役，執行役またはその会社もしくは子会社の支配人その他の使用人でない取締役のことをいう．社外取締役制度の採用は任意であるが，社外取締役の導入により，重要財産委員会設置会社または委員会等設置会社のいずれかを選択することが可能である．→委員会等設置会社，外部重役，企業統治　　　　　　〔大橋貴司〕

社会福祉経営

社会福祉とは，人々が社会生活で直面する多くの障害や困難の解決を図るさまざまな主体の活動を指す．活動主体には，社会福祉法人をはじめ，多くの官民団体や施設がある．これらには，民間企業に比べ経営感覚が不足しがちである．たとえば，社会福祉法人では，経営の透明性の確保，サービス管理体制の整備，積極的な財務情報の開示，従事者の技能の適切な評価と資質の向上などの重要性が指摘されている．このような社会福祉施設や福祉サービスの管理・運営活動を「社会福祉経営」という．→福祉経営，ホスピタリティ
〔鷲澤　博〕

社内ベンチャー

企業の内部に，あたかもベンチャー企業が立ちあがるように，独立的な事業組織を設けたり，新子会社を設立したりして新規事業に取り組むこと．社内の経営資源を利用できるうえ，取引上の信用性なども得やすく，ゼロから起業するよりもリスクが少ない．反面，既存企業のしがらみに縛られて自由やスピードといったベンチャー特有の良さが制限されることもある．社員から起業プランや意欲のある人材を募る社内ベンチャー制度を設ける企業が大企業を中心に増えている．新規事業への進出だけではなく，社員の動機づけ，既存事業の活性化なども目的とされる．→ベンチャービジネス
〔木村有里〕

従業員主権

会社の主権は誰なのか，会社は誰のためにあるのかを考えた時に，①株主，②経営者，③従業員，④前記の3つに消費者をふくむ社会全体，というような考え方がある．このうちの従業員主権の考え方は，経営者も従業員出身者であることが多く，現代知識社会においては企業の業績が資金や設備よりも，人の知識や情報によって大きく左右される状況なので，従業員のための経営でなければ，株主にも社会にも報いることができないという説として，昔も今も人本主義などともいわれて，力をもつ．しかし，現実にはリストラや過労死，単身赴任，サービス残業などそれにほど遠い実態がある．また，労働組合のストライキ権はあっても，株主の株主総会や経営者の執行権などのような能動的な裏づけがなく，実態は従業員主権からは遠い．→株主主権
〔大西　宏〕

従業員満足（employment satisfaction, ES）

これには組織風土的側面と職場満足という2つの側面があり，前者は組織自体の環境が，個人の自主性，やる気，仕事のしやすさという状況を作り出しているか否かということに起因する．後者は，日々の活動の中で，労働の中に価値を見いだしつつ，仕事に対する誇りや自信をもって仕事をなし，結果や成果が人事評価や賃金・昇進などに満足な形で反映されるかという視点をもつ．いずれにせよ，従業員が自己の能力を十分に発揮でき，満足感のある組織であることが必要とされる．マーケティングの領域では，ESは顧客満足（CS）を達成するための前提として重要な役割を果たすとする．→顧客満足　〔坪井順一〕

囚人のジレンマ

経済主体間（企業や消費者など）の行動

の相互依存状況を記述するゲーム理論において取り上げられる代表的な説例である．もともとは，2人の犯罪者がつかまり，別々に取調べを受けて，犯罪について自白するか，黙秘するかという行動のいずれかをとることができるとしたとき，相手が自白すると自らの罪が重くなるため，両者とも自白してしまう状況を表している．両者が協力して黙秘すれば，よりよい状態（罰が軽くなる）があるとわかっていながら，その状態に到達できないことがジレンマとよばれるゆえんである．こうした状況は現実の経済活動においてもカルテル行為を実行しようとする場合に生じる．たとえカルテルが成立したとしても秘密裏に値下げをしようとする誘因を参加企業はもつために，カルテルを維持することは綿密な情報交換がなければ意外に崩壊しやすいことを示唆する．→ゲーム理論　　〔手塚公登〕

出資比率

複数の個人・企業が共同の事業に資金を出す共同出資の形態を採った時のそれぞれの割合をいう．この出資比率の多寡によって経営権（会社支配）が左右されるため，特に株式会社の場合は，企業買収，海外との合弁企業設立などで，これは話題となる．〔棚澤青路〕

シュマーレンバッハ（E. Schmalenbach）

ドイツ経営経済学の創始者であり，ことに経営計算制度の分野では近代会計学の始祖といわれる．1906～1933年ケルン商科大学教授，戦後1945年同大学に復帰，1955年ケルンにてその生涯を閉じた．シュマーレンバッハの功績の第1は，動態論に基づく貸借対象表論の展開にある．第2は，近代的原価計算論の体系化である．第3は，工業会計の勘定組織を合理的に分類配列し，損益計算と原価計算の組織的統合をはかった点である．また第二次世界大戦後学界に復帰してからの研究目標は，経営組織論に置かれ，その業績は『分権的管理論』，『回想の自由経済』の2著に集約される．→グーテンベルク　　〔飯名晧作〕

循環型社会

20世紀の大量生産・大量消費・大量廃棄型の経済社会システムは，深刻な環境問題を引き起こし，もはや限界に達している．これを打開し，人類が発展を続けるには，自然と共生し資源の枯渇を招かない持続可能な発展（sustainable development）を目指すべきであるとして提唱されている．日本では2000年6月に「循環型社会形成推進基本法」が制定され，有用廃棄物を循環資源として捉え，対策の順位を，①発生抑制，②再使用，③再生利用，④熱回収，と規定し，天然資源の消費抑制と環境負荷の低減達成が狙いとなっている．この社会では従来の生産・流通を担う動脈産業に対し，廃棄物処理やリサイクルを担う静脈産業が有機的に結びついた社会となる．→環境問題，ゼロ・エミッション

〔箕浦　晃〕

商店街の活性化

人口の減少，郊外への大型店の出店，マイカー社会の到来，小売業の業態多様化などの影響を受け，商店街が衰退している．これを再び活性化するためには，街に人を集める仕掛けづくりと，個々の店舗が日常の経営努力によって自店の魅力を向上させ，集まった人々を売上げに結びつけられるようにすることの2つが不可欠である．なかでも前者については，駐車場や街路の整備といったハード面の対策ばかりでなく，イベントや情報発信といったソフト面の対策も重要である．また，小売業の業態多様化が進行し，それによって業態間競争が激化している中では，物販や飲食機能以外をも備えている新たな商店街づくりを考えていく必要がある．→空き店舗問題，都市再生　　〔佐々徹〕

情報化のパラドクス

情報技術の発展は時代の趨勢であるが，この情報技術の発展がますます進むことで，企業間の競争優位の差に大きな影響が生じている．特に，ビジネスのほとんどのケースに必要な間接的な情報が「情報獲得」，「意味発

見」および「アクション」の3つのプロセスを通じ，企業に価値創造をもたらす中で，競争優位展開を阻害するボトルネックを発生している．このような逆説的現象を「情報化のパラドクス」という．この原因は，情報システムのための「情報獲得」といった情報系のプロセスに対して，内部組織システムのための「意味発見」や企業間取引システムのための「アクション」が人間系および社会系プロセスといった曖昧性をもつことによる．

〔石井泰幸〕

情報管理

情報とは一般的にはあることについての知らせであるが，コンピュータ利用の情報処理の面では，あるなんらかの意味を付与されたデータと解釈される．現代の情報化社会ではとりわけ企業の場合，経営情報の取得・加工・蓄積保全などのプロセスをいかに効果的に管理するかが競争優位獲得の鍵を握る．さらに蓄積情報と異質の情報を組み合わせ編集して新しい「知」を創造し（ナレッジ・マネジメント），企業の戦略的意思決定に役立てていかなければならない．データベース，データウェアハウス，最近のデータマイニングなどの高度の情報技術によって「情報の創造性」の増進が期待でき，CRM（顧客情報管理）やSCM（サプライチェーン・マネジメント）などの経営の高度化技法の適用を支援する．→経営情報論，サプライチェーン・マネジメント

〔安藤三郎〕

情報セキュリティ

情報通信技術の進展によって，紙情報に加えて，多量の重要な情報が，コンピュータのファイル内にデータとして記憶され，ネットワーク上で公開され，送受信されるようになった．一方，パスワードの盗用などによる情報の流失，Webページ情報の破壊や改ざん，コンピュータウィルスによるシステム障害，大量のメール送付による通信障害などのさまざまな脅威が発生している．これらの脅威に対してセキュリティ対策を行い，機密性，完全性，可用性を確保し，情報資産を守り，有効に活用するための概念を情報セキュリティという．

〔斎藤奈保子〕

職業倫理

職業生活を導く基本的な価値観を職業倫理という．職業生活を過ごすには，その仕事を遂行するために不可欠な技能・技術（skill/technique）だけでなく，倫理が随伴することにより，社会的有用性・支持がいっそう高まる．不祥事が起きると，その防止のために遵守基準（コンプライアンス）や倫理（ethics），行動綱領・基準（code of conduct）が強調され，技能やノウハウの教育だけでなく，倫理教育の必要性が説かれ，アメリカを始め日本や先進国の経営学で興隆している．なお，1920年代以降出現した「ホワイトカラー」の一般的な職務の遂行にも，1970年代以降高度な知識体系が不可欠となり，「知識資本主義」といわれる現在，伝統的な専門職（医者，弁護士，会計士など）と同様，倫理が強く求められている．こうした高度な仕事や単純な仕事も含め，職業倫理（business ethics）と広義によぶことが一般化してきている．→企業倫理

〔厚東偉介〕

職能別組織

企業の組織形態のひとつである．一般的な形態で，営業，製造，経理などのセクションで分けられた企業の組織である．企業の業務の内容に応じて分化している．専門領域が明確化し，効率的運営ができる．スペシャリスト化し，資源の共通利用ならびに全社的統一ができる．問題点としては組織が縦割りになり，他部門との連携がスムーズにいかないことがある．→機能別組織

〔宮脇敏哉〕

所有と経営の分離

企業規模の拡大によって所要資金が増大すると，多数の出資者による株式会社制度が発達し，投資の保全と利益配分にのみ関心をもつ「無機能株主」が増加し，彼らは経営を専門経営者に委託するようになる．株式会社の所有者でない専門経営者が，株主の支配から脱して，自律性を高めることを所有と

経営の分離という．これを最初に主張したのは，バーリ（A. A. Berle）とミーンズ（G. C. Means）である．他方，経営の複雑化により，経営は専門的な仕事となり，経営者のもつ経験や能力が希少な資源になった．→専門経営者　　　　　　　　〔日夏嘉寿雄〕

シリコンバレーづくり

平成13年度からの経済産業省「産業クラスター計画」に呼応する形で，日本全国に「日本版シリコンバレー」つまり高度産業集積地域をつくろうという動きが生まれた．ただ企業や工場の集積を目的とするのではなく，人材育成や研究開発支援など，シリコンバレーのように「頭脳」をイノベーションの源泉とし，新産業創出や地域産業活性化につなげようとする点が特徴的である．経営者と技術者，研究者，資金提供者のネットワークづくりや，産官学連携が盛り込まれている．海外でも競争力強化の観点から，多くの国で政策的に産業クラスターの形成が進められている．中国の中関村，インドのバンガロールなどは，「シリコンバレー」の異名をとるIT産業の集積地として有名．→産業クラスター
〔木村有里〕

自律的作業集団
(autonomous work group)

フラット型組織の隆盛の中でチームによる作業の生産性を上げるために，チームの自律性向上が注目されている．自律的作業集団には，「信頼」，「自律性」，「民主性」が必要とされる．プロフェッショナルとしての仕事上での「信頼」関係，内部からのイニシアティブ，責任感，創造性，問題解決の活動を起こし，自身を管理する能力を発展させる「自律性」，専門性に裏づけされた同等性を示す「民主性」である．この他，異質性や自然発生的リーダーシップが必要とされるという研究もあるが，プロフェッショナルとしての能力の質や職種によっても自律的作業集団となるための条件は異なることが指摘される．→オーケストラ型組織　　　　　　〔大木裕子〕

シルバービジネス

狭義では「介護が必要な高齢者のための製品・サービス」を，広義では「高齢者の生活」を対象としたビジネス全般をシルバービジネスとよぶ．住宅，レジャー，食品など事業範囲は拡大しており，高齢化社会を迎えて今後さらに大きく成長すると見込まれている．介護保険制度の施行に伴い，介護サービス部門に民間業者，NPO団体の参入が可能となったことから注目され，介護報酬の引き上げに伴い投資意欲も高まっている．今後は参入者も多くなり，競争が激化するかもしれないが，介護は採算では割りきれない人間的要素を多く含んでいるため，人材の確保や，社会福祉的な分野できちんとサービスの質を維持できるのかといった課題もある．→高齢社会，社会福祉経営　　　　　〔木村有里〕

人材マネジメント

人材は経営目標達成のための資源のひとつとして位置づけられている．しかし，他の資源であるモノ・カネ・情報とは違い，人材は意欲あるいは能力を高めることによって成果に大きな違いが出てくる．また，仕事を通じて成長し，価値が高まっていくという特徴ももっている．経営の資源として人を管理していこうという人的資源管理の考え方から，人の特徴である意欲と能力の拡大と成長にも力点を置き，人材を人と資源の両面から捉えていこうというのが人材マネジメントの考え方である．知的生産が企業競争力の源泉になっている現代では，人の意欲と能力を高め，価値の創造に結びつけていかなければならない．→人事労務管理　　　　　　　〔菊地達昭〕

人事労務管理

人事労務管理の目的は，森五郎によると多数の雇用労働者を対象として，その労働秩序を維持し，労働力を効率的に使用すること，および従業員の満足の向上を目的とした総合的経営労働施策である，という．そして，現在の人事労務管理の重要課題のひとつは成果主義であるが，これについては，①業績や成

績の評価結果を処遇に強く連動させている企業がほとんどである，②しかし，これに対して，評価者が適正な評価ができているという企業は多くない．そこで，制度の導入は行われたが，運営面では改善の余地の多いことがわかる．→人材マネジメント　　〔天谷　正〕

新製品開発 (new product development)

顧客の新しいニーズを満たすべく，理学，工学，薬学，農学，医学などの科学的知識を製品に賦与することである．新製品の開発は，メーカーが断続的に発展するための必要不可欠な条件のひとつである．開発に当たって，日本製品は，開発者の思いが強く反映し，多くの機能を有した製品が多い．製品は，顧客のニーズを満たした製品であるべきで，予防原則，環境に配慮した製品計画が必要である．新製品開発は新製品のみを指すのではなく，既存製品の改良，新しい用途の開拓なども含むものである．→R&D　　〔岩村淳一〕

新・ほうれんそう

組織を円滑に遂行するための要素として，上司と部下との間の報告，連絡，相談を「ほうれんそう」というが，齊藤毅憲は，これからの企業の発展には，新・ほうれんそうとして，「報知，連携，創造」と再定義する重要性を説いている．報知の「ほう」とは，社内での情報の共有をさし，連携の「れん」とは，オープン・システムの立場に立ち，外部資源を活用するアウトソーシング，アライアンスなどを指している．そして，創造の「そう」とは，特に齊藤の主張する，「クリエイトの思想」つまり，革新や創造性を指す．この「新・ほうれんそう」は企業内だけではなく，ステークホルダーとの関係性構築においても重要である．→ほうれんそう　　〔田中信裕〕

シンボリック・マネジャー (symbolic manager)

ディールとケネディー (T. E. Deal & A. A. Kennedy) の同名の著書（城山三郎訳『シンボリック・マネジャー』1983）において用いられた概念で，組織管理を科学的手法で司る「合理的」管理者に対して，組織の「文化」を強化する方向で自身の役割を認識し行動する管理者を意味する．かれらによれば，優れた業績を誇る企業は「強い文化」をもち，それが企業全体に広く浸透した共通の経営哲学（整然とした信念・慣例・倫理）となってメンバーのモラールを高め，組織全体の方向性を統制しているという．シンボリック・マネジャーとは組織の中心に位置し，理想を描き，共通の価値を明確にして企業の文化を創造する組織リーダーであり，真のマネジャーといえる．→企業文化　　〔小笠原英司〕

信頼の経営 (management of trust)

信頼とは，企業内や企業間における有効な協働関係，取引関係の形成・維持に必要不可欠なものである．それは，相手の過去の取引における評判や公的な認証（たとえばISO）による裏書き，密接な個人的関係などを源泉とし，異なる部門同士あるいは異なる企業同士が互いにもつ協働や取引に対する期待を安定させるとともに，関係の継続に必要な安心を彼らに提供する．協働システムあるいはオープン・システムとして企業を捉えるならば，信頼を基盤とする関係を企業内外に築くことは企業経営の重要な課題となる．とりわけ，評判や認証を参考に相手がもつ取引や協働を実行する能力を信頼する段階から，取引契約交渉の場や協働の現場での人的な交流を通じて相互理解を深め，取引関係や協働関係において互いに能力を発揮するという意図を信頼する段階へと，関係を進化させていくことが重要である．→組織間関係論　　〔仁平晶文〕

垂直的統合（vertical integration）

合併の形態のひとつ．水平的統合が同一業種間の合併であるのに対し，垂直的統合は取引関係のある異業種間企業の合併である．具体的には，製造業の上流・下流に位置する企業同士の合併や，製造・販売会社の合併である．日本企業はシェア拡大による市場支配力の強化を重要視していたため，水平的統合が多く，垂直的統合は少なかった．日本の人事慣行では賃金体系が会社単位で，担当職種による差別が生じにくい．しかも一般的に大企業のほうが中小企業より賃金が高いので，垂直的統合をするより子会社・関連会社化（いわゆる下請け・系列化）したほうが合理的であった．→製販統合　　　　　　　〔菊地浩之〕

水平的統合（horizontal integration）

工場や店舗という事業所を買収などによって，ひとつの事業主体に統合することを「企業結合」ないし「企業統合」という．合併や提携などによって，各事業所で独自な事業活動が行われ，市場調整に委ねられている事業を，組織的な調整に基づくひとつの事業に統合することを「事業統合」という．統合には同じ業種の事業所ないし事業を統合する「水平的統合」，生産から消費への流れにおいて，隣接する段階にある事業所ないし事業を統合する「垂直的統合」，水平的でも垂直的もない「コングロマリット統合」がある．一般に水平的統合は，企業結合における水平的な統合で，企業能力の強化，事業の地域的拡大，規模のメリットの追求，価格支配力の獲得などを短期間に可能にさせる．→垂直的統合
〔阿部　香〕

ステークホルダー（stakeholder）

株主，従業員，労働組合，消費者，債権者，仕入先，得意先，金融機関，地域社会，行政機関など，企業と密接な関係がある主体を総称したものであり，一般的には「利害関係者（または集団）」と訳される．企業はこれらのさまざまな利害関係者の協力や支持なくして存続することは不可能である．一方，現代社会は「企業社会」とよばれるほどに企業の社会に与える影響力が非常に大きくなってきている．すなわち，企業と社会は相互依存的な関係を持ち合いながら存在している，といえる．→社会的責任　　　　　　〔呉　淑儀〕

ステレオタイプ（stereotype）

ある特定の集団において，共有されたイメージや信念のこと．偏見や差別と異なり，否定的なものだけでなく，肯定的な場合もある．たとえば，「血液型がA型の人は几帳面だ」といったものがあげられる．本来，印刷技術の用語で鉛版を指し，リップマン（W. Lippmann）が1922年に，すべての物事を型にはめた考え方をたとえ，広めたといわれる．直接に体験できないことは，ステレオタイプに依存することが多いが，事実を正確に捉えられない危険性が伴う．　〔田中信裕〕

ストックオプション（stock option）

取締役や従業員が予め定められた価額で自社株の購入を選択できる権利をいう．株価上昇時に権利を行使し，取得した自社株を売却すれば，株価が上昇した分の譲渡益を取得できるため，取締役や従業員に対する一種の報奨である．この導入によって，取締役や従業員が自社の株価上昇を目指し，業績向上に努めるインセンティブとして役立てることができる．平成14年4月施行の改正商法において，社内の者に限らず，取引先や融資先等の部外者にもこの権利が与えられることになり，ストックオプションは，「新株予約権の有利発行」として新たに整理された．→インセンティブ・システム　　　〔藤川祐輔〕

ストレス・マネジメント
(stress management)

組織や職務におけるストレスから心身の健康管理を行うことである．ストレスの原因をストレッサ（たとえば，職場の作業条件や人間関係），ストレッサによって引き起こされる反応をストレイン（たとえば，疲労や不眠）といい，両方を含めてストレスと考える．ストレスは，ストレッサとストレイン，それらの間に介在する要因の相互関係で捉えられる．介在する要因は仲介要因ともよばれ，個人差，コーピング（対処），社会的支持（ソーシャル・サポート）などである．ストレス・マネジメントでは，ストレッサの除去よりも仲介要因をコントロールすることに重点がおかれる．
〔加藤里美〕

スポーツ・マネジメント

スポーツは，健康的なライフスタイルを志向した参加型の「するスポーツ」と，応援や娯楽，感動と興奮を志向した観戦・視聴型の「みるスポーツ」に大別され，人々の日常生活において身近で関心の高い存在となっている．スポーツ・マネジメントの対象には，規模の大小と営利・非営利組織を問わず，イベント・ビジネス，プロスポーツ・ビジネス，クラブ・ビジネス，スクール・ビジネス，スポーツ関連施設ビジネス，ブランド・ビジネス，権利ビジネス，スポンサーシップ，エージェント・ビジネス，ツーリズム，メディア・ビジネスなどがある．スポーツ・マネジメントは，比較的新しい概念であり，今後の発展が注目される．
〔原田尚幸〕

スマイルカーブ

縦軸に収益性，横軸に川上の部品製造から川下の販売・サービスの事業活動をとってグラフにしたときにできる，両端が高く中間の組立・加工が低い，笑った口の形に似ている曲線がスマイルカーブである．台湾のコンピュータメーカー，エイサーの会長スタン・シーが提唱した．コンピュータのようなモジュラー化が進展している産業では，各事業活動の分業が進み，組立加工への参入障壁が低くなり価格競争が生じやすく，一方で，川上の部品製造では技術的な，川下の販売部門ではブランド的な差別化がしやすくなることを反映したものである．→サムライカーブ
〔藤原敬一〕

せ

製販統合

特定のメーカーと特定の卸・小売業者が，長期的な取引を前提に，相互に関係特定的な事業活動を行うことによって，整合性のとれた事業として統合を図ることをいう．多くは，情報システムやロジスティク・システムをベースにして，川上企業と川下企業とが連動する仕組みを構築・運営している．それは，①相互に生産・在庫・販売などの情報を共有して業務の効率化を図る，②需要の変動に迅速に対応してリスクを低減させる，③中間在庫を削減してコストを低減する，③顧客の要望に応じたカスタマイズ製品の提供を容易にする，④独自製品や独自ブランドの開発・流通を容易にする，⑤需要の変化を先取りし，ビジネスチャンスを活かすことができる．→垂直的統合
〔阿部　香〕

蛻変（ぜいへん）の経営

人絹に"あぐら"をかいていた帝人（元・帝国人絹）は，ナイロン時代が出現して，倒産寸前に追いこまれた．人絹生産の"誇りと自信"は"うぬぼれと錯覚"に転化した．帝人は1956年，イギリスICI社からテトロンの技術を買って合繊事業（石油化学事業）へ転換した．そして見事，復活した．このとき，時の社長大屋晋三が全社員に訓示した．その

中で,「蟬が幼虫から成虫になるとき脱皮する(さなぎの羽化)生態変化の状態を『蛻変』(中国語でトウィベン)というが,企業も変化する社会を生きていくには,この蛻変を繰り返していかなければ生きていけない」と訴えた.この企業自己変革のアイデアにあやかって,明治大学の藤芳誠一と帝人の阿部實は,「企業生存の鉄則は蛻変の経営にあり」(『蛻変の経営』1975)と断じ,経営革新・経営戦略研究の扉を開いた. 〔藤芳誠一〕

SECIモデル

野中郁次郎によって提唱された組織的知識創造のプロセスのこと.同じ部門内で個人的なスキルのような暗黙知が暗黙知のまま他者に伝搬される共同化(socialization),暗黙知がドキュメントとして部門内の形式知に変換される表出化(externalization),表出化された形式知がマニュアルのような組織レベルの形式知に変換される連結化(combination),そして全社的に流布した形式知を再度個人が自己流に解釈して暗黙知に変換する内面化(internalization)という循環的過程によって知識創造が行われ,これら4つのフェーズの頭文字をとってSECIモデルとされる.→暗黙知,形式知,知識創造,ナレッジ・マネジメント 〔福原康司〕

セキュリティ・マネジメント (security management)

セキュリティには2つの意味がある.ひとつは,企業の人的・物的資源の安全を確保する行為や制度である.第2は,そのような機能を職責とする部門の呼称である.そこで,セキュリティ・マネジメント(保安・保障管理,防犯管理)とは,天災地変,コンピュータへの侵入,テロ・ゲリラの襲撃,営利人質・誘拐,企業脅迫,製品脅迫,戦争,内乱等の緊急事態が発生した場合,それに対処し,人的・物的損害を最小化する管理の一環をなすものである.このシステム構築にあたっては,①セキュリティ・マネジメント組織,②情報管理システムの危機回避システムと早期警戒システム(EWS),③平常時における危機管理回避システム,④緊急時における緊急時対策システム,⑤システムのメンテナンス・教育システム,などが重要となる.→リスク・マネジメント 〔大泉常長〕

セクショナリズム (sectionalism)

地方偏重主義から派生した用語で,部分最適意識が根強い事象をいう.組織は,自分が属する部門内の利害関係や欲求充足を重視し,組織全体との機能連鎖を失うと分断的事象を招く.組織は,おのおのの機能をひとまとめで同質的に機能させるのではなく,おのおのを機能分解し,目的に応じて機能交織を図っていくことによって,おのおのの機能を全体として稼働させることができる.セクショナリズムを回避するには,個々の経験や能力,配置などを考慮し,組織全体の管理調整を図り,相互の関係づけを形成していくことである.具体的には,プロジェクトチーム体制で各部署の機能関係性を維持していく方法がある.セクト主義,割拠主義ともいう.→官僚制,大企業病 〔田口智子〕

セル生産方式

セルとよばれる作業台(屋台)において,1人から数人のチームの作業者が多能工として部品の取付け・加工・検査などの組立作業の全工程を行い,ひとつの製品を完成させるという生産方式である.1人屋台生産方式ともいわれる.ベルトコンベアーを使ったライン生産方式と比べると,①作業の遅い人に合わせるというボトルネックがない,②仕掛品の在庫コストが小さい,③多品種少量生産に適している,④導入に当たって大きなコストが発生しない,などのメリットがある.その一方で,作業者の能力によって生産性が左右される,少品種大量生産には向いていないというデメリットがある.→多品種少量生産 〔藤原敬一〕

ゼロ・エミッション (zero emission)

エミッションとは排出物という意味.ゼロ・エミッションとは,ある産業の排出物を別の産業の原材料として連鎖的に利用するこ

とにより，廃棄物をまったく排出しない産業システムの構築を目指すものである．このコンセプトを実現させるには，資源に新たな付加価値を見出すことや新技術の開発，資源を産業間で連結させる新産業集団の形成が必要であるが，その結果として新事業と雇用の創出が期待されている．もともとは1994年にグンター・パウリ(G. Pauli)を中心として国連大学が提唱したものだが，その後上述のような意味とはやや異なり，廃棄物削減のキーワードとして一般的に用いられるようになっている．→環境問題　　　　　　〔藤森大祐〕

選択と集中

限られた経営資源を有効に活用するために，自社が差別的優位性を発揮できる事業を選択し，そこに経営資源を集中投下するという事業ポートフォリオに関する戦略．代表的な事例には，1980年代にGEのウェルチ(J. Welch)が，業界で1位か2位になれない事業は撤退する，という事業ポートフォリオ改善のために実施した戦略がある．わが国でも，1990年代末以降，バブル経済時代(1980年代後半～1990年代初頭)に拡大した事業分野を，自社の強み(コア・コンピタンス)が発揮できる分野を選択して，経営資源を集中投下するリストラクチャリングが進んだ．→経営資源，リストラクチャリング
〔小嶋正稔〕

専門経営者 (professional manager)

大規模・複雑化した経営体の経営機能を担当できる資質・理念・能力・経験があるとして，経営者に選任された人をいう．これに対して，選任理由が創業者などの血縁にある人を世襲経営者，持株などの所有にある人を所有経営者という．特定人がこれらの性格を複数兼ねている場合があるが，現代企業では，専門経営者でなければ経営機能は遂行できない．専門経営者が実権を掌握している状態を，経営者支配という．そこでは，出資者(所有者)その他の各種ステークホルダーが，専門経営者に経営を信託して成果分配にあずかる関係が形成され，経営体は社会的な制度となる．→サラリーマン型の経営者〔森本三男〕

戦略経営

伝統的な経営学では，戦略はトップが策定し，組織がそれを遺漏なく実行に移すという考え方が主流であった．これに対して，近年の激しい環境変化の中では，むしろ組織メンバーの創造性を重視すべきであり，彼らの活動や相互作用から戦略が形成・展開されることで企業は持続的な競争優位を構築しうるという考え方が出てきた．これが戦略経営の考え方である．十川廣國によると，戦略経営とは，組織を環境に適切にマッチさせておく継続的・反復的なプロセスと定義される．このプロセスによって企業は絶えず環境との適合関係を更新でき，また組織能力を高め，新たな価値を生み出し続けることができる．これが戦略経営の視点といえる．　〔山﨑秀雄〕

戦略的事業単位 (strategic business unit)

なんらかの事業目的や事業ミッションに基づいて戦略的に策定される基本的な事業の最小単位のことを戦略的事業単位という．事業規模の大きさを表す事業単位ではなく，目的やミッションを達成するために策定される基本的な最小事業単位であるから，目的やミッションが変更されると事業単位も変化することとなる．小規模零細企業では，ひとつの事業目的や事業ミッションで成り立っている事業単位の企業がほとんどである．だが大企業ではさまざまな事業単位で構成されており(たとえば，乗客輸送事業と宿泊事業など)，これらの事業単位を相互に補完し合うことによって企業としての相乗効果を狙っていることが多い．→ドメイン　　　　〔森山典孝〕

戦略的提携 (strategic alliance)

提携とは，共通の目的に沿って複数の企業が協力関係を築くことの総称である．共通の目的には技術開発，生産設備利用，販売体制の確立，経営資源の共同利用などさまざまなものがある．提携がうまくいくためには，どちらかに一方的にその利益が偏らないことが

大切であり，その前提はあくまで双方が独立体制を維持したままであることである．そのうえで戦略的とはいろいろに用いられるが，一方にとってあるいは双方の企業がその将来の成長にとって重要だという認識が鍵となる．1970年代，たとえばキヤノン，コマツなど当時まだ日本の一企業にすぎなかったいくつかの大企業は欧米諸国の膨大な技術先進企業と戦略的提携を結んで，知らぬ間にどこにも負けぬ独自の中核的な技術能力（コア・コンピタンス）を構築して今日の基礎を築いている．→コア・コンピタンス〔芝　隆史〕

戦略ビジョン

一言で表せば意思をもった夢のことである．それは単なる寝ていてみている夢とは明らかに異なる．企業もしくはその経営者には自らはどのような方向にどのような形で進んでいくか，またそこでどのような姿になっていたいのかを明らかにする義務がある．それを示したのが経営理念であり，より具体的表現をもって示されたものがビジョンだと理解できる．ビジョンはやがて戦略として実行可能なまでに具体化される必要があるが，戦略ビジョンという場合，その文脈の中にはこのように企業の将来に関わる明確で具体的な夢が語られていることというニュアンスが含まれている．ただ具体的にすぎると，夢という部分が狭められて，企業の将来の成長の幅を狭める危険があることも同時に忘れてはならない．→経営理念，ビジョン策定力

〔芝　隆史〕

組織開発 (organization development)

計画的に組織を変革しようという行為，もしくはそのための理論や手法のこと．「OD」ともよばれる．この考え方が現れた1960年代当初は，行動科学の理論を踏まえ，主として組織内のコミュニケーションや人間関係の改善を意図するものであった．しかしその後，社会・技術システム論やコンティンジェンシー理論の影響を受け，1970年代に入ると，環境に適応した組織文化の創造（あるいはその変革）という側面が強調されるようになり，そのためのさまざまな手法の研究が進んだ．コンサルティングに基づくもの，教育訓練に基づくものなどさまざまな方法があるが，トップが主導して組織全体に継続的・長期的な働きかけを行うことが重要とされる．→コンティンジェンシー理論，社会・技術システム論〔阿部敏哉〕

組織学習 (organizational learning)

環境の変化状況を知覚し，その状態を共通の記号や言語などで認識したうえで，組織が抱える諸問題の解決や発見・創造につなげる一連の改善・前進・向上のための活動のこと．学習主体はまず個人が中心になり，次に周囲と連動することによって集団が，さらにその集団が複数結合することによって組織が学習の主体となる．つまり個人学習→集団学習→組織学習という流れをとる．学習は通常，新しいことを学ぶ学習（learning），学んだ学習成果を環境との不整合発生に伴い部分的に捨てる学習の棄却（unlearning），そして再び新しい学習過程に入る再学習（relearning）という3つの流れをとる．

〔海老澤栄一〕

組織間関係論

外部環境と構成組織との関連を考慮しながら，複数組織間の関係の生成や成長発展やマネジメントや成果について理論的研究を行う分野を組織間関係論という．初期組織間関係論は非営利組織間の関係が中心であったが，次第に企業間関係や企業と非営利組織間の関係へと拡大していった．また関係の内容も，資源依存中心の物質的視点から情報創造や組

織間信頼や組織間学習など認知的視点へとシフトしている．戦略提携，組織間情報ネットワーク，企業とNPOの協働，外部組織へのアウトソーシング，組織間ネットワークなど組織間関係に関わる現象が増加するにつれて，組織間関係論の理論的重要性が高まりつつある．→アライアンス，戦略的提携

〔佐々木利廣〕

組織行動論

組織行動とは，組織の中の人間行動を意味する．したがって，組織行動論とは，組織の中の人間行動を分析対象とする研究分野である．アメリカでは，1960年頃から独立の研究領域として扱われてきたが，わが国では，組織論の一分野として位置づけられることも多く，いまだ未分化な状態であるといえる．組織論の中でもミクロレベルを対象にした理論が組織行動論であるといった区別をされることも多い．研究テーマには，パーソナリティ（personality），動機づけ（motivation），リーダーシップ（leadership），職務設計，キャリア開発，学習などがある．→行動科学，動機づけ理論，人間関係論，リーダーシップ

〔寺澤朝子〕

組織人モデル（organization man model）

現代社会の典型的人間像として，ホワイト（W. H. Whyte, Jr.）が提示した概念である．組織人は組織を恩恵的な存在であると考えており，組織の中で進んで交換可能な部品となる．また，規則や手続きを忠実に守り，他人とうまく折り合っていく技能を身につけ，同調主義をとり，大過なく過ごすことが昇進の早道と考えている．組織人は集団の倫理に重きを置くが，組織と個人の間には利害の不一致といった矛盾がつねに存在する．それゆえ，選択の自由を有する個人は組織に反抗することも必要であることをホワイトは主張している．→管理人

〔寺澤朝子〕

組織変革

環境変化に適応するために，組織は変革の必要に迫られる．変革の対象は，組織構造，組織プロセス，組織文化および従業員の意識変化である．変革という場合には，小さな変化を積み重ねる漸進的な改善による変化というよりはむしろより根本的に組織を改変する不連続な変化を意味することが多い．変革のプロセスにおいては，組織構造や組織プロセスが改変されたとしても，組織を動かす主体である人々の態度や行動，その根底にある価値観，あるいは，その規範となる組織風土などといったものまで含めて改変されていないと成果が上がらない可能性が高い．組織の変革者はこの変革プロセスをマネジメントする必要があるが，その際には変化への抵抗にも配慮しなくてはならない．→組織開発

〔寺澤朝子〕

ソフトウェア（software）

一般には，コンピュータプログラムと同義語．コンピュータの動作手順や命令をコンピュータが処理できる形式で表したもの．コンピュータそのものや周辺機器などはハードウェアとよばれる．ソフトウェアは，コンピュータ全体を管理する基本ソフトウェア（OS: Operating System）と，文書作成や数値計算など特定の目的に設計されたアプリケーションソフトウェア（application software）とに大別される．代表的な基本ソフトウェアには，Windows, UNIX, Linux, Mac OSなどがある．ソフトウェアに関しては，それに要する研究開発費やソフトウェア自体の資産性の問題がある．ソフトウェアも開発に多大の費用を要する反面，ハードウェアの進歩とともに，処理速度に応じたものが求められるため，これまで以上に陳腐化などが早まる傾向にある．

〔篠原 淳〕

SOHO（small office home office）

自宅や小規模な事務所で，少人数がITインフラを活用して事業を行う就業形態のこと．インターネットの普及に伴いSOHO就業人口は増加傾向にある．専業としてのSOHOでは，ソフト開発などの専門性の高い仕事からデータ入力などといった単調な作業まで多岐に渡り，自ら独立して事業を展開

するが，副業としては他企業に依存し，下請けとして単調作業に従事するものが主流である．成果主義によるため，技術以外の就業障壁は基本的に存在しない．出勤や不動産などにかかるコスト削減が実現できるが，主に業務管理や契約方式などの制度面で問題が生じる場合がある．→テレワーク　〔坂﨑裕美子〕

大学経営

大学組織の目的は，教育・研究であり，それ自体は事業活動・ビジネスではないが，ヒト・モノ・カネ・情報という資源をいかに配分し組み合わせ，組織の有効性を高めるかは重要課題である．つまり大学組織といえども「経営体」としての側面をもち，その運営に失敗すれば教育・研究という本来的な大学の使命も遂行できない．今日，18歳人口の急減，文部科学省の政策転換，規制緩和の進行，独立行政法人化の進行など大学を巡る環境変化の中で，大学経営はその設置形態に関係なく重要な課題になっている．特に，永年，政府や自治体に大きく依存・依拠していた国立・公立の大学組織では，独法化の進展とともに「自由と自己責任」の大学経営が焦眉の課題となっている．〔渡辺　峻〕

大企業病

企業が成長し，組織が拡大するにつれ，危機感の減退，活力の低下により，組織が硬直化し，環境変化に適応できなくなってくる，という現象が生じる．このような現象が，大企業に顕著にみられることから，大企業病とよばれる．大企業病の特徴として，①社内の根回しが優先され，意思決定が遅延すること，②部署ごとの縄張り主義により，社内コミュニケーションが欠如すること，③保守的な思考が蔓延し，チャレンジ精神が芽生えなくなること，④減点主義的な人事になりがちであること，があげられる．→官僚制，セクショナリズム〔渋谷謙作〕

「だいこん」と「なす」

新・ほうれんそう（報知・連携・創造）とならんで，現代経営のキーワードを野菜の名前の語呂合わせで齊藤毅憲が考えたもの．だいこんの「だい」は"代表する"の意味，働く人々は一人ひとりがつねに会社を代表する意識をもたなくてはならない．「こん」は"懇切丁寧"，消費者やユーザーに対して懇切さ丁寧さをもって対応することがサービスの質向上をもたらす．「なす」は，ナレッジ（knowledge）のナとスキル（skill）のスの意味．企業内に創造性を生み出すには，質の高い情報である「知識（ナレッジ）」を蓄積することと，働く人々の仕事の熟練（スキル）を開発し，維持することが大切であることを示している．→新・ほうれんそう〔木村有里〕

ダイバーシティ・マネジメント（diversity management）

代表的な定義として，ギルバート（J. A. Gilbert）らの「人口，民族，個人の差の正しい認識の促進を目指した完全な組織の文化的変容である」，有村の「多様性を競争優位の源泉として活かすために文化や制度，プログラム，プラクティスのすべてを含む組織全体の変革を志向するマネジメント・アプローチである」，日経連の「多様な属性（性別，年齢，国籍など）や価値・発想を取り入れ，ビジネス環境の変化に迅速かつ柔軟に対応し，企業の成長と個人のしあわせにつなげようとする戦略である」があげられる．つまり，多様な属性（性，年齢，国籍，その他個人的差異）や多様な価値・発想をとり入れ，企業の活性化のために組織文化の変革を目指す戦略であり，企業と雇用される個人との成長・発展につなげようとする戦略である．〔杉田あけみ〕

多角化（diversification）

多角化とは，企業が成長する過程において，販売する製品と対象とする市場を新たに広げることである．多角化する理由としては，企業が単一事業しか展開しない場合に，その事業が業績不振に陥ったときには，経営危機になる可能性が高くなる．そこで，複数

の事業をもつことによって，成長とリスクの分散効果を狙う．また，既存の経営資源を新事業でも使用し，投資コストを削減するという範囲の経済による効果がある．たとえば，既存の設備・機械を新事業でも活用すれば，新たな投資をする必要がない．特にこうした効果は，関連する事業に進出する場合にみることができ，経営資源の共通利用から発生するシナジーとして説明されるものである．→アンソフ，経営資源，経営戦略論，ポーター 〔中村公一〕

多能工化

製造部門において一種類だけではなく何種類かの作業ができる作業者を養成することである．これによって多品種少量短納期化や受注の変動などに人的面からフレキシブルに対応できる生産体制を確立することが可能となる．具体的な主なメリットとしては，①1人多工程持ちが可能となり，作業の流れ化が実現できる，②仕事量に対する能力のアンバランスが解消できる，③欠勤やある工程の遅れによる納期遅延の発生を防止することができる．多能工化を推進するにあたっては，作業者のスキルレベルを表したスキルマップと訓練計画を作成して，人材育成計画の一環として計画的，組織的に推進していくことが必要である．→トヨタ生産システム 〔五十嵐瞭〕

多品種少量生産

工業化や経済が進展するほど，また川上（素材や部品）から川下（最終消費財）になるほど，生産形態が「少品種大量生産」から「多品種少量生産」へ移行する．これは顧客（買い手）の要望の多様化と個性化の強まりに由来する．一般に，前者は生産規模の拡大による規模の利益で安くできるのに対し，後者は逆に高く，遅くなる．後者に移行しながらも，"安く，早く"生産できるものが勝者となりうる．前者の代表例が標準化・統一化と分業とベルトコンベアによって乗用車の大量生産・大量販売を実現した「フォード生産システム」で，後者のそれが「トヨタ生産システム（TPS）」である．これは工業化と市場経済の発達に合致し，「スピードの経済」（素早い顧客対応力が重要）が到来する．→トヨタ生産システム，リーン生産 〔伊藤賢次〕

ターンアラウンド・マネジャー
(turnaround manager)

企業再建請負人の訳で，企業再生のために，再建計画を立案し，その計画をもとに再建を行う中心的人物である．つまり，企業再生のプロである．日本でのターンアラウンド・マネジャーは，企業再生のノウハウをもった中小企業診断士や弁護士，公認会計士などの専門家が金融機関とチームを組んで取り組むことが多い．資金繰りの悪化による経営の行き詰まりがイコール倒産ではなく，ターンアラウンド・マネジャーは企業の再建計画をもとに再生可能な分野を経営革新やリストラにより再生することで，地域経済の活性化，雇用の確保，企業価値を向上させることを目的にしている． 〔増田幸一〕

男女共同参画社会

男女が，社会の対等な構成員として人権を尊重し，性別に関わりなく自らの意思によって社会のあらゆる分野における活動に参画する機会が確保され，個性と能力が発揮される状態を理念とする．その結果，男女が均等に政治的，経済的，社会的および文化的利益を享受することができ，かつともに責任を分かち合う社会になるという，21世紀のわが国の社会の方向性を指す重要なスローガンである．具体的には，①女性の政策方針決定過程への参画，②少子化の克服，③職業生活と家庭生活との調和，④男性の家事や子育てへの参画が急務であり，男女一人ひとりに対する啓発活動はもちろん，国，自治体，企業の積極的な取り組みが求められている．わが国では国際社会における先進国の状況と比較すると不十分で，少子化と男女共同参画の度合いの関連性も指摘されている．→ジェンダーフリー 〔嶋根政充〕

男女雇用機会均等法（equal employment opportunity law between men and women）

1986年施行の男女雇用機会均等法は,「福祉の増進」や「均等の促進」が目的であった.しかし,①女性差別だけを禁止する片面性,②募集,採用,配置,昇進は企業の努力義務,③差別に対する調停は労使双方の同意,といった改正すべき課題を残していた.そこで,1999年施行の改正法では募集,採用,配置,昇進,教育訓練が,禁止規定ないし私法上の効力規定になった.差別に対する調停の他方当事者の同意要件廃止,不利益取り扱いの禁止,セクシュアル・ハラスメントの防止義務も盛り込まれた.しかし,女性差別禁止の片面性は維持された.2006年2月答申の「男女雇用機会均等法と労働基準法の改正法案要綱」では,男女両性に適用される性差別禁止である間接差別が盛り込まれた.→男女共同参画社会　〔杉田あけみ〕

ち

地域企業

ブランド力はあっても,地域企業の経営は過剰投資で行き詰っている場合が多い.地銀や信金ファンドを通じて,それは地元産業の活性化,地域再生をはかり,新規のビジネスチャンスを増大させようというのである.テクノセンターのシーズと,地元企業との連携に基づく共同開発体制の構築も行われている.地域企業は,域内に本社をもつ企業と,地域を越えて経営活動を展開している大企業立地の2つに分けられる.いずれの場合も,設備投資コストの抑制,新技術による先端機器導入制度やサービスの活用,商品化への生産製造期間の短縮などに努めなければならない.自治体からのまちづくりやイベント企画案のノウハウの提供などを介して,地域企業に対する態勢整備も進んできている.→産業クラスター　〔渡辺利得〕

地域産業の集積

地域産業とは6大都市以外の地域（すなわち地方）に立地し,特定業種の中小企業群で構成される産業のことである.したがって,広義ではこの定義に該当する企業群は,製造,卸,小売,サービスといわゆる業種のいかんにかかわらず,すべて地域産業に属することになる.しかしながら,狭義では業種を製造業のみに限定し,地方に立地して,特定製品ラインの製造に関わっている中小製造業の集団を指す.さらに「地域産業の集積」となると,それらが多数,集中的に立地し,さらにその中で関連事業を行う中小企業群が当該地域産業と有機的に結びついて,その存続・発展を目的に両者が互いに支えあっている状態のものを指す.例としては,燕市の洋食器産業,今治市のタオル産業,大川市や府中市の家具産業,有田の陶器産業,島原市周辺の手延べ素麺産業などがある.→産業クラスター　〔山本久義〕

知価経営

2004年末の改正信託業法により,特許をはじめ,無形資産の多い株価の高い企業に,証券会社や金融機関の関心度が一段と高まってきた.それは知価（知的価値）創出の大きい新企業への期待でもある.知恵と知の戦略を使った経営の推進が望まれている.企業価値を向上させ,高収益を生み出す第一歩は研究開発の成功に求められる.市場経済は近代工業社会から,知価社会への転換期にある.能力給,年俸制,人材の流動化などが議論され,短期資本,即戦力的な人材活用で,引き抜きが横行している.だが,知的社会こそ,技術や人材などの育成には時間をかけ,かつ的確なる評価システムに基づく,経営実践が必用であるといえる.→知財戦略,知的資産　〔渡辺利得〕

知財戦略

知(的)財(産)戦略とは，自社の事業ドメインにおける継続的成長のために，自社の研究資源（ヒト・モノ・カネ）を利用し，多数の国際特許を含む特許を確保することである．自社で確保できない場合は，他社との提携にて確保する場合も含む．一方，これからの企業経営においては，CSR（企業の社会的責任）や内部統制および競争優位が重要な要素となっている．したがって，これからの知財戦略では，内部統制を管理する「組織や仕組み」および自社のもつ競争優位となっている「経営ノウハウ・成功事例・情報管理マニュアル」なども含めて戦略立案すべき環境へと変化してきている．→知的資産　　　　　　　〔栗原廣司〕

知識創造

組織が，獲得・蓄積した情報を，思索，実習，実践などを通じて，さらなる普遍化・正当化された知識へと創生するダイナミックなプロセスが知識創造である．知識には一般に客観的な形式知と主観的・身体的な暗黙知とがある．形式知と暗黙知の相互作用のスパイラルの中で知識は創造される．野中郁次郎は，このプロセスを，共同化（socialization）（暗黙知を暗黙知へ）→表出化（externalization）（暗黙知を形式知へ）→連結化（combination）（形式知を形式知へ）→内面化（internalization）（形式知を暗黙知へ）と循環するSECIモデルとして概念化している．→SECIモデル　　　〔福田好裕〕

知的資産

特許，商標，意匠，著作，実用新案権などだけでなく，ノウハウ，技術，人的資源，ブランド，組織資本などが含まれる．2002年12月公表の知的財産基本法で，企業のもつ知的財産報告書がみられるようになった．名称は企業によって多少異なるが，知的資産の戦略，研究開発投資，および事業などの経営状況を市場に伝え，それとともに報告書は自社のコア・コンピタンスを内外に訴えている．通信と放送との融合による新規創業のように，経営トップは投資家やパートナーの知恵，資金，情報など社外の経営資源に社内の知的資源を結び付けることである．また，それらをいかにして組織化していくかがキー・ポイントになっている．→ノウハウ

〔渡辺利得〕

チーム型組織

部門内・部門間において複数人数で構成され，相互学習と相互補完活動を通して新たな知識，事業，製品，ノウハウを生み出していく組織のこと．チーム当たりの人数は5～6人から多くても20人程度が一般的であり，日本企業の多くが生産工程や営業部門などにおいて「チーム・ワーク」として採用してきた．また，取締役会や常務会等の委員会組織，品質の改善と生産効率の向上を目的としたQCサークル，臨時的・短期的に部門を超えて新製品開発などの特定目的のために形成されるプロジェクト・チーム（＝タスク・フォース）もチーム型組織である．効率性と創造性が高く，問題解決が効果的に行える反面，部署を超えた横断的チームを組む場合の信頼形成に時間がかかる，メンバー個人の明確な業績評価が難しいといったデメリットもある．→プロジェクト・チーム　　　　　　〔中山　健〕

中小企業技術革新制度
(small business innovation research, SBIR)

新事業創出促進法に基づき，技術開発力を有する中小企業を活性化し，新規産業・雇用の創出を強力に推進するため，関係省庁が連携し，中小企業の技術開発から事業化まで一貫して支援する制度で，平成11年より開始した．具体的には，新産業の創出につながる新技術の開発のための補助金・委託費などについて，中小企業者への支出の機会の増大を図るとともに，その事業化を一貫して支援するため，債務保証に関して枠の拡大や担保・第三者保証人が不要な特別枠などの措置，中小企業金融公庫の特別融資などを利用することができる．　　　　　　　　　　〔森山典孝〕

中小企業支援

文字どおりに中小企業の経営を支援することである．支援内容は多岐にわたるが，経営資源の切り口から分類してみるとカネ（補助金・助成金，融資・保証等），モノ（設備・施設などの利用，インキュベーター），ヒトおよび情報（相談・指導・派遣，研修・セミナー，交流会・展示会，情報の提供，調査・試験・分析），その他（PL保険制度など）のようにみることができる．中小企業支援は，中小企業基本法や中小企業支援法に基づき中小企業庁を中核とした独立行政法人や各地域支援機関などを含めた公的機関も制度として総合的な体制を整備している．中小企業診断士などは，この中小企業支援を企業の中に踏み込んで担っている専門家でもある．
→中小企業診断士　〔森山典孝〕

中小企業論

中小企業論は，各国の経済発展における中小企業の役割，経営の特色，政府の政策，中小企業問題などについて研究する分野である．わが国は，戦後の経済復興・高度成長を成し遂げ，世界で比類ない発展をしたことで諸外国の注目を集めた．経済成長の要因は，①政官財の緊密な協調体制の下で主要産業の育成・支援，新技術導入の推進，輸出振興政策等を推進してきたこと，②産業の二重構造（大企業と下請の中小企業）が有効に機能したことなどである．最近は国際環境の急速な変化，産業構造改革の推進などで中小企業が新産業および新規雇用を創出し，経済発展に重要な役割を担っていることが理解されて関心を集めている．　〔伊藤忠治〕

直接金融

企業が株式や社債を発行することにより（資本）市場から資金調達することをいう．資金提供者（株主あるいは投資家）は，自らの判断で資金のやり取りができる．すなわち，企業とじかに資金をやり取りしていることになる．企業側からも同様であり，資金提供者と直接資金調達することができる．一方で，銀行借入れを代表とする資金調達方法もある．この場合には，銀行が介在するので，間接金融といわれている．直接金融は，「エクイティ・ファイナンス」といわれることもあり，1990年代のバブル期には積極的に活用された手法である．→間接金融
〔井出健二郎〕

て

TLO（technology licensing organization）

技術移転機関．大学などの研究成果を発掘・評価し，特許化および企業への技術移転を組織的に行う機関のこと．具体的には，①大学の研究室や研究者のまだ特許化されていない研究成果を発掘し，譲り受け，特許化する，②その技術を民間事業者に有料で提供する，③対価として得た特許使用料の一部を大学に還元する．埋もれてしまうことの多い大学の研究成果はこれによって社会に流通し，民間で活用される．同時に，資金の還元によって大学や研究者の研究を活性化させる原動力となる．平成10（1998）年大学等技術移転促進法が施行されたことに伴い，多くの大学で設置が進められた．→技術移転　〔木村有里〕

TOB（take over bid）

株式が証券取引所外で取引される場合，株式公開買い付けとよばれる．公開買い付け者が経営支配を目的に買収対象会社の株主から直接に株式を買い集める手法である．米国では企業買収の手段としてTOBが一般的に利用される．日本企業間のTOBが敵対的買収として注目されたのは，ニッポン放送株TOBである（同社の株主構成とTOBにつ

いて『日本経済新聞』2005年3月7日）．また，敵対的買収防衛策の手段として，自己株式の取得を企業買収の一形態である MBO に伴う TOB により株式非公開化にする場合もある（前掲新聞，2005年9月3日のワールドの事例）．→ M&A 〔井口義久〕

ディスクロージャー（disclosure）

上場企業では，投資家は主に，キャピタルゲインを求めて投資を行う．このとき投資家は株主の利益成長率や財務の安全性を考慮して投資の意思決定を行う．この投資を行うための重要な情報として，企業自らが公表している情報がある．このような企業による企業内容の情報開示をディスクロージャーという．株式を公開している企業の場合，証券取引法に基づくディスクロージャーとして有価証券報告書を作成しなければならないが，企業は資本の運用に関する情報を出資者たる株主に報告する義務がある．この報告責任を会計責任という．しかし，現在の資本市場の観点からは，現在の株主に対する責任だけでは不十分で，潜在的株主を含めた投資家に情報を提供する必要がある．また，非公開会社であっても決算公告によって貸借対照表の情報を開示することが求められている．→ アカウンタビリティ 〔秋本敏男〕

適正配置

学校・公共施設・諸団体などにおいて，効率化・総合的な整備を図るために，それぞれの規模・地域に応じてあてはまりの良い適正な配置，設置をすることをいう．また，人事・労務においては，職務分析によって明らかにされた職務の資格要件に応じて，それに最も適正のある人を配置することをいう．こういった適材適所の任用により，人事配置上の効率化を促進し，人的資源の最大限の活用をはかることが可能となる． 〔庄司祐子〕

敵対的買収

企業買収には友好的買収と敵対的買収とがある．前者は，被買収企業の経営者が買収企業の買収価格に応ずる場合である．後者は，被買収企業と買収企業との間で買収の合意が成立しない場合であり，敵対的買収といわれる．敵対的買収は被買収企業の経営支配権を取得する必要がある．そのために用いられる買収方法に TOB（株式公開買い付け）がある．この方法は敵対的 TOB とよばれる．敵対的買収によってまで企業買収を行うのは，価値創造（企業価値ないし株主資本価値を高める）に必要な新たな経営資源の調達にある．→ M&A，友好的買収 〔井口義久〕

デザイナー

デザインは design（英語）で，sign（記号）にかかわる仕事であり，デザイナー（designer）はデザインをする人のことである．日常的用語としてデザインは，イメージとかビジュアルとか商品や製品のアピールの側面にアクセントが置かれている．経営用語としては，主に企業が生産を合理化し，マーケットを獲得し，使用価値を高めるための設計プロセス全体がデザインであり，この仕事を専門的職業とする人がデザイナーである．デザイナーの仕事は現在さまざまな分野に分化され，工業デザイン，製品デザイン，グラフィックデザイン，インテリアデザイン，CAD システムデザイン，エディトリアルデザインなど多岐にわたって活動している．→ クリエーター 〔小林 勝〕

デジタルエコノミー（digital economy）

これは，クリントン大統領およびゴア副大統領によって発表された「電子商取引の世界化構想」の一環として，1998年に作成されたアメリカ商務省の報告書「The Emerging Digital Economy」から由来している．電子商取引については，現在に至るまでインターネットを用いたオンラインよる原材料などの調達を行う企業間取引が急増している．また，情報化による組織構造の改革なども行われている．今後，ますます電子商取引が企業，政府，生活者に対して重要な役割を果たし，これによって世界経済も拡大することであろう． 〔石井泰幸〕

撤退障壁 (exit barriers)

企業が事業・製品分野の市場において，低収益や赤字の状態でありながらも，市場からの撤退を留まらせる要因のことで，退出障壁ともいう．一般的に，資本集約度が高い事業の撤退ほど，投下資本や埋没費用の回収が難しいことから，撤退障壁が高くなるとされる．ポーター (M. E. Porter) は要因として，①業種に特殊化した資産を有する，②撤退に要する固定コストが高い，③他事業部門との戦略的な関連性，④経営者の感情的な障壁，⑤政府などの社会的な外部環境からの制約，の5つをあげている．また近年では，有形および無形特殊資産を，撤退障壁の要因とする説もある．→ポーター　〔新免圭介〕

テーマパーク (theme park)

単なる公園，遊園地ではなく，歴史や物語または文化などの特定のテーマに基づいて施設づくりを行い，テーマに関連したアトラクションを組み入れ，イベントを実施し，キャラクター商品を販売するなどにより，ハードとソフトが一体となって，利用者に娯楽を提供する施設をいう．1983年に開業した東京ディズニーランドが国内の代表的なテーマパークである．最近では，東京ディズニーランドや大阪のユニバーサルスタジオなどの大規模でアトラクションを中心としたテーマパークから，ラーメン，カレーや餃子などの食べ物を題材とした「フードテーマパーク」や，温泉をテーマとした「温泉テーマパーク」などの小規模で，日常生活に密着したテーマパークが増えており，テーマパークそのものが多様化している．　〔飯嶋好彦〕

テレワーク (telework)

tele (遠隔・離れて) と work (仕事・働く) を組み合わせた造語で，情報通信技術 (IT) などを活用し，遠隔地で仕事をする働き方を指す．テレワークは，高度情報化社会の進展や企業の経営環境の変化および勤労者などの労働意識の変化を背景に出現した新しい労働形態の概念．総務省の通信白書では，働く場所を基準に①自宅などで行うものを「ホームオフィス (SOHO，テレホームワーク，テレコミュート)」，②企業の支店などで行うものを「テレコミュート」，③外部で行うものを「モバイルワーク」と3つに分類している．「通勤時間が短くなる」，「他に邪魔されずに自宅などで集中して仕事ができる」，「家族との時間が増える」などの利点はあるが，「家庭と仕事の境界がなくなる」，「同僚などとのコミュニケーションが希薄になる」，「情報化投資が必要」などの課題も指摘されている．→ SOHO　〔遠藤真紀〕

伝統的管理論

経営学の最初のパラダイムが，伝統的管理論である．共通する特徴は，クローズド・システムとしての企業観にたって客観的な内部合理性を追求しようとした点である．そのために，管理者や管理対象となる個人の人間性は捨象され，人間が経済活動を行う際の合理的側面やそこで果たす役割にのみ目を向けた人間像が前提され，それに基づく理論が構築された．代表的な理論として，テイラーの科学的管理，ファヨールの経営管理過程論，ウェーバーの官僚制組織論がある．→科学的管理，ファヨール　〔川口恵一〕

と

動機づけ (モチベーション) 理論

構成員の行動のエネルギー，行動の方向，行動の持続性を高めるための理論である．代表的な理論としては，ハーズバーグ (F. Herzberg) の「動機づけ―衛生理論」，マズロー (A. H. Maslow) の欲求5段階説，マグレガー (D. McGregor) のX理論・Y理

論などがある．ハーズバーグによれば，動機づけ要因は成長欲求充足要因であり，仕事の達成感，他人からの承認，昇進などである．もうひとつの衛生要因は不快回避欲求を満足させる要因で，会社の政策，監督技術，給与，福利厚生，作業条件などである．動機づけ要因が強く働かない場合でも，衛生要因が十分であれば不満は小さい．衛生要因の不足は不満であるが，充足しても満足までには至らない．→インセンティブ・システム，ハーズバーグ　　〔竹村之宏〕

特性論アプローチ

リーダー個人の特性が，リーダーシップを規定する要因だとする考え方である．優れたリーダーに必要とされる身体要因，能力要因，性格要因などをあげる主張は多い．しかし，この考え方は特定の人物のもつ能力に依存する，英雄論になってしまいかねない．リーダーシップには，①個人，②追随者たち，③諸条件という複合要素が関係しており，状況によって望まれる特性は変化する．ただしリーダーのもつ特性がリーダーシップに与える影響は否定できず，リーダーシップを形成する複合要因のひとつではある．→リーダーシップ　　〔山口恵美〕

独立行政法人

国民生活の安定だけでなく，社会経済の健全な発展などの観点，いわゆる公共上の観点から必要とされる事業などを行う法人のこと．特に行政サービスが主たる業務となっている場合が多く，行政組織の民営化の過程で採用され，より柔軟なサービスを提供することを目的としている．基本的な運営などは独立行政法人通則法によって定められ，各法人は個別法によりさだめられている．国公立大学が独立行政法人になったのが，この事例となる．→大学経営　　〔小野瀬拡〕

特例子会社

「障害者の雇用の促進等に関する法律」の第44条「子会社に雇用される労働者に関する特例」により定められている障害者の雇用を目的とした子会社のこと．企業は同法律によって一定数の障害者の雇用を義務づけられている．そして，特例子会社を有することで，親会社は特例子会社が有する障害者数を雇用したことになり，この義務を果たすことができる．その事業内容は，軽作業や事務，清掃などとなっている．親会社との人的関係が緊密であり，雇用している障害者の数が5人以上であることや，従業員のうち20％以上が障害者であることなどが，この会社の条件となっている．→チャレンジド　　〔小野瀬拡〕

都市経営

都市行政に企業経営の視点・手法を導入し，住民ニーズへの迅速な対応と業務の効率化の双方を推進していくことを意味する．すなわち，①ビジョンや戦略を策定して事業の選択を行い，優先順位の高い事業に対して集中的に資源を投入する，②事業の実施においてはインプットとアウトプットのバランスを重視する，③実施した事業の評価を的確に行い，次の事業展開につなげる，などを都市行政においてもしっかりと行うことをいう．これまでは地方自治体の業務改善という観点から用いられることが多かったが，最近では住民，企業，NPOなどをも巻き込み，それらと地方自治体との連携・協働を視野に入れた都市行政の質的向上・効率化の推進をさすようになっている．→行政経営　　〔佐々徹〕

都市再生

地価の高い都心部は住環境に好適とはいいがたい．子どもの教育上の諸問題も生起している．人々は自然と郊外に宅地を求めてきた．それに伴い，大型商業施設の郊外進出立地が活発化した．寝て消費するだけの郊外は，労働や生産機能には恵まれていない．2006年，まちづくり三法が見直されている．それは郊外への10,000㎡以上の出店を制限し，少子高齢化時代に相応しいまちづくりを意図したものである．また，都市域の開発や拡大をおさえ，病院や福祉施設などを都心部に集め，空洞化を防ぎ，人口の回復や地価の下げどまりを図ろうとしたものでもある．車

特許

特許(法・制度)は,発明者に一定の条件のもとに独占的権利を与え発明を保護するとともに,その発明を公開することにより,新しい技術・製品の発展を促進するための制度といえる.特許(権)は,企業経営にとって戦略的に重要な資産であり,日本にとっては,将来的に国際社会に影響力を保つために重要性を増している.世界に通用する特許を獲得するには,膨大な時間と資金が必要である.そこで,最近では,大学に眠っていると思われる多種多様な研究成果を「信託」により活用する動きも出てきた.一方で,特許権を侵して模倣生産する問題が起きているが,このような事態を起こさせない国際協調体制も,重要課題となっている.→知財戦略,知的資産

〔栗原廣司〕

トップ・ダウン経営
(top-down management)

経営組織において,幹部が目標を設定する.あるいは経営戦略を策定した後に,強力なリーダーシップによって下位職に徹底させる経営方式である.トップの意思決定が速やかに伝達され統制がとれ,迅速な経営行動が可能となる.経営環境の変化がいちじるしい場合,その有効性が高く評価されるものである.しかしながら,下位職の意見が順次上位職に上げられるボトム・アップ(bottom-up)のように,下位の納得を得られなければ,現場の志気が低下するといった事態も懸念される.日本企業は,欧米企業に比べボトム・アップの傾向が強いといわれてきた.→ボトム・アップ経営

〔谷 保範〕

トップ・マネジメント
(top management)

企業経営の最高位に位置する最高経営層のこと.代表的な企業では,経営管理階層は,最高経営層,中間管理層(middle management),現場管理層(lower management)に分化している.最高経営層は,通常,支配経営層(取締役会,監査役)と全般経営層(社長,常務などの経営者,常務会など)からなる.専門経営者としての現代の最高経営層は,企業家職能はもちろん,受託経営者,全般経営者として,企業経営体を支配し,経営し,利害関係の調整機能などを担当する.最高経営層は,適切な資質を具備し,適正な指導理念に基づく意思決定(決断)と行動が要請される.→執行役員制,ミドル・マネジメント

〔福留民夫〕

ドメイン(domain)

自社がどのような事業を行うのかという「事業領域」のこと.ドメインを決めることの効果は,①自社が一体なにをしている企業なのか表わすことができること,②自社が一体どのような企業と競争しているのかという市場を特定できること,③将来の事業の方向性を決める尺度になること,である.決定に際して,家電事業,ゲーム事業,音楽ソフト事業のように,製品やサービスによる物理的な定義によるものでは現在の事業構成を示しただけであり,将来の方向性まではわからない.そこで,「消費者の生活を豊かにする」などの市場のニーズに関連させた機能的な視点からの定義が有効である.→選択と集中

〔中村公一〕

ドラッカー(P. F. Drucker)

社会生態と経営実践を踏まえた経営全体に関する基本的な理念・思考・技法などを提示している.1909年ウィーン生まれ.33年,出版に対するナチの発禁処分を恐れ,イギリスに逃れ,4年後にアメリカに移住した.30歳代でのファシズムの起源を分析した『経済人の終わり』,産業社会を探求した『産業人の未来』,GM社の依頼でまとめた調査『会社という概念』,の発刊を経て,第二次世界大戦前後からの産業社会,70年前後からの組織社会,2020年代からの知識社会の経営書『現代の経営』,『マネジメント』,『ネクスト・ソサエティ』を出版.社会と経営体と人

間の相即的発展という課題に革新改善と相互作用の方法で取り組んだ. 〔河野大機〕

トレーサビリティ (traceability)

履歴管理のこと. 製品や食品の材料から加工・製造・流通などの過程を通じて, IT を用いた履歴管理, 追跡照会を可能とすること, またはその仕掛け全体をいう. 用例としては, 食品などの情報が集積された媒体 (バーコード, IC タグなど) を通じて, 必要に応じて検索できるシステムを, トレーサビリティ・システム (生産流通情報把握システム) とよび, これにより, 食品事故発生時の早期原因究明や生産者と消費者の「顔のみえる関係」が構築され, なにに関する履歴であるかを明示することで,「生産履歴管理」,「製造履歴管理」などとしている. 施行例は,「牛肉トレーサビリティ法」や「家電リサイクル法」などがある. →IC タグ 〔高松和幸〕

な

内発的動機づけ（intrinsic motivation）

内発的動機づけの理論は，主にデシ（E.L. Deci）によって体系づけられた．外的報酬による動機づけと対照的に，自律，有能感などへの欲求が生得的なものであり，創造的な学習や仕事の探索や征服がそうした欲求に基づいていることを強調する．要するに，「当の活動以外には明白な報酬がまったくないような活動」である．金銭，賞賛などの外的報酬は即時的なパフォーマンスへの動機づけには適するが，個人には干渉あるいは統制となり，自律の感覚を損ねてしまう．内発的動機づけと自律の感覚は，個人の発達にとってきわめて重要なので，指導者は誰もがもっている内発的な自律や探求への動機を外的報酬や統制の不適切な適用によって損なわないようにしなくてはならない．→外発的動機づけ

〔細萱伸子〕

内部通告制度

報復人事などから内部告発者を保護するための制度．イギリスの「公益開示法」やアメリカの「ホイッスル・ブロアー法」がある．日本では1999年にJCO東海事業所で起きた臨界事故を契機に「原子炉等規制法」が2000年に一部改正され，内部告発者保護規定が盛り込まれた．その後，雪印食品偽装牛肉事件などを背景に「公益通報者保護法」が2004年に制定された．これは労働基準法で定義する労働者が事業者の違法行為等を不正の目的（通報を手段に金品を授受）ではなく，①労務提供先または当該労務提供先が予め定めた者，②行政機関，③発生または被害の拡大防止上必要と認められた者や報道機関，へ通報した場合に保護の対象となる．また，事業者が内部通告の制度を設置することは，事業者内部の自浄作用を高め，かつ事業者外部への通報による風評リスクなどを減少させることにつながる．→ホイッスル・ブローワー制度

〔深津千恵子〕

内部統制

設定した企業目標の達成のために，企業内部で働く人々の行動がスムーズにできるように設けられた仕組みのこと．内部統制の目的には，①事業経営の有効性や効率性を高めること，②信頼性ある財務報告の確保（ディスクロージャー），さらに，③事業経営の法規の遵守の促進（コンプライアンス），の3つがある．また，内部統制の構成要素には，①内部統制ための基礎的環境（統制環境），②企業内外の影響リスクの把握や分析（リスク評価），③実効性ある業務遂行の命令・指示（統制活動），④必要な情報の入手と伝達（情報とコミュニケーション），および，⑤内部統制の有効性や効率性の監視と評価（モニタリング）の5つがあり，それぞれが相互に関連している．

〔岩崎 功〕

に

ニッチ戦略（niche strategy）

コトラー（P. Kotler）が提唱した戦略的マーケティング戦略のひとつで，経営資源に勝る大企業が見過ごす，あるいは無視する小さな「隙間」市場を探し出し，そこに経営資源を集中的に投下することによって差別化をはかり，参入障壁を構築することでオンリーワ

ンの地位を確保する競争戦略である．ニッチとは，壁面や柱に聖像を置くためにくりぬいた部分を指し，小さな安住の地を意味することから「適所」を意味する．主に中小企業で用いられる戦略であり，その基本は「専門化」による細分化された特定領域の市場におけるリーダー戦略である．→経営戦略論

〔奥居正樹〕

人間関係論

1924年以降，数次にわたって行われたメイヨー（G. E. Mayo），レスリスバーガー（F. J. Roethlisberger）ならびにディクソン（W. J. Dickson）らによるウェスタン・エレクトリック社のホーソン工場における実験の研究成果であり，従業員の社会的欲求は賃金などの経済的条件（経済的欲求）より強いことを明らかにした．また，モラール，モチベーション，働く人の意欲，動機づけなどを高めるための研究であり，人間としての友情，安定感，帰属感などが重要であることを説いた．人間関係論はテイラー（F. W. Taylor）の科学的管理法で説かれた科学性・合理性に対する反省ないし批判と位置づけられ，非公式組織の存在を指摘し，生産性と労働者の非論理的感情との密接な関わりなどを主張した．→メイヨー　　　　　　　　〔内山利男〕

人間工学（human engineering）

人間の生理的・心理的特性（ヒューマン・ファクター）を最大限考慮したときの最適な人間と機械のシステムのありようを追究する学問で，工学・医学・生理学・心理学などの学問領域にまたがる．そこにおいては，作業の安全性・快適性・信頼性・能率性の向上，人間の疲労・エラーの減少を目的として，人間の特性・限界に対応する機械特性の最適化，人間と機械の境界（インターフェース）の最適化，人間と機械のおかれた環境の最適化，疲労しエラーをおかす人間を前提としたときのシステムの全体最適化などが重要な研究テーマとなる．その際，人間尊重・人間中心主義の観点から，人間を機械にではなく，機械を人間に適合させることを目指す．エルゴノミクス（ergonomics）ともいう．→行動科学　　　　　　　　　　　〔常田　稔〕

認知科学（cognitive science）

人間の認知のメカニズムを解明する学際的な学問領域が認知科学である．これには心理学，言語学，神経科学，人工知能，人類学，教育学，哲学が関わっており，人間の知・情・意などをモデル化して，実証する方法が採られる．そのモデルには，感覚・知覚・記憶・思考・情動・意識・運動などの認知メカニズムばかりでなく，道具や情報システムなど人間がつくり出したもの（人工物）と人間の認知との関係や，複数の人間による認知のメカニズムなども含まれる．このような理論モデルは，知識の創造，知識やスキルの習得，能力の開発，そして，それを活かすための組織のデザインやシステムの設計など，ビジネス分野において，さまざまに応用することが可能である．→学際的アプローチ　〔阿部　香〕

ネットワーク外部性（network externality）

ある製品において，現在あるいは将来の顧客（使用者）数が多いほど効果的な利用法や不具合の解決策をみつけやすいといった既存顧客の便益が高くなる特性．顧客をロックインするため，ネットワーク（顧客基盤）が大規模であれば競争優位につながる．デジタルエコノミーなどで特定企業が市場を占有するWinner-Take-ALL（WTA）の主要因ともいわれる．また，企業間競争だけでなく，VHS―ベータ戦争のような技術間競争にも影響する．背景の理論としては「ネットワークの価

値はノード数（ユーザー数）の二乗に比例する」というメトカーフの法則（Metcalfe's Law）がある．
〔祖川浩也〕

ネットワーク関係（network relations）

個人，組織あるいは企業が単独では得にくい競争力を創出するため，相互補完的に固有の強みを持ち寄った緩やかな結合形態をネットワーク組織（networked organization）とよび，同組織の構成員（個人・組織・企業）相互はネットワーク関係にあるという．特徴としては，構成員相互が，①垂直・支配的でなく自律した対等な関係，②経営環境・目的に応じてフレキシブルに変化，③共同事業を容易に行える関係，などがあげられる．しかし，ネットワーク自体に明確な指示命令系統がなく，維持や管理が困難であり，固有の強みを喪失した構成員は速やかに絶たれる関係ともいえる．→アライアンス　〔祖川浩也〕

ネットワーク組織

従来のピラミッド型組織に対し，グローバル化やコンピュータの発達により作り出されたフラット型の組織をいい，コミュニケーションの迅速化および情報の共有化が図られ，中間管理職を不要とし創造性の発揮が期待される．さらに，トップと従業員間のコミュニケーションも容易になる．一方，主体性と自律性が要求される．この組織はコーポレート・ガバナンスの観点からは，単純化されるがコンプライアンスの観点ではチェック機能が少なく，そのカバーが課題である．ネットワーク組織は複数企業間の緩やかな提携関係を指していうこともある．もっとも，この組織は万能ではなく，企業の置かれた環境により従来の組織を生かしつつ，取り入れていくのが現実的と思われる．→組織間関係論
〔三宅芳夫〕

農業生産法人

農業関係者により組織された農業および関連事業を行う法人のこと．農業関係者とは農地を所有する人物，農業に従事する人物，地方公共団体，継続的取引が行われている関係者などからなっている．特に農業を営む人物にとっては資金調達の面で信用を得られやすい，などのメリットがある．農業生産法人の形態は，農事組合法人，有限会社，合名会社，または合資会社のみであった．しかし，2004年度の農地法の改正により，株式譲渡に制限のある株式会社形態も認められた．農業への参入には，日本農業の競争力の低さ（高コスト，低生産性）などが背景にある．
〔小野瀬拡〕

ノウハウ

個人・集団・組織が有する有益な無形の技術および共有概念．→経営資源　〔藤井辰朗〕

能率と効率

齊藤毅憲によると，企業が製品やサービスを「つくる」という場合2つのコンセプトがある．1つは，"メイクの思想"であり，もうひとつは"クリエイトの思想"である．メイクの思想では，つくる対象や方法がすでに決まっているので，経営資源の投入量と産出量の関係を改善することが大切となる．具体的には，製品1単位あたりのコストを下げたり，作業時間を短縮したり，品質改善活動を行うことなどがあげられる．このように，企業は「生産性」を高めなければならないが，これがドラッカー（P. F. Drucker）のいう能率（efficiency）である．一方，クリエイトの思想は，つくる対象や方法それ自体を新しくつくる（創造する）という思想である．それは，企業や組織体の目標の達成を可能にする考え方であり，ドラッカーによれば，企業が活動を続けるべく生き残るために新しい

ものを創造することを効率（effectiveness, または有効性）という． 〔奈良堂史〕

ノー残業デー

職場一斉に一定の曜日を決めて，残業せずに，定時に退社する制度である．仕事がないにもかかわらず，付き合いで残業したり，出退勤時間を記録しないサービス残業などの土壌を排し，適正な労働時間を実現する手法として取り入れられている．従業員の志気を高め，職場を活性化させるねらいがある．そのためには，業務内容の見直しや，作業能率の改善などにより，仕事のしわ寄せが生じない効率的な業務体制を図る必要がある．→サービス残業，労働時間 〔中村 修〕

場（ば）

複数の人たち（集団）は，時間と場所（活動空間）を特定し，そこで，さまざまな活動を行うことができる．それはインターネット上の仮想空間でも同様である．仮想空間を含めて「複数の人たちによって，ある特定の活動が行われる特定の時空間」が「場」である．場では，人々の活動によって新たな価値が創造されることがある．また，価値が得られたり，ポジティブな経験をすることもある．よい価値や経験をもたらす場は，そこにコミットメントしようとする動因を与え，求心力がある．求心力をもつ場は，さまざまな人たちを引きつけるだけでなく，ネットワークの結節点や拠点にもなりうる．そのような場では，ネットワークの効果によって，より大きな利益や便益を享受することが可能になる．

〔阿部　香〕

バイキング型経営管理

多種類の料理を自分で皿に取り分け，好きなだけ食べる形式の料理を意味する和製英語から派生して，管理者・経営者に対して多様な管理手法の選択を認める，もしくは支援する制度・仕組みのことを指す．過去には，商店街の管理組合に導入された実績がある．ただ，原則自由に管理手法を選択できる性格上，同業者団体などの，目標や利害が一致する管理者・経営者だけによる組織では，十分な効果が期待できる一方，個別の企業への導入については，既存の指揮命令系統への影響を最小限に食い止める必要があることから，その実効性については困難を伴うとの指摘もされている．

〔服部誠司〕

排出権取引

二酸化炭素などの排出量を市場取引することにより，温室効果ガスの排出総量の削減を目指す制度であり，「排出量取引」ともよばれている．近年，地球温暖化の問題を背景とし，世界各国において排出権取引が注目されている．京都議定書では，第17条において排出権取引が規定され，3つの京都メカニズムのひとつとなっている．また，イギリスやデンマークでは排出権取引市場が創設されており注目されている．2002年4月に世界初の排出権取引市場が創設されたイギリスでは，企業を中心に本格的な取引が行われている．日本でも環境省の主導により二酸化炭素を排出できる許容枠を企業間で取引する排出量取引の試行が行われている．→エコビジネス，環境問題

〔杉浦慶一〕

ハーズバーグ（F. Herzberg）

「動機づけ―衛生理論」を提唱．職務満足度の観点からピッツバーグの約200名の会計士や技師を対象に聞き取り調査を実施する．その分析結果から導き出された論点は2つである．①職務満足要因と不満足要因は一元的ではなく，二元的に捉えるべきもの―すなわち相互に独立したものである，②職務満足要因（動機づけ要因）として，達成感・他者からの承認・仕事に対する責任や昇進・自己成長があり，不満足要因（衛生要因）には，会社の政策・作業条件・監督技術・対人関係がある．この職務満足の2要因理論は，斬新的な仮説ゆえに学界および産業界の人事担当者に大きな影響を与えた．→動機づけ理論

〔代田郁保〕

バーナード（C. I. Barnard）

ニュージャージー電話会社社長，ロックフェラー財団理事長などの要職を務め，主著『経営者の役割』（1938）によって，テイラー（F. W. Taylor）やファヨール（H. Fayol）を始祖とする伝統的管理・組織論に対する近代的管理・組織論の学祖とされる

(1886-1961). 人間の受動的, 動機的, 認知的側面を総合する全人仮説と有機的システムとしての行為論的組織概念を提示し, 動態的経営行動論の基礎を開拓した. 経営者の経験と思索から生まれたバーナード理論はサイモン (H. A. Simon) をはじめその後の組織論・経営学研究に多大の影響を与え, アメリカ経営学の理論科学的水準を一挙に高めた. →アメリカ経営学 〔小笠原英司〕

バブル経済

1985年秋から90年1月までの経済と人心の「根拠なき熱狂」の時代のこと. 具体的には株価や地価の高騰,「にわか成金」や一部企業の高額消費などが発生した. 引き金は1985年9月の「プラザ合意」であるが, ドル安転換への合意に基づき日本は低金利政策に転換し, 一方で円高による為替差損を恐れた資金が国内へ流れ込んだ. また「21世紀は日本の時代」との見方に舞い上がった国民の高揚感も拍車をかけた. "熱狂"を数字で裏付けると, 国内の土地総額は最高値時2千兆円とアメリカ国土4つ分に, 東証平均株価は3倍余にはね上がった. 政府・日銀の科は重いが, 付和雷同しやすい国民性も見逃せない.「空中楼閣」の後始末に90年代は苦闘した. →失われた10年 〔中村良三〕

パラサイト・シングル (Parasite Single)

パラサイトとは「寄生生物」を意味し, シングルとは「独身者」を意味する. パラサイト・シングルとは, 寄生生物のような生活をしている独身者をいう. なにに寄生しているかというと, それは親である. すなわち学校を卒業しても, 家事など生活の基本的な部分は親に依存し, 収入の大部分を自分の消費生活に使うことができるという状況にある独身者を意味する. 結婚すると個人の生活水準が下がることが予想されるため, このような独身者は一般に結婚をしたがらない傾向があるとされる. パラサイト・シングル現象は未婚化・晩婚化の原因のひとつであるともいわれている. この言葉は, 1997年に山田昌弘によって使われた. 〔吉田寛治〕

パラダイム・シフト (paradigm shift)

パラダイムはアメリカの科学史家トーマス・クーン (T. S. Kuhn) が提唱した概念である. 自然科学の範疇に言及しているが, 現在では社会科学でも広く用いられている.「特定領域において一定の期間, 規範的な概念枠組み, 前提となるものの見方」であるパラダイムに, 非連続的・根本的な転換が生じることがパラダイム・シフトである. かつて, オイルショックやバブル経済の崩壊の時, すなわち, 高度経済成長, 右肩上がりの経済成長が終わり, 企業はパラダイム・シフトに即した経営戦略の根本的な見直しを迫られた. そして現在, グローバル化, 情報化の進展がパラダイム・シフトを生じさせている.

〔谷 保範〕

バランス・スコアカード (balanced scorecard)

企業のビジョンと戦略を明確にし, 所属単位, 個人へと具体的な活動へと落し込みながら, 企業活動において財務・顧客・業務プロセス・学習と成長の4つの視点から多面的に戦略経営が行われているかを評価するシステムである. すべての指標は, 企業戦略の主要成功要因をもとに策定されるので, その指標の示す業績向上は, 企業の組織力・成長力・競争力を強化し, 戦略実現に貢献することになる. 〔篠原 淳〕

パワー

論者によって異なる定義を行うものの, 一般的には「ある個人が, 他者との非契約的な交換関係によって得た資源を使って自分の目標を達成する力」という意味を有する. この定義によれば, 物やサービスの交換, 口約束や暗黙の了解などのように, 法的拘束力や強制力のない約束を前提にしている. これに対して近代経営学で多く取り上げられている権限 (authority) は, 企業と組織との間の契約関係で生まれた意思決定権のことを指す. パワーの源泉には基本的に, 正当性のパワー, 報酬のパワー, 強制のパワー, 専門のパ

ひ

PFI (private finance initiative)

　公共施設などの建設や管理運営などを，民間の資金や経営能力や技術などを活用して行う手法のこと．従来，国や地方公共団体などが行ってきた道路，病院，社会福祉施設などの事業を，民間事業者が行うことによって，事業コストの削減や効率的で質の高い公共サービスの提供ができるようになることが期待されている．また，これによって民間の新たな事業機会が生まれることにもなる．すでに海外ではこの方式による公共サービスの提供が行われており，成果をあげている．日本では平成11年7月にPFI法が制定され，さまざまな公共施設などにおいて実施されるようになっている．→行政経営　　　〔藤森大祐〕

非公式組織 (informal organization)

　公式組織の中に，オーソライズされた組織図や職務権限規程とは別個に存在する人間集団のこと．この人間集団は似通った感情や態度を基にした人間関係により，自然発生的に形成されたものであり，外部には集団構成員の既得権益を擁護する方向に働き，内部に対しては集団規範を遵守させる方向の働きを行う．メイヨー（G. E. Mayo）らによる1924～1932年の「ホーソン実験」によって明らかにされ，こうした人間関係を無視して生産性向上は望めないとされた．生産性向上の重要な要素と位置づけられ，メイヨーはこうしたインフォーマルな人間関係を「家族ごとき」ものとした．日本においても，自然発生的に形成される公式組織の中の「家族ごとき」人間集団は少なくなく，いわゆる「派閥」と称されるものもこれに該当する．→経営組織，公式組織　　　〔菅原一博〕

ビジネス・シミュレーション

　1957年，アメリカ経営者協会が戦争モデルをヒントにして，世界ではじめて経営モデルを開発した．当時のマスコミが「ゲームをしながら経営の勉強ができる」とはやし立てたので，ビジネスゲームとよばれた．日本語訳には「経営実験」または「経営モデル演習」が適訳である．その目的とするところは，経営の学術研究，技術開発，芸術性を磨く教育訓練メソッドである．経営の成果はバランスシートや利益計算にあらわされるので，コンピュータを多用する．ハーバード・ビジネススクールのケースメソッドは，歴史ケースやドラマから分析力・洞察力を学ぶが，シミュレーションメソッドは自らが参加者としてプレーする将棋や野球の「試合」（game）や「予行演習」に似ている．そこで「経営戦略の構想力開発」や「意思決定能力の開発」に適している．→意思決定能力，経営管理能力，ケース・メソッド　　　〔仲本英雄〕

ビジネス・デザイン (business design)

　事業を展開するための基本的仕組みであり，事業者が独自の価値を創造し，マーケットに提供するための構図である．ビジネス・デザインは，マーケットへの価値創造と利益創出の2つの役割を含む．このビジネス・デザインのフレームとなる要素としては，事業コンセプト，戦略ドメイン，マーケティング戦略の骨子などがある．ビジネス・デザインは，ビジネスプランを作成する前に必ず構築されるべきものである．→ビジネスプラン

〔鴻田邦孝〕

ビジネス・プロデューサー (business producer)

　自らの実践体験と視野の広さを駆使し，新

しいビジネスの企画から完成までの一切を統轄する者.「職人」的な色彩の濃いビジネス・コンサルタント（business consultant）に対して，新ビジネスを創出する際の「棟梁」,「司祭」といった立場にある．具体的な役割は，ビジョンや戦略の策定，組織や人材の活性化，内外関係者の交渉，業務プロセスの改善と改革などを主体的に統轄すること．求められる能力は，リテラシーや説得力はもとより，プランニング力，マネージメント力，ネゴシエーション力，リーダーシップ，など幅広い．

〔今井重男〕

ビジネスモデル（business model）

開発・生産・販売という一連のビジネス・プロセスの中で顧客に対し価値を創造し，顧客満足を充足させるための効果的なビジネスの仕組みのこと．新しいビジネスモデルの構築は，従来のビジネスの仕組みや手法を転換させることであり，結果として効率性を増大させ，多大な利益をもたらし，競争優位の獲得を可能にする．また，ビジネスモデルは特許の取得が可能である点でも注目を集めている．すなわち，激変する経営環境に適応したビジネスモデルは，利益の増大，競争優位の獲得，ビジネスモデル特許の取得をもたらす．21世紀の企業にとっては，重要な経営資源である．→ビジネス・デザイン

〔谷井 良〕

ビジネスリスク（business risk）

「リスク」にはさまざまな定義がある．たとえば経済産業省によれば，「組織の収益や損失に影響を与える不確実性」を，またJIS Q2001によれば，「事態の確からしさとその結果の組み合わせ，または事態の発生の確率とその結果の組み合わせ」を指している．ビジネスリスクとは企業リスク，もしくは事業リスクを意味し，このリスクを全社的視点で合理的かつ最適な方法で管理し，リターンを最大化することで，企業価値を高める活動を「事業リスクマネジメント」とよんでいる．→リスク

〔太田三郎〕

ビジョナリー・カンパニー（visionary company）

コリンズとポラス（J. C. Collins and J. I. Porras）が1994年の著書で提唱した，長期にわたって繁栄し続ける真に卓越した企業を指す概念．ビジョンをもち，未来志向で，先見的であり，同業他社の間で広く尊敬を集め，大きなインパクトを世界に与え続けた企業組織とされる．ビジョナリー・カンパニーの真髄は基本理念と進歩への意欲を，目標，戦略，方針，過程，企業文化，経営陣の行動，オフィス・レイアウト，給与体系，会計システム，職務計画など，組織の隅々にまで浸透させていることにある．また，彼らの主張は，基本理念を維持して進歩を促すという考え方の枠組みを提起した点で，エクセレント・カンパニーを提唱したピーターズとウォーターマン（T. J. Peters and R. H. Waterman, Jr.）と異なる．→エクセレント・カンパニー

〔文堂弘之〕

ヒューマン・サービス

健康，福祉，医療などにかかわる対人援助のこと．少子高齢化が急速に進展する中で，ヒューマン・サービスの重要性が増している．従来，ヒューマン・サービスは行政など公的な組織が中心をなしてきたが，規制緩和によって新サービス事業分野として注目を集め，NPO，ベンチャー企業などが参入している．今後はヒューマン・サービスそのものの高度化に加えて，ヒューマン・サービスの事業化，経営管理，人的資源管理などの研究・教育の充実が求められている．→NPO，ベンチャービジネス

〔小嶌正稔〕

品質管理（quality management）

もともとは製品品質の管理技法としてアメリカで開発されたquality controlが，品質を中核とした経営管理技法として発達してきたもの．特に日本で1960年代に展開されてきた組織内の全部門，全員参加で行う品質管理は，全社的品質管理あるいは総合的品質管理（total quality management：TQM）といわれ，

世界の多くの国に導入されている．1987年には，ISO9000シリーズの品質マネジメントシステム規格が制定され，1996年に制定されたISO14000シリーズの環境マネジメントシステムと並んで，国内外の商取引においてビジネスライセンスとみなされるようになっており，経営に欠かせない分野である．→経営品質，TQM，TQC

〔綾野克俊〕

ファブレス（fabless）

工場をもたず，生産を他社に依存する企業のこと．生産を他社に委託することで生産設備などへ資金を固定化するリスクが避けられ，市場の需要に応じた生産量の調整も行いやすいため資産効率を高められる．一方，研究開発，技術開発，企画，製品設計などに専念できることで，高付加価値経営の手法としても注目される．ファブレスはコストダウンのメリットが享受できないため，典型的には，半導体など製品ライフサイクルの短い電気電子メーカーに多く採用され，近年には，ソフトウェア開発やデザインに特化するファブレス企業も多く現れている．今後も技術革新のスピードの速い売り切り型製品においては，ファブレスは有効な経営手法となりうる．

〔増田卓司〕

ファミリービジネス（family business）

家族ないし一族で行う商売をいうが，わが国では家業ともいわれる．これは職業・産業・業種の側面からの用語であるが，他方，経営・企業という組織の側面からの用語として家族企業（family firm）という言葉がある．ファミリービジネスには，「いえ」の桎梏（強いきずな）をもとに伝承される「家業」の場合と，企業の「所有」と「経営」を分離して所有者（owner）として複数の企業を一族で堅持する資本家さらには財閥といわれるものとがある．ファミリービジネスは前者の性格を濃くしている．またファミリービジネスは経営環境の変化の中でベンチャービジネスを志すとき家族の協働をもとに立ち上げ，これが上記の家業あるいは資本家・財閥一族に成長する例は世界中にみられる．わが国では虎屋，服部セイコーなどの老舗にはじまり，トヨタグループ（豊田家一族），ナショナルグループ（松下家一族）などに代表される．→中小企業論

〔三浦康彦〕

ファミリーフレンドリー企業

仕事と育児・介護とが両立できるようなさまざまな制度をもち，多様で柔軟な働き方を労働者が選択可能な取り組みを行う企業をいう．具体的には，①法を上回る基準の育児・介護休業制度（分割取得可能な育児休業制度など）があること，②仕事と家庭のバランスに配慮した柔軟な働き方ができる制度（フレックスタイム制など）があること，③仕事と家庭の両立を可能にするその他の制度（事業所内託児施設など）があること，である．また，それらが実際に利用されていることが前提となる．さらに，経営者などの理解があり，男女の区別なく各種制度を利用しやすい雰囲気が社内にあり，両立がしやすい企業文化をもっていることである．厚生労働省では両立に向けた取り組みを積極的に行い，成果を出している企業などを表彰している（第1回労働大臣優良賞はベネッセコーポレーション）．→男女共同参画社会

〔深津千恵子〕

ファヨール（J. H. Fayol）

フランスの経営学者でテイラー（F. W. Taylor）と並ぶ経営学の創始者．主著に『産業ならびに一般の管理』(1916)がある．彼は，1860年にコマントリ・フールシャンボール鉱山会社に入社後，若くして要職を歴任し，1888年，同社の社長に就任した．炭鉱経営者としての経験から企業組織における管理の

重要性と管理教育の必要性を主張した．彼は予測，組織，命令，調整，統制を「管理の5要素」とよび，管理は予測し，組織し，命令し，調整し，統制する一連のプロセスを通じて実践されると主張した．また，14の管理原則を提唱し，企業組織の統合と調整の枠組みを提示した．彼の理論を評価し，継承したアーウィック（L. F. Urwick），デイビス（R. C. Davis），クーンツ（H. Koontz）などは経営管理過程学派（プロセス論）とよばれる．
→科学的管理　　　　　　　　　　〔安田賢憲〕

フィランソロピー（philanthropy）

博愛主義，慈善行為，社会貢献などを指す．もともとの語源は，ギリシャ語のフィラン（愛）とアンソロポス（人類）からなる合成語である．アメリカ社会では，主として非営利団体に対する慈善的寄付行為に使われることが多い．日本では，もっぱら「社会貢献活動」の意味で使われている．企業や民間人などが，福祉や環境地域活動などに参加，協力して，社会の問題解決をはかること．民間が行う生活向上のための公益活動などをいう．また，メセナは，文化擁護を意味し，企業などによるさまざまな文化・芸術活動に対する支援に使われている．→企業の社会貢献，メセナ　　　　　　　　　　　　〔中村美代子〕

複雑人モデル（complex man model）

組織における人間に対する捉え方（人間モデル）は多様である．経済的な報酬によって人間の行動は変化するという「経済人モデル」，人間は集団に所属したいという欲求をもつとする「社会人モデル」，自立的に自分らしく生きたいと願う「自己実現人モデル」などである．しかし，シャイン（E. H. Schein）は，この3つの人間モデルの共通点は，人間の欲求を単純化かつ一般化し過ぎていると指摘する．そこで，人間の欲求の多様性と同じように，欲求の重層性を前提にした「複雑人モデル」を提唱した．人間には，複数の欲求が併存しており，特定の単一欲求にのみ焦点を当てた人間モデルは，人間行動を説明するには限界があるとしている．→シャイン　　　　　　　　　　　　〔水野基樹〕

福祉経営（welfare management）

「利益が目的ではない」から「経営という発想はなじまない」と考えられていた社会福祉法人に経営学的発想を導入し，事業体としての経営の安定化を目指すこと．平成15年4月より，「受益者」が利用すべき福祉施設を行政が指定する「措置制度」が廃止され，利用者自らが福祉施設を選択し，自分の判断でサービス内容を契約するという「支援費制度」が導入された．この結果，社会福祉事業における利用者が「受益者」から「顧客」という位置づけになり，社会福祉法人においても顧客志向（サービスの質・顧客満足）の競争が始まっている．社会福祉法の第24条には「経営の原則」として「経営基盤の強化」や「経営の透明性」が謳われており，社会福祉法人も自立した事業体としての経営努力が求められるようになっている．→社会福祉経営　　　　　　　　　　　　〔中條秀治〕

福利厚生

企業が，従業員およびその家族の福祉の向上ならびに生活の安定を求めるために行う施策をいう．健康保険，厚生年金，労働者災害補償保険などの各種保険料の拠出である法定福利と，社宅や住宅手当等の住宅関連，食堂や物品斡旋，社内託児所，通勤バスなどの生活関連，病院・診療所，スポーツクラブ法人会員などの医療保健関連，団体生命保険加入，永年勤続表彰等の慶弔・保険関連，保養所，クラブ，運動会，慰安旅行等の文化厚生関連，社内預金制度，従業員持株制度，財形貯蓄制度などの財産形成関連の補助などの法定外福利がある．最近では従業員が家族構成，ライフスタイルなどに応じて制度を選択できるカフェテリアプランや，福利厚生の代行業者の法人会員になり，そのサービスを利用する企業も増加している．〔早坂明彦〕

フラット組織（flat organization）

管理階層を削減することで，下位層に権限が委譲され，それぞれのメンバーが高度な自

律性をもって活動することが期待される組織構造．下位層のメンバーが柔軟で迅速な対応をとれるだけでなく，上位層と下位層が直接情報交換を行うために，組織全体としても，スピーディ対応をとることができるというメリットがある．しかし，「統制の範囲」をこえることになるので，メンバーの水準によっては，与えられた高度な自律性を適切に行使できない，会社全体としての組織力が低下し，整合性や統一感を欠く，昇進についてのモチベーションが低下するなどの問題も同時に内包している．→階層組織，プロフェッショナル型組織　　　　　　　　〔池田玲子〕

ブログ（blog）

「web」と「log」の造語「weblog」であり，省略されて「blog」になった．一般的には個人のニュース・記事，意見・感想などの情報を日記形式で掲載し，定期的あるいは頻繁に更新していくインターネットのサイトやホームページのことである．ブログは1990年代末に簡単に作成・管理できるツールが開発されて，アメリカを中心に広まりはじめ，新しいメディアとして社会的に認知されたといわれており，読者のコメント機能やトラックバックシステムを備えていることから，利用者間のつながりも緊密になっている．わが国では2003年に大手のプロバイダやポールサイトがブログのサービスを開始し，いっきに広まった．携帯電話での利用を想定したブログは「モブログ」といわれている．〔田中二郎〕

プロジェクト・チーム（project team）

ある特定の目標を達成するために編成された組織単位である．目標が明示され，緊急の課題，新製品の開発や新事業への進出など種々のものがある．チームの構成員は，横断的に複数部門から人選され，それによって単一の組織とはちがった混成体としての頭脳がつくりだされる．リーダーは，目標達成の成否に影響を与えるため，構成員の能力を十分に発揮させ，モチベーションが高まるよう効率的な運営を目指すことになる．そのため，見識を備えた幅広い経験や知識が求められる．この組織は期間が限定され，目標が達成した時点で解散する．タスク・フォース（task force）も同様なチーム型の組織である．→チーム型組織　　　　　　　　〔八角憲男〕

プロジェクト・マネジメント（project management）

1950年代後半にアメリカ国防総省が大規模プロジェクトを管理するためにそのマネジメント手法を体系化したものである．チームに与えられた目標を達成するために，スコープ（プロジェクトの目的と範囲），コスト，品質，人的資源，コミュニケーション，リスク，調達，総合管理の9つの観点から，全体の進捗状況をバランスよく調整し，管理する方法である．→プロジェクト・チーム
〔池田玲子〕

プロセスイノベーション（process innovation）

技術革新は，製品・サービスのイノベーション（改新）と，生産工程のイノベーションとの2種類に区分される．新製品・新サービスの開発として表れるイノベーションをプロダクトイノベーション（product innovation），生産工程におけるイノベーションをプロセスイノベーションと呼称している．ここでプロセスイノベーションとは，新たな価値創出（アウトプット）の目的を達成するために，一連の諸機能を革新的に新結合（インプット）する連鎖的活動のことをいう．このイノベーションのためには，品質，柔軟性・機動性，サービス水準の大幅な改善，時間・空間の大幅なコストダウンなどの潜在的可能性があることが与件となる．なお，事例としては，トヨタの「かんばん方式」は世界的に有名である．→トヨタ生産システム
〔増田卓司〕

プロフェッショナル型組織

組織のメンバーが体系的知識・技術を備え，内在的な自律性をもつ組織である．仕事を通じた自己実現を目指す構成員によるフラットなピラミッド型の組織で，職務の多くは

個人裁量に任せられている．プロフェッショナル型組織では，ゆるやかな結合を示すルースカップリング・モデルを採用し，個人は相互依存的でありながら，独自性や自律性を維持し，相互の関係を限定し合っているために影響を強く受けない組織となっている．→オーケストラ型組織　　　　　　〔大木裕子〕

粉飾決算

　会社の決算において，会社業績が赤字（損失）にもかかわらず黒字（利益）にみせかけるように，または少ない黒字（利益）にもかかわらずより多い黒字（利益）のようにみせかける会計処理を行うこと．粉飾決算の方法には，売り上げや商製品などの在庫の意図的な水増し，貸し倒れによる回収不能債権を損失処理せずに，そのまま資産とする，などがある．粉飾決算は，会社単独で行うこともよりも，関係会社や関連会社を通じて行うことが多い．また，決算時に黒字を実際よりも少なくみせる会計処理もあり，これを特に「逆粉飾決算」という．粉飾（逆粉飾）決算は，ステークホルダーを欺くことになるので商法（会社法）や証券取引法では固く禁止されている．→社会的責任　　　　　　〔岩崎　功〕

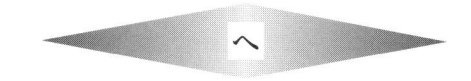

へ

ベンチャーキャピタル（venture capital）

　新しく事業を起こそうとするとき，資金をどのように調達するかは大きな問題となる．特にハイリスク・ハイリターンの企業家精神に溢れたベンチャービジネスの資金調達には困難がつきまとう．通常の民間融資制度は，ローリスク・ローリターンを前提としており，ベンチャービジネスの融資には適していない．ベンチャーキャピタルはハイリスク・ハイリターンのビジネスへの融資に特化した資金供給機関である．資金を供給するにとどまらず，経営に対して助言を行ったり，それに参画することも多い．こうした資金供給ルートは，イノベーション活動を支援し，経済を活性化させていくうえで，きわめて大切な役割を果たす．→ベンチャービジネス
〔手塚公登〕

ベンチャービジネス

　確定した定義はないが，一般に，旺盛な企業家精神をもった経営者によって経営され，独自の技術，製品，サービス能力をもつ中小企業を指す言葉として普及した和製用語．欧米では「ニュー・テクノロジー」という点が強調される．かつての日本の中小企業のイメージは，大企業の下請け，資本的従属，中小規模が強調され，中小規模であっても果敢にビジネスチャンスの獲得に挑戦し，成功を収めている企業の存在が無視されてきた．今日では特にIT関連企業の成長がめざましく，株式公開を念頭に成長戦略を志向する研究・製品開発型企業に注目が集中している．→IT，中小企業論　　　　　〔小笠原英司〕

ほ

ポイズンピル

　企業が敵対的買収者などにより乗っ取りを受ける場合に備えて，買収株主以外の株主に新株予約権を与えておく買収防衛策のひとつである．敵対的買収者が経営に影響を与える

ような一定割合の株式を取得するなど一定の発動事由が満たされると、経営陣に友好的な株主が新株予約権を行使することによって新株が必要な量だけ発行され、買収者の保有株の割合が希薄化される。その結果、買収者の買収コストが上昇し、経営権取得が困難となる。しかし大幅な新株の発行は既存株主の利益を損なう可能性がある。M&Aの活発化に関連して、ポイズンピルを導入する企業が増えているが、その発動が経営権の維持のためだけと判断される場合は過剰防衛とされ、発行が差し止められる場合がある。→M&A, 敵対的買収 〔秋本敏男〕

ホイッスル・ブローワー制度
(whistle-blower system)

内部告発制度のこと。製品やサービスのユーザーに身体的被害をもたらしたり、経済システムに混乱をもたらすような重大な企業不祥事は、社会の安全・安定を損なうだけではなく、企業の存続・発展の道を絶ちうるものである。そうした企業不祥事につながる可能性をもつ企業の法令違反や不正行為を未然に防ぐ、あるいは、早期に発見する手段として内部告発を制度化しようとする動きがみられる。内部告発には、企業内部の専門の窓口などに向けて行われるものと企業外部の第三者機関などに向けて行われるものがある。いずれの場合にも、内部告発者のプライバシー保護のあり方や内部告発の正当化条件などについて十分に検討したうえで制度化される必要がある。→内部通告制度 〔仁平晶文〕

報奨金制度

企業による報奨金はこれまで、ノルマに対応した営業系職種に多くみられたが、最近ではIT系技術職でも新たな業務スキームの開発や、指定資格の取得に対して報奨金を用意することで従業員の動機づけが行われている。また、企業内での発明や特許に対しても、これまで多くの企業で報奨金がインセンティブとして活用されてきたが、これは「ご褒美(数万円)」レベルにとどまっていた。企業における知的財産の重要度の高まりを背景とし、平成13年中村修二氏の「青色LED」訴訟をきっかけに、「発明の対価」として相当金額を従業員に支払うことが認識され、職務発明に対する報奨金制度を見直す企業がわが国でもふえている。→インセンティブ・システム, 動機づけ理論 〔木村有里〕

法人資本主義

資本主義の経済体制では、本来、大衆(個人)資本は株式制度により運営形態への参加が自由である。資本の拡散が経済社会全体に広がり、いわゆる所有と経営の分離現象の進行が所有なき経営者による会社支配(経営者資本主義)を出現させる。一方で金融市場の発達とともに個人の投資比率に比して少数株主グループおよび組織相互の株式持ち合いによる市場支配の状況が指摘される。法人資本主義は人格の概念を経済組織の主体に置き換えた法人による会社支配の現象の進行であり、巨大化した少数の企業や企業集団による市場淘汰が組織(法人)を通して存在の影響を経済界のみならずあらゆる価値観に浸透させる現象をいうが、その受け止め方で理解が異なる。→所有と経営の分離 〔稲福善男〕

法人税

広義では法人に対して課せられる租税全般を意味するが、狭義では法人企業の所得に課せられる日本の国税のことを指す。所得税には個人を課税対象とする個人所得税と法人を課税対象とする法人所得税とがあるが、日本の税法では前者を所得税、後者を法人税とよぶ。日本の法人税は所得に一定の税率を乗じることで税額を算定する比例所得課税であるが、資本金の小さい企業には軽減税率が適用される。公共法人は非課税とされ、公益法人については収益事業から生じた所得のみが課税対象とされる。都道府県と市町村は、法人税額を課税標準とする法人住民税を徴収しており、法人企業の税負担を国際比較する際には、両者を合算して考えることが必要である。 〔半谷俊彦〕

ほうれんそう

「報告」「連絡」「相談」の頭文字をとった造語．報告は，一定のタスクについて，担当者が，結果や進展状況を上司に伝え，連絡は，同僚やスタッフが情報を共有することであり，相談は，上下関係なく，または同僚スタッフが一定のタスクの実現に意見を出し合い，よりよい結果を求める情報交換手段である．ビジネスの現場では「報，連，相」は，トップダウンの部下からの働きかけを待つ管理手法としてではなく，事業内部と外部の両面における重要な情報ツールとしての役割をもつ．事業を戦略的，計画的に進めるコミュニケーション必要手段として，また社内の情報共有ツールとして，また事業展開におけるリスク管理の手段でもある．企業のガバナンスの問題としての側面をもっている．→新・ほうれんそう 〔永田 均〕

ポスト資本主義社会

資本主義を基礎づけた設備資本中心による工業社会から知的資源が価値観の中心になる社会や福祉国家社会への転換の意味に用いる言葉．生産手段の中心を知識が占め，ここから生み出されるイノベーションが経済活動を牽引する．IT革命の進展，グローバルな市場での企業活動および環境問題は資本主義に新たな理念を要求するが，そのひとつの表象が知識資本主義（knowledge capitalism）である．資本主義は構造的にはいくたの矛盾をもつ歴史的モーメントとして，社会主義との対極で議論がなされてきたが，その崩壊において，また近年イギリスやフランスにおいて政治的には新たな方向づけへの政策にもみられるごとく，イデオロギー的には意味をもたなくなっている．→コンピュータ資本主義 〔稲福善男〕

ホスピタリティ（hospitality）

サービスの経済化は有料化＝有形化を意味する．つまり明確なサービス（支払った金額に見合う）内容の追求は等価価値と位置づけられる．経営におけるホスピタリティは，サービス（等価価値）を基盤とし，デザインや利便性などの付加価値に加え，有用価値（value），文化・精神価値（worth）すべてを含む価値を追求する概念であり，サービスの上位概念として位置づけられる．ホスピタリティは人と人との関係性において相乗効果を発揮し，ひいては経済的波及効果をもたらす概念であるといえる．→ホスピタリティ教育 〔服部勝人〕

ホーソン実験（Hawthorne Experiment）

ホーソン実験とは，ハーバード大学のメイヨー（G. E. Mayo）とレスリスバーガー（F. J. Roethlisberger）がシカゴのウエスタン・エレクトリック社のホーソン工場にて1924年から1932年にかけて行った照明実験，リレー組み立て実験，面接実験，バンク配線作業実験などからなる作業効率に及ぼす要因に関する一連の実験である．この実験の結果，作業効率は衛生要因の影響で変わるので，工場の生産性は人間関係などの人的要素の影響を強く受けることが実証された．また，この実験で動機づけの重要性が明らかになり，人間関係論へと発展していった．→人間関係論，メイヨー 〔百武仁志〕

ポーター（M. E. Porter）

1980年代以降の経営戦略論に大きな影響を与えた．それまでの経営戦略論の主な研究対象は企業戦略であったが，ポーターは，経済学の産業組織論のアプローチを援用して，市場における個別企業の競争に指針を与えた．代表的なものとして，「5つの力（ファイブ・フォース）モデル」，「3つの基本戦略」，「価値連鎖」がある．競争優位をもつための戦略に言及したポーターの理論は，経営戦略論に新しい競争戦略の枠組みを提示した．主要な著書には，『競争の戦略』，『競争優位の戦略』，『グローバル企業の競争戦略』，『国の競争優位』などがある．→価値連鎖 〔藤原敬一〕

ボトム・アップ経営
(bottom-up management)

トップ・ダウン経営と対比される意思決定方法．ボトム・アップは意思決定までに時間がかかると評価されているが古来からの日本の企業風土である「根回し」という段階で完了しているので「即実行可能」，「決まってしまったら早い」という長所がある．日本では「従業員全員の意見を聞いてから」という感じでボトム・アップが受け入れられている．ボトム・アップ経営は経済成長が右肩上がりの段階では現状を変えなくても適用できるが，近年のような国際競争力が激しくなり，さらに製品のライフサイクルがますます短くなるとスピーディーな意思決定をしなければ企業は淘汰されてしまう危険がある．最近，日本の優秀な企業はトップ・ダウンのところが多くなってきた．→トップ・ダウン経営

〔古川 浩〕

ホメオスタシス (homeostasis)

生体がストレスを被ったとき，機能停止や部分的分解を防ぐために自己修復的適応力を発揮し，動的過程を通じて平衡を維持する能力，またはその状態．「恒常性」ともいう．キャノン (W. B. Cannon) によって提起された．生体は，エネルギー摂取や呼吸の観点からは開放系と捉えられ，環境変化による攪乱につねに晒されている．その他，疾病，成長，加齢による内的変化も受けている．しかし，生体は，損傷を伴うそのような変化を受けても，絶えず修復を繰り返し同一性と安定を維持している．このような動的な安定性維持能力に対して用いられた．サイバネティックスの創始以降，社会システムの分析に対しても用いられている．→サイバネティックス

〔土谷幸久〕

ホワイトナイト (white knight)

英語の「白馬の騎士」である．おとぎ話にある正義の味方が白馬に乗った騎士であり企業を助けることである．敵対的なM&Aを仕掛けられ乗っ取られそうな企業を友好的に買収する第三者．新たな買収者を選択することで，敵対的買収者から身を守ることを目的としている．敵対的買収者の持ち株比率を下げるために第三者割当増資を引き受けたり，株式公開買い付け (TOB) を仕掛けられている場合には，より高い価格でTOBをするなどして，買収を仕掛けられている企業を救済する．どちらの味方かわからない場合は，グレイナイト (gray knight) といわれる．→ TOB, 友好的買収

〔古市承治〕

マクロ組織論
(macro organization theory)

組織論には組織理論(organization theory)と組織行動(organizational behaviour)とよばれる分野がある。前者は組織を巨視的ないし鳥瞰図的に捉え、組織そのものを全体として研究対象とするためマクロ組織論ともよばれる。マクロ組織論では組織をとりまく制度的制約や競争環境などの外部環境、組織戦略と組織の内部特性(規模・技術・組織文化など)との適合関係、各種の組織構造とその機能特性、組織の編成原理ないし組織デザインなどが研究課題となる。これに対して、後者は、組織を構成する最小単位としての人間に焦点をあて、人間行動およびその心理過程をとり扱うためミクロ組織論ともよばれ、集団内の人間関係や集団圧力、リーダーシップ、モチベーションといった人間の心理面にかかわる組織内行動が研究対象となる。→組織行動論、ミクロ組織論　　　〔中條秀治〕

マーケティング (marketing)

企業および他の組織が、その提供する商品(物資、サービス、アイデア)について行う市場創造のための総合的活動である。その活動は流通機能との関連から、市場情報把握、商品調整、プロモーション、取引、物流に分けられる。市場情報把握は市場情報を収集・分析する市場調査活動、商品調整は商品の仕入計画を決定する活動、プロモーションは商品の需要を喚起する活動、取引は契約を締結し、商品の所有権を移転させる活動、物流は商品を物的に移転させる活動である。また、マーケティングは購買、製造、研究開発、財務、労務などとともに、経営活動を構成するが、事業全体の中心的側面であり、顧客の観点における事業全体でもあることから、現在の多くの経営において最も重要な地位を占めている。→価値連鎖、4P　　　〔渦原実男〕

マーケティング・ミックス
(marketing mix)

設定された標的市場(ターゲット)に向けてさまざまなマーケティング手段を動員し、そのターゲットに訴求力を高めていくことである。マッカーシー(E. J. McCarthy)らによって、製品(product)、価格(price)、チャネル(流通の場、place)、プロモーション(promotion)の4つのPに類型化され、これらの4Pがターゲットに向けて最適に組み合わされ動員されていくべきである、と考えられるようになった。4Pは、整合的かつターゲットへの訴求力を最大にするような組み合わせが必要とされ、これは意思決定者の重要な課題となる。→マーケティング、4P
〔上原征彦〕

マズローの欲求段階説

マズロー(A. H. Maslow)は5種類の人間の欲求が低次のものから高次の欲求へと段階別に満たされるとした。この階層別欲求は、①低次元の生理的欲求(食物、睡眠、運動など肉体的諸欲求)から、②安全の欲求(身体的危険から守られたいという欲求)、③所属と愛情の欲求(集団への帰属、友情や愛情を求める欲求、社会的欲求ともいう)、④自我と尊敬の欲求(他人から尊重、尊敬され地位や評価を得ようとする欲求、能力に対する自信、独立、自由を求める欲求で、自我の欲求ともよばれている)、⑤高次元の自己実現欲求(自己の成長、発展や自らの能力を発揮、実現する欲求)に区分されている。→動機づけ理論　　　〔望月　衛〕

マトリックス組織

マトリックスとは数字や文字をタテとヨコの方形に配列したものであるが、そのように

タテ糸としての職能別組織を，またヨコ糸としてプロジェクト型組織を編成する二重組織のことをマトリックス組織という．それは2つの異なる編成原理により組織されるので個人はタテ系列の組織のみならずヨコ系列の組織の一員でもあり，したがって個人は2人の上司をもつことになる．この組織の狙いは職能別組織の安定性と，プロジェクト型組織の機動性をミックスして環境変化に柔軟に対応することにある．→機能別組織，事業部制組織，職能別組織 〔渡辺 峻〕

マニュアル経営

主に製造現場や事務作業における機器取り扱い説明書や作業手引書としてマニュアルが作られるが，これを経営レベルにまで作成し活用しようとするもの．マニュアルにより作業の標準化，効率化，合理化が推進され，生産性や品質の向上ももたらされる．これを日常の標準作業レベル以上の改善や経営革新レベルにまで拡大し，より効果的な経営活動をもたらそうとするのがねらいだが，経営環境の変化が激しく，経営にもスピードと臨機応変さが強く求められるようなとき，過去の成功体験をベースにした固定的，硬直的なマニュアルであると，かえって支障になる危険性もあるので，事前の対応策を考えておくことが必要になる．→3S，ルーティーン的な意思決定 〔山田博夫〕

み

みえざる資源（invisible assets）

経営資源は，ヒト・モノ・カネ・情報の4つに大別される．また，経営資源は，外部市場から調達しやすい資源と調達しにくい資源に分けられる．このうち前者は，誰でも獲得できる可能性がある．だが，後者は各企業が独自に育成し，蓄積する必要がある．それゆえ，この育成・蓄積には時間がかかるものの，いったん獲得すれば，企業競争力の源泉になる．そして，その中でも，みえざる資源，またはコンピタンスなどと呼称される情報資源が重要である．この情報資源には，技術・生産ノウハウ，顧客情報，信用力，ブランド・イメージ，企業イメージに加え，組織風土や経営管理能力などが含まれる．→経営資源，ノウハウ 〔飯嶋好彦〕

ミクロ組織論
（micro-organizational theory）

組織の中の個人と集団の行動にまつわる諸現象を取り扱うものをミクロ組織論という．これは，メイヨー（Mayo group）による人間関係論の研究を基礎としており，その背景には，社会心理学が大きく影響している．この意味から，組織の中の個人については，心理的な側面を中心に，動機づけ，意思決定そして学習などが論じられている．さらに，組織の中の集団については，組織の社会性の側面を中心に，集団の行動，コミュニケーションそしてリーダーシップなどが論じられている．また，組織行動論という分野においても，類似する議論が展開されているが，これとミクロ組織論は必ずしも明確な区別はみられない．→マクロ組織論 〔當間政義〕

ミドル・アップダウン経営

野中郁次郎は暗黙知と形式知のダイナミックな相互作用を知識創造の基本とし，その組織的実現を促進するマネジメント原理を，ミドル・アップダウンとした．トップ・マネジメントの描く価値的概念と現場組織の生み出す具体的概念間の矛盾を，ミドル・マネジメントが検証可能な媒介的概念を創造して解消する無限回帰的プロセスであり，組織成員すべてが相互連関的に参加する．原理的には，意味論的枠組みの提示者（トップ），具体的ビジネス遂行の専門家（ボトム），そして両

者の矛盾を解消できる知識体系の構築者（ミドル）という3機能が，組織的知識創造には必要であるという．→知識創造，トップ・ダウン経営，ボトム・アップ経営　〔川口恵一〕

ミドル・マネジメント
（middle management）

マネジメントの階層においてトップとロワーの中間に位置するのがミドル・マネジメントである．ミドルはトップ・マネジメントの戦略的決定を受けて，それを実施する経営計画の策定・管理と実施の責任をもつとともに，ロワーに対する日常的管理・育成の責任者である．従来のミドルは，トップの意思決定をロワーに従属的に伝達する従属型ミドル，またはトップとロワーの調整役としての調整型ミドルが中心的であった．しかし，不確実で変化の激しい外部環境においては，従来型のミドルではなく組織変革にも果敢に挑戦する変革型ミドルが重要になってきている．→トップ・マネジメント　〔塩見芳則〕

ミンツバーグ（H. Mintzberg）

ミンツバーグは，カナダのマギル大学クレグホーン寄附講座教授．MBA教育に批判的であり，同大学ではエグゼクティブ教育と博士課程での研究指導に専念している．欧米では経営学の権威として名高い．邦訳のある代表作として，自身のMITでの博士論文をもとにした『マネジャーの仕事』，経営戦略の教科書である『戦略計画』，代表的な戦略理論を10の学派（スクール）に分けて分類・検討した『戦略サファリ』等があり，従来の学説を網羅的に批判したうえで，自説を展開する記述スタイルに特色がある．近著に *Managers Not MBAs* などがある．〔内田純一〕

無関心圏（zone of indifference）

バーナード（C. I. Barnard）は，1938年の主著において，次のようなことを述べている．つまり，組織構成員たる個人に対する命令・伝達が，この「無関心圏」内にある場合，そこに権威の有無が認められるか否かを意識的に反問することなく，これを「受容する」（accept）としている．つまり，権威と組織の維持および安定性を持続させるためには，上司や管理者は，この無関心圏の安定性をある程度まで維持するような影響を，部下となる個人に与え続けることが必要となるわけである．組織の存続は，無関心圏の範囲の拡張とその安定性に依存していることになる．→バーナード　〔石本裕貴〕

メイヨー（G. E. Mayo）

1880年にオーストラリアのアデレードで生まれ，イギリス留学で医学を学び，アデレード大学で心理学を修め学位を得た．クインズランド大学教授として心理学などを担当する．第一次世界大戦での復員兵の戦争神経症の治療を行い，さらに社会における心理的な問題に研究対象を広げた．渡米し，1926年にペンシルヴァニア大学で研究員，1926年にはハーバード大学経営大学院の客員教授となる．人間関係論の基礎となるホーソン実験を指導した．1947年にハーバード大学を辞し，1949年にイギリスで没した．著書に『産業文明における人間問題』，『産業文明における社会問題』，『産業文明における政治問題』

がある. →人間関係論, 非公式組織, ホーソン実験　〔外島 裕〕

命令の一元化

組織内の権限や責任の所在を明確にするという目的から導かれる経営管理の原則. 具体的には, 組織のメンバーが命令を受ける際には, それをただ一人の直接の上司からのみ受けることを指す. これによって命令系統が単純化されるために, メンバーが複数の上位者や部署の命令を受けて混乱するという事態を回避できる. 情報の伝達や集中を簡素化できる. 組織内の規律や秩序の維持が容易になる. その一方で, 管理者は部下への指示および彼らの活動に関して責任を一身に負うことになるため, 負担が重くなったり, 命令系統が直系式なために水平的な情報伝達を抑制しがちになってしまうというデメリットもある.　〔權田智子〕

メセナ (mécénat)

芸術文化支援を意味するフランス語で, 古代ローマ時代に詩人や芸術家を手厚く庇護した高官マエケナスに由来する. 経営学では, 企業による社会貢献活動のうち特に芸術・文化への支援活動を指す. 具体的には文化的な事業の開催, 資金・人材などの資源提供, 財団設立などである. 英語のスポンサーシップに相当するが, この言葉の宣伝臭を嫌い, フランス語が用いられている. 日本で頻繁に用いられるようになったのは, 1990年代以降である. →フィランソロピー　〔宮川 満〕

メタファー (metaphor)

メタファーとは隠喩, 暗喩のことで,「喩」は「たとえる」という意味. 比喩であることを示す「～のようだ」の形式を用いず,「時は金なり」,「人生はドラマだ」というような形式で比喩を表現する修辞法である. メタファーの利用は, ものごとのある側面をより具体的なイメージを喚起する言葉に置き換え, 簡潔に表現する機能をもつ. また, 日常的なものから, 詩作などにみられる新規・固有なものまで, さまざまなレベルにわたる. 人間の類推能力の応用と考えられるが, レイコフ (G. Lakoff) やジョンソン (M. Johnson) など, 認知言語学・認知意味論の一部の立場では, 根本的な認知能力のひとつとみなされる.　〔田中二郎〕

目的の共有

組織とは協働体系であり, 組織の成立要件のひとつとしてバーナードは共通目的をあげている. 目的の共有とはこの共通目的の保有を意味する. この組織理論は現代でも有効な理論であり, 自由意志をもった個々の従業員を組織の共通目的へと誘因することが経営者の道徳的責務になっている. 目的とは企業が志向する価値であるが, 経済的目的だけではなく, 人間関係の網目の中における個人の尊厳, やりがい, 自己実現, 精神的成長 (spiritual growth) などの人間的価値が重視されるようになってきている. 機能体としての企業が共同体としての役割を果たすことも期待され, 目的の共有はつねに組織の重要な側面となる. →バーナード　〔村山元理〕

モジュール化

さまざまな要素で構成されるシステムは, いくつかのサブシステムに分割することができる. このことは, 複雑な機械（ハードウェア）やプログラム（ソフトウェア）ばかりでなく, 分業システムのような社会的なシステムについてもいえる. 他のサブシステムと一定のルールに基づいて互いに連結することによって, より複雑なシステムを構成する半自律的なサブシステムは,「モジュール」とよ

ばれる．一定の連結ルールに基づいて，独立に設計することができる半自律的なサブシステムに分解することが「モジュール化」である．モジュール化すると，さまざまなモジュールを同時並列的に開発・生産・流通することが可能になり，そして，それらを組み合わせた生産や流通のシステムを構築することが可能になる．→アーキテクチャー〔阿部　香〕

持株会社

子会社の株式の取得価額の合計額の当該会社の総資産の額に対する割合が100分の50を超える会社．総資産の額の過半を子会社に投資する会社の経営者の関心は，株主として，グループ全体の企業価値をいかに最大化できるかに向けられるため，これまでの数値ないし人事管理による管理型経営からパートナー型経営に移行することにより，シナジー効果が出ることが期待されている．1997年6月の改正独禁法の施行により持株会社が原則解禁となり，「事業支配力が過度に集中することとなる持株会社の設立」および「前記持株会社への移行」のみが禁止となった．→企業グループ，グループ経営　　〔大久保一徳〕

モラル・ハザード

もともとは保険用語で，道徳的危険（moral hazard）のこと．現実的危険（real hazard）と対比される．火災保険をかけることで，保険会社は火災という現実的危険だけでなく，道徳的危険も引き受けることになる．すなわち，保険があることで，極端な場合には保険金を騙しとるという危険性が生じる．少なくとも安心感から危険性がかえって増す．このことがモラル・ハザードのもともとの意味．近年では金融機関がセーフティネットを信頼するあまりリスク回避を怠り，いっそうリスクを促進させてしまうことなどを指す．日本ではより一般的に倫理観の欠如を意味するようになった．
〔村山元理〕

や

山城章

鳥取県日野郡阿毘縁村（現・日南町阿毘縁）に生まれる（1908～1993）．松江商業学校（旧制，この時，のちに同じ経営学者の道に進む山本安次郎と出会う．「ぼん」というあだなをもらう），高松高等商業学校（旧制），東京商科大学（現・一橋大学）を経て学界人となる．一橋大学，東京経済大学，東洋大学，創価大学などで教鞭をとる．大学においてのみならず，自ら設立した山城経営研究所などあらゆる機会を通じて経営教育に専念した．経営学は経営をみる．経営の「実践」はもちろん「実証研究」も「文献研究」も実在である経営をみる．その見方は「KAEの方法」，「実・学一体の論理」でなければならない．要するに「客体の論理」ではなくて，「主体の論理」に基づいて経営は研究されねばならない．この意味で経営学は「実践経営学」ないし「経営教育」でなければならないと説く．このような学問的信念のもとに1979年，日本経営教育学会を創立した．〔増田茂樹〕

ゆ

有機的な組織・機械的な組織

組織のコンティンジェンシー理論（contingency theory）の代表的な研究者であるバーンズ（T. Burns）とストーカー（G. M. Stalker）が1961年の著書において提示した組織概念．弾力的な責任・権限関係をもった組織を有機的な組織（organic form），硬直的な責任・権限関係をもった組織を機械的な組織（mechanistic management system）と規定したうえで，市場や技術革新といった組織環境変化の激しい業界では有機的な組織が適し，他方，それらの組織環境が安定的な業界では機械的な組織が適することを示した．なお，一般論として例示するならば有機的な組織としてはプロジェクトチームを，機械的なチームとしては官僚組織をあげることができよう．→コンティンジェンシー理論
〔釵地邦秀〕

友好的買収

対象会社の経営陣が合意している買収をいい，一方，経営陣が反対している買収を敵対的買収という．世界のM&A市場のうち約1～2割が敵対的買収といわれ，その成功率は，40～50％ときわめて高い．一方，日本での敵対的買収はほとんど行われず，行われても成功した例はきわめて稀で，敵対的買収に対する嫌悪感や疑問を抱く経営者が圧倒的に多い．ただ，友好的・敵対的という言葉を使うときに注意すべきは，「誰にとって」友好的なのか敵対的なのかあやふやな面があること，特に保身を優先する経営陣には敵対的な提案でも，株主にとって友好的なことがあることに留意する必要がある．→M&A，敵対的買収
〔棚澤青路〕

ユビキタス（ubiquitous）

この語源はラテン語であり，「遍在する（いたるところに存在する）」という意味である．ユビキタスとは，誰でも，どこでも，いつでも，高度情報通信ネットワークに接続し，情報を受発信できる環境のことである．1988年に，米ゼロックス社のパロアルト研究所（Palo Alto Research Center）のマーク・ワイザー（M. Weiser）によって提唱さ

れた．商品につけられた電子タグ，非接触型ICカード，非接触型IC カード技術対応の携帯電話などとリーダー／ライターによって，情報の受発信をする．「ユビキタスコンピューティング」，「ユビキタスネットワーク」，「ユビキタスネットワーク社会」などという．
→IT　　　　　　　　　　〔野々山隆幸〕

ゆらぎ

われわれは，国家や経済，企業組織といった「社会的システム」の中で，自己の行動をある程度コントロールされ，管理されている．しかし，当然ながら完全にコントロールや管理されているわけではなく，システムの中で活動しながらも，自らによって主体的に行動することができる．このようなシステムが内包している「自由度」のことを，ゆらぎという．ゆらぎは，もともとは物理化学の概念であり，経営学では「自己組織化」の研究を中心に80年代に盛んに研究された．プリゴジン（I. Prigogine）らによれば，ゆらぎはシステムの構造を破壊・解体させる要因ではなく，システム自体を進化させたり，新たな秩序が形成されるきっかけとなる要因と考えられている．→自己組織化　　　〔奈良堂史〕

よ

4L重視の経営

企業経営の際に，「個人・企業・社会」のバランスを考慮したマネジメントが要求されるようになると，従来のように従業員の職業生活のみを重視する経営ではなくて，「職業生活・家庭生活・社会生活・自分生活」という4つの生活（Life）の並立・充実を重視して動機づけ，組織貢献させることが不可欠になった．ファミリー・フレンドリー企業もその一例ではあるが，企業の社会性が問われる中での新しい動向であり，男女協働の職場づくりに不可欠な条件である．赤岡功が提唱した「3Lの充実」に，近年の個人重視の風潮を踏まえて渡辺峻がさらに自分生活（Individual Life）を加えて「4Lの充実」として概念化したものである．→個人経営学
〔渡辺　峻〕

4P

ターゲット市場に対してマーケティング目標を達成するためのマーケティング諸手段の効果的な組み合わせをマーケティング・ミックスとよぶ．マッカーシー（E. J. McCarthy）らは，そうした諸要素を製品（product）に関するもの，価格（price）に関するもの，流通チャネル（place）に関するもの，そしてプロモーション（promotion）に関するものの4つに整理し，それらの頭文字を取って4Pと名づけた．シンプルで理解しやすいため，現在もマーケティング戦略の策定や分析において用いられている伝統的な枠組みである．ただし，サービス組織のマーケティングにおいては，その物財とは異なる特性から，さらに人（people），プロセス（process），物的環境（physical environment）の3つのPを加えて検討がなされることが多い．→マーケティング・ミックス　　　　　　　　　　　〔木村達也〕

401K

確定拠出年金制度ともよばれ，加入者自身の資産運用実績によって受け取る年金額が変わる年金のことを指す．この制度は，これまでの年金制度と異なり，個人別管理資産が設定されるので，加入者の積み立て残高や運用状況がわかりやすいこと，また個人で運用資産を選択できるということがあげられる．ただし，運用リスクを加入者が負い，将来の受給額は，加入者の運用実績に左右される．企業側は，従業員の年金に対する運用リスクを回避できることや，別に導入されることで，

年金制度の選択肢が増えるということがあげられる．401Kは，株式投資などのリスクを正しく認識する必要がある．→企業年金

〔秋本敏男〕

ら

ラジカル・イノベーション
(radical innovation)

インクリメンタル・イノベーション（漸進的技術革新）と対にして用いられ，劇的な技術革新を意味する．イノベーションの分類は，プロダクト・イノベーションとプロセス・イノベーションとも区別される．前者の製品革新はラジカル・イノベーションであることが多く，後者の工程革新はインクリメンタル・イノベーションであることが多い．イノベーションを市場面でみると，ラジカル・イノベーションは，まったく新しい市場の創出，拡大を意味する．また，インクリメンタル・イノベーションは，既存市場の延長線または差別化の中での市場拡大を意味する．
→インクリメンタル・イノベーション

〔小川英次〕

り

リエンジニアリング

1990年代にアメリカで誕生した企業経営の抜本的な建て直しのための手法の総称である．単なる部分最適化的な組織の見直しにとどまらず，間接部門を含むすべての業務プロセスを抜本的に見直し，ITを駆使して事業構造の再構築，すなわち全体最適化を行うことが，この考え方の特徴である．リエンジニアリングについては，マイケル・ハマー（M. Hamer）とジェイムス・チャンピー（J. Champy）が著した『リエンジニアリング革命』がある．リエンジニアリングに成功し飛躍的な成長を遂げた企業には，3つの共通点が存在する．ひとつは，カリスマ的リーダーの存在．2つは，今までのやり方と現状をすべて否定する決断をしたこと．最後は，最新のITを巧みに使いこなしたことである．
→リストラクチャリング　〔奥田省三〕

リスク (risk)

事件・事故の「発生確率」と「発生衝撃度」のこと．それは，事件・事故発生の可能性を示す不確実性（uncertainty）とは異なる．ある種のリスクが高いかどうかを判断するためには，事件・事故の発生とそれから生じる潜在的な衝撃を理解しなければならない．

〔大泉常長〕

リスク処理

これにはリスク・コントロールとリスク・ファイナンスがある．前者は組織を襲う損失の最小化のための方法であり，リスク回避，損失予防，損失軽減，多様化，リスク移転などがある．これらのうち，損失予防とは，損失発生頻度の減少にかかわる方法である．火災というペリル（perils, 危険）がコンピュータ室に発生しても，不燃化の素材を使用されており，火災損失という問題にならないようなことを指す．また，リスク移転は，契約を通して他者に責任をすべて移転させるものである．これは，リスク・ファイナンスのそれと異なり，法的責任の移転を指し，保険と，金銭上の責任を他者に移転させる方法とがある．一方，後者は，リスク・コントロールの努力にもかかわらず発生する損失をできるだけ少ないコストで損失から回復するための資金手当ての方法であり，リスク保有とリスク移転（保険・保険以外）がある．　〔大泉常長〕

リスクの判断基準

リスクを決定するためには、なんらかの判断基準が必要である。事件・事故の発生確率（頻度）が高いか低いか、発生による衝撃度が大きいか小さいかによって、リスクの高低が判断できる。この組み合わせによると、①低い発生確率と低い発生衝撃度の組み合わせと、②高い発生確率と低い発生衝撃度の組み合わせは「低いリスク」であり、③高い発生確率と高い発生衝撃度との組み合わせと、④低い発生確率と高い発生衝撃度の組み合わせは「高いリスク」になる。→リスク

〔大泉常長〕

リスクヘッジ（risk hedge）

リスク（損失や損害）に対して備えること。将来の不確定要素であるリスクを回避・防御・軽減する行為を指す。ヘッジには、生垣や防御するといった意味がある。リスクヘッジは、リスク自体をなくすことではなく、リスクがあることを前提に、もしそうなった場合に、いかにしてリスクを最小限に抑えるかということであり、いいかえると成功確率を高めるための行為といえる。→リスク

〔田中信裕〕

リスク・マネジメント（危険管理）

組織を脅かすさまざまなリスクに対処し、リスク・コストの軽減・損失予防を通して、企業目的達成に資すべきものである。これは、事件・事故などを未然に防止し、不幸にしてそれらが発生した場合には、その経済的損失を最少の費用で、かつ効率よくそれらを防ぎ、処理する技法である。企業が直面するリスクには、純粋リスク（静態リスク）と投機的リスク（動態的リスク）がある。純粋リスク（pure risk）は、損害を被るが、利得を得る機会がない場合（たとえば火災、爆発、自然災害、盗難、製造物賠償責任など）に伴って発生する。一方、投機的リスク（speculative risk）の場合は、損害を被る機会と利益を得る機会がともにある。たとえば、製品差別化、事業転換、人的資源、為替操作、海外投融資、商品取引に伴って発生する。→セキュリティ・マネジメント、リスク

〔大泉光一〕

リストラクチャリング（restructuring）

企業が事業を再構築すること、略してリストラともいう。産業構造の変化やＩＴ化の進展などの環境変化は新しいビジネスチャンスを創出するが、そのような状況に対応して企業は既存事業のあり方を見直し、不採算部門からの撤退や新規部門への参入など自社の事業構造を再構築する戦略が不可欠になる。事業再構築の際には、しばしば人員整理・解雇が伴うので、リストラがそのような狭義な意味として使用されることも多いが、本来は企業の事業全般のあり方を再構築する広義の概念である。→経営戦略論

〔渡辺 峻〕

リーダーシップ（leadership）

集団目的を効率的に達成するための影響力ないし指導力。狭義では、集団構成員を動機づけるためのインフォーマルな影響力を意味し、広義では、これに、マネジメントによるフォーマルな影響力が含まれる。旧来は、上からの統制力としてマネジメントが中心に考えられたが、最近では、狭義をとる見解が多い。その場合には、構成員相互の影響力として理解されるから、組織の上からばかりではなく、同僚や上司へのリーダーシップもあることになる。しかし、通常は、上からの影響力を中心にとりあげる場合が多い。これまで、リーダーシップの有効性の面から、それが民主型か専制型か自由放任型かなど、どちらかというと中・下層の影響力が検討の対象になる傾向があったが、最近では、環境の変化に適応するために、将来の進路をビジョンや戦略として明らかにして、それとの関連において構成員を動機づける変革的ないし戦略的なリーダーシップが重要になっている。→コーチング

〔鈴木勝美〕

リッカート（R. Likert）

集団力学の立場より行動科学的な組織論

を開拓したアメリカの経営学者(1903〜1981).1948年にミシガン大学に社会行動研究所(ISR)を創設し所長となり,そこを拠点に集団力学に基づくアクションリサーチから組織論を発展させた.特に「連結ピン」や「システム4」の理論が有名である.また「リッカート・スケール」という態度調査法も確立した.主著は『経営の行動科学』(1961),『組織の行動科学』(1967),『コンフリクトの行動科学』(1976)などがある.→システム4,連結ピン 〔渡辺 峻〕

リベート

メーカーが得意先(流通業者)に対して,一定期間(半年ないしは1年)の取引高に応じて,期末に取引代金の一定割合を払い戻すもので,売上割戻金,販売奨励金,特別協力金ともいう.これには,取引高の維持・増加を目的とするものと,代金回収や代金回収促進を目的とするものがある.しかし,今日では,景気低迷の中で購買決定力をもつ流通業者からはリベートの代わりに仕入れ価格の割引きを要求され,また,メーカーもリベートを支払う余裕がなくなり,「メーカー希望小売価格」を維持できなくなっている.これは"建値制"から"オープン価格"への転換であり,リベート政策は崩壊に向かっている.
〔岡本喜裕〕

リーン生産 (lean production)

世界の自動車産業では,1980年以降トヨタ生産システム(TPS,JIS,かんばん方式などともよばれる)の優位性が明確になった.そこで,1990年にMITのウォマック(J.P. Womack)らが日本企業の強さをさぐるため,特にトヨタ生産システムを研究し,若干修正して体系化した際に用いた名称がこれである.リーンとは「ムダを省いた,痩せた」という意味である.自動車生産の歴史は,古典的なフォードシステムにはじまり,GMのスローン(A. P. Sloan, Jr.)によるフレキシブルマスプロダクションへと進化してきたが,いずれも大量の在庫保有という負の面が全体最適化を阻んでいた.これに挑戦したのがトヨタ生産システムである.→トヨタ生産システム 〔萩原洋太郎〕

ルーティーン的な意思決定

経営活動の中での慣例的な仕事とか,日常業務や決まった作業などについては,事業運営上,マニュアル化が必要である.それらは現場関係の監督者その他に,意思決定の権限を,たとえ委譲したとしても,いわゆる,コンピュータプログラムにみられるごとく,組織の統率に支障はない.現在のところ,それは経営活動における,一部分のプロセスにすぎないが,マネジメントの機械化がはかられつつある.この種の手段と手法が,ルーティーン的な意思決定と呼称されている.実際は組織内の部長や課長の中堅管理者,また,部下である現場監督者などに任されているが,大方はかかる手立てで,仕事に関する機能そのものは十分に果たされる.他方,ルーティーン化が難しい突発的な事項をはじめ,新市場の開拓や新規事業への参入,新製品や新商品サービスなどの重大な諸問題に対しては,最高経営者の戦略的意思決定が必要とされている.→マニュアル経営 〔渡辺利得〕

れ

連結業績評価

企業グループの財務諸表である連結財務諸表(連結貸借対照表,連結損益計算書,連結剰余金計算書,連結キャッシュ・フロー計算書など)を用いて,企業グループとしての業績評価を収益性,安全性(財務流動性),生産性および成長性などの観点から行うことをいう.具体的な業績評価の方法には,連結財務諸表の実数値をそのまま使用する実数法や2以上の実数を加工した%,回数,倍数などの比率値を使用する比率法などがある.比率法が業績評価の中心となる.比率法には,過去数年間の実数の動きをみる趨勢法,個々の項目の実数とそれを構成する全体の実数(合計)との関係をみる構成比率法,特定項目同士の実数の関係をみる関係比率法がある.
→企業グループ　　　　　　　　〔岩崎 功〕

連結財務諸表

企業の経済活動が多角化し,グローバル化することで,法的に独立した子会社が多数形成され,一定の企業集団が形成されている.したがって,従来型の「個別財務諸表」のみでは,企業の経済実体が把握できないことから,「連結財務諸表原則」が形成されている.したがって,それは,法的実体としては,おのおの独立した企業の組織体であっても,経済的な「支配従属関係にある2以上の会社(中略)からなる企業集団を単一の組織体とみなして,この企業集団全体の財政状態および経営成績を総合的に報告するため,親会社によって作成される財務諸表である」(連結財務諸表原則・第一).もちろん,個別財務諸表を基礎に連結財務諸表を形成しないと,企業の経済実体と乖離することになる.→企業集団,グループ経営　　　　　　〔弓削忠史〕

連結ピン (linking pin)

集団参画型組織(システム4)が有効であると主張したリッカート(R. Likert)は,組織を多数の小集団が階層的に組み合わされた構造をしていると把握した.こうした構造をもった組織では,管理者や監督者などの複数職場集団にまたがった成員の働きによって多数の小集団はひとつの組織として連携を保っているとした.この成員のもつ機能は「連結ピン」とよばれた.組織では連結ピンを通して多数の小集団間を情報が行ききし,管理や意思決定がなされるので,組織全体にとって連結ピンとその有効活用は重要である.→システム4,リッカート　　　　　　〔大平義隆〕

ろ

労働集約型産業

モノやサービスを生み出すのにとりわけ労働力(ヒト)の投入率が高い産業を労働集約型産業または労働集約的産業という.一般的に,業種・業態を考えると,労働力を必要とする多くの企業が,これにあたり,かつての米づくりなどの農業,繊維などの軽工業,商業,運輸業,サービス業などがあげられる.近時,人件費の高騰から,生産工場を海外,特に人件費の安い中国や他のアジア諸国に移転する企業が増え,国内産業の空洞化が憂えられている.その打開策のひとつとして資本を投入して省力・省人型の機械化,自動化,ロボット化がすすめられ,少ない人数での効率の良い生産やサービスの提供が開発されて

いる．したがって，労働集約型産業の対極として，「資本集約型産業」が存在している．

〔小川泰造〕

ロジスティクス（logistics）

元来は「最前線の部隊へ物資を供給したり，必要な物資供給ルートを確保したりする後方支援活動」を指す軍事用語であった．しかし，今日では，原材料の調達から製品が顧客の手に渡るまでの過程を「モノの流れ」という視点から総合的にマネジメントすることを意味している．換言すれば，無駄な在庫を省き，必要な製品を必要なときに，必要なところへ，最小限のコスト提供で供給しようとする考え方，あるいは取り組み方である．そして，これらにより競争力を強化するとともに，顧客ニーズに迅速かつ効果的に対応しようとする試みであるといえる．→サード・パーティ・ロジスティクス

〔飯嶋好彦〕

ローレンスとローシュ
（Paul R. Lawrence and Jay W. Lorsch）

共著である『組織の条件適応理論』（*Organization and Environment*, 1967）を世に問うたことで，あまりにも有名な研究者．組織と環境，そして企業業績の間の諸関係を，体系的に実践的に，より正確に検討することの重要性を主張した．正確な状況把握のためにも，技術的環境の進展が組織に及ぼす影響，そしてその総体としての社会体系の変化を「分化」（differentiation）と「統合」（integration）という重要な分析概念を用いて実証的に解明している．それは「コンティンジェンシー理論」の中核のひとつとなっている．→コンティンジェンシー理論

〔石本裕貴〕

ワーク・ライフ・バランス

 ワーク（仕事）とライフ（私生活）のバランスのとれた生き方のこと．働く女性が仕事と家庭の両立をめざすワーク・ファミリーバランスという言葉が，労働観の変化やライフスタイルの多様化を背景に，男女，既婚・未婚を問わず，すべての労働者を対象とするワーク・ライフ・バランスという概念に発展した．仕事と生活の調和は社員の仕事への満足感や企業への忠誠心，モラルを向上させる．企業は優秀な人材を確保するためにも，社員の私生活に配慮した制度やプログラムに取り組む必要がある．企業によるワーク・ライフ・バランス支援には，フレックスタイム制，保育や介護へのサポート，健康促進，教育支援，長期休暇制度などがある．→男女共同参画社会，ファミリーフレンドリー企業〔木村有里〕

第2部
日本的経営と国際経営

1. 日本的経営論の現段階

(1) 日本企業と欧米企業の経営システムの比較モデル

日本や欧米で通念として一般化されている「日本的経営」とよばれる「日本企業の経営システム」と、「欧米企業の経営システム」とを対比させ、一覧表にしておく（佐々木恒男編著『現代経営学の基本問題』文眞堂、1999、pp.283-285、20章の表2を一部修正）（図表2-1）。このモデル、またはこのうちのいくつかが組み合わされ、デフォルメされたものが、一般に「日本的経営・欧米的経営」の特徴として理解され、現在これをめぐって議論されている。

図表 2-1 日本企業の経営システムと欧米企業の経営システムの比較モデル

日本企業の経営システム	比較対象項目	欧米企業の経営システム
生え抜き・年功・学歴人事	経営者	能力選抜・外部スカウト
対外的には国益志向・成長志向．企業内部は「和」「集団主義」「協調性」を重視．自由や個人の尊重なし．チームワークの重視・「集団」への従属・従順が強制される． イエ意識や経営家族主義の文化的伝統に基づく制度が機能する	経営理念	利潤獲得のための機関．社会的貢献も重視．組織メンバーは組織目的のための一手段．個人主義が基礎．個人の自由・自発性・個人意思が尊重され、個を生かす． 完全な合理性に基づく制度やシステムが経営を駆動させる
集団主義で個人倫理・責任弱い．付和雷同・状況依存的で倫理なし．日本人の倫理は世間依存的	倫理	個人倫理は宗教があり強い．個人の判断・責任と意思により、個人は倫理的に動く
市民性がなく、組織依存的	対社会関係	市民性があり、自主・自発的
集団内の合意形成が基礎．根回（ねまわ）し・稟議制（りんぎせい）などによる不透明で、無責任な意思決定システムにより決定．価値・情報共有化を強調する．決定者への情報不足．意思決定に時間がかかり、あいまいで不明確な決定．実施は迅速・確実．実施に問題があれば関連部署で再検討． ボトム・アップ型意思決定	意思決定システム	個人による意思決定が基礎．これを尊重するシステム．それぞれの担当者が決定する．担当者への決定権限付与が明確にある．意思決定者に必要な情報提供あり．意思決定システムの透明度は高い．意思決定は素早く、明確な決定．実施段階で時間がかかる．問題があれば意思決定者の責任になる． トップ・ダウン型意思決定
馴れ合い・談合・横並び・慣行・調整・バランス等が意思決定基準 無責任の横行と責任回避が多い	意思決定の基準と責任	効率性・合理性が決定基準 個人・組織は責任を厳しく問われる．責任回避はない
明確な経営戦略なし．場当たりの戦術的の適応だが、本業関連多角化重視（市場・技術関連型多角化） 不採算部門の他部門への吸収（企業集団の株式相互保有）	経営戦略	明確な経営戦略を策定し、戦略・戦術に従い、体系的に経営する．各種の経営戦略をタイミング良く取る．M&Aによる売却益・収益重視不採算部門の迅速な売却
プロセス（工程）革新	革新の形態	プロダクト（製品）革新
暗黙知の重視・共有化重視	知識創造	形式知の重視・表出可能性の重視

職務境界が不明確．職務は集団に割り当てられ，個人に再配分される．職務・権限・責任は不明確．自己責任は不明確で，すべては集団責任になる．職務は組織依存的に設計され，所属組織ごとに異なる	組織編成	職務が明確に限定される．担当者の職務・権限・責任は明確で，それぞれが対応している．自己責任が貫徹している．職務は所属組織に限定されず，組織横断的に確立，存在し，それを基礎に設計する．
長期雇用・年功制・企業別組合を狭義の「日本的経営」という．これに「集団主義」が加わる．組織所属者の社会性を重視し，集団重視で，個人能力は重視されない	人事・労務管理システム	経済合理性に貫かれたシステムが組織全体に機能している．企業は経済的機関であり，経済合理性が貫徹するシステムとして存在する．個人能力重視のシステム
長期雇用（終身雇用）	雇用形態	短期雇用・生産は景気変動に対応
年功制．個人成果能力の重視なし	昇進賃金基準	同一職務・同一賃金・能力主義
経営者・従業員の賃金格差は小．従業員間も小（集団の調和重視）	賃金所得格差	経営者・従業員の賃金格差は大．従業員間の格差も大
企業別労働組合	組合形態	産業別・職能別労働組合
配置転換は職務を超え幅広く実施．ジェネラリストの育成重視	配置転換	限定された配置転換．スペシャリスト育成型．専門重視
OJT・現場経験重視	教育・訓練	マニュアルや体系的研修による．
QCサークルによるカイゼンの連続．生産現場の自主的解決重視．スタッフはこれを援助する．簡単・単純な機械の修理などは現場担当者の仕事 現場の整理・整頓・清潔・清掃はすべて現場担当者の責務	生産管理システム	品質管理は担当部門の責任．生産現場の責任は命令された仕事の範囲のみ．カイゼンやその他の仕事はその専門の担当者の責任で，上司が責任を取る．機械修理・現場の整理・整頓・清潔・清掃はこの業務専門担当者の職務と責任．
複雑で長い流通経路（一・二・三次卸など） 価格が高く硬直的 委託販売中心・商社の最終責任	マーケティング	ダイレクト・マーケティング 製販直結型 柔軟な価格変動 自己責任による売買
日本人に独創性・創造性はない．研究開発力はない．すべて導入かマネによる．応用研究・改良まで	研究開発	オリジナルで独創的・創造的な研究開発．マネはしない．寛大な技術移転
企業集団による取引系列化・系列融資．企業集団内の株式相互保有銀行などからの借入れ・他人資本への依存度が高い	企業結合と財務	企業の自己責任による株式市場からの資金調達 投資銀行などからの資金株式による自己資本の充実
安定配当であれば良い．企業成長重視．株式は資産保有で安定と成長重視．経営者の交代は当該企業の経営者の判断による	配当	配当率重視・高配当の要求．株式は収益獲得・資金運用のための手段．高配当なければ経営者の交代要求へ．経済性・効率性の貫徹重視．株主重視経営

取締役会・監査役会 社長の力が強く，監視機構・監視力弱い．委員会設置型・社外取締役も商法改正後可能になる	企業統治	取締役会のみ 指名・報酬監査の三委員会が設置され機能し，社外取締役もいる 外部からの監視が強い
系列化・支配従属関係 クローズド・閉鎖的関係 一方的関係	企業間関係	市場を通じた売買・対等関係 オープンな関係 共同・相互関係
日本の中小企業は技術力が弱く「規模の経済」が機能せず，低生産性と非効率を生み出すもとだ．大企業の搾取対象になる．大企業と中小企業は上下関係をもつ． 大企業の系列の中に存在する 階層秩序の中で存在する	中小企業と大企業の製品・技術連関	欧米の中小企業は技術力をもち，一定の経済性を備えている． 欧米では中小企業は大企業と対等関係にあり効率的．大企業の搾取対象にならず，中小企業は独立した企業として存在する．系列化のような上下関係・階層関係はない
政府への圧倒的依存 旧「通産省」「大蔵省」の行政指導による保護あり 政界・財界の癒着・結合 国内市場の保護育成（関税障壁・技術導入の援助研究開発の援助育成など広範囲におよぶ） 行政指導という不明確な政府のコントロール	政府との関係	政府とビジネスは独立関係 独禁法などでは政府とビジネスは対立することもある 政界・財界に癒着はない 政府のビジネスへの保護育成は殆どないと想定される ビジネスは自己責任による 法律による明確な基準による政府のコントロール

(2) モデルとその現実と日本的経営論をめぐる現在の議論

このモデルにしたがって日本企業が経営されていれば，大変不適当な経営となり，日本の経済成長はあり得なかったし，日本企業が海外で経営するまで発展しなかったであろう．日本企業と欧米企業の経営システムの対比モデルは，ほんの少しだけでも現実との整合性を思い起こし，その内容を検討してみると実に多くの問題点がただちに，そして容易に指摘できる．また各項目自体にも矛盾がある．このモデルと現実は，かけ離れていることは確かである．しかし現在でも日本企業や社会が問題になると，このモデル，あるいはこの一部が組み合わされて痛烈に批判される．21世紀の現代でも，このモデルが「通説」となっている．日本企業の経営システムの特徴とイメージされる．これが広義に「日本的経営」とよばれ，現在その「存在」が議論されているイメージの原画の基礎である．

1970年代の日本製品の輸出に伴う経済摩擦の激化と1985年のプラザ合意に伴う急速な円高により，日本企業は海外進出を展開した．90年代以降の「長期低迷期」においても，国際競争力をもつ企業も多い．この企業成果の差異はトヨタのように「生産システム」にあることが明確化した．現場における「カイゼン」やJITシステム，多品種少量生産システムとマネジメント，セル生産方式，さらには生産システムと「アーキテクチャー」とのマッチングに由来する（藤本隆宏『生産システム進化論』有斐閣，1997）ことも明らかになった．トヨタに典型的にみられる「リーン生産システム」がポストフォーディズムの基本システムとなった．日本発の組織の知識創造システムの理論から，日本企業の知識創造の型理論も開発された（野中郁次郎・他『知識創造企業』東洋経済新報社，1996）．

中国への生産移転が急進し，日本国内の生産は縮小し，業務の外部委託＝アウトソーシング

や派遣業務も定着化し，IT化とグローバリゼーションに伴う1990年以降の日本経済・企業の急速・強烈な再編成の中で，長期(終身)雇用・年功制，これに基礎を置く集団主義が揺らぎ，商法その他の多くの関連の法律も改定され，一般にいわれる「日本的経営」は希薄化しているとの見解もある．これに対して，日本企業は依然として長期(終身)雇用・年功制，集団主義は有効に機能し，日本企業の競争力の基礎にあるとする主張も強い(J. C. アベグレン，山岡洋一訳『新・日本の経営』日本経済新聞社，2004)．

21世紀を迎えた現代では，日本企業の合理的なシステム設計とそのマネジメントが注目されている．そのため，旧来の日本企業の特殊性を強く意識させる「日本的経営」より，日本企業のシステムは，日本企業により開発されたひとつの合理的システムを意味する「日本型経営」という用語に現在は変化している．日本企業の海外での現地経営が増加し，珍しくない時代である．このような時代背景の中で「日本型経営」で問題になるのは，アメリカやヨーロッパ，中国やアジア諸国・インドなどにおける現地型経営との「融合」「合成＝ハイブリッド」型の問題である．現在この問題が注目され，研究が進められている．「トヨタウェイ」「ホンダウェイ」とよぶ個別企業の経営行動モデルも注目されている．流通企業においても，オリジナルのアメリカのサウスランド社を買収し，アメリカのセブン・イレブンを復活させたセブン・イレブン・ジャパンの単品管理などの受発注システムも耳目を集めている(川邉信男『新版・セブン・イレブンの経営史』有斐閣，2003)．

経済学においても「組織の経済学」とよばれる領域が発展し，欧米企業の経営システムのモデルの基礎になっている新古典派の企業モデルの改訂も大幅に進んでいる．

〔厚東偉介〕

2．国際経営論の新展開 ——「グローカル経営」の視点——

(1) はじめに

ここでの課題は国際経営論の発展の系譜を概観することである．

国際経営論(international management, IM)ないしは国際ビジネス論(international business, IB)は成熟期を迎えたともいわれている(M. Casson, 2000)．"成熟期"の意味には2つの含意があると理解することが必要と思われる．すなわち，そのひとつは，1960年代以降の研究蓄積が進み体系化・精緻化が一定水準に達しつつあることであろう．一方，それは新たな進展や変革が停滞しつつあるという理解も可能であろう．

しかしグローバル社会の現実は，ITに象徴される技術革新の進展と，多方面でのグローバル化の急拡大が進行している．すなわち，国際経営論の成熟期の意味が後者であれば，実践とのギャップをますます拡大する結果を招くことになり，"成熟期"を前者の意味で喜んでいる状況にはないといえよう．また国際経営は経営学一般が批判されてきているのと同様に，静学的であり実践とのギャップが多いことが批判されてきている(D. Wong Rieger and F. Rieger, 1993)．

21世紀に入った今日でも，こうした諸問題は同様であると考えるのは悲観的であろうか．いやそうした状況にあるからこそ，挑戦課題が山積する国際経営論は"面白い"エキサイティングな研究分野であるということができよう．

(2) グローカル・マネジメント論の深化へ

ひとつの研究の方向のキーワードとして"グローカル経営"を取り上げることができよう．

グローカル(glocal)あるいはグローカリゼーション(glocalization)はグローバルな統合・共創とローカルな適応を目指すマネジメントを意味する和製英語であるといえよう．しかしその語源をめぐっては諸説があるようである(松崎，2005)．

すなわち，ドラッカーの1950年代の造語「Think Globally, Act Locally」説，ソニーの盛田昭夫の1985年の「Global Localization」説など，1987年の「日経ビジネス」説など，確証はないようであるが，日本ないし日本企業が絡んだ言葉である．すなわち"グローカリゼーション"は一方的なグローバル視点やローカル視点に立脚するのではなく，両視点の並存，統合を目指す複眼志向，マルチ・フォーカスを強調する概念であり，東洋的発想を基盤とするものともいえよう．

国際経営論の発展をみてみると，80年代前半までは本社を中心とするグローバルな統一，統合の視点が中心であり，子会社の立地・分散をどうするか，その子会社をどのように支配，組織化，管理するか，その中核となるエクスパトリエイトをどのように育成・派遣するか，技術・ノウハウをどのように海外子会社に移転するか，権限配分もしくは委譲するかなどが中心的研究課題であったといえよう．それは本社の集権的マネジメントによる「多国籍企業モデル」ないしは「シンプル・グローバル企業モデル」といえよう．またそうした多国籍企業への発展段階論がさまざまに議論されたのである．

そして，1980年代に入り日本企業や日本的経営が台頭，世界的に注目される中で，半ば以降は，「グローバル競争戦略」（M. Porter, 1986）あるいは「トランスナショナル」（C. A. Bartlett and S. Ghoshal, 1989）概念が脚光を浴び，本社による集権的マネジメントのみならず，分権的ないしは連邦的な「グローバル・ネットワークモデル」とともに，ローカリゼーション視点が重視されてきたのである．それは事業や海外子会社などのコンテクストに適合するグローバル戦略の多様性や選択の重要性を主張する「戦略的選択論」を発展させ，また海外子会社の役割分化や子会社および現地マネジャーの育成・発展プロセスなどを含む，いわば「海外子会社開発論」ともいうべき議論・研究を活発化させたといえよう．

また，経済・経営のグローバル化の急速な発展は実践的およびアカデミックな研究課題の領域を拡大させていったのである．1980年代末には，従来の研究カテゴリーに分類できない，「国際化の形態，イノベーション，情報および技術マネジメント，企業と政府との関係」が多数をしめると総括されたりもした（D. A. Ricks, 1993）．同時に，今後の研究アプローチとして，国際的研究チームによる研究，より体系的な研究，アメリカを軸としない研究，企業レベルや国レベルだけではないマルチレベルな研究とともに定性的および定量的方法を含むアプローチなどの重要性が指摘されたのである（D. A. Ricks, 1993）．

そうした中で1990年代以降は多国籍研究者チームによる研究は増加し，また研究が蓄積されてきたネットワーク論，経営戦略論との結合を目指す体系的研究そして，反グローバリズムや国際間の紛争の高まりの中で，社会的・政治的コンテクストなどとの他の研究領域との結合を目指す研究も活発化してきている．それはよりグローバル視点からのグローバル・グループ経営の戦略やマネジメントの研究の一方で，アジアを中心とするローカリゼーション，インサイダー化や地域統合のあり方の研究を活発化させてきている．そうした研究動向はまさにグローカル志向の「グローカル企業モデル」を目指す研究への展開と名づけることができよう．

とりわけグローバルグループの統合の切り口からはグローバル本社やグローバルなコーポレート・ガバナンスやグローバル・グループ理念・企業文化構築の研究などである．またグローバルなグループ企業内でのイノベーションの伝播，知識移転・共有あるいは学習組織構築のあり方が問われている．それにはM&Aや戦略提携のあり方や，それに伴う知識獲得や学習の視点が注目されている（根本，2003）．筆者は特にグローバル組織開発の研究に注目しているが，とりわけ子会社から本社へ派遣・出向する人材の役割，活動を重視したい．そうした人材を表現するコンセプトとして，わが国でも逆出向ないしは逆出向者などと仮称してきているが，1994年に登場したインパトリエイト（inpatrieits）の概念は興味深い（根本，2004）．

あるいはグローバルなブランド・マネジメント，そしてSCM，情報ネットワークの構築や

グローバルな知的財産マネジメントの研究も少なくない.

一方,ローカリゼーションを切り口とする研究は中国はいうまでもなく,ベトナム,インドさらにはアフリカにおけるマネジメントやインサイダー化の研究,さらに産業クラスターと企業立地,そして地域統括本社の研究が活発化している.しかしグローバリゼーションとローカリゼーションの統合的メカニズムの解明はまだ残された大きな研究課題である.

(3) むすびにかえて

こうしたグローカル・マネジメント研究の深化が進められてきているのが現状といえよう.しかし,そうした中で国際経営の研究は理念,理想としてのグローバル一辺倒な発想,すなわち「グローバル・マネジメント症候群」(松崎, 2005)にかかっており,現実の世界や企業は,それとほど遠く,「リージョナル・ソリューション」こそ取り組むべき現実課題ではないかという問題提起がされており,注目する必要があろう.

また,日本企業もバブル不況からの脱出傾向も顕著になり,企業利益の拡大や自動車やデジタル家電を中心とする業界・企業ではグローバルな地位を回復させてきている.そうした中で再び日本企業のグローバル戦略や日本型マネジメントの再評価がされつつある.基本的な経営戦略やマネジメントのあり方の評価が,短期的な企業業績や経済状況によって,左右されてきたのが,現実ではあるが,それを超えることが研究者にもとめられた基本的課題であろう.その意味でも,あらためて日本型グローバル戦略やマネジメントの論理を日本発の独自な視点,コンセプトによる分析,考察が求められているといえよう.

＜引用文献＞

C. A. Bartlett and S. Ghoshal, *Managing Across Borders: The Transnational Solution*, 1989. (吉原英樹監訳『地球時代の企業戦略』日本経済新聞社, 1990年)

M. Casson, *Economics of International Business*, Edward Elgar, 2000. (江夏健一他訳『国際ビジネス・エコノミクス』文眞堂, 2005)

松崎和久『トライアド経営の論理』同文館, 2005

根本孝編著『グローカル経営』同文館, 2004

根本孝編著『グローバル・グループマネジメントと組織間学習に関する研究』平成13年度—14年度科学研究費補助金(基礎研究B1 課題番号 13430035)研究成果報告書, 2003

M. E. Porter, *Competition in Global Industries*, 1986. (土岐伸・中辻萬治・小野寺武夫訳『グローバル企業の競争戦略』ダイヤモンド社, 1989)

D. A. Ricks, Research Topics in International management, 1988 in eds D. Wong Rieger and F. Rieger *International Management Research: Looking to the Future*, 1993. (IBI国際ビジネス研究センター訳『国際経営12の課題』黎明出版, 1995)

D. Wong Rieger, and F. Rieger, *International Management Research: Looking to the Future*, 1993. (IBI国際ビジネス研究センター訳『国際経営12の課題』黎明出版, 1995)

〔根本 孝〕

3. アジア時代の国際経営

(1) はじめに

国際経営論の課題の中心は,貿易論から現地生産へ,現地生産も欧米中心からアジア中心,中でも中国,ベトナム,ミャンマーなど社会主義国市場へ,さらに将来的にはブラジル,ロシアおよびその周辺国,インドなどのBRICs諸国へと移行する気配をみせている.

他方,アジア諸国はこれまでの輸出基地あるいは「世界の工場」としての性格を維持しつつ,消費市場としての性格をしだいに強めつつある.いまやアジアにおいては地場小売企業と日欧米を中心とした外資系小売企業の熾烈な競争が展開されている.ここではこれらの点を視野に

置きながら「アジア時代の国際経営」について概観する.

(2) 多国籍企業の国際化展開プロセスとアジア企業の経営の特徴

多国籍企業の国際化展開プロセスに関する議論の中で, アメリカの多国籍企業の販売拠点および生産拠点の構築を先進国と発展途上国への進出に分けて考察すると, ①先進国市場に現地販売子会社を設置, ②先進国市場に現地生産子会社を設置, ③発展途上国に現地販売子会社を設置, ④発展途上国に現地生産子会社を設置, という順番になる. しかし, 日本の多国籍企業の場合, この順番が①→③→④→②になる場合が多いことが, かつて竹田志郎により指摘された[1]. そして, 韓国, シンガポール, 台湾, 中国といったアジアを中心としたその後の後発企業全般の国際化展開プロセスの特徴としては, 日本企業の一部もかつてそうであったが, まず近隣諸国に③の形で進出した後, ①→④→②のプロセスを辿る場合が多いことが指摘できよう.

以下ではアジア企業の経営におけるいくつかの特徴について考察してみたい. アジア企業も多国・地域にわたっており, 決定的に断言するには難しい面もあるが, ここでは一般的ないくつかの特徴を取り上げたい[2].

① 企業に対する一般従業員の忠誠心や一体感は弱く, 血縁, 同族, 地縁などに対する忠誠心のほうが強い. 一般従業員は転職が多く, 機会があれば組織から離れて独立しようとする意識が強い.

② 意思決定に関しては, トップは同族やパートナーシップが掌握している場合が多いのでトップ・ダウンの傾向が強い. そのためアジアのような環境変化の激しい, リスクの高い経営環境では, 迅速な決定が強みとなる.

③ アジアでは企業家も一般従業員も, 特に華僑・華人はベンチャー精神が旺盛である.

④ 組織学習の側面では, アジア企業では経営資源, 特に生産や技術に関する有形・無形のノウハウ・経営管理能力, 企業文化といったソフト面の経営資源が蓄積され難い. たとえば, QCサークルなどによる改善運動, 多能工化, 暗黙知の伝承などは実現しにくい.

⑤ ネットワークに関しては, アジア企業, 特に華僑・華人系の企業では血縁, 地縁, 学縁さらには同業者, 取引先, 友人などを巻き込んだ人的ネットワークが構築され, それらの活用によって共同出資によるパートナーシップ(合弁事業をはじめとした戦略的提携)が盛んである.

⑥ そのパートナーシップは本国のみならず, 海外でも華人・華僑を中心とした結びつきにより, 国境を越えた国際的な展開が図られている.

以上のような経営上の特徴が一般的であるならば, 日本企業のアジア進出においては, たとえば④に留意すれば, いかに組織学習を促進するようなシステムを構築するかが現地における成功の成否を分けることになろう.

(3) 日本製造企業の中国での現地経営

日本製造企業のアジアでの現地経営の展開の中でも, 特に最近の中国での現地経営に焦点を合わせて検討してみよう.

1) 日本メーカーの中国進出の特徴

「グローバル戦略と中国投資のアンケート」によれば[3], 日本の大規模多国籍企業(東証1部上場最大500社のうち海外5カ国以上に製造子会社を有する会社)の約8割以上がすでに中国に進出している. また, それら大規模多国籍企業の業種についてみれば, 繊維, 化学, 機械, 電機, 輸送機器の5種が多いが, 電機と機械産業が中心である. さらに, まだ進出していない大規模企業についても約8割が進出を計画中もしくは検討中であった.

進出ずみ企業についてみれば, 平均4.4社が中国子会社を有しており, 全海外子会社の15%を占めていた. 一番多いのは松下電器産業の31社であった. また, これら企業の中国での現

地生産の目的は多くの場合，中国国内での販売を最終目的としていた．輸出基地として現地生産を行っている企業は少数派であった．中国進出後の成果については，「順調である」と答えた企業はごく少数で，「いくつか問題はあるが，大体予想の範囲内」が圧倒的に多く（約7割），「予想以上に問題が多く，苦労している」も約4分の1を占めていた．

2) 進出日系企業の現地経営に関わる問題点

それでは日系メーカーはどのような問題点を抱えているのであろうか．これには，中国での投資環境に関わる問題と日系企業自体に関わる問題の大きく2つがある．

まず，前者の中国の投資環境にかかわる問題については，①中国での法規や制度が未整備・不備であること，また，その施行，運用においても不透明で，不都合な場合も少なくないことである．②かなり改善されてはきたがエネルギー，電力，交通，港湾，通信などのインフラが整備不足であること．③人件費が高騰しており，特に上海や深圳など沿海地域の大都市での賃金高騰は急激である．その他，人材獲得競争の熾烈化，要求に見合う部品・資材の調達困難性などをあげることができる．

後者の日系企業自体の問題については，日系企業の経営のやり方に関する不満や批判が中心である．たとえば，現地子会社の上級管理職位に現地人を採用もしくは登用しないこと，現地子会社や現地人に権限を委譲しようとしないこと，研究開発機能の移転が遅いこと，日本的経営手法を無理やりに押し付けようとすること，などである．これらの問題は欧米への進出でもすでに指摘されてきたことであり，異文化の問題も関係しており，対応の仕方によって将来の経営の成否が左右される重要な課題である．

(4) 販売市場としてのアジア

既述のように，アジア諸国はこれまでの輸出基地あるいは「世界の工場」としての性格を維持あるいは脱皮しつつ，消費市場としての性格をしだいに強めつつある．ここでは視点を小売企業に移し，日本小売企業も含めたグローバル小売企業のアジア展開とその課題について検討したい．

2000年以降，日本市場にもカルフール，コストコ，ウォルマート，テスコといった欧米の大規模流通企業が進出し，小売業における「黒船来襲か」と騒がれたが，実は日本以外のアジア諸国では一足先に外資小売企業は地場の小売企業を交えた熾烈な小売競争を展開している．特に，最近は外資小売企業による中国への進出が盛んで，世界小売上位企業50社のうち約7割が中国に進出ずみである．世界貿易機関（WTO）加盟に伴う出店規制緩和を追い風に，いわゆるグローバル・リテイラーは急成長する中国市場に殺到している．

アジアの販売市場におけるひとつの特徴は日系企業も積極的に進出している点である．百貨店，総合スーパー，コンビニといった小売業態が中心になっている．かつては台湾への日系百貨店の進出が目覚しかったが，最近では中国本土への総合スーパー，スーパーマーケット，コンビニの進出が精力的に行われている．

他方，これを迎え撃つ地元小売業の状況はさまざまである．先進国小売企業が母国での先進小売技術やノウハウを導入しさえすれば競争に勝てるといった単純なものではない．韓国ではEマートやハナロ・農協直売場のように外資小売企業を上回る規模と業績を確保するものが出現し，上海でもロータス・スーパーセンター（中国・タイ資本の合弁）のように外資を押さえ込む実力を備えた企業も存在する[4]．巨大外資小売企業といえども後発の参入には多大の障害が伴う．

小売企業の国際化・グローバル化にはマーケティングの標準化が必要となるが，特に店舗での商品の標準化が焦点となる．日本企業が得意とする商品アイテムの多い百貨店や総合スーパーはこの点で不利である．日本企業は欧米が得意とする扱い品目が少なくオペレーションがシステム化されたホールセール・クラブの業態を学習し，早急にその展開を図るべきと思われ

る.

また,日本小売企業のグローバル展開においては,1店舗で投資を回収してから2店舗目の開設といった牛歩的投資では競争に勝てない.資本もなにもかも自前で開発するといったやり方ではスピードの速いアジアの小売企業の展開に対応することは困難であり,どうしても戦略的提携や M&A の実施が必要となろう.

<注>
1) 竹田志郎『日本企業の国際マーケティング』同文館, 1985, pp.31-34.
2) 丹野 勲『アジア太平洋の国際経営』同文館, 2005, pp.69-84.
3) 吉原英樹「多国籍企業の中国への進出」『国民経済雑誌』第 176 巻第 5 号, 神戸大学経済経営研究所, 1997.
4) 清尾豊次郎『巨大流通外資』日本経済新聞社, 2001, p.16.

〔中村久人〕

4. 日本企業の国際化と人的資源管理

(1) はじめに

日本企業の海外進出は円高や貿易摩擦対応として 1980 年代から急速に進み,欧米や東南アジアにおける拠点設立が相次いだ.その後は中国への進出が加速,特に最近は中国を含めた BRICs といわれる 4 ヵ国(ブラジル,ロシア,インド,中国)が大規模市場として注目されている.また,これまで未知の地域であった東ヨーロッパ諸国も EU の拡大で日本企業が急速に進出している.果てしなく続く日本企業の国際化により,人的資源管理も新しいアプローチが求められるようになっている.以下ではグローバル化する日本企業の人的資源管理に関して,①現地拠点への技術移転,②現地人材の経営幹部への登用,③経営理念のグローバル化,を中心に述べる.

(2) 現地拠点への技術移転

日本企業が海外拠点を設立する場合,最も重要な問題は現地拠点への「技術移転」である.現地で生産される製品や部品は日本と同等の品質が確保されねばブランドイメージを損なうことになる.特に進出先国を世界販売のための生産拠点として活用する場合,海外有力メーカーとの競争に勝つためにも品質確保は最重要課題である.しかし,工業化の歴史の浅い発展途上国における生産では,いきなり日本同様の品質を作り込むことは不可能であり,さまざまな方法を駆使しての技術移転が行われる.この技術移転は現地人材の育成を通して行われ,人的資源管理の根幹をなす.技術移転は,① 現地採用者の日本への研修派遣(技術研修生),② 日本人専門家の現地拠点への派遣,③ 教育訓練施設の現地設立,のいずれかの方法で行われる.

①の研修派遣により,現地採用者は日本企業の生産管理や経営管理手法を実際にみたり体験することで「百聞は一見にしかず」の効果がある.現地拠点ではイメージだけしかつかめないものが日本で実体験でき,また 5S 運動や QC サークルなど日本企業のさまざまな取り組みにも触れることができ,派遣目的だった特定技術・技能の研修以外にも多くのものを修得できる.しかも日本本社のキーパーソンとの人脈も構築できよう.

②の日本人派遣も現地拠点の技術力強化のために実行される.新設備や新製品投入に合わせて派遣される他,日本で研修を受けた人材が帰国した後,そのフォローアップの役割を担うこともある.現地人材のレベルが一定水準に達するまでのつなぎの役割もある.

③の教育訓練施設は幅広い教育訓練を現地拠点で行うために設立される.コスト的理由から日本に研修派遣される人数は限られる.現地拠点の規模が拡大するにつれ,中堅人材を始めとした教育訓練対象者の増加,教育訓練ニーズの多様化によるメニュー増大から教育訓練施設整

備が必要となる．タイに7社のグループ企業を抱える自動車部品のデンソーではタイに「デンソー・トレーニング・アカデミー」を設立，年間2,000人が受講するという（『日刊自動車新聞』，2005年11月25日）．これら現地教育訓練施設開設にあたっては，当然，教育訓練スタッフの育成も必要となり，この面でも日本からの技術移転が行われる．

(3) 現地人材の経営幹部への登用

日本企業の海外拠点トップのほとんどは，日本人が務めている．しかし，この状況は他の先進国企業と比較すると非常に特徴的な差異がある．たとえば，ブラジルに進出したフランス企業は必ずしもフランス人がトップを務めてはおらず，ブラジル人や第三国人が就任している．アメリカ企業でもイギリス企業でも同様な傾向はよくみられる．

日本企業の場合，日本人が現地トップを務める大きな理由は日本本社との関係によるところが大きい．利益水準や配当など明確な数値目標を現地拠点トップに課し，その実現方法は現地トップに任せる海外企業と異なり，日本企業の本社は細かい点にまで干渉する．そのため現地トップにそれほどの権限はなく，多くの事柄について日本とやりとりする．本社スタッフはほとんど日本人であるし，日本語以外の言葉を話せない．そのため日本本社とのコミュニケーションは日本語で行われることになり，日本人以外が担当することは難しい．加えて，現地拠点は本社各部門とのコミュニケーションにおいて本社スタッフとの人脈がものをいう．この人脈は長年にわたって構築されるものであり，やはり日本人に有利となる．

長年にわたり日本人が現地拠点トップを務めるという状況は，日本企業にとって一般的なこととなっているが，さまざまな問題もはらむ．特に優秀な現地人材の確保に支障をきたす．現地の人々にすれば，日系の会社では自分たちが経営幹部として登用されるチャンスは欧米から進出した企業より低く映る．結果として優秀な人材は欧米系企業を選ぶ．現地人材が育っていないから日本人がトップを務めなければならないとする日系企業もあるが，原因と結果が逆転していることも考えられる．

経営現地化の観点から現地人材の幹部登用を求める現地国政府は，外国人向け就労ビザの発給を制限するなど法規制によって外国人幹部を締め出す場合もある．しかし外部的要因によらず，現地拠点の自立を図るためには現地人材の育成が必要となる．経験と研修により，現地採用者の経営管理能力を高めることで派遣コストの高い日本人トップに代替させることも可能となる．

(4) 経営理念のグローバル化

グローバル化した日本企業の中にはグループ全体で海外生産が日本国内での生産を上回ったり，従業員の過半数は外国人となっているところも増えている．企業グループである以上，一貫した経営戦略のもと，全体でひとつの方向を目指しながら各海外拠点が役割分担するのであり，「ベクトル合わせ」ができていなければならない．日本国内で日本人従業員だけで企業活動が行われていた時代は日本語の経営理念があれば十分全社的なベクトル合わせができたが，グローバル企業では日本語のわからない各国社員にも理解できる理念を示し，グループ全体の方向性を確保していかねばならない．

トヨタ自動車の「トヨタウェイ2001」はトヨタ自動車が世界のグループ企業で目指す方向を示している．その内容は「継続的な改善」と「人々への尊敬」の2つであり，きわめてシンプルであるが，トヨタの各国グループ企業に勤める人々が簡単に理解でき，しかも実際業務の指針ともなる内容である．日本語がわからなかったり，日本の文化や習慣に馴染みがなければ理解できないものではグローバル化した企業の経営理念として定着させることは難しい．

(5) おわりに

これまで日本企業の国際化は日本人が中心となって進めてきた．日本人以外の従業員がほとんどいなかったことを考えれば当然である．しかし海外進出の歴史が長くなり，またグループ

全体に占める外国人の比率や海外拠点の生産比率が日本国内のそれを上回るようになっている現在，すべてを日本人でまかなうのは不可能となっている．

なかでも急速な勢いで海外拠点設立を増やしている自動車産業では海外拠点への技術移転を担当する日本人専門家の数が足りないだけではなく，彼らが留守にした国内拠点の技術力低下を危惧するようになっている．トヨタ自動車は「グローバル生産推進センター」を日本に設立，各国から人材を集め技術移転の先兵を育成し（『日本経済新聞』2005年11月15日），日産自動車も同様の目的から「グローバルトレーニングセンター」を開設している（『日刊工業新聞』2005年11月21日）．

いやおうなく海外人材の戦力化が求められており，非日本人を通した技術移転，非日本人による現地経営が喫緊の課題となっている．もちろん企業グループとしてグローバル展開している以上，「ベクトル合わせ」は必要であり，そのためにも各国スタッフが理解できる経営理念の構築も求められていることはいうまでもない．日本企業の人的資源管理はよりレベルの高い次元を目指した再構築，各国の知恵を融合したハイブリッド化が期待されているのである．

〔内田　賢〕

ISO 規格

ISO（international organization for standardization, 国際標準化機構）は工業分野の規格の国際協調と統一を目的に，1947年に設立された非政府組織（NGO）で，各国の一機関のみが加盟し，中央事務局はジュネーブにある．日本からは日本工業標準調査会（JISC）が加盟している．ISO 規格は自発的なもので，法的な強制権はないが，世界中に互換性の枠組みを与える技術的協定として，国際貿易促進と技術移転に貢献する．ISO 規格は番号でよばれ，15,000 以上の国際規格がある．普通紙サイズ A4 も ISO 規格である．広く知られている ISO9000 シリーズは製品の品質管理，ISO14000 シリーズは環境分野の国際規格である．→国際規格

〔岩谷禎久〕

IT ベンチャー

IT（情報技術）関連のベンチャー企業．SOHO から六本木ヒルズに事務所をかまえるような新興・急成長の企業まで，規模や業態はさまざまである．特にインターネットを利用したサービスを提供する企業は，ドット・コム企業（.com company）ともよばれる．世界を代表する大企業のマイクロソフト，インテル，デル，ヤフー，日本では楽天，ソフトバンクなども，かつての IT ベンチャーである．半導体やハイテク企業の集積で有名なシリコンバレーは，現在では IT ベンチャーの一大拠点となっている．日本では 1995 年からの起業ブームの中心的存在であり，渋谷には「ビット・バレー」とよばれる IT ベンチャーの集積がおきた．→ベンチャービジネス

〔木村有里〕

アウトプレースメント（outplacement）

一般に「離職者に対する再就職の世話や支援」をいう．企業が人員削減を行う場合（早期退職制度などによる），対象となった従業員（特に中高年齢者）は，再就職先をみつけることは容易ではない．企業側による対象者への再就職支援活動は，社会的責任でもある．そのため，企業側の費用負担により，外部民間企業に対し，対象者の離職に伴ういろいろな問題解決と再就職先の紹介を委託することをいう．受託先は，カウンセリング（能力・適性・適職診断，教育・訓練など），求人開拓，再就職決定，再就職後のフォローアップなどを行う．元来，アメリカ企業で利用されてきたカウンセリング重視の外部委託であるが，日本では 1990 年代からの不況期以降，大いに利用されてきた．→失われた 10 年，高齢社会，高齢者の継続雇用

〔鷲澤　博〕

青田買い

稲が実る前の稲穂がまだ青い段階で収穫量を予想し，稲を買い占めてしまうことを意味する．このことから，企業が新卒採用に際して，ごく早い段階で採用活動を行い，学生に内定を出すことを意味するようになった．新卒採用は，少しでも他社より早く活動し，優秀な学生を確保したい企業と採用活動や選考で学業が阻害されることを危惧する学校との間で 1986 年に「就職協定」が結ばれたが．しかし，協定参加企業だけが拘束されたため，1996 年に破綻，翌年，日本経団連は，「新規学卒者の採用選考に関する企業の倫理憲章」を発表した．倫理憲章は，毎年更新されているが，会員外の企業は，不拘束のため早期化が進んでいる．→就職浪人，新規学卒一括採用

〔菊地達昭〕

アジア NIES

韓国，台湾，香港，シンガポールを指す．1960 年以降，安価な労働力と自国通貨安を背景とした工業製品の輸出により経済発展

を成し遂げた．が，賃金の上昇や為替の優位性の消滅による競争力低下と中国やインドなどいわゆるBRICsの台頭により，産業構造の転換を迫られている．NIEsとはNew Industrializing Economiesの略で，79年のOECDの「NICsレポート」に由来．88年のカナダ，トロント・サミットで中国への政治的配慮から台湾，香港を国とよぶことを避け，CountriesからEconomiesに変更された．ちなみに当初のNICsにはブラジル，メキシコ，ユーゴスラビア，ギリシャ，ポルトガル，スペインも含まれていた． 〔蕎麦谷茂〕

ASEAN

Association of South-East Asian Nations（東南アジア諸国連合）の略称．1967年8月，インドネシア，マレーシア，フィリピン，シンガポール，タイの5ヵ国により創設された．地域の経済成長・地域の社会進歩と文化的発展の促進が目的であったが，その経済は日本など域外国からの投資の増大・貿易の拡大により80年代に大きく浮上し，その後に域内貿易や投資・関税撤廃など，域内協力が盛んになった．20世紀中にベトナム・ラオス・カンボジア・ブルネイ・ミャンマーの5ヵ国が加わり，加盟国は現在10ヵ国である．欧州のEU・北米のNAFTAに比し域内貿易統合は最も強い．通貨危機を脱出後，再び高い経済成長を続けている． 〔山邑陽一〕

AFTA（ASEAN Free Trade Area，ASEAN自由貿易地域）

ASEAN（東南アジア諸国連合）内で合意された自由貿易圏構想のこと．発効目標は2008年（ただし，輸入関税の完全撤廃目標は2018年）である．その主要な目的は，関税撤廃などによる域内貿易の活性化，積極的な海外直接投資の受入れによる国際生産拠点としての地位向上，域内の相互投資や研究活動の交流による産業競争力の強化である．すでに1993年からは「共通有効特恵関税（CEPT）」が開始され，最終的には0～5％の関税率を目標としている（一部の除外品あり）．この構想の背景には，成長する中国に対するASEAN各国の焦燥感があるともいわれる．一方で，将来の中国とのFTAに結び付けていこうとする議論もある．→ASEAN 〔加藤巖〕

天下り

中央政府の官僚が，退職後に管轄していた分野の企業や特殊法人に職を得ることをいう．広い意味では，公的機関の職員が，関係のある機関や企業に移籍すること．天下りは，政策当局と関連機関や関連企業の結びつきを強めて政策遂行を容易にし，便宜供与を通じた幼稚産業の育成や産業の誘導に有効である．しかし，多くの産業が成熟するとともに，情報化・国際化が進展し，ニーズが多様化している経済環境の下では，企業ばかりでなく特殊法人も公正な競争に基づき，質の高いサービスを提供する効率的な事業運営が求められる．そのため，天下りが問題となり，規制の対象となっている．→談合体質，日本株式会社 〔阿部香〕

安定株主

一般に安定株主という言葉は，経営者の支持基盤となる株主を意味する．安定株主は，株式の所有による富（インカムゲインとキャピタルゲイン）の最大化や株主総会における議決権行使による経営参加もしくは経営支配といった目的をもたずに，経営者の経営方針や経営計画などを無批判に支持する株主を指す．安定株主は，多くの場合，個人株主ではなく，法人株主であり，対象企業の経営成績に関心を示さず，長期間株式を保有し続ける．その目的は，営業上の取引関係の維持や株式相互持ち合いなどによる経営者支配にある．→株式の相互持ち合い 〔亀川雅人〕

イエスマンとノーマン

「イエスマン」は,上司の顔色ばかりうかがって自分の意見をもたず,上司の指示を忠実に行う人をいう.これに対して「ノーマン」は,なんでも反対する人もノーマンであるが,通常は,自分の意思に基づいて自己主張をし,「ノー」がはっきりいえる人をいう.日本では,封建遺制のもと,儒教的な観念が意識の中に残っており,上下関係においては,目上の者に対して服従的なところがある.現代的な合理的思考からすれば,自らの考えによってイエスかノーかをはっきり自己主張できることが望ましい.今後の教育においても自分の意見をもち,上司に対しても自己主張できることが求められ,それを受け入れる度量が上司にも求められる. 〔坪井順一〕

異質交流研修
(intercultural communication training)

企業内外の人材同士が互いの価値観の違いを乗り越え,相互理解を深めていくコミュニケーション能力の育成を狙いとするもの.物事の捉え方や意見の対立の背景にある価値観の相違を認識し,それを許容するためには当事者同士の深い対話が必要となる.その訓練の場を異質交流研修は提供する.キャリアパス,国籍などの違いによって,人材の価値観は異なってくる.組織の中の価値観に一定の多様性を保持しておくことは,ある特定の価値観からは見出すことのできない意思決定の選択肢を発見する機会を高め,環境変化への組織の柔軟な対応を可能にする.しかしながら,必要以上の多様性は,組織の意思決定スピードを鈍らせる恐れがある.価値観の違いに基づくコンフリクトの発生可能性が高まるからである.そうしたコンフリクトを解消する能力開発にも異質交流研修は役立つ. →異文化教育 〔仁平晶文〕

移転価格

多角化企業内での事業部間取引や垂直統合企業内での部門間取引に適用される価格であり,全社戦略との整合性をもった水準に,本社のトップ・マネジメントによって決定されるべきものである.しかし,市場価格ではない価格での取引なので,事業部や部門それぞれの業績把握が客観的に行われない可能性がある.これは社内に「ROI(投資収益率)による管理」における有利・不利をもたらして当事者間に不満を生み出したり,多国籍企業の場合にホストカントリーとの企業税納入を巡る紛議の種になったりすることもある.下位組織やそのステークホルダーの利得を損なわずに,全社戦略と整合的な移転価格水準を決定できるかどうかが鍵である. 〔川口恵一〕

EPRG モデル

パールミュッター(H. V. Perlmutter)によって開発された企業の多国籍化の程度を測定・分類するためのモデルである.本社(親会社)のマネジャーがもつ態度・信念から,①本国志向(エスノセントリック,E),②現地志向(ポリセントリック,P),③地域志向(レジオセントリック,R),④世界志向(ジオセントリック,G)の4つに分類し,その頭文字から名づけられている.構造(海外子会社数や所有形態など)や成果(海外所得や雇用者数など)の基準だけでは,多国籍化の程度を把握するためには不十分であるとし,このモデルを開発した.また,このモデルは多国籍化のステージを示しているが,E→P→R→Gへと発展するべきだということを意味しているものではない.企業はその経営資源や戦略から,この4つの志向のいずれかを選択することになる. 〔池田玲子〕

EPA

economic partnership agreement の略で，経済連携協定のこと．これは，関税分野にとどまらず投資や人の移動などの非関税分野においても，国や地域と協定を行うことであり，たとえば，タイやフィリピンとの連携協定では，タイの料理人やフィリピンの看護師などの労働者の受入れ交渉が行われている．関税分野の地域協定として，FTA という言葉が使われるが，経済における国や地域の協定は，決して関税分野に限られたことではなく，EPA が重要となる．特に，日本における労働市場に関しては，少子高齢者や人口減少問題を抱えており，今後，ますます活発な議論がなされていくと考えられる．経済全体における協定を，FTA／EPA と表記したり，FTA という用語が EPA を包含する言葉として使われることもある．→FTA

〔内藤　響〕

異文化インターフェイス (Cross-cultural interface)

複数の文化相互の接触や接点をいう．そこでは，異文化間の摩擦，衝突そして調和が生まれる．多国籍化やグローバル化は，企業経営の場が国や社会の法制度，市場機構（資本・労働，その他），流通機構，などの明文的文化，消費者の行動，労働者の行動の後背にある規範や価値観，さらにそれらの基本的前提などの非明示的な暗黙の文化相互の多種・多量のインターフェイスを形成する場となることを意味している．これを統制し，企業経営にとり有利にする異文化インターフェイス管理が求められる．「郷に入っては郷に従う」だけでなく，文化相対主義に立ちつつ，「強い文化／弱い文化」を見極め，いずれが「事実上の／法制上の標準」足りうるかを見極め，摩擦・衝突を軽減・解消し，調和を探ることが求められる．→異文化コミュニケーション

〔岡田和秀〕

異文化教育 (cross-cultural education)

文化といわれるものは，本来多様である．さらに広義のコミュニケーション技術の発展で，特定社会や地域に内的に伝承されてきた文化に外的に移転された文化が混交し，純粋型文化の存在は長期的には限定的である．多様性（ダイバーシティ）を前提とした教育，あるいは教育アプローチが，提言され実施されている．内容はさまざまで国際的に著名な MBA スクールでクラス構成員を意図的に多国籍化して，異文化や多様性に対する感受性を陶冶する試みが，その一例である．→異質交流研修

〔岡田和秀〕

異文化コミュニケーション (cross-cultural communication)

コミュニケーションは，人間の間に行われる知覚・感情・思考の伝達であるが，当然のこととして文化を異にする人間の間ではうまくいかないケースが起こりうる．日本人，アメリカ人，中国人などとの間のコミュニケーションは，その一例となる．→異文化摩擦

〔金山万豊〕

異文化シナジー (cross-cultural synergy)

2つ以上の文化が統合することにより生まれる相乗効果のこと．たとえば，2つの企業の全体，あるいは部分的共同や M&A などにより企業文化の革新が生まれる，あるいは促進されること．（異）文化という言葉にかかわるいずれの用例でも，特定文化中心主義に対抗しようとするイデオロギーとして，文化の多様性の主張が存在していることには，留意されなければならない．→異文化インターフェイス

〔岡田和秀〕

異文化摩擦

異種の文化が遭遇し，互いを受容しないとき，異文化摩擦が起こる．異文化摩擦を解消するためには，次の2点が重要となる．①自分を客観的にみることができるようにすること．これには真の教養がなければ本当の自己を捉えることはできない．②思いやりの気持ちをもつこと．他者のもつ多様な文化・価値観を素直に受け入れる力が必要である．→異文化インターフェイス

〔學頭一成〕

EU (European Union)

　欧州連合．欧州の国家連合体のこと．1952年発足の欧州石炭共同体から始まり，関税同盟，市場統合，共通通貨ユーロの導入などを経て，加盟国数は当初の6ヵ国から現在の25ヵ国となった．EUの目的は，経済統合による加盟国の経済的発展，共通の外交・安全保障政策による国際的影響力の向上，警察・司法での協力による市民の安全確保にあり，これらの目的を達成するために特別な立法，司法，行政の権力機関をもっている．EUの経営環境の特徴は，加盟国間で国境が撤廃され，ヒト・モノ・サービスが自由に移動できる単一市場になっていることである．

〔董　晶輝〕

インターナショナル戦略

　企業の生産とマーケティング活動が地理的に拡大し，海外にまで及ぶようになると，経営者は国際的な視野での事業運営が求められてくる．事業の海外展開は，自国では調達できない経営資源・経営手法の活用を可能にする反面，異文化マネジメントといった新たな諸問題を抱えるというリスクがある．また，産業構造や市場特性は，国や地域別によって大きく異なることから，それぞれの環境に適した経営体制の確立も欠かせない．インターナショナル戦略とは，このような国内企業にはないさまざまな要素を包括的に考慮した国際的展望に立った経営のことである．→グローバル企業，グローバル戦略

〔田中利佳〕

う

ヴァーノン (R. Vernon)

　1913年ニューヨークに生まれ，1999年8月癌により死去．証券取引所会員に対する規制をテーマにした学位論文で，1941年コロンビア大学経済学博士．ヨーロッパ復興のためのマーシャルプランの推進，IMFやGATTの発展に尽くした．日本のGATT加盟と差別待遇なしの貿易実現に尽力．1959年，ハーバード大学教員となり，ビジネスと政府との関係，特に多国籍企業，世界的貿易システム，民営化，規制の分野で研究を進めた．また，PLC（プロダクト・ライフ・サイクル）仮説に立脚した多国籍企業成立の理論モデルを提示し，日本の多国籍企業研究に大きな影響を与えた．→ PLC

〔川口恵一〕

失われた10年

　いわゆるバブル経済が弾けた後の景気停滞期のこと．日本では1990年代初めから，巨額の不動産融資が焦げつき，不良債権と化した．金融機関に対する信頼が揺らぎ，銀行業界の護送船団方式も放棄された．多くの中小企業が銀行からの資金調達に苦しむ一方，多額の債務棒引きが行われ，モラル・ハザードが発生した．また，資産価値が大きく目減りしたことで，逆資産効果から消費の低迷が進んだ．恒常的に物価が下落するデフレスパイラルも懸念された．中国の生産拠点化も物価下落（デフレ）を後押しした．このように「失われた10年」は産業構造，人々の意識や行動に多大の影響を及ぼした．これは日本経済の大きなターニングポイントとされることであろう．→モラル・ハザード

〔加藤　巖〕

内なる国際化

　1980年代半ば以降の日本企業の国際化に伴い，本社から海外子会社に多数の赴任者を送り込み，国際的なキャリアを積ませてきた．他方で，現地人材に対しても本社への逆出向やトレーニー制度などを実施してきた．こうした進展の中で，海外赴任者の処遇，帰任，長期的なキャリアまで見据えた体系的な国際的人的資源管理システムの構築が必要となり，本国内の国際化，すなわち「内なる国際化」が課題となった．そこで，本社の経営

陣が人材多国籍化の理念のもと，全社的な経営に本国以外の出身者を参加させる世界志向の国際的人的資源管理の体系的システムを構築する必要がある． 〔笠原伸一郎〕

え

エクスパトリエイト（expatriate）

語源は「海外に追放された人」のこと．国際経営論では母国外に在住し，そこで働く人々のことをいう．企業側の経営戦略だけでなく，ホストカントリー（進出国）の入国管理政策によっても，職位・職務内容・人数などが制限されることがある．現在，先進国では単純労働者としての入国査証が制限されることは一般的なので，母国側からは「海外駐在員」「海外支店管理職」，ホストカントリー側からは，「外国人管理者」「外国人従業員」とみなされる．この点で，一般的に用いられる「外国人労働者」の語よりも限定される意味をもつ．→外国人労働者 〔池田玲子〕

エスノセントリック志向（ethnocentric）

そもそも「自民族中心（至上）主義」と訳されるが，経営学ではパールミュッター（H.V.Perlmutter）が提唱した「EPRG モデル」に登場する「本国（本社）志向」の意味．エスノセントリック志向型企業の重要な意思決定はすべて本社中心で行われ，海外子会社は従属的な役割に甘んじることとなる．そこで，こうした志向は，進出先の地域や現地従業員からの反発を招きやすく，それらとの共生を重視する「グローカル経営」の考え方や，むしろ文化多様性をイノベーションの起爆剤とみる考え方などの浸透により，急速にその姿を消しつつある．しかし，日本やアジアの一部の企業にみられるように，エスノセントリック志向が競争優位性の源泉のひとつとなるケースも多数あり，その総合評価は容易ではない．→EPRG モデル 〔關　智一〕

FTA（Free Trade Agreement）

自由貿易協定のこと．2国間あるいはそれ以上の国間で，品目・期間を決めて関税を軽減ないし撤廃するための協定．当事者国間の自由貿易の促進と，それによる各国相互の経済発展に寄与することが期待され，世界で百数十もの FTA が締結されている．その中には NAFTA（北米自由貿易協定）や AFTA（ASEAN 自由貿易協定＝ASEAN 域内の自由貿易協定）などがあるが，日本が当事者となって発効したものは，シンガポールおよびメキシコとの2国間協定のみである（2005年末現在）．WTO や APEC などの包括的合意の場では交渉が長引くので，FTA 交渉を並行して推進する国が多い．日本も現在はその立場にある．→EPA 〔山邑陽一〕

エンプロイヤビリティ（employability）

これは日経連（現・日本経団連）が「従業員自立・企業支援型」人材育成を提言するに当たって導入した「人材育成のあり方」に対する概念である．これは当該企業で「雇用され続け得る能力」であり，当該企業を離れても他社で「雇用され得る能力」をいう．「市場主義原理」の労働市場では，従業員は自らの能力の有無や高低などで評価され，処遇される．日経連の提言は人材育成を企業丸抱え（企業主導）ではなく，従業員の自己責任・自助努力の必要性を前面に押し出す立場（労働者主導）を表明するものである．また，自分のセールスポイントを発見し，それに磨きをかけるのは従業員自身であり，企業はそれに支援（援助）を惜しまないとする「個の重視」の側面があることも特徴のひとつとしてあげることができる．→即戦力的人材 〔大橋靖雄〕

OEM（original equipment manufacturing/manufacture）

「相手先ブランド製造」ともいわれる．自社のブランド（商標）の製品や部品を相手先または自社の仕様規格で生産を委託することで戦略提携のひとつの形態である．このOEM生産方式は，海外生産の一形態としてよく活用されるが，国内の製造業同士，大手小売業者との間や海外からの生産委託にも有力な生産方式として活用されている．特に自社ブランドが市場で確立している商品に有効な生産方式である． 〔伊吹六嗣〕

オフショア生産（offshore production）

企業が製造コストの安い海外に生産拠点をもつが，製品販売に関しては生産拠点国の市場よりも企業の本国や第三国向けの輸出を重視する生産形態のこと．たとえば，日本企業が東南アジアや中国へ生産拠点を設置して，そこで生産した製品を日本や米国へ輸出することがある．また，発展途上国が税制上の優遇措置を設けて，自国の工業化に寄与する多国籍企業の工場移転を促すことが契機となっていることも多い．なお，オフショアとは海の沖合のことであるが，いまでは広く海外を意味する単語として使われている．同様の用語では，オフショア開発（海外に開発拠点をもつ）がある．→逆輸入 〔加藤　巌〕

海外子会社

本国以外に設置された子会社，主たる活動拠点が海外にある子会社のこと．日本企業では1985年のプラザ合意以降，製造業の国外移転に伴い，海外子会社の設立が増加した．急激な為替変動の回避，安価な労働力の活用などが主たる目的であったが，最近は，進出先での販路拡大や海外での研究開発などが海外子会社の目的となることも多い．一方で，実際には海外における活動実態がない子会社もある．これは，法人税率が低い国（タックスヘイブン）に形式的な子会社（ペーパーカンパニー）を立ち上げ，そこに本社の利益の大半を移し，本国での納税を逃れることを目的とする．なお，海外子会社は100％出資もあれば，現地企業との共同出資の場合もある．→海外進出 〔加藤 巌〕

海外事業部（international division）

企業国際化の発展段階として，海外子会社の数やそれらの売上高がある程度増大してくると，親会社としてはそれら海外子会社の経営を調整・統制する必要性が出てくる．この機能を担当するのが親会社内に設置される国際事業（本）部であり，日本では海外事業部という場合が多い．国際事業（本）部は，既存の輸出入（貿易）部門が発展的に解消して輸出入部門を含める形で国際事業（本）部になる場合もあるし，輸出入部門とは別に設置されることもある．前者はさらに発展すると，当該企業の輸出入，海外生産，国際戦略提携といった海外事業活動を一括して扱う部門となる．→海外子会社，海外進出，国際事業部 〔中村久人〕

海外進出（starting up activities overseas）

学術用語として規定されているわけではないが，国境を越えて企業活動を開始する意味で広く使用されている．海外市場での販売開始，あるいは生産，研究開発活動の開始や工場や研究所あるいは金融子会社の設置なども広く海外進出とよばれる．

それは単独出資のみならず，合弁，買収，合併といった投資形態や出資比率にかかわらず，海外での投資，ビジネス活動の開始を意味する．しかし一般的には始めての海外進出の経験もノウハウも限られており，リスク回避のために合弁や，代理店を通じた海外輸出・販売である間接輸出や部品などは母国から輸入し組立てのみを行う，スクリュードライバー生産からスタートするのが一般的といえよう．海外進出の反対に，海外の投資やビジネス活動の閉鎖・清算，引き上げは海外撤退などといわれる．→国際経営，スクリュードライバー生産 〔根本 孝〕

海外直接投資

OECDの定義によれば，ある国に国籍をもつ自然人もしくは法人，あるいはそこに本拠を構える法人格をもたない企業などの組織が，その国とは別の国で長期継続的に事業を営む目的をもって，その外国の国籍をもつ企業法人もしくは本拠を構える法人格のない企業組織の持ち分を取得する投資．投資先の外国企業の経営を支配する，あるいはその経営に実質的に影響を与えられるだけの株式（普通株式もしくは議決権付き株式）の取得，外国に自らの子会社もしくは関連会社を新規に設立するための投資が，これに当たる．OECDは10％以上の持ち分取得を海外直接投資に当たるかどうかの基準とすることを推奨している．→海外進出，国際経営

〔川口恵一〕

海外ラボ

海外にある研究開発拠点のこと．狭義には

大学などの研究室を意味する．ラボはラボラトリーの略．近年，企業の海外における研究開発が活発化している．たとえば，アメリカ国内の特許申請数トップ10には日系企業が複数含まれている．こうしたことは，世界的な技術開発競争に伴って，海外の優れた研究成果を取り込もうという企業戦略に基づいている．また，情報技術の進展に伴い，海外で開発した技術の国内移転が容易になったことや，優秀な技術者が安価に使えること，冷戦終結により社会主義陣営にいた研究者を活用できるようになったことも影響している．さらには，世界標準を獲得するため，複数の国で特許申請することも影響している．

〔加藤　巌〕

外資系企業

外国企業が日本に直接投資をして生まれる子会社や支店をいう．日本企業の対外直接投資に比べて，外国企業の日本への直接投資は低い状態にある．しかし，日本で成功している外資系企業は，現地の日本人を経営陣に登用するなどの現地化を図り，信頼やブランドの構築といった長期的な投資をしており，日本企業に比べて利益率が高い企業も多い．このことは，取引，信用，雇用，経営権などにかかわる法的制度や慣行の相違などのために短期間に進出をしてリターンを得ることは容易でないが，戦略に基づく一貫した活動をした場合には，よいパフォーマンスが得られることを示唆している．

〔阿部　香〕

会社人間

明確な定義はないが，平成11年の経済企画庁『会社人間からの脱却と新しい生き方に関する調査』では，「所属する企業に愛着を超えた帰属・依存意識をもち，場合によっては自身や家族との生活をも犠牲にすることを厭わない会社員を会社人間とよぶ」とされている．会社人間が生まれた背景には，終身雇用・年功序列など企業の雇用慣行や都市化の進行・地域社会の変容など会社内外の環境要因があった．会社人間からの脱却は，経済全体の市場化の流れの中で進行される．つまり一人ひとりが職業人意識をもち，自らの市場価値を高めていく．その過程で働き方や生活様式を個人の選択で行う．また会社人間からの脱却は，企業犯罪防止や地域コミュニティ再生などにつながる社会的要請として理解されるべきである．→過労死，組織人モデル，自立人

〔吉田高文〕

カイゼン (kaizen)

米語で improvement, reform が当てられている．トヨタがアメリカに自動車組立工場を建設した折導入された品質管理手法のひとつである．アメリカではこれを定義するに当たり，5S (seiri (整理), seiton (整頓), seiso (清掃), seiketu (清潔), shituke (しつけ))の5つのS(5S)が発展した．これらとトヨタの独自の品質管理手法導入により，組立時間の短縮と不都合の発生率を低減し，日本国内での組立に要する時間と品質に近づくことができ，カイゼン（改善）は国際経営用語として定着した．→5S，トヨタ生産システム

〔岩村淳一〕

開発輸入

発展途上国などで資源や製品の開発を行ったうえ，輸入する方法．開発輸入にあたっては日本などの先進国が資本，技術に加え農産物などでは優良品種などを持ち込むため，受入国の経済発展に寄与する．先進国側は現地の資源や労働力を活用して安価な輸入が行える．1985年のプラザ合意による円高以降，開発の中心はアジアNIES，ASEAN，中国へと移動し，今後はベトナム，インドなども期待されている．技術指導により品質，規格，安全性などが改善されるにつれ，わが国では製品価格の低下に加え，製品の差別化，PBの導入などが進んだ．流通，小売業が主体となるケースも多く，流通の変革など新しい動きにもつながっている．

〔三宅輝幸〕

外部重役

一般に社外取締役のことを指す．この社外取締役を導入することにより，取締役会に外部の目を入れ，意思決定の透明性や経営者を

監督する機能の強化が図ることができる。これにより、企業統治および企業倫理にも資することが期待される。2006年に施行された会社法では、第2条第15項で社外取締役を規定している。今後の日本企業は、委員会等設置会社の新設により監査・報酬・指名の各委員会が導入されたこともあり、外部重役（社外取締役）が取締役会に入ることが、よりスタンダードになることになろう。→企業統治、企業倫理、社外取締役　〔小島大徳〕

華僑ネットワーク

中国本土や台湾以外の世界各地に居住する中国人（漢民族）が築きあげる、国境の枠にとらわれない、相互信頼に基礎をおく緩やかな人的関係の総体。楊天溢の分析によれば、中国人社会の家は、父親を家長として成立し、その息子たちはそれぞれ平等に財産分与を受け、父の死後独立して新たな家を作る。そうした兄弟間や親族間の連携そして縁故者との間の連関というネットワークを基にして、そこから経済活動遂行のための人格や能力に対する相互信頼に基づくパートナーシップが生まれ、経営資源の持ち寄りや協働が実現するという。したがって、必要な範囲に応じて協働の範囲を拡大したり縮小したりすることが可能な、柔軟な中間組織を形成することができる。　〔川口恵一〕

肩たたき

広義では、人材削減を意味する日本的な意味合いでのリストラとほぼ同義である。狭義では、企業が行う退職勧奨政策の一環で、早期退職優遇制度の対象者のうち、当該企業における退職候補者となっている従業員に対して、退職を勧めることである。ここで重要なことは、「肩たたき」それ自体に法的強制力は存在していない、ということである。肩たたきを受けた人間が実際に退職をするかしないかはあくまでも本人の自由であり、企業は退職を強要することはできないとされている。しかし、肩たたきを受けた上で企業に残る人間に対しては、さまざまな嫌がらせが現実問題としては発生しており、深刻な社会問題となっている。　〔佐々木秀徳〕

株式の相互持ち合い

金融機関を含めて、特定の企業同士が相互に相手企業の一定割合の株式を保有しあうことを「株式持ち合い」という。これは、市場での企業経営権の獲得（乗っ取り）を抑止して、企業同士でガバナンスしあうことを意味する。1960年代の日本経済の自由化を契機として外国企業からの乗っ取りを防止し、現経営陣を支持する友好的な株式保有者（安定株主）を確保する制度として普及した。資本関係を通じて取引関係の強化や人的・技術的な交流を促進し、市場流通株式数を希薄化して企業の株式評価値を高め、資金調達を容易にするなどの効果がある。バブル崩壊後に銀行などが保有株式を放出したことなどにより、持ち合いの状態が変化した。また、M&Aの普及や企業統治の変化などによって、その機能が変化している。→M&A、企業統治、グループ経営　〔阿部　香〕

カルチャー・ショック（culture-shock）

異文化に接したときに、文化に由来する慣習や考え方などの違いから起こる心理的衝撃。その衝撃は、主体に対してさまざまな作用を及ぼす。当の異文化に対する拒絶、無関心、本来の文化への強い固着といえる態度の形成、逆に、異文化への一辺倒や帰依といえるような信奉すら生み出す。パーソナリティ形成過程でのショックの経験は、むしろ望ましい。しかし、パーソナリティ形成後の経験は、セルフ・アイデンティティの混乱をもたらすこともあるので、ショックを和らげるような注意が必要である。人的資源管理との関連でいえば、海外派遣要員の選択、予備教育、さらに派遣後のフォローアップが必要である。→異文化摩擦　〔岡田和秀〕

カルチャー・フリー（culture-free）

文化から自由な、文化的偏見のない、あるいは文化に無関連な状況・事態を指す。すでに確立、浸透、普及した既成概念であるか、あるいは一過性の用語であるか、いまだ定ま

らない．カルチャー・フリーの主張は，経営学との関わりでいえば，カルチャーの特殊形態としてのマネジメント・カルチャー（文化）の独自性や，"デ・ファクト"および"デ・ジュール"のグローバルスタンダード，国民性，また社会の成熟度合い（具体的には工業化・民主化の度合い）に由来する差異を，往々にして正当化したり，その正統性を主張しようとする．たとえば文化相対主義の立場の対極にある．さらに積極的に，マネジメント・カルチャーが特定社会の文化に中立的・無関連な状況・事態を，部分的にも含みえるとする立場と捉えれば，マネジメント・カルチャーの収斂説に通じることとなる．〔岡田和秀〕

過労死

過労死とは，厚生労働省によると「日常業務に比較して特に過重な業務に就労したことによる明らかな過重負荷を発症前に受けていたことによって発症した，脳・心臓疾患」とし，広義では，過労自殺（業務による強いストレスにより精神障害を発病しての自殺）を含む．同省発表資料によると，過労死と認定された事案は，平成13年度で143件であるが，実際には，数万人が該当するとされている．いずれにせよ，30～50歳代を中心に，年々増加する方向にある．このように過労死は，社会問題化しているが，経営家族主義という日本独特の経営に対する考え方，あるいは，非公式組織や勤労意欲というテーマの中に隠れているインセンティブ問題を再考させる現象となっている．→会社人間，ストレス・マネジメント，メンタル・ヘルス〔山下雅司〕

為替変動

異なった通貨の交換比率が変化すること．この変動は，通貨の強さを示すバロメーターともいえる．たとえば，日本円をもつ人が以前よりも安く外国通貨を手に入れることができれば，円が強くなったといえよう．ドルと円の為替レートが1ドル=120円から1ドル=100円になった場合，ドルが安くなり，円の価値が上がったことを意味している．すなわち「ドル安・円高」である．そして，為替変動は通貨に対する需要と供給のバランスから影響を受けるので，まるで商品取引に近い性格をもっている．つまり，ある国の商品がよく売れる（輸出増大）とすれば，その商品を買うための特定通貨に対する需要が増え，通貨の価値が上昇するのである．→為替リスク・マネジメント〔加藤　厳〕

為替リスク・マネジメント

為替変動に伴い発生する為替差損を回避しようとする危機管理のこと．企業活動がグローバル化するにつれて，為替変動が企業収益へ及ぼす影響は無視できなくなっている．国内販売と海外販売が比肩するトヨタ自動車のような多国籍企業の場合，為替レートが1円動くと，その収益に数百億円の影響が出るといわれる．こうした為替変動による収益のブレを防ぐため，企業は為替の先物予約を行い，そのリスクを管理しようとする．すなわち，ある時点において，数ヵ月先の為替レートを予約しておくのである．また，商社などは海外との取引を行う場合，売りと買いの決済期日をあわせて，両者の差額を相殺してしまうことで為替リスクを回避することもある．→リスク・マネジメント〔加藤　厳〕

間接投資

株式の配当，キャピタルゲイン，または利息収入などの投資収益を目的とする投資．「証券投資」ともいう．間接投資の形態としては，他企業の株式，公社債などの金融商品への投資をあげることができる．経営活動に参加することを目的とする直接投資とは異なり，間接投資は経営活動に参加する意図をもたず，もっぱら投資収益の獲得だけを目的として実行される．また，間接投資は，特に対外投資に関連して用いられる．この場合には，間接投資とは投資収益を狙った外国金融商品への投資を指す．〔大塚良治〕

完全失業率

完全失業者を労働力人口で除した数値のことであり，重要な雇用統計値である．完全失業者とは，15歳以上で仕事をもたず，現に

就業が可能で，仕事を探していた者を指し，毎月末の1週間の期間における労働力調査において把握する．仕事をする意思のない者や職探しをしていない者は含まれない．労働力人口は15歳以上の国民のうち就業の意思と能力のある者をいう．仕事をしていない学生や専業主婦，老人，ニートなどは非労働力人口に位置づけられる．完全失業率は有効求人倍率と反比例し，景気がよければ下がり，悪化すれば高まっていく．日本の完全失業率は，欧米先進国に比べて低く推移していたが，バブル景気崩壊後には5％強にまで高まり，大きな社会問題となった．欧米は10％台の失業率は珍しいことではなく，日本の終身雇用制や整理解雇の困難性などの労働事情も影響しているとみられる． 〔川端大二〕

カントリーリスク

企業が世界で投融資活動や貿易取引を行っていくうえで，相手国で発生する政治的・経済的な危険，またはその確率を指す．一般的には，外国人財産（事業）の国有化，国際収支の悪化に伴う対外債務の支払い不履行といった事態の発生が考えられる．政治的安定度，1人当たり国民所得，輸出入額，国際収支，外貨準備，対外債務などから返済能力を判断するもの．専門的な研究機関などが算定している．海外事業活動を計画する際の基本的な情報である．その国の国際的な信用度を示す．→セキュリティ・マネジメント

〔藤野哲也〕

かんばん方式

トヨタ自動車元副社長大野耐一により考案された「作りすぎのムダ」を省く生産方式のこと．トヨタ生産システムの基本は「後工程引っ張り方式」（プルシステム）であり，この運用手段として「かんばん」とよばれるカードが用いられる．「かんばん方式」では必要なものを，必要な時に，必要な量だけ作ること（ジャスト・イン・タイム）を実現するために，後工程が前工程に対し加工品の生産に関する各種の情報を「かんばん」を用いて伝達する．前工程は後工程から指示されたものだけを生産するので，余分な在庫は発生しない．「仕掛かんばん」，「引取かんばん」，「eかんばん」などがある．→ジャスト・イン・タイム，トヨタ生産システム，リーン生産

〔荻原洋太郎〕

き

企業グループ

親企業を中核とした子会社・関係会社によるピラミッド型の支配・従属関係にあることを示す用語であり，集団内企業が下部組織として企業グループを形成する場合は多い．これに対して，類似の企業集団は定例的に社長会を開き，集団全体の意思決定を行い，共通のメインバンクや総合商社をもち，株式相互持ち合いを行い，集団内の業種がフルセット的に揃うという特徴をもつ．企業集団は独立した企業間と対等関係であり，集団内の企業間に支配・被支配関係は存在しない．→企業集団，グループ経営 〔日夏嘉寿雄〕

企業内貿易

多国籍企業は，直接投資によって，多数の国に子会社を設立し，海外生産，販売などを行うが，この場合，各国の優位性により物的資源，人的資源，技術開発力，資金などの経営資源を最適となるよう配分するために，本社と海外子会社あるいは海外子会社間との部品や完成品の国際取引（輸出入）が行われる．たとえば，ハイテク製品は本国（先進国）の技術開発力で生産された資本設備を用いて，部品別に技術水準や労働力に応じた複数の海外工場（途上国）で生産され，さらに別の海外で組み立てられ，製品化されるという同一

企業グループ内における国際的な工程別分業が行われ，製品は本国あるいは第三国（世界）に販売（輸出）される．→グローバル企業

〔日野隆生〕

企業別組合
(company union 〈 in house union 〉)

特定の企業や事業所ごとに組織された労働組合のことで，日本の労働組合の組織はほとんどこの形態である．欧米の労働組合は産業別組合ないしは職種別あるいは職業別組合が一般的である．企業別組合はわが国の労働組合の特徴として世界的に注目されている．欧米の労働組合は仕事を中心として組織されており，従業員の主張は労働条件をはじめ労働生活全般に渡って会社との交渉はすべて労働組合を通して行われる．企業別組合は，終身雇用，年功序列とともに，日本の経営の基盤をなしており，日本企業の安定と協調的な労使関係は企業別組合によるところが大きい．→日本的経営論

〔村上良三〕

技術移転 (technology transfer)

特定の技術を異なる組織へ移植すること．たとえば，大学で開発された新技術を企業へ移転して，その実用化を図ることがある．移転される技術には，工学的なものばかりではなく，デザイン，意匠，経営手法，各種特許なども含まれている．また，国内だけではなく，海外への技術移転も行われる．近年では企業の海外進出に伴い，海外への技術移転も進んでいる．特に本国の親会社と海外の子会社の間で技術移転が増えている．こうした国境を越える技術移転では，新技術を導入した国から製品の逆輸入が始まりやすい．これは「ブーメラン効果」とよばれている．なお，企業が海外で技術開発を行い，それをグローバルに移転活用することも増えている．→技術供与，ブーメラン現象

〔加藤　巌〕

技術供与

企業や大学，研究機関などが産業財産権を認められた技術あるいはそれに準ずる技術について，その使用を許可したり，移転したりすること．発明者そのものにその技術を自ら商業化する意図がない場合や，外国市場を自ら輸出や現地生産で開拓する意図のない場合，対価を取って商業化を意図する他者に使用を許可したり，権利を移転したりすることがある．また国際経営では，先進国企業が発展途上国企業に自国では陳腐化しつつある技術を移転して，低リスクで対価を獲得するということもみられる．図面や技術資料の提供，人的な技術指導はもちろん，品質管理や生産管理，設備やその設計のノウハウを含めて提供されることが多い．→技術移転，知的財産権

〔川口恵一〕

技術輸出 (export of technique)

これには，①科学技術を外国へ送りだし，財貨を得ること，②特許権，実用新案権，意匠権，ソフトなどを外国へ移転すること，③伝統技能といったものを，国外の人々に教えること，などがある．→技術移転〔竹内則春〕

逆移転

シュンペーター（ J. A. Schumpeter ）は，一人あるいは少数の企業者の登場が，それに続くさらに多くの企業者の出現を促すとし，新結合は群生すると説いた．このように革新は伝播・拡散することによってはじめて新たな経済制度を生む．その伝播・拡散を受けた部分の企業者はもともとの革新のうえになんらかの改善を積み重ね，それを通じて飛躍的質的向上を生み出すことがある．それがもともとの革新に比較して優位があると認められるとき，もともとの革新の発生地に逆に伝播・拡散することがみられる．これを「逆移転」という．日本の鉄鋼業や自動車産業はその好例であろう．→ブーメラン現象

〔川口恵一〕

逆輸入

A国での生産や流通のためのコストが上昇し，その結果，輸出競争力をなくした同国の企業が，コスト優位にあるB国に生産拠点を移し，そこで生産した製品を輸出すること．日本企業は 1985 年のプラザ合意以降，円高に見舞われ，比較優位を喪失した商品の生産

を行うために労働コスト（人件費）の安いASEANや中国に進出し，生産拠点を設立したケースがこれに相当する．また，いったん輸出したものを，再び国内で販売するという意味もある． 〔趙　貞蘭〕

業革

商品が大量に売れ残ることに危機感を募らせたイトーヨーカ堂が1980年代前半に開始した「業務改革」という組織改革の略称．ヨーカ堂の業革のねらいは「死に筋商品」といわれる店舗の不良在庫の一掃にあったが，その際，社員が売り場で死に筋商品を一つひとつ見極めていき，顧客の本当のニーズはどこにあるのかを再確認していった．ヨーカ堂が取り組んだ業革は大きな成果をもたらし，顧客ニーズのあくなき追求のための終わりのない組織革新の重要性を世に知らしめた．→イノベーション，リストラクチャリング　〔宇田　理〕

金帰月来

国会議員を例にとれば，原則として週日は議員会館において議員活動にあたり，週末には地元の自宅へ帰って家族と過ごし，月曜日からは議員会館で議員活動にあたるという生活パターンのこと．ビジネスマンの場合は，本社・工場・事業所・子会社などへの配置転換などによって自宅からの通勤が困難な場合ないし，職務などに支障をきたす恐れがある場合など，一方，週休二日制が一般化してきたこともあって，配転先に近いアパート・借家・マンションあるいは寮・社宅などを利用して勤務し，週末には自宅へ帰って家族と過ごすことになり，"金帰月来"型の生活パターンを続けることになってきた．→会社人間，過労死 〔内山利男〕

く

グローカル戦略

グローバルに活動する企業が，一方で現地子会社の活動する地域の特性に密接に適合しつつ，他方でグローバル規模での活動の統合や調整を進めることで，経営環境へのより柔軟な適合と同時に，大きな規模の利益と範囲の利益を追求しようとする戦略．産業の特性によっては多くの国外市場それぞれに個別対応したマーケティング・ミックスが必要になる場合も，逆に地球規模で活動を強固に統合して規模と範囲の利益を追求することが不可欠な場合もある．しかし，この二律背反的な原理のどちらにとっても，他方の原理をまったく無視することはできないのである．→グローバル戦略，現地化 〔川口恵一〕

クロス・ライセンス（cross license）

独自の特許技術を保有する企業同士が，相互（クロス）に特許の使用を認めあう（ライセンス）提携関係．高度に技術が複雑化し，競争も激しい今日では，単独での技術・製品開発には限界がある．そこで，ふさわしいパートナーと保有特許を相互利用できる関係を構築すれば，開発費も抑えられ，また特許紛争を事前回避することもできる．たとえば，基礎技術と周辺技術の結合によってスピーディな製品開発が可能になったり，相乗効果によってさらに技術が向上し，知的財産権の強化につながるといったメリットがある．交換に見合う相手がいない，特化された技術をもつ企業や最先端IT，バイオ分野のベンチャー企業などには，クロス・ライセンスは発生しない．→技術供与 〔木村有里〕

グローバル企業

自国内で企業活動が完結するのでなく，世界の主要地域に経営資源の最適配分を求めて地球規模（グローバル）で事業を展開する企業のこと．さらに，複数の異文化の影響を強

く受ける企業のことでもある．そのためにも，企業組織の内外の2つのレベルの異文化状況に同時に対応する必要がある．特に国内企業と異なり，異文化相互作用の管理として外的存在の文化ダイナミズムへの対応が重要な課題となる．→国際経営，多国籍企業

〔伊吹六嗣〕

グローバル競争戦略

ポーター（M. E. Porter）によるとグローバル競争では，価値連鎖活動の調整度合い（高低）と活動の配置（分散型か集中型か）によって，コスト・リーダーシップまたは差別化による競争優位を達成するやり方が変わってくる．諸活動の調整度合いが低く，活動配置が分散的となるのがマルチドメスティック企業の競争戦略であり，その対極にあるのがグローバル企業の競争戦略である．諸活動を集中した場合，規模の経済性の獲得，習熟曲線の活用，集中立地，調整などの点で有利になるが，国ごとのニーズの相違，一局集中のリスクが存在するような場合は分散が有利になる．→価値連鎖，ポーター　〔中村久人〕

グローバル市場細分化

市場細分化の目的は，多様なニーズに適合させるため，異なるニーズなどによって市場を分割し，標的市場を確定し，その市場に応じた自社のマーケティング・ミックス戦略を展開することである．細分化の基準としては，地理的変数（世界の地域，国，都市，気候など），人口統計学的変数（年齢，性別，家族状況，所得，職業など），心理的変数（社会階層，ライフ・スタイル，パーソナリティなど），行動的変数（購買頻度ロイヤルティなど）などがある．そこで，グローバル市場細分化とは，地理的な世界市場として捉えるばかりでなく，各国の政治・経済・社会情勢，文化，民族，宗教，国際関係などの変数も加えた組み合わせによって標的市場を確定していくことになる．→国際マーケティング

〔日野隆生〕

グローバルシチズンシップ

企業が世界で事業活動していくとき，事業活動のグローバル化に伴ってヒト・モノ・カネ・情報の側面で世界の国々で世界の人々と接点をもつようになる．その対象は顧客，サプライヤー，地域の住民，従業員はもちろん，進出先の政府やNGOなど広範な範囲にわたる．企業はそうした人々に対してなによりもまず「よき市民」＝グローバルシチズンシップとしての意識をもって行動していくことが重要である．事業活動がグローバル化すればするほど，企業にはよりよきグローバルシチズンシップを発揮して，世界各地の人々と接していく必要がある．→共生　〔藤野哲也〕

グローバルスタンダード
(global standard)

1990年代に入って使われだした比較的に新しい用語で，「世界標準」と訳されている．元来は技術分野における国際的な基準・ルールを示し，欧米では通常デファクトスタンダードとよばれる．国際的な技術標準としては，国際標準化機関（ISO）が制定している国際品質規格ISO9000や国際環境規格ISO14000があるが，これらはデ・ジュールスタンダード（de jure standard）ともよばれ，国際的な「公式的標準」である．それに対して，デファクトスタンダードは「事実上の標準」の意味で，マイクロソフトのPC用OSソフトWindowsや日本ビクターのVTR/VHS方式などが典型的事例である．わが国ではグローバルスタンダードは，デファクトスタンダードの意味で会計基準や経営方式に関して多岐にわたって使用され，正確な定義のないまま乱用される傾向がみられる．→ISO規格，デファクトスタンダード

〔酒井一郎〕

グローバル戦略

企業が自国を含めた世界で事業活動していくときに採用する，世界市場へのアプローチの方策．海外市場へのアプローチには輸出，技術供与，海外生産の選択肢がある．また，製品，サービスの提供を自力で行うか，他社

との提携で行うか,特に海外進出する場合にはグリーンフィールドから始めるか,既存企業の買収で対処するかについても選択する必要がある.事業活動のグローバル化に伴ってヒト・モノ・カネ・情報の側面で世界の企業や人々と接点をもつため,組織,人事,情報システム,物流など,企業活動のあらゆる活動が統合されたものとなるが,製品事業別に主軸を置くか,地域別に主軸を置くかで大きく分かれる.→グローバル企業,多国籍企業
〔藤野哲也〕

グローバルビレッジ(Global Village)

グローバリゼーションの進展により,世界は共通の市場競争ルールに支配され,ヒト・モノ・カネ・情報がボーダレスに動き回っている.技術開発,生産,販売といった諸活動を,世界で最も効率的な場所を選び展開している多国籍企業にとっては,地球上はもはやひとつの地域であるようである.インターネットやEメールによるコミュニケーションは世界中の生産者,企業,消費者をひとつにつなげているし,消費者のニーズや嗜好も世界的に均一化しつつある.また,世界経済も相互依存関係を強めている.このように世界全体が,あたかもひとつの村であるかのように,ダイナミックに統合された状態をグローバルビレッジとよぶ.→グローバリゼーション
〔木村有里〕

グローバル本社

グローバル企業の本社組織は,関係企業の必要に応じて,職能別,製品別,地域別管理,そして複数の管理をクロスさせたマトリックス管理の体制を採用している.また,本社と海外拠点経営との結びつきは,アメリカ企業のようにコントロールの数値化,標準化を試みるものと,欧州企業のように,派遣管理者への信頼に頼る母系(マザー・ドーター)関係を重視するものとに分かれてきた.→グローバル企業
〔小林規威〕

グローバル・マネジャー

グローバル企業のマネジャーのこと.要求される資質・能力に関しては,彼らがトップ・マネジャーなのか,あるいはミドル・マネジャーなのかによって異なる.トップには,グローバリゼーションに対する理念とビジョンそして調整と統合の能力が期待される.本社中心主義をいかに現地適応主義と調和させるのか,さらにいかに国境を越え,世界で資源の共有と知の共学を進めていくのかが問題となる.他方,ミドルには,所属する組織が,製品,地域,技能別のいずれかによって多少の違いはあるものの,トップの方針にのっとり,いかに組織の壁を越え,活動の方向と内容とを,グローバルな統合に向けて止揚していくのかという前向きの姿勢が期待される.→グローバル企業,グローバル戦略,多国籍企業
〔小林規威〕

グローバル流通戦略

グローバル規模の競争に対処するためのグローバル競争戦略を全体システムとすると,その部分システムのひとつとしてグローバル流通あるいはロジスティクス戦略がある.企業の価値連鎖を構成する主活動のうち,製品を地球上隅々にまで存在する売り手に渡すまでの社外向けロジスティクス,原材料や部品を地球規模の市場から調達したり,地球規模で配置された社内の部門から移転を受けたりする社内ロジスティクスの,2つから構成される.いずれも,全体戦略の実現を目的とするという制約の下で,適切な物を,適切な相手に,適切な状態で,適切な時に,適切な量,適切な所に,適切な手段で届けることに関する戦略である.→ロジスティクス,国際調達センター,国際マーケティング 〔川口恵一〕

経営家族主義

広義には企業経営を導く基本理念とそれに基づく諸制度を指す．狭義には労使関係の理念と制度，とりわけ企業福祉のそれに焦点が向けられる．日本の企業経営の基本的特徴のひとつとして説明されることが多いが，日本企業に限定されない．日本では1900年前後の明治末期から1990年代までにみられた企業経営のあり方や，従業員への対応や労使関係，福利厚生の諸制度を指す．欧米と日本で異なるのは，労働運動・社会運動に対処するため「イエ制度」の理念を明治期以降の国家の統治制度としての天皇制と結びつけ，これを日本古来の社会的伝統として体系的に説き，労使協調のための諸施策を実施したところである．→経営福祉主義，日本的経営論

〔厚東偉介〕

経営品質

製品の品質だけでなく，経営全体の品質のことをいう．経営品質は人でいえば品格にたとえることができる．卓越した経営品質とは人々から賞賛され模範となる品格である．そこで，経営品質とは経営の本質を指し，英語ではクオリティとなる．日本経営品質賞が発足してから，経営品質という言葉が広まってきた．経営品質の考え方は，行政に導入され始めているが，この場合は行政品質という．日本経営品質賞は企業の経営革新を促進するために経営品質が卓越している企業を表彰する賞制度で，アメリカのボルドリッジ賞を模範として，1995年に社会経済生産性本部が事務局を務める経営品質協議会により制定された．→TQC，TQM，シックスシグマ

〔萩原道雄〕

経営福祉主義

第二次世界大戦後，企業と従業員の関係は，家族的温情ではなく，経営者の社会的責任としての従業員福祉への配慮に変化した．それは，労使が一致協力して，企業の業績向上を図り，それを通して，企業の発展と従業員の福祉の向上を同時に達成しようとする考え方である．こうした従業員福祉の向上を中軸とした，労使協調論ないし労使一体論を経営福祉主義という．第二次世界大戦後の民主化改革の中で家族制度が否定され，経営家族主義がそのよりどころを失ってしまい，これにかわって集団主義的経営に福祉主義という新しい経営理念を加味することになる．→福利厚生

〔早坂明彦〕

系列取引

広義には，企業間の長期・持続的な関係をいう．その関係は，融資や株式の持ち合いを核とすることもあれば，役員の兼任で結ばれていることもあるし，さらには取引を媒介とすることもある．いずれにしろ，系列取引とは，長期・持続的な関係にある企業間で行われる取引である．系列を分類すると，垂直的な関係である生産・流通系列と，企業集団ないし企業グループとよばれる水平ないし多角的な系列に分けられる．こうした系列の内部での取引については，閉鎖的で非効率である，あるいは大企業と中小企業との支配・従属関係であるといった負の評価もあるが，市場と階層組織の中間に位置して資源配分機能を担うネットワーク形態としてその経済合理性を積極的に評価する見方もある．→企業集団，企業グループ，グループ経営〔手塚公登〕

現地R&D

本国で設計・開発された製品が海外進出先のニーズ，嗜好に合致するとは限らない．現地市場ニーズに合わせた形に改良し，販売収益を向上させるためには現地R&D（研究開発）拠点が必要となる．市場とR&D拠点が

近ければ，消費構造の変化（技術，製品サイクルの短縮化，需要や嗜好の多様化）への対応もスムーズになる．また，製品の設計・開発の当初から現地調達可能な素材や部品を念頭に置いた設計・開発を行えるので，コスト削減にもつながる．その意味で，現地生産システムの支援部門として，現地 R&D は重要な役割をもつ．現在は現地対応が中心の現地R&D であるが，今後は知識・コンピタンスのグローバル化を背景に，現地技術者，大学，研究所などの研究基盤と連携した研究の高度化が期待される．→ R&D，研究開発管理

〔木村有里〕

現地化（localization）

進出先で摩擦なく，事業活動が実行できるように進出先の人々や社会に融合化を図るため，本国親会社の海外子会社としての性格を弱めること．その方法としては，ヒト・モノ・カネの現地化がある．ヒトの現地化は本国本社からの派遣社員の数を減らし，現地採用の従業員を増加し，彼らを管理者，経営者へ登用することである．モノは部品，原材料の現地企業からの調達を増大し，カネは本国本社からの海外子会社への出資比率を引き下げ，合弁の場合，現地の提携企業からの出資比率を引き上げることである．現地化を推し進めると本国本社の現地への権限委譲による分権化と集権化の問題に直面する．→グローカル戦略，グローバリゼーション，現地人社長

〔吉沢正広〕

現地人社長

海外拠点のトップが現地国出身者であること．欧米企業の多くが海外拠点トップを現地国や第三国出身者から登用し，現地人材のモチベーションを高めているのに対して，日本企業の海外拠点トップのほとんどは日本本社の日本人である．本社から海外拠点へのコントロールが細かい点にまで及ぶ日本企業では，本社事情に通じ，本社と人脈があり，また日本人ばかりの本社との意思疎通に不可欠な日本語ができる者が望まれるからである．しかし急増する現地拠点に派遣する日本人の不足も将来は予想され，現地拠点に対するコントロールのあり方の再検討とともに，ヒトの現地化である現地人材育成が求められている．→グローバル・マネジャー，現地化

〔内田 賢〕

現地生産

海外に自社製品を製造する工場をもち，製品を製造すること．現地生産に至る主な内部要因には生産コスト高，為替リスクへの対応，外国技術の習得など，主な外部要因には投資優遇措置や現地生産比率規制などの法的条件，および文化的，社会的，地理的要因がある．効果としては，低コスト化による生産の効率化，現地ニーズに応じた生産のフレキシブル化がある．反面，リスクとしては進出および撤退による企業と現地の利害関係者双方に及ぼす経済的なインパクトだけではなく，時として文化・社会的インパクトが生まれる可能性があること，政治的リスクへの対応が鈍くなることがあげられる．→海外子会社，海外進出

〔髙橋俊一〕

現地調達（local procurement）

進出企業が部品や原材料を現地企業から調達すること．単に本国から完成品を輸入し販売するだけでは，現地企業の技術力の向上や現地雇用の増大は望めない．また，輸入に伴う外貨支出の増大も問題となる．国によっては現地で生産される部品，原材料を調達することを進出企業に要請する政策をとることがある．これを国産化率あるいは現地調達率の向上といい，それを法律で規定するのがローカルコンテント法（local content bill）である．こうした規制や要請は現地への技術の移転，雇用の増大を通じて現地経済の発展を期待し，意図したものといえる．こうした受入国側の事情とともに，進出した企業の側でも現地調達を推進しようとする動きが当然のことながらある．→ローカルコンテント

〔吉沢正広〕

工会

　労働組合を中国では工会とよぶ．中国では工会を「中国共産党指導下の労働者大衆の組織であり，労働者大衆を団結させ，教育する大学校である」と位置づけている．工会は，労働者と職員が自由意思で結合する労働者階級の組織である．1992年公布された中華人民共和国工会法の第3条では，「中国国内の企業，事業組織，行政部門において賃金収入を重要な生活の拠り所としている肉体労働者は，民族，種族，性別，職業，宗教信仰，教育程度を問わず，いずれも法に依り工会に参加し組織する権利を有する」と定めているが，一般的には主要責任者を除く全員ということになり，工会主席は上級管理職または党の主要責任者が専従で勤めたりしている．

〔金山　権〕

合弁事業（joint venture）

　ひとつの事業を複数の者が共同で遂行すること．大型ビルの建設現場などに「施工者：A・B・C社共同事業体」などと書かれているが，これは事業がこの3社による合弁事業であることを示す．事業の主体となる事業体が企業形態をとるとき，それを合弁企業といい，会社形態をとるとき，それを合弁会社（joint venture company）という．その典型は，外国における現地資本と日本資本など国外資本との共同出資・共同経営による会社であり，中国ではこれを中外合資経営企業とよぶ．これを用いると，現地資本がもつ立地優位と国外資本がもつ技術力・資金力などの経営資源とを，うまく組み合わせて活かすことができる．

〔山邑陽一〕

5S

　「整理」，「整頓」，「清掃」，「清潔」，「躾（しつけ）」の5つの言葉の頭文字「S」をとってつくられた用語．5Sの思考は，効率性の追求，有効な職務構成，安全，ムダ（非価値活動）の排除など，組織が産出する製品・サービスの質を間接的に向上させる点に体系づけられている．したがって，5Sの目的は，①ミスのない正確な業務運営を行う，②ものを探す時間のムダを防止する，③もの探しによる思考の中断を防止する，④顧客に対し素早い対応を実現させる，⑤担当者不在時に業務が停滞することを防止する，⑥担当者変更時の引き継ぎ期間を短縮する，⑦オフィス・レイアウト変更後の業務立ち上げの迅速化を促す，⑧情報ルール（標準化・共有化等）の明確化によるコンカレントワーク（並列作業）を実現させる，などに置かれている．→カイゼン，サンム

〔竹内慶司〕

国際会計基準
（international accounting standards，IAS）

　国際会計基準審議会（IASB）が公表する会計基準．IASBは，1987年に証券監督者国際機構（IOSCO）の承認を得た国際会計基準委員会（IASC, 1973年設立）から国際会計基準設定を受け継ぎ，2001年に活動を開始した．IASBは，「公共の利益のため，一般目的の財務諸表における透明で比較可能な情報を要求する，高品質かつ世界的な会計基準の単一のセットを開発すること」を目的としている．このためにIASBは，2002年9月アメリカの財務会計基準審議会（FASB）と，2004年10月には日本の企業会計基準委員会（ASBJ）とそれぞれ相互の会計基準の収斂（convergence）を目標として合意するなど，全世界の会計基準の収斂を達成するために各国の会計基準設定主体と協力している．

〔山口幸三〕

国際技術提携
(international technological alliance)

提携は国際戦略上の重要な課題であり、国際技術提携にはいろいろな種類があるが、とりわけ技術移転、技術開発、生産・販売などが重要な提携要素であろう。技術に関する国際提携は、初期の技術移転という主従の関係から、新技術・新製品の技術開発、生産・販売などを共同で行うという関係へと変化してきている。→アライアンス、戦略的提携

〔米倉 穣〕

国際経営

「国境を越える」経営と解されやすいが、国内経営との違いを説明するには、これだけでは不十分である。多国籍企業も、初期には国内事業に基盤を置く経営構造であり、海外事業は国内事業に従属していた。海外と本国を統合した経営は国境を越えて展開し、企業グループの連結経営で利益の最大化をねらう国際的なネットの形成という進化をたどる。これが文字どおり多国籍企業の姿である。輸出中心→海外事業→国際化→多国籍化→グローバル化へと段階を経ながら、経営基盤の国内外への拡大を志向する。本国・本社と海外事業拠点との統合と分散を混交した管理と支配は、現地化、競争優位をめぐる戦略や技術、あるいは組織の適応と競争を国内外で繰り広げ、異質の環境下でも、同時化、統合化の経営を展開する。→国際経営論 〔井沢良智〕

国際購買管理

インターネットを含めたIT技術が進歩し、運送も国際一貫輸送が効率的に行われ、市場のグローバル化に合わせて企業活動の地理的範囲もグローバル化した現代では、物的経営資源の購入市場は世界の広い範囲に拡大し、そこにおける取引コストは大きく低下したといえ、その調達ロジスティクスを最適化すればコストや品質面そして性能面での競争優位につながることも多い。そのような地球規模の物的資源調達ロジスティクスを計画・実施・コントロールするのが国際購買管理である。また、多国籍企業では現地国法人である子会社がローカルコンテントの規制を受けている場合も多く、そのときには、規制に合致した上での最適化を果たすべく管理をする必要がある。→ローカルコンテント、ロジスティクス

〔川口恵一〕

国際事業部

企業内で国際的な業務を統括する部署のこと。業務の中身は、輸出や輸入以外にも、国際的な資金調達、海外との技術提携、ライセンシング供与、海外支社や提携企業への経営指導なども含まれている。一方、国内業務に関しては製品ごとの事業部を設けている企業が多い。そこで、国際事業部は海外で扱う製品ごとに国内事業部と協力していくことが求められる。したがって、国際事業部が適しているのは、扱う製品数が少ない場合や海外での取引先が少ない場合である。また、国際経験のある社員が少ない場合にも国際事業部に人材を集中させたほうが適している。より国際化が進んだ場合には、海外現地への権限委譲や複数の国際拠点による経営管理に移行する。→海外事業部 〔加藤 巌〕

国際人的資源管理 (international human resource management, IHRM)

国際的に活動している企業の場合には、国内だけで人的資源管理を行うのとは異なって、母国・進出国双方の状況を考慮する必要が生じる。進出国の歴史的背景や文化・宗教、法や社会経済システムは、母国のものとは異なるので、双方の間の相違を認識し、配慮する必要が生まれるなど、人的資源管理に複雑さが増すことになる。そのために、これらについて、調整能力や管理コストが必要になる。しかし、他方で優れた人的資源を集めることができ、有効な人材のプールが拡大するというメリットも存在する。→人事異動の国際化、人事労務管理 〔池田玲子〕

国際戦略提携

企業が国境を越えて他企業と戦略上の必要から提携すること。戦略的提携は、複数の

企業が互いに独立を保ったままそれぞれ異なる強みを持ち寄り，また弱みを補って，相互に合意した目的達成を目指して構築する正式の企業間関係である．ポーター（M. E. Porter）の価値連鎖の観点からは，個別の価値活動について5つの競争勢力のどれかと協力してシナジー効果を得ることが，競争上および成長上有利な場合があるからである．市場がグローバル化して少数の巨大多国籍企業が同じ市場を巡って激しく競争し，技術開発に巨額資金が必要となり，最終製品がシステム化するうえにライフサイクル短縮の傾向が顕著になると，有限な経営資源をより有効に活用するために，この提携がいっそうの重要性を帯びることになる．→戦略的提携，組織間関係論　　　　　　　　　　〔川口恵一〕

国際調達センター

(international procurement center, IPC)

企業活動のグローバル化に伴い，従来国内の供給元から部品・原材料を調達し，国外へ輸送し，現地で使用していたものを，国内外を問わず世界中からの最適調達を実現する目的で設けられた部署である．これは多国籍企業の製造活動の国内外への展開や経営活動のグローバル化を背景として要請され，最適な立地を求め，センターを設置することにより海外製造活動のコスト削減やグローバルな経営活動の競争力向上が期待できるものとされる．こうした動きはIBM, GMやトヨタなどの企業でみられる．近年ではアジアNIESや中国などがIPCの立地として選定されている．また，マレーシアのように投資優遇措置を講じ，センターの誘致を図ろうとしている国もある．→現地調達　　　　　〔吉沢正広〕

国際通貨危機

特定の通貨にペッグ（釘づけ）した固定相場制の通貨が通貨投機や短期外貨資金の急速な流出によって，公表している為替レートを維持できなくなり，その結果として通貨価値の大幅な下落が生じて起きる危機．これによって金融危機や経済危機に発展することもありうる．90年代以降では，メキシコ（94年）やアジア（97年）などの新興市場国で危機が頻発し，①過剰な短期資金の流出入，②固定的な為替制度維持，③国内金融市場の制度不備など，金融市場のグローバル化に十分対応することができなかったことが背景にある．　　　　　　　　　　　　〔水野伸一郎〕

国際的技術移転

ある国の企業や大学，研究機関から国外の企業その他の組織に対し，対価を得て産業財産権の使用を許可したり，移転したりすること．その方法としては，特許を取得した技術のライセンシング，複数の企業間で，それぞれが特許を取得する技術の使用を認め合うクロス・ライセンシング，それに他者の参加も認めるパテントプール，共同研究開発，移転や使用許可を設備建設や運転，その後の原材料供給や技術指導，品質管理など目的生産物が所定の量と質，コストで生産されることが確認されるまでの一切を含めて行うターンキー契約，技術を社会的技術にまで拡大するなら，フランチャイズ契約や経営指導などがある．→技術移転，技術供与　　　〔川口恵一〕

国際的な環境問題

複数の国や地域にまたがる河川の汚染，酸性雨，公害輸出などの被害を意味する．たとえば，ライン川への農業排水や工業排水の流入によって1960年代から70年代にかけてドイツやオランダなどでは有害物質による水質汚濁が発生した．また，中国の急激な経済発展と化石燃料使用に伴い，酸性雨が発生し，その被害が日本にも及んでいる．国際的な環境問題の解決には各分野での国際協力が必要である．企業はOECDによって提唱された拡大生産者責任のもとで製品のライフサイクルに責任をもつようになり，発展途上国の企業もグリーン調達によって環境配慮が求められている．企業の環境対応も国際的なものに変化している．→温暖化対策，環境問題
〔小嶺朋子〕

国際ブランド

国際価格競争を回避し，安定した高収益

を得るための無形資産であり，日・米・欧をはじめとする世界の各市場に共通に展開される．各国，各地域の相違した文化に適合し，それらと，また企業管理や戦略との間でシナジー的に価値が拡大されるような内容が肝要である．品質，安全性，環境親和性といったグローバルな普遍的価値を基本としながらも，固有の発想や理念，趣の表現，たとえば「ジャパニーズ」といった特殊な文化性も強みとなる．広域化，多様化する事業を効率的に統制・統合する手段ともなり，その管理はますます大きな戦略的意味をもつ．各国の社員の意識向上，動機づけや組織文化の共通化，国際化も推進し，社員教育にも不可欠な要素である．→国際マーケティング

〔林 満男〕

国際分業

分業には社会的分業と工程内分業がある．これらが国境を越えて行われることを国際分業という．社会的分業の一種として，国家間で自由な貿易が保証されていれば比較優位のある製品の生産に特化し，劣位のものは輸入するという水平的な国際分業が成り立つ．最近では情報技術（IT）機器や自動車のように多くの部品を組み立てて製作するシステム製品産業において，半製品や部品，デバイスがアジアや欧州といった比較的大規模な地域の諸国家内で製造され，それがまた別の国家で製品に組み立てられるといった，工程内分業の一種である垂直的な国際分業が増加している．→グローバリゼーション 〔川口恵一〕

国際マーケティング
(international marketing)

今日の多くの企業は，国境を越えた複数の国々の市場で生産・販売活動を行っている．しかし，海外市場における政治，経済，文化や社会等のシステム，または消費者の所得水準や市場内の競争状況などのマーケティング活動に影響を与える諸要因は，国内市場と異なり，かつ多様であることが多い．そのため，経営資源が有限である以上，海外市場に参入する際は，どの市場に，どのような形態で参入するのか，その市場でどのようなマーケティング・ミックスを展開すべきかという意思決定が重要となる．そして，この決定に関する考察が国際マーケティングである．→グローバル流通戦略 〔飯嶋好彦〕

雇用リストラ

リストラはリストラクチャリング（restructuring）の略．不採算事業を切り離し，資本や労働力を有望な事業やコア事業に集中させるなど「事業構造の再構築」が本来の意味であるが，日本では一般的に雇用リストラとか，人事リストラなど人員削減を意味している．また，資産など財務面のスリム化を財務リストラという．日本では終身雇用が一般的であるため，事業構造の再構築に併せて労働力のスリム化や再配置を推進しづらかったが，合併手続きの簡素化や会社分割制度，株式交換・移転制度の創設など，組織再編が効率的に行える環境が整った．一方で，解雇権乱用法理など労働者の権利を守るための労働諸法令の整備なども行われた．→アウトプレースメント，失われた10年，リストラクチャリング

〔横山皓一〕

さ

サービス残業

賃金不払い残業，すなわち所定労働時間外の労働に対して賃金または割増賃金の一部または全部を支払わずに労働させること．悪質なものは論外であるが，その背景には産業構造の変化や成果主義の導入などで，仕事の中身や働き方が変質してきていることもあり，事業場外労働や裁量労働へのみなし労働時間制（労基法第 38 条の 2 ないし第 38 条の 4）を導入しているものの，従来の労働時間法制では対処が難しくなってきている面もないとはいえない．さりとてサービス残業は労働基準法違反であるばかりではなく，長時間労働や過重労働の温床ともなっており，その解消を図っていくことは家族との触れ合いを含めた心豊かな生活を送っていくうえで大変重要だとして，厚生労働省は労使の主体的な取り組みを促している．→会社人間，残業，労働時間　　〔渡邊福治〕

サムライカーブ

ある製品の生産において，川上から川下までのサプライチェーンのどこに競争力があるかを分析するフレームワークに「スマイルカーブ」というのがある．縦軸に付加価値をとり，横軸に（左から）コンポーネント（部品），組立，流通・サービスをとるとき，コンポーネントと流通・サービスの 2 者の競争力が高いと示す U 字型の曲線を描くことができる．これがスマイルカーブである．代表的には，パソコンの生産において，スマイルカーブ型の付加価値構造がみられる．一方，横一直線を描き，サプライチェーンのすべての過程に同様の競争力があるという考え方を，笑わない侍の口の形に見立ててサムライカーブという．サムライカーブは，原材料や部品の生産（川上）から，流通・アフターサービス（川下）までを自社内に抱え込んでいる日本企業に多くみられる．たとえば，キヤノンのデジタルカメラの生産において，このようなサムライカーブ型の付加価値構造がみられる．→スマイルカーブ　　〔奈良堂史〕

サラリーマン型の経営者

創業経営者やオーナー型経営者とは異なり，自社株式を保有していることが主たるパワーの源泉ではない経営者である．金融機関や親会社などから転籍してきた経営者もこれにあたると考えられるが，一般的には内部昇進による経営者を指す．彼らのパワーの源泉は，長い勤務経験の中で培った専門知識・スキルである．また，内部昇進型の経営者では自社を熟知していることや，社内に築きあげた人間関係も重要なパワーの源泉となっている．こうした経営者は安定した経営環境にあるときや，既存事業の改善が経営課題であるときには成果をあげるが，根本的な経営改革や事業再編を断行する場面では十分なリーダーシップを発揮できないことが多いといわれている．→専門経営者，内部昇進　〔佐々　徹〕

3K 労働

きつい(kitui)，汚い(kitanai)，危険(kiken)の頭文字を合わせたもので，「3 キ労働」ともよばれる．厳密な概念ではないが「身体的にいちじるしく激しい，作業衛生上汚い，作業環境上危険」の状況を包括していう．3 K のほかに「給料が安い，休暇が少ない，かっこうが悪い」を加えた 6 K がある．具体的な職業は，建築，土木，重い肉体労働，汚れ作業，溶鉱炉前の作業などがあげられる．3 K 労働の改善策は，「魅力を感じる労働環境へ改善，人に優しい作業環境の整備，労働時間短縮，福利厚生の充実，技術革新，快適職場づくりへの投資」などがある．最近では，労働者の価値観の変化が顕著であること，仕事上の疲労・ストレスの不安とこれらの原因に

よる過労死などの社会問題がある．→過労死
〔溝渕新蔵〕

サンム（ムダ・ムリ・ムラ）

人間の行動には目的がある．その目的を達するための手段として行動を起こすのである．上野陽一（産能大学の創立者）はこの目的と手段とが互いにつりあっている状態を能率といい，目的≠手段の時は不能率という．そして，達成しようとする目的に比べて用いる手段が大きすぎる場合がムダという．また，達成しようとする目的に比べて手段が小さすぎる場合がムリという．さらに，ムダとムリがあればどうしてもムラができる．これらのムダ，ムリ，ムラの3つのムをサンムとよび，これらを除去することが能率と主張している．→5S，能率と効率 〔豊田貞光〕

し

シックスシグマ

アメリカのモトローラ社で開発された経営管理手法であり，その後，GE社などの有力企業に導入され成果をあげたことにより，有名になった．6σ（シグマ）のばらつきを管理できれば，ほとんど不良品が出ないことを意味しており，このネーミングはゼロ欠点運動と同じようなスローガンでもある．1980年代に高品質を実現した日本の全社的品質管理などを研究し，そこで用いられていた小集団活動（QCサークル）やさまざまな問題解決手法をアメリカ流に再構築して，シックスシグマとして体系化した．通常業務以外の与えられた課題を行うプロジェクトチームを編成し，その指導にあたる専任者（ブラックベルト）などを置き，プロジェクト推進に必要な主要構成メンバーの資格とその教育体系などを指定していることも特徴のひとつである．→経営品質，QCサークル，TQM
〔岡本眞一〕

資本輸出

ヒルファーディングは，『金融資本論』の中で，資本輸出を「外国で剰余価値をうむべく予定された価値の輸出」と定義している．レーニンは，独占が支配する資本主義においてこうした資本輸出が典型となり，商品輸出が典型であったそれ以前の資本主義と区別する重要な指標として捉えた（『帝国主義論』）．レーニンは，この資本輸出を，先進国で生じた「資本の過剰」と利潤率の国家間の相違から説明している．ただし，こうした「資本の過剰」と利潤率の国家間の相違から，現代の多国籍企業による直接投資を説明することは困難であるとの批判がある．→海外進出
〔金綱基志〕

ジャスト・イン・タイム
(just-in-time：JIT)

トヨタ生産方式（TPS）の柱のひとつで，顧客（後工程）の要求（指示）に応じて，"必要なものを，必要な時に，必要な数だけ，生産・供給する"「引っ張り方式」である．"かんばん"を道具とし，ゼロ在庫とスピード（素早い市場対応力）が実現される．トヨタの創業者豊田喜一郎の造語で，"丁度（just）""間に合う（in-time）"という和製英語である．顧客（後工程）が求める時間と数量に合致するように生産する考え方で，作ったら後工程に流す従来の「押し出し方式」に対置される．初の量産工場（挙母工場，1936年稼動）の設計時に，この考え方が導入され，社内品だけでなく社外品にも適用された．部品・仕掛品・製品などの在庫の大幅な減少だけでなく，スペースの縮小，管理の減少，原価低減が実現し，さらに問題点の顕在化と改善が可能となる．→かんばん方式，トヨタ生産システム
〔伊藤賢次〕

ジャパナイゼーション（Japanization）

海外の経営システムに，日本的経営システムが与えたインパクトと，その受容過程のこと．製造業では，ジャスト・イン・タイムや，かんばん方式，品質管理などを含むトヨタ（リーン）生産方式の海外移転に代表される．元来，日本は欧米に経営管理の制度や方法を学び，そこから日本独自のものを作り上げてきた．オイル・ショックを契機に，日本企業の国際競争力に注目があつまり，1980年代から今度は日本的経営システムが欧米に還流されることとなった．また，アジアへは直接投資によって，日本的経営システムが移転された．現在，日本型のシステムは，世界各国でそれぞれの地域の制度，社会的条件，慣行に適応し，多様な形に進化している．→日本的経営論　　　　　　　　　　　〔木村有里〕

社風

会社の風土，会社の風習，会社の気風などが短くなったもので，「会社のカラー」といったもの．同じような商品を販売している会社でも，技術と営業のどちらに重点をおくのか異なる．また，上司と部下，先輩と後輩などの関係も会社によって千差万別である．しかし，それぞれの会社で働く人々がごく自然に受け止め，意思決定のよりどころや行動の基準になっているのが社風である．創業者の性格や家訓・社是，あるいは業界の歴史や慣習，また現経営者の経営スタイルなどさまざまな要素や源泉がからみあって形成されてくる．最近では，就職に当たって，入社後に仕事を楽しくやれるかどうかという観点から重要な選択基準のひとつになっている．→企業文化　　　　　　　　　　　〔和田俊彦〕

就社

一般に，企業に正社員として入社した社員は，その企業特有の雇用管理を長期間にわたって受ける．そのため，多くの人々は，特定の企業に入社すると定年まで，その企業特有の社内制度の枠内で，さまざまな職務を経験する．このような働き方が「就社」である．一方，自分の特定の専門能力を向上させてエンプロイヤビリティ（雇用されうる能力）を高め，その能力を活かせる企業に入社する場合を，「就職」とよぶようになってきた．働きたい人々が企業に採用されて働くことを就職とよんできたが，近年，このように就社と就職とを区別する傾向がみられる．→エンプロイヤビリティ，会社人間　　〔鷲澤　博〕

終身雇用制度
（ライフ・タイム・エンプロイメント）

新規学卒者を一括採用し，企業経営上の深刻な問題，もしくは被雇用者側の重大な過失などがない限りは，定年まで雇い続けることを前提とした雇用制度をいう．第二次世界大戦後の日本の大企業において一般化したが，契約に基づくものではなく，慣行として定着した．高度経済成長期からバブル期までにかけては，年功序列や企業別組合とともに日本企業の強さを支える制度として評価され，日本的経営の「三種の神器」のひとつといわれた．しかし，1990年代以降は急速なグローバル化の進展や経済成長の停滞の中で，日本企業の環境適応力を低下させる要因として捉えられるようになった．そして昨今では，そのメリットを再評価する見解とデメリットを強調する見解とに分かれている．→企業別組合，日本的経営論，年功序列制度，年功賃金　　　　　　　　　　　〔佐々徹〕

集団主義

個人の行動を決定する際，「集団の利害」を「個人の利害」に優先させる価値観を土台とする行動様式のこと．欧米の個人主義との対概念．集団主義は，集団の存続・発展のために，メンバー間の「和」，融合・一体化，協調性が重視される．ときとして，集団に対して無限定の義務を負うこともある．「日本的経営」にみられる組織文化は，この集団主義が根底にあるとされてきた．集団規範や仲間の利益を無視した行動は，個人主義的行動とされ，「仲間はずれ」や「村八分」の制裁を受けることになる．このような制裁を恐れて，自己の内的欲求や自己実現欲求を抑制し

しようしゆう

すぎると，革新や創造力の阻害要因になる．
→会社人間，ハイ・コンテクスト・システムとロー・コンテクスト・システム〔岸川善光〕

小集団活動

わが国企業の職場が，「上意下達と上司への絶対服従などの戦前戦中の管理方式」と「戦後の民主主義の急進による労働運動」の狭間で揺れた1960年代前半，日本科学技術連盟が提唱した．全員参加の自主的な運営のもと，組織（小集団）ごとにテーマ（課題）を議論し，業務へ向かう姿勢を一定方向へ収束させることにより，組織力を極大化する活動である．期待される効果は，従業員各人の業務改善スキルの向上と職場の活性化．高度経済成長時代に，TQC，安全衛生活動などの形態で広く現場の組織運営の中に組み込まれたが，リストラに代表される昨今の難しい企業環境が小集団活動に無力感を抱かせ活動が退行している．→QCサークル，TQC，チーム型組織，日本的経営論〔今井重男〕

ジョブホッピング (job hopping)

在職している職場よりも少しでも条件のよい職場をみつけて次つぎに転職していくこと．労働市場が流動的で，労働者側が賃金の上昇や昇進を見込むことが可能な状況下で，このような働き方が多くみられている．日系企業は海外子会社においても従業員に長期勤続を期待する傾向があり，これが多くみられる地域では人材の確保が困難になる．また，このような状況下では，企業内教育は最低限に留められるため，ほかに人材育成システムが存在しない場合には，労働者の職業上の技能が向上しないまま賃金だけが上昇することになる．〔池田玲子〕

人員整理

企業が事業の縮小・撤退や経営改革などに伴い，従業員を削減すること．不況時などに，アメリカではレイオフ（一時解雇）により，大規模な解雇を行うことが少なくないが，日本においては経営が危機的な状況でないかぎり，整理解雇は解雇権の乱用になる．判例上整理解雇が許容されるのは，経営危機による人員整理の必要性，解雇回避努力，整理基準の合理性，労働組合などへの誠実な協議，の4つの要件が必要であり，整理解雇はきわめて限定されている．そこで，人員整理は，採用抑制，子会社などへの出向・転籍，退職金の上積みなどによる退職者の募集という方法が一般的である．この早期優遇退職者の募集は，企業にとっては費用がかさむこと，転職や起業の可能な有能な人員が応募するというマイナス面も大きい．小企業や零細企業などにおいては，直接解雇することが少なくなく，労働者とのトラブルが絶えない．今日，トラブルの金銭解決を可能にする方向など，労働法の改正が検討されている．→解雇

〔川端大二〕

新規学卒一括採用

終身雇用，年功序列と並ぶ日本的雇用制度の特徴のひとつであり，新規学卒といった特定時期に（4月採用）特定年齢・資格の者のみを一括採用する方法である．この方法は，日本企業および経済の成長過程において，企業は一括採用した従業員を終身で雇用すること前提に，採用後に必要となる就業上の知識・専門技術などをOJT，Off-JT，ジョブローテーションなどで教育を施すことにより習得させ，採用後の就業年数に見合った給与を支給する特徴がある．しかし日本企業の変化に伴い，新規学卒一括採用から年間採用や中途採用などの方法に移行しつつある．→第2新卒，中途採用〔馬場伸夫〕

新・三種の神器

家電市場で消費が好調な薄型大画面テレビ（液晶，プラズマ），DVDレコーダー，デジタルカメラの3種類のデジタル機器を指す．高度成長期の1960年代に電気冷蔵庫，電気洗濯機，白黒テレビが日本神話にちなんで「三種の神器」とよばれたが，「新・三種の神器」は21世紀初頭の日本経済の景気浮揚を牽引すると目されている．これらは普及がほぼピークを迎えたパソコン，携帯電話に代わるIT・デジタル製品の代表格で，液晶ディ

スプレーや半導体など関連部門の需要や設備投資の増大,消費拡大など波及効果が大きい.ただ,生産・消費が増えても価格の低下が並行して進むため,初代三種の神器のようなブーム(電化ブーム)には及ばないとみられている.
〔和田茂穂〕

人事異動の国際化

人事異動とは,企業などの組織内で,構成員の地位・職務などが変わることである.人事異動の国際化とは,この人事異動がグローバル規模で展開されることであり,本社の位置する国や地域,従業員の国籍などにとらわれない配置転換のことを指す.人事異動の国際化は,多国籍企業において1960年代頃からスタートし,現在も拡大の一途をたどっている.ここでいう異動には,能力開発のためのジョブローテーション,職務分析や人事考課による昇格・降職,組織変更および技術革新等による提携子会社への出向なども含まれ,通常,①本社から海外拠点への異動,②海外拠点から本社への異動,③海外拠点間の異動,の3種類がある.→国際人的資源管理
〔田中利佳〕

シンプル・グローバル戦略

ポーター(M. E. Porter)によれば,世界に製品を販売する企業の選択しうる戦略は,その価値連鎖を構成する諸活動の世界的配置と調整とを,2つの本質的次元として類型化できる.そのうち,活動の地域分散度が低く,調整度が高いという特性をもつ戦略類型をシンプル・グローバル戦略という.できるだけ多くの価値活動をひとつの国に集中し,この本拠地から世界市場へ製品を供給し,どうしても世界の買い手の近傍で実施しなければならない活動については,標準化を通じて緊密に調整する,というものである.この類型から,海外直接投資を進めて活動を世界的に分散し,それら諸活動を強固に調整して競争優位を得るという,より発展した類型へと移動する企業が存在する.→ポーター〔川口恵一〕

人本主義

資本を中心に経済および経営のイデオロギーを考える資本主義に対し,資源としての人間を中心に考えるイデオロギーをいい,伊丹敬之によって提唱された.伊丹は,人間同士の長期的かつ安定的な関係を構築し,企業の内外においてその継続的維持に努めることによって,より望ましい企業経営が実現できるとし,いわば人間が最も重要な資源と位置づけている点に特徴がある.かつての日本における高度経済成長と,それを支えてきた日本企業の優秀性がそれを裏づけているという根拠に立つが,資本主義と人本主義をめぐっては,経営環境や経済情勢の変化に応じて,つねに揺れ動いているのも事実である.
〔吉村孝司〕

新「よみ・かき・そろばん」
(読み書き算盤)

読み書き算盤は,古くは江戸時代の寺子屋で行われていた当時の学習一般を意味していた.また,商売を行う際の基本的な知識体系を表す表現であり,いわば学問そのものであった.これを現代風に読み替えると,「読み」は正しい情報の収集と解釈,「書き」は自己表現と伝達,そして「算盤」は論理・計算思考と分析を意味する.こうした能力は,今日の高度情報社会においても基本的に重要であり,人間の社会生活における基本的な要素といえる.
〔大平浩二〕

す

スクリュードライバー生産

最終工程では「ねじ回し」だけで簡単に組み立て生産ができるほど，主要なものはもちろん，ほとんどの部品やデバイス，半製品を別法人から移転あるいは購入して生産する方法．「ノックダウン生産」もこれにあたる．本国企業から輸入し，現地法人では小規模設備で簡単な組み立て作業だけ行うこの方法は，本国親会社が通商摩擦や関税障壁を免れることには役立つが，現地国（ホストカントリー）への技術移転は起こらず，部品やデバイス産業の生成と成長にも結びつかないので，大きな雇用創出や経済発展を促さないとして批判される．これを防ぐためにホストカントリー政府はローカルコンテント（部品の現地調達率）を定めることもある．→ローカルコンテント　　　　　　　　〔川口恵一〕

せ

世界の工場・中国

WTO加盟や2008年北京でのオリンピックの開催，さらには2010年上海万博の招致など，次つぎと国際社会への参加の布石を打っている中で，近年中国経済の台頭は目覚ましく，世界の注目を集めている．中国は比較的労働集約的な繊維産業から比較的技術集約的な電気機械産業まで幅広い分野において競争力をもち，世界の有数の製造拠点として存在感を高めている．平成13年版『通商白書』で当時の通産省は初めて中国が世界の工場になっているとした．加工組立企業の立地が進んだことにより，部品企業の立地が進み，さらに部品企業の集積が魅力となって加工組立企業が集積するという，集積が集積を生み出す好循環が生まれたのが特徴である．なお，中国は世界の市場にもなるであろう．

〔金山　権〕

Z理論 (theory-Z)

オオウチ（W. G. Ouchi）が『セオリーZ：日本に学び日本を超える』で提唱した理論．日本的経営の特徴である人的開発を中心として，長期的な視点からトータルな人間の管理と啓発を志向し，チームワークと参画型のマネジメントを目的とするのが，マグレガー（D. McGregor）のX理論とY理論を超える理論として提唱されたZ型理論である．それは，日本企業の長所であるZ的な要素をアメリカ企業が経営に取り入れることにより，日本の挑戦にいかに対処するべきかという課題に対する回答でもあった．→X理論・Y理論，日本的経営論　　　　　　　　　　〔金　雅美〕

そ

総合商社

日本独自の企業形態であり，「ラーメンからミサイルまで」に代表される，あらゆる物品を世界中で取り扱う企業．従来は貿易取引や売買の手数料収入が収益の中心であった

が，現在では巨額な投資を伴う海外での石油開発，鉱山採掘から，自動車やアパレルの生産，コンビニエンスストア経営，アニメなどコンテンツビジネスを含めた事業投資に収益の比重が変化してきている．次世代のビジネスとして，金融，IT，物流，マーケティングといった分野に注力している．歴史的には最初の総合商社である三井物産が明治9年に設立され，現在では三菱商事，三井物産，住友商事，伊藤忠商事，丸紅が5大商社になっている． 〔保浦顕信〕

総務部

組織における事務部門のひとつで，業態，規模により職務分掌は異なるが，組織の大小にかかわらず経営の場での考え方は同根である．スタッフ部門としてライン部門内の事務以外の事務をすべて職掌する．経営に直結するライン部門に販売，生産，購買，財務などがあり，これらの諸部署に共通する人事労務，技術，事務などを組織全体の機能を高めるために管理する一部門である．大企業では人事労務，企画，研修教育，経理は独立しているが，庶務，法務などを管掌する．中小企業では企画，経理を除き，人事労務，研修教育，庶務，法務などを管掌する．近年は経営倫理の視点からCSR，コンプライアンスを総務部の管掌にする企業もある．〔山本　毅〕

組織間学習

ある組織と他の組織との組織間活動を通じて，その構成員が知識を獲得する行為ないしプロセスのこと．国の内外を問わず，他の組織との長期継続的な取引，提携，合弁などによってビジネスを推進することが多い．他の組織の構成員とのコラボレーションや共同プロジェクトを実践する機会も多い．そのような活動を通して，違った見解や異質な考え方，さまざまなアプローチの方法や手段，アイデアの生成や具体化の方法などを実践的に学習して，レパートリーを拡大することが可能になる．そのような知識やスキルを習得し，レパートリーを拡大すると，専門性や多様性を活かして，俊敏で創造的な活動をすることができるようになる．→組織学習，組織間関係論 〔阿部　香〕

孫子の兵法

中国の春秋時代（紀元前770頃～前403年頃）呉王の闔廬（在位紀元前515～前496年）に仕えた斉の孫武が，2500年前に記したものである．全13編で各編は始計，作戦，謀攻，軍形，勢，虚実，軍事，九変，行軍，地形，九地，火攻，用間からなり，文字にして約6,000字の短編であり，始計編の冒頭は"孫子，曰く兵は国の大事なり"から始まる．数と算を基にヒト・モノ・カネ・情報・技術を駆使し，集団，組織，国家の優位性を志向するリーダーが，いかに決断すべきかの指針書であり，東洋における組織の戦略戦術論である．戦略思考の分野では西洋の戦争論と比較されるが，今日では組織経営にも応用されている．→経営戦略論 〔山本　毅〕

退職金問題

いわゆる「団塊の世代」とは，1947～49年の3年間(第1次ベビーブーム時代)に生まれた総数約800万人の人々を指す．この世代で，現在働いている人々の多くは，2007年頃から60歳になり，定年をむかえる．一般に，従業員が退職する場合には，退職金が支払われることが多い．特に大手企業では，団塊の世代への退職金支払総額が多額になるため，その財務対策が大きな経営の課題となっている．これを「(2007年)退職金問題」という．→退職
〔鷲澤　博〕

多角的国際企業

製品別に多角化した多国籍企業であり，多国籍企業の最高発展形態．複数の製品(事業)を世界的に分散した立地で生産し，それを世界の市場に販売する．理論的には，各事業で大きな「規模の経済」が発生し，そのうえに全社的に「範囲の経済」が享受できる．さらに，製品事業部間や本社と各事業部の間でのシナジー効果を得ることができる．しかし，その一方で，各事業部に地球規模でその事業活動を管理・調整するための巨額の管理コストが発生し，また世界的地域的分散による複雑性増大と異業種兼営による複雑性増大の結果，本社の戦略および組織の負荷が過大となり，全社的統合が困難になるといったデメリットが考えられる．→多国籍企業
〔川口恵一〕

多国籍企業（multinational enterprise）

最初に使用したのは，リリエンソール（D. E. Lilienthal）で1960年に開催されたカーネギー・メロン大学経営大学院の10周年シンポジウムの報告といわれている．英語の「multinational」は，国際（international），世界（global），多国籍（transnational），超国家（supranational），無国籍（stateless）など，多くの言葉と同義に用いられている．多国籍企業の判断基準としては，①親会社および海外子会社の所有形態や経営者の国籍などの構造基準，②海外における売上高，生産高，利益，資産，人員などの全体に占める比率等の成果基準，③経営管理の機構と組織の形態としてのコントロール形態により分類される．→グローバル企業，国際経営
〔伊吹六嗣〕

タックスヘイブン

税制上の優遇措置をとっている国や地域のことであり，日本語に訳す場合，租税回避国となる．具体的な税制上の優遇措置としては，税金がまったくかからない国や場所，もしくは税率が低い国や場所のことである．具体的にタックスヘイブンとして有名な国や場所としては，パナマ，イギリス領バージン諸島，また一部香港やシンガポールなどがあげられる．これらの国や地域は，主たる産業がなかったために，税金の優遇措置を設け，海外からの法人設立や金融資産を受け入れることで，それに付随する産業を振興させることを目的としている．
〔馬場伸夫〕

WTO
（world trade organization, 世界貿易機関）

GATT（General Agreement on Tariffs and Trade, 関税・貿易に関する一般協定）ウルグアイ・ラウンドにおける交渉の結果，加盟国120ヵ国以上が参加して1995年に設立された多角的貿易体制の維持・強化のための国際機関．世界の自由貿易体制を守ることを目的とする1948年に発足したGATTには，多国間交渉の場（ラウンド）が設けられ，ウルグアイ・ラウンドではGATT体制を強化し，世界の経済・貿易構造の変化に対応した新しいルールづくりがテーマとされた．その結果，強制力のない協定であったGATT

は再編成され，WTOが設立された（GATTは1995年末に廃止）．WTOは国連の関連機関のひとつで，2年に一度以上閣僚会議が開催され，その下に一般理事会が常設されるなど組織面で強化された．また機能面も強化され，財・サービスの貿易や知的所有権を含めた世界の貿易を統括するほか，貿易紛争の処理および各国の貿易制度を検討することとなった． 〔清柳由朗〕

団塊ジュニア

戦後，わが国のベビーブームには2つの団塊があった．最初の団塊は，1947～49年頃に生まれた人たちであり，この団塊については堺屋太一が『団塊の世代』で紹介し，あまりにも有名である．次は，1971～74年頃に生まれた「第2次ベビーブーマー」であり，この団塊を「団塊ジュニア」とよんでいる．団塊の世代に生まれた人たちは，2006年現在，退職または退職を迎える中高年層となっている．一方，20～30歳代を中心とした「団塊ジュニア」は，約800万人のマーケットを形成している．彼らは，情報機器を駆使して幅広い情報選択を行って生活しており，新しい価値観で消費生活に影響を与えている．
→団塊世代 〔今泉文男〕

団塊世代

第二次世界大戦直後の昭和22～24（1947～49）年ごろの第1次ベビーブーム時代に生まれた世代．毎年270万人近い子どもが生まれたため，現在約800万人にもなり，他世代に比較して人数が多い．敗戦から復興，高度経済成長，オイルショックを経ての低成長，バブル経済，そして失われた10年などの日本社会の歴史とともにあった．団塊世代の中でも最も人数が多い1947年生まれが2007年に60歳になることから，定年による企業などからの退職が頂点に達するため，企業に蓄積されてきた知識・技術の喪失，オフィス需要の減退，多額の退職金支払い原資の必要性，現役世代の年金負担増加，生産年齢人口の減少などの2007年問題が懸念される．
→団塊ジュニア 〔横山哲也〕

談合体質

談合とは「競売や請負入札に際し，入札者が事前に入札価格などを協定すること」（『広辞苑』岩波書店）である．こうした談合行為により，公正な価格を害し，また不正な利益を得ることを目的として，競売参加者ないし入札者があらかじめ話し合い，競争者のいずれかに落札させることは明らかに談合罪と定められる（刑法第96条の3第2項参照）．にもかかわらず，談合事件が発生している．こうした日本企業の「和」の企業風土・企業慣習ともいえる談合体質は，公正な企業競争を損なわせることになる．「入札談合の再発防止対策」による企業体質の改善が求められている．→和 〔三ツ木芳夫〕

ち

地域統括本社（regional headquarters）

世界の一定地域内の複数子会社の戦略立案・推進や経営活動の統括管理など，本国本社がもつ意思決定権を移譲された地域別の本社（地域本社）．世界市場で事業展開する企業が，地域内の拠点の増加によって生ずる経営資源の分散，経営機能の重複，不整合などによる非効率を回避し，地域内拠点間の調整・統合によるシナジー効果の創出を目指すなど，より効率的な現地適応のために設置する．北米，欧州，アジアの3地域が拠点とされる場合が多い．地域本社の役割は本国本社の世界戦略における各地域の重要度，子会社の能力，地域特性などによって決定される．包括的な地域戦略の立案・推進のほかに，販売などのライン機能に特化した統括管理や，人的資源開発，広報活動などのスタッフ機能

の支援サービスを役割とする場合も少なくない．→レジオセントリック志向　〔大野和巳〕

地域マネジメント

地域のもつ文化や環境の違いから，企業経営にも差異がみられる．多国籍企業の場合，政府関係，輸出，国内販売，渉外担当などの業務は現地採用者によって，競争力の向上，経営コストの低減がはかられている．社長，生産購買統括，および財務・経理などのそれらには日本人が目立つ．言語やモチベーションなどの関連で，マネジメントの現地化が重要な課題になってきた．そのことに関しては，業務コストや負荷などの算定により，改善点の可視化が推し進められている．調査手法のひとつに，ABMの考案がある．また，投資にしても，特定の国や地域，銘柄に偏る傾向が報告されている．リスクの軽減，高いリターンが求められるので，国や地域マネジメントの分散化政策は必要となる．→現地化
〔渡辺利得〕

知的財産権

国際的な企業間競争の激化とともに戦略上の重要性を増してきた経営資源である．知的財産権（知的所有権ともいう）とは人間の広範な知識創造活動から生まれる成果の権利保護を法的に求める私法上の権利である．その中には，人間の知識創造活動によって生まれた独創的なアイデアである「発明」，「考案」，ユニークなデザインである「意匠」，音楽や小説，絵画などの「著作権」がある．また営業上の標識である「商号」や「商標」（ブランド）も保護の対象となっている．この他にバイオテクノロジー，エレクトロニクス・情報通信等のハイテク分野の技術開発も盛んに行われ，その製造技術や顧客リストも保護対象になっている．現在，国際的にも権利保護の認識は高まり，世界知的所有権機関（WIPO）などで各国制度を統一する動きがある．→意匠登録，知的資産　　〔芦澤成光〕

長期雇用

長期雇用・年功賃金などを特徴とした，従来のわが国の雇用システムは，高い安定した経済成長が見込まれた環境下では，合理的に機能してきた．この「日本型雇用システム」がその効用を発揮するための前提条件としては，①バランスのとれた労働者の年齢構成，②高い経済成長，③企業の存続への信頼，④経済成長・産業構造の安定，などがあげられる．また，この長期雇用を中心とした，雇用システムの仕組みの下では，長期的・安定的な企業内人材育成が十分可能であった．しかし，バブル経済崩壊後の雇用環境の劇的な変化は，この雇用システムの修正・転換を求めている．近年の労働市場の変化，雇用形態の多様化，労働者意識，企業意識の変化に対応するための新しい雇用システムの構築が求められている．→雇用リストラ，終身雇用制度
〔堀川俊郎〕

TQM（total quality management，総合的品質管理）

質の高い製品やサービスをもっとも経済的な水準で提供して，顧客の満足を得るために，協力企業も含めた一貫した体制で，総合的な品質管理を行うことをいう．作業の質の向上や各作業工程での検査ばかりでなく，顧客や後工程からのクレーム情報によって前工程での品質改善を図るフィードバック・コントロールや，当該工程の情報によって後工程での品質向上を図るフィードフォワード・コントロールを含めて，一貫性のある品質管理を意味する．日本ではTQCの中核であるQCサークル活動がマンネリ化・自己目的化して，その効果が低下するのにともない，本

来の総合的品質管理の意味として用いられるようになった．→シックスシグマ，集団活動，TQC　　　　　　　　　　　　　〔阿部　香〕

TQC（total quality control，**総合的品質管理**）

　品質のバラツキ（性能値の分散）を少なくし，品質水準（性能値の平均）を向上させるために統計的な検査手法を用いる「統計的品質管理」（statistical quality control：SQC）をもとにして，日本で発展させた品質管理の方法．協力企業も巻き込んで，各部門（現場）で行われる小集団での品質管理活動（QCサークル活動）などを統合する総合的品質管理のことをいう．SQCは，検査部門での品質検査をもとにして品質の安定を図ることを重視するのに対し，TQCは，小集団による現場改善や作業の質の向上などによる現場での品質向上の努力（品質のつくり込み）に重点がある．→QCサークル，TQM，品質管理　　　　　　　　　　　　　〔阿部　香〕

撤退戦略

　これは，製品ライフサイクルの「衰退期」に位置する製品，あるいはPPM理論の中で「負け犬」に属する製品など，将来性が見込めない製品の製造・販売を打ち切る戦略．「衰退期」や「負け犬」に陥る原因は，より優れた機能を果たす「代替商品」の台頭，発展途上国や中心国からの追いあげや，原材料の枯渇・コスト増などいわゆる構造不況などさまざまである．この戦略に当たっては，まず「衰退期」や「負け犬」の状態が本物かどうかを見極めること，売り上げが減少しても利益がでる手法を案出するなど，諸種の分析と工夫をしてみることが必要である．これらの努力を行っても将来性が見込めないと判断できる場合は，潔く撤退すべきである．そして，大切なことは当該事業が陽の目をみている間に，次なる成長の芽としての関連事業を複数，展開することである．→PLC
　　　　　　　　　　　　　〔山本久義〕

デファクトスタンダード
（de facto standard）

　「事実上の標準」と訳す．製品によっては規格の標準化が必要とされ，公的な標準化機構が標準規格を決定することがある．このときの標準が「公的標準」（de jure standard）である．しかし，こうした公的標準化は自由な開発競争を阻害する面もあり，抵抗も大きい．そのため，この標準化過程を市場に委ねようとするのが，「事実上の標準化」である．ここでは，市場占有率をめぐる競争の結果として，事実上，特定企業の製品規格が標準規格の座を確保する．ビデオデッキにおける松下電器陣営のVHS方式，パソコンの基本ソフト（OS）におけるマイクロソフトのWINDOWSなどがその例である．→ISO規格，グローバルスタンダード　　〔冨田忠義〕

デミング賞

　総合的品質管理（TQM）の研究・普及に優れた業績のあった個人に授与される「デミング賞本賞」，TQMの実施によって顕著に業績が向上した企業に授与される「デミング賞実施賞」，TQMの実施によって顕著に業績が向上した企業の事業所に授与される「デミング賞事業所表賞」の3つの賞からなる．アメリカの品質管理の権威・デミング（W. E. Deming）博士の日本における品質管理の普及活動を記念して日本科学技術連盟によって1951年に創設された．デミング賞実施賞では，環境認識，課題・目標の設定，組織的改善・改革の過程と成果，その長期的な有効性が評価の対象となる．この考え方は「PDCA」サイクルとして広く普及し，日本企業の品質管理の発展に大きな貢献をした．→QCサークル，経営品質，TQM，TQC
　　　　　　　　　　　　　〔大野和巳〕

投資優遇制度

ボーダレス化の中で海外進出する企業が,ヒト(経営)・モノ(技術)・カネ(資本)などの経営資源を海外へ移動させるときに,相手国から受ける優遇措置に対する総称である.当然,海外へ進出する企業は,進出目的の明確化と自社体力の確認をはじめ,相手国の政治・経済・社会情勢(カントリーリスク),立地条件(インフラ,物流,建設工事など),法制度(規制,法制,税制など),生産の諸条件(原材料の調達,労務管理など)などの事前調査を徹底したうえで,海外投資を実施する際に生じる採算性だけでなく,相手国から得る優遇制度の内容をも検討すべきである. →海外進出 〔加藤浩康〕

独資企業

中国に直接投資を行う場合の3つの企業形態を中国では三資企業というが,そのひとつが独資企業(中国の法律用語は,外資企業)であり,全額外資企業のことを指す.中国の法律に基づいて中国国内に設立した企業であるが,経営活動には中国側からの介入はできない.設立には,まず国務院の対外経済貿易主管部門に申請し,審査・認可を得た後,さらに工商行政管理機関に登録して営業許可書を受領することが必要とされる.独資企業が取得した利潤その他,合法的な収入ならびに精算後の資金は本国に送金することができる.2005年現在,在中日系独資企業のシェアは1996年調査時の30%弱から70%強となっているが,グローバル化にいっそう適応していることを示唆している. 〔金山 権〕

トヨタ生産システム
(Toyota Production System, TPS)

第二次世界大戦後にトヨタ自動車で創出された「多品種少量生産」システムのことで,「少品種大量生産」のためのフォードシステムに代わる革新的なものである.それは「JIT(ジット)」と「自働化(ニンベンの付いた自働化)」からなる.前者はジャスト・イン・タイムの略称で,顧客(後工程)の求めに応じ"必要なものを,必要な時に,必要な数だけ,生産する"「引っ張り方式」で,"かんばん"を道具とし,ゼロ在庫とスピード(素早い市場対応力)が実現される.後者は作業者を中心に据えたマン・マシン・システムで,作業は機械に任せ,ヒトは"改善"に注力する.TPSは徹底した"ムダ取り"(付加価値向上)活動で,品質・原価・納期などを同時に改善する総合生産システムである. →かんばん方式,ジャスト・イン・タイム,リーン生産 〔伊藤賢次〕

トランスナショナル企業

事業のグローバルな展開が進んでおり,経営や所有に関して特定の国籍ではくくれなくなっている企業のこと.「超国籍企業」と訳される.経営者から従業員にいたるまで多国籍化することから,企業自体の出身国にとらわれない活動をする.すでに日本企業でも社長が外国人で海外販売が国内販売を上回る会社がある.こうした「脱国籍化」した企業では,世界で通用する商品やサービスの開発を目指している.また,世界中の最も良い条件を選択する「世界最適生産」や「世界最適調達」が徹底されている.意思決定に関しても特定国の利害に左右されない.企業が世界中に複数の拠点をもち,国境の壁が低くなる昨今,その活動はますます脱国籍化の様相をみせている. →グローバル企業 〔加藤 巌〕

な

内部昇進

組織の中で上位の職位に空席ができた際に，原則としてその組織の下位にあって，経験を重ねた人材の中から適材を選び補充する雇用慣行．これには，①従業員に昇進とそれに伴う金銭的・非金銭的報酬の増加の可能性を示すことでモチベーションを長期的に確保でき，競争心を刺激できる，②将来の管理者・経営者人材をOJTにより組織内部で育成するコースを形成でき，都度，外部市場に頼るよりも機会費用を減少できる，などの意義がある．したがって，ポストを増設してでも定期的に進める政策もみられる．わが国の大企業ホワイトカラーの場合，「遅い選抜」（小池和男）が特徴とみられてきたが，近年では昇進スピードは速まっているとする見方もある．→サラリーマン型の経営者　〔平野賢哉〕

ナレッジ・マネジメント

組織において，その共有財産となる「知識」の発見・蓄積・交換・共有・創造・活用を行うプロセスを体系的にマネジメントすること．知識の組織の競争力が強化につながることは，ドラッカー（P. F. Drucker）によって提唱された．日本では野中郁次郎らが，組織のメンバーが個々に有する暗黙知と形式知を交換し，実践するプロセスから，「知」の再生産（創造）が行われていくと主張している．IT業界などでは，「知識管理：知識の共有・活用を行うためのシステムの管理」の意味で用いられている．また，一般的に「知識経営：知識の再生産や創造をビジネスプロセスに組み込む経営スタイル」の意味でもちいられる場合がある．→知識創造　〔池田玲子〕

に

2007年問題

1947年から49年にかけて生まれた第1次ベビーブーム世代（団塊の世代）は約800万人いる．2007年から10年にかけてこの世代のベテラン社員が60歳を迎え，定年退職する．特に2007年は，この世代で最も多い1947年生まれの社員が大量に定年退職することから，さまざまな社会現象を引き起こすのではないかと懸念されているのが2007年問題である．IT業界では基幹系システムの維持が困難になるのではないか，製造業界ではこれまで培ってきた技術やノウハウなどが継承されず製造力が衰退するのではないか，などということが危惧されている．企業にとっては，労働力の確保や雇用の創出にどのように取り組むかが大きな課題である．→退職金問題，団塊世代　〔中村健壽〕

日本株式会社

アメリカ商務省は，報告書『Japan：The Government Business Relationship』（1972）において，第二次世界大戦後の日本に高度成長をもたらした要因のひとつが，政府と企業との緊密な協力関係であったことを指摘する．その関係は，主導権をもつ政府・行政機関が行政指導や産業政策によって企業・産業を援助・刺激し，企業・産業もこれに応えて経済の発展に尽くすという構図であったところから，日本という国があたかもひとつの株式会社（株式会社・日本）のように映ったのである．しかし，この日本株式会社観が妥当

しえたのは,せいぜい日本が欧米諸国に経済・技術面で追いつくことを目標にした経済の量的拡大時代にすぎなかった.〔平田光弘〕

日本的経営論

日本企業における経営の基本理念や行動様式,社内の諸制度,システムなどの特徴を説明する概念.日本的経営に関しては,これまで社会学者による経営家族主義,集団主義,縦型社会の構造など数多くの実証的な研究がなされてきた(松島静雄,間宏,尾高邦雄ら).しかし,日本的経営の特質を広く世界に知らしめたのは,アベグレン(J. C. Abegglen)による著書『日本の経営』(1958)であろう.彼は日本的経営の「三種の神器」とよばれる特質に注目したのである.それは「終身雇用制度」,「年功序列賃金」,「企業別労働組合」である.これらの特質については日本企業に特徴的に存在し,これまで重要な役割を果たしてきたことは一定の評価がなされている.しかし,今後の日本企業にとって,これらの具体的な内容については変化せざるを得ないと考えられる.→アベグレン,日本的労働慣行　　　　　　　　　　　　　〔村上良三〕

日本的労働慣行

『OECD 対日労働報告書』(1972)において,日本の高度経済成長を支えた要因として明らかにされた次の3つの雇用制度をいう.①終身雇用制度(原則として新規学卒者をその卒業と同時に採用し,定年時までの継続的な雇用を保障する長期的な雇用),②年功賃金制度(年齢・勤続年数を重視した昇進システムと,それに対応した賃金体系,長期勤続優遇の退職金制度など),③企業別労働組合(企業別に組織された組合).しかし,1990年代以降のバブル崩壊,経済のグローバル化に伴う競争の激化などにより,長期雇用の形態とそれに付随する年功賃金制度が合理性をもたないとする企業が出てきており,これらの慣行が見直されている.また,企業別労働組合は,非正規雇用の比率が高まっている流通,サービス業などでは「コア従業員が組織されない」などの問題があり,変革が迫られている.→日本的経営論　　　　　　　　　〔平野文彦〕

ぬるま湯

「ぬるま湯につかる」とは,恵まれた状況に甘んじた安逸な生活態度を意味し,「ぬるま湯体質」という場合,危機感の欠如した,活性化していない組織の状態を指すことが多く,「日本企業のぬるま湯体質」などのいい方で用いられる.しかし,この「ぬるま湯」という日常用語を分析概念として用いて組織の活性化や職務満足との関係を分析したのは高橋伸夫である.高橋によれば,「ぬるい」と感じるか「熱い」と感じるかは組織人としての体温(変化性向)をベースとした体感温度の問題であるとされ,体感温度は「システム温」(組織のシステムとしての変化性向)−「体温」(組織人としての変化性向)と定義され,ぬるま湯感をこの体感温度によって説明している.　　　　　　　　　　〔松本芳男〕

ね

根回し

ある目的を達成しやすいように、あらかじめ関係箇所に話し、反対の出にくいように、また案件がまとまるように手を打っておくことである。この由来は、樹木の移植の準備や果樹の実りをよくするために、木の根元の周囲を掘り、細い根をあらかじめ切り落としておくことによる。よく根回しはすんだかの言葉を耳にする。日本の社会では必要なことにされてきた。根回しをする方は自分の案件を成立させるために相手の意見を取り入れ、また根回しをされる方は自分の意見が入ったことに満足する。いわば妥協の産物となり、目的とは遠い中途半端なものになりやすい。根回しの有無で最も異なるのは、その決定の場においておのおのの意見の発言またその間の議論があるかないかである。議論の得意でない日本人はとかく根回しを好み妥協の末の結論は目的を玉虫色とすることが多い。

〔平野豊策〕

年功序列制度

勤続年数や年齢が増すごとに賃金や地位が上がる制度。この制度は第二次世界大戦後の日本の雇用制度さらには「日本的経営」の特徴として、終身雇用と企業別労働組合とともに指摘されてきた。賃金面でいえば、一定の年齢まで賃金が上がる傾向は日本にだけみられるものではない。比較的安定的な環境下では、個人差はあるが、一般に人間は仕事の経験を通じて熟練度を高め、実力をつけていくからである。日本の場合、自社の勤続年数を重んじ賃金を上げていく年功賃金制度は退職金制度とともに、ひとつの企業に勤め続ける終身雇用の慣行と密接にかかわってきた。昇格面においては、個々人の実力や実績の評価も考慮する企業はもともと多かった。環境変化の速度は近時速まり、グローバル化、日本の労働市場の流動化も進み、年功序列制度的な傾向はしだいに崩れつつある。→年功賃金、能力主義

〔村上伸一〕

年功賃金

熟練の深まりを重視する「熟練仮説」、労働者の年齢別生計費を保障する「生活保障仮説」などの諸説があるが、一般的には学歴別初任給を出発点として勤続年数、経験、能力、勤務状況などの諸要素を総合的に判定して賃金が決定される仕組みと考えられている。こうした年功賃金は、終身雇用と内部労働市場をベースにした技能形成に適合していた、生活費配慮型賃金である、などの理由から多くの企業に普及した。しかし、高齢化に伴う人件費負担の増加、雇用の流動化に伴う中途採用の本格化、さらにはITの進展による熟練代替効果などにより、年功賃金は修正され、能力・成果主義賃金へと移行しつつある。→成果主義、能力主義

〔谷内篤博〕

の

能力主義

終身雇用における年功主義の改善を軸として、各自の能力に基づいた適材適所、業績評価、賃金、昇進を決定することが能力主義である。すなわち、従来の年功主義は、学歴、勤続年数、年齢などを重視し、従業員の賃金、昇進などを処遇したが、これは結果として

中・下管理職の過剰な補佐役を生み出し,組織の複雑化を招いた.これに対して,能力主義では,各自の職務遂行能力や内容に視点が移り,組織の簡素化が主張された.能力主義の具体的な例としては,資格制度などによる昇進の決定,職務達成度に見合った職能給や選択定年制の導入などがある.また,このことは日本的経営の特色の希薄化を意味している.→年功序列制度　　　　　　〔高松和宣〕

ノックダウン生産

わが国で生産されている自動車の50%が輸出されているが,関税,輸送費コスト削減のために海外組み立て工場に自動車を構成部品別に分割して木箱,リターナブルコンテナーなどで輸出する場合がある.現地組み立て工場では,この部品を組み立てて完成車にするのであるが,この生産方式のことをノックダウン(knocked down, KD)生産という.1950年代のわが国の自動車技術は低く,外国企業と技術提携を結び,ノックダウン生産から自動車組み立てノウハウを習得した.ノックダウン生産は部品の現地調達が進むと減少する傾向にあるが,世界各地からの品質,価格における最適部品の調達や自動車の少量生産には有効である.→海外進出〔井原孝延〕

ハイ・コンテクスト・システムとロー・コンテクスト・システム

　文化人類学者ホール（E. Hall）が考案した概念．文化をコミュニケーションのスタイルから測定・分類している．コンテクストとは，文脈・状況を意味する語であるが，意思決定やコミュニケーションがこれまでの日本の組織のように，過去からの経緯や状況が共有され，暗黙のうちに理解されていることが前提になっている文化を「ハイ・コンテクスト・システム」という．一方，明文化されるもの（書類）やその時点で言語で表現されたものによって，意思決定やコミュニケーションを行おうとする文化が「ロー・コンテクスト・システム」である．アメリカの企業組織はこの典型になる．→集団主義　〔池田玲子〕

敗者復活人事

　人事考課の役割には，「選抜の論理」（従業員間に「差をつける」）と「育成の論理」（能力開発を促進する）とがある．従来，日本企業では，前者を重視し，従業員がキャリアのある段階で低い評価を受けると，その後も前の評価の影響を受けて，同じく低い評価が長く続くことが多かった．そのため，本人のモチベーションをそぎ，企業の活力を阻害する傾向があった．しかし，企業間競争の激化に伴い，多くの従業員に能力を高めて活躍してもらう必要が生じた．相対的に考課と処遇の低い者（いわば敗者）にも，考課内容を見直して処遇をより高め，適材適所で活躍してもらうこと（いわば復活）が不可欠となった．敗者復活人事とは，このような育成の論理を重視する人事戦略をいう．→育成の論理，選抜の論理　〔鷲澤博〕

ハイブリッド経営（hybrid management）

　ハイブリッドは雑種，混成物を意味するが，細胞融合のコメなどもハイブリッド米などという．国際経営論では本社の経営方式と現地の経営方式を結合させた混合経営あるいは融合経営などを意味している．さらに，生物学や遺伝学では異種の融合による新たな優位性の発現をハイブリッド効果とよぶことから，2種類の経営方式の融合，混合による本国あるいは現地の経営方式とは異なる第3の新たな経営方式の開発をハイブリッド化といい，現地経営の理想モデルとしてハイブリッド経営を強調する場合も少なくない．しかしながら，ハイブリッド経営の具体的内容，システムについては曖昧であり，なにを本国ないしグローバルな標準方式にし，どこに現地方式を採用して融合化するかの明確化が重要であり，現地経営のあり方の方向性を示唆する概念といえよう．　〔根本孝〕

反グローバリズム

　全地球的な経済の統合，統一，融合，標準化へといった，アメリカに代表されるアングロ・アメリカンに主導されたイデオロギーがグローバリズムである．市場原理を至上とするIMF/GATT体制に基礎を置き，冷戦構造の崩壊後アメリカの一極体制が唱える市場主義の競争原理が，国際経済に受け身の競争劣位の国で，先進国の主導が非民主的で横暴だとして抵抗を惹起した．EU，NAFTAなどの地域主義を含め国境の無効を説くグローバリズムに対して，反グローバリズムは国民国家なり，NGOなどの市民グループの行動に立った経済活動を全面に押し出し，反グローバル化を唱えている．→グローバリゼーション，グローバル・ビレッジ　〔井沢良智〕

バンドワゴン効果（band wagon effect）

　バンドワゴンとは，パレードの先頭を引っ張る楽隊車のことである．一般的には政治運動・選挙の投票行動などで雪崩現象的に勝ち

馬側に傾斜する状態を指し，また当世流行の時流に乗った考え方・思想に同化する傾向をいう．経済・経営の分野でいえば，ある財・サービスがなんらかの契機で流行の兆しをみせると，これに乗り遅れまいと多くの消費者が追従し，波状的に消費が拡大していく現象をいう．ひとつの財・サービス需要にバンドワゴン効果をもたらす要因として，その財・サービスの価格・品質・革新性・差別性などに競争優位性があること，その市場で互換性のある技術標準が確立されることなどがあげられる．ある消費規模を超えると，急激に広がる需要の大きさをクリティカル・マス（critical mass）というが，バンドワゴン効果はこれを捉える現象である． 〔末田 紘〕

ひ

PLC (product life cycle)

プロダクト・ライフ・サイクルの略．生物に一生があるように製品にも一生があるという仮説である．一般的には3つから5段階のサイクルと考える．たとえば，4段階説ならば市場への導入期，成長期，成熟期，衰退期である．この仮説は多くの有益な示唆を経営に与える．すなわち，成長・存続のための多角化戦略の必要性だけでなく，ライフサイクルの各段階の需給関係や競争構造，購買市場層などの差異に対応したマーケティングミックスの分析などにも役立つ．また，PPM（プロダクト・ポートフォリオ・マネジメント）における市場の魅力度の前提となる仮説でもある．→経営戦略論，マーケティング・ミックス 〔川口恵一〕

比較経営論

各国の企業経営の特徴を抽出して比較する研究．基本的見解としては，収斂学説と非収斂学説が対極に位置している．前者は各国の文化の違いを越えて，経済の論理が貫徹され，いずれ同じ普遍的経営に行き着くという考えであり，後者は逆に，各国それぞれの経営は文化的特殊性を維持しつつ独自に発展していくという考えである．実際には，いかなる国でも通用する経営の原則があることも事実であるし，また文化の違いから，労務管理などがうまくいかず，海外進出に失敗することもよくある事実である．これらを研究する比較経営論は，企業のグローバル化時代を迎えて，ますます重要な分野になってきているといえるであろう． 〔森 正紀〕

非関税障壁 (non-tariff barriers, NTB)

国際貿易を妨げる要因のうち，関税によるものを関税障壁といい，それ以外を非関税障壁という．1948年以降ガットにより，一貫して国境措置として関税の撤廃・低減を目指してきた．しかし，関税以外による貿易を妨げる要因として，輸入数量割当，政府調達などでの国産品優先使用，各国の認証・基準制度，特殊な商慣行や制度（流通，通信や金融などのサービス分野の規制），貿易関連投資措置などの非関税障壁にも関心があつまった．その結果，1995年に発効したWTO協定には，これらの非関税障壁の撤廃や軽減措置の規定が組み込まれた．→WTO

〔絹巻康史〕

ふ

ブーメラン現象

ブーメランとは「く」の字型の木製飛び道具のことで，遠くに投げたつもりでも旋回してまた手元に戻ってくるが，そのように意図したつもりのことが逆に意図せざる結果として登場する諸現象のことをいう．たとえば先進国が発展途上国に直接投資や技術移転をすると，やがて発展途上国からその先進国に安い製品が大量に逆輸入されたり，また発展途上国の企業と先進国の企業とが第三国の市場にて競合したり，当初の意図とは逆の効果をもたらすことなどである． 〔渡辺　峻〕

プラザ合意

1985年9月，ニューヨークのプラザ・ホテルで，日米独英仏の5ヵ国は，蔵相・中央銀行総裁会議を秘密裏に開催し，ドル高是正のための為替相場への国際協調介入を柱とする次の3事項に合意した．①経済政策の協調をいっそう推進する，②為替相場の適正化のために，より緊密な協力を行う，③保護主義に対して強力に抵抗する．プラザ合意の背景には，アメリカ政府が自国の貿易収支と財政の大幅赤字の是正をはかるため先進各国にドル安誘導への協力を要請した経緯がある．合意後，日本経済は輸出主導型であったため，予想を上回る急激な円高に直面し，輸出産業は大打撃を受け，景気に深刻なデフレ・インパクトを受けた． 〔中村久人〕

ブラックボックス戦略

開発した生産技術などを自社内に留めて，自社製品の優位性を保つ戦略．日本は高い技術開発により製品の競争力を維持してきたが，人件費など，生産コストの安い発展途上国の台頭や円高の進行などにより，製品の競争力を失い，工場の海外移転を余儀なくされた．これを阻止すべく，日本企業には「開発した技術を公開しない戦略」をとるところが出ている．代表例が液晶ディスプレーのシャープ亀山工場などである．この戦略では新技術を複数組み合わせる「技術の複合化」により，自社製品の優位性をいっそう高められる．さらに，工作機械の自社開発，内製化を行えば，生産技術の流出は厳しく防げる．キヤノンではこの戦略により，工場の国内回帰を目指している．→技術移転 〔三宅輝幸〕

ほ

ホストカントリー

多国籍企業の海外子会社に主権を及ぼす国家もしくは政府．海外子会社は，多国籍企業本社からの戦略および組織上の管理ばかりでなく，ホストカントリーの法的規制や地域特性の影響を受ける．ポリセントリックとは，このホストカントリー志向であり，文化・社会・宗教・政治および法制度・技術水準・国民経済の発展段階・産業構造・消費者ニーズなど，地域特性を重視し，海外子会社に対して，日常業務の実行と管理はもちろん，経営戦略面や組織構造の決定においてさえ大きな自律性を付与し，全社的な管理としては収益性だけを監視するものとされている．→EPRGモデル 〔川口恵一〕

ボーダレス（borderless）

国家，地域間に存在していた商品，サービス，資本，労働，情報などに対する隔たりが

除去され，世界がひとつの巨大な市場に統合していく状態を示す言葉．このボーダレス化は，情報の交換を円滑にする情報通信技術と社会的なインフラが発達するようになり，急速に拡大している．このボーダレスな競争の中では，生産，流通，投資などのすべての経済活動が，ひとつの国，あるいは，ひとつの地域に限られず，世界のどこでも可能になる．すなわち，無限に広がる国際化の流れは，「国境のない世界」（borderless world）を創出していると考えられる．→グローバリゼーション，国際経営　　　　　　　〔裴　俊淵〕

ポリセントリック志向

パールミュッター（H. V. Perlmutter）によるEPRGモデルの2番目に位置するP（polycentric）を指している．ポリセントリック志向の経営では，本社（親会社）のある本国のものよりも受入国（現地）の事情や方法を優先して，経営戦略を策定・実行しようとするパースペクティブや態度を重視している．そこで，具体的には現地支店や子会社に経営に関して権限を大幅に委譲することになり，現地社会との摩擦を少なくすることができる．しかしながら，これだけでは現地企業に対する競争上の優位は存在しない．また，多国籍企業として，多様な支店・子会社をいかに統合し，総合的な競争力を形成するかという，問題が発生する．→EPRGモデル，現地化　　　　　　　　　　　　〔池田玲子〕

ま

窓際族

 バブル経済期以前,日本の大企業は,終身雇用を背景に生産部門の合理化に伴う余剰人員を間接部門に吸収させてきたことを受け,多かれ少なかれ「企業内失業者」を抱えてきた.窓際族とよばれるこれらの人々は,第一線の役職から外され,十分な仕事も与えられず,また席は部屋の窓際に追いやられたため,毎日を退屈に過ごすことを強いられてきた.それでも雇用され続けてきたが,バブル崩壊後は人減らしの対象として,より深刻な状況に直面している.なお,窓際族という言葉は,昭和53年の元日に日本経済新聞で始まった新年連載「ニッポン・生きる条件」の中で,OLの雑談中にあった言葉として紹介され,この年の流行語にも選ばれている.→肩たたき,雇用リストラ 〔横山哲也〕

マルチドメスティック戦略

 多国籍企業の競争優位戦略のひとつであるマルチドメスティックは,ポーター(M. E. Porter)の指摘による概念.世界を統合的に捉えるグローバル化の競争優位戦略を選択するか,個々の国や地域が基本単位であるとするマルチドメスティックを選ぶか.グローバル化の現在は,グローバル戦略優位ではあるが,個別の国に基盤を置き,主としてそこで存立を図る産業も少なくない.経営の進化からいえば,国内中心から脱して進出先に溶け込み,国内外を複合した体制に向かい,やがて全地球的な統合化へと進展する.グローバル化・標準化と現地の事情,要素を取り込む複合化を唱える解釈も近年有力で,偏向を戒める考え方も強い.→ポーター,ポリセントリック志向 〔井沢良智〕

み

民営化

 旧国鉄のような公的企業や公営事業を財政から切り離し,競争原理の導入によって,利用者のニーズに対応した事業運営ができるよう私企業化(株式会社化)すること.広い意味では,公営事業の運営や社会資本の整備を民間企業に委託する「民間委託」を含めることもある.技術変化や情報化・国際化の進展,利用者の意識やニーズの変化などによって,旧来どおりの事業運営をしていた多くの公的企業や公営事業は,非効率でサービスが悪く,赤字が続く状態に陥った.それを法律上の「株式会社」にすることによって,政治的な思惑に左右されることなく,市場の変化に即応して,つねに質の高いサービスを提供する効率的な経営ができる組織体制にして,利用者全体(国民)の利便性や福利の向上を図るのが,ねらいである.→行政経営

〔阿部 香〕

メインバンク制

　主力取引銀行のことであり，企業は通常複数の銀行から融資を受けているが，その中で企業との取引関係が長く継続しており，その企業への貸出額が最も多い銀行をいう．メインバンク制はこのような主力取引銀行と企業とのさまざまな関係をもったシステムの総称であり，具体的には株式保有および取締役の派遣，年金の取り扱いや当座預金取引などの貸越限度額といった広範囲にわたる取引関係を指している．この関係は，日本企業の財務構造の特質を示したものとして，企業とメインバンクとの間の株式持ち合いが強く行われてきた．この株式持ち合いは最近弱まってきたが，依然として日本企業の財務構造の特徴の一面を表している．→株式の相互持ち合い

〔小椋康宏〕

メガコンペティション
(megacompetition)

　経済競争が，一国内，特定産業内にとどまらず，境界を定めずに拡大し，いっそう熾烈な段階を迎えたグローバルな競争状態を示す．1990年代に入り，冷戦構造が崩壊するとともに，「モノ」や「カネ」などの取引が世界的な規模で行われるようになった．旧共産圏諸国の市場経済への移行に伴い，西側企業の進出を促進する風潮が一般化した．その結果，地球的な規模で同質的な製品の生産が行われるようになり，世界の市場で熾烈な競争が行われるようになった．このような世界的な規模の競争に対応するには，一国市場への対応を目的とした従来型とは異なった企業経営のあり方が必要となる．→グローバリゼーション

〔上野哲郎〕

輸入代替（import substitution）

　発展途上国において国内の工業化促進の一環としてこれまでの製品輸入を国内生産に切り替えること．国内企業保護のため発展途上国政府は当該製品の関税や他の輸入障壁を高めることになる．先進国企業はその障壁を越えるために，輸出先国で現地生産を行うようになるので，同製品の国内生産量はしだいに増加する．国内企業が技術を修得するにつれて品質面でも価格面でも先進国企業の製品と遜色のないものが生産できるようになると，ヴァーノン（R. Vernon）のPLCモデルが示すように，その発展途上国は同製品の輸入代替を完了し，輸出国に転じることになる．
→ PLC 〔中村久人〕

ら

ライセンシング (licensing)

特許をはじめ商標, 意匠, 著作権あるいはノウハウなどの知的財産権を保有する者 (ライセンサー) が, 使用料 (ロイヤルティ) 支払いなどの契約によって, 供与をうける者 (ライセンシー) にその権利の行使を許可 (実施許諾) すること, ないしはその契約を意味する. ライセンサーがライセンシーに供与する単独ライセンシングのほか, 相互に実施権の交換を行うクロスライセンシング, 複数の企業で特許等をプールしておき一定の条件で相互に技術供与を行うパテントプールなどがある. また, プラント輸出やOEMあるいは合弁企業の設立などに伴ってライセンシングが行われる場合も少なくない. すなわち, 輸出や海外進出による生産・販売といった国際ビジネス展開を行ううえでの重要なひとつの選択肢でもある. →海外進出 〔根本 孝〕

り

リージョナリゼーション (地域化)

地理的, 政治的, あるいは経済的関係の深い国々が結集し, より規模の大きい経済圏を形成することである. リージョナリゼーションにはさまざまな形態がみられるが, 代表例としてNAFTA (北米自由貿易協定), EU (欧州連合), AFTA (ASEAN自由貿易地域) といった地域貿易協定によるものがある. これは, 関税をはじめとする国家間の貿易障壁を取り除き, 域内での自由な経済活動を実現しようとするものである. リージョナリゼーションがグローバリゼーションを補完・強化するものなのか, それとも抑制要因となるものなのかは見解の分かれるところである. →EU 〔水代 仁〕

リスク分散

リスクをひとつに集中せずに, 分散することによって, リスクによる被害を少なくしようとする手法. "Don't put all your eggs in one basket." (すべての卵をひとつのカゴに盛るな) や "The mouse that has but one hole is quickly taken." (抜け穴がひとつしかないネズミは捕まりやすい) などといった, ことわざに示されるように, リスク分散の考え方は先人の知恵として語り継がれる一方, 分散により一つひとつにリスクをもつ可能性を増やすこともある. 日本の毛利元就の「三本の矢」の訓えは, 一本, 一本の矢は折れやすいが, 三本束ねると折れないといった, リスク分散と対極をいく考え方である. →集団主義, リスク, 和 〔田中信裕〕

稟議制度

日本の組織で行われる文書を使用して案件の実施を伺うシステム. 稟は「上に伺う」, 議は「問題」をいう. 案件の実施部門が実施案を起草し (起案), 関連部門への連絡と合意を順次取りつけ (回議), 決定権者 (社長等) の認証を受け (決済), その後に実施する. 通常, 案件に応じた回議先と決済権者が稟議規程に定められていて, 常軌的案件については機械的に処理される. 問題のある案件については, 事前に関係者間の根回しと決裁権者の両了承を得て, 稟議が行われる. 代替案がない, 回議の意味が不明 (印が並ぶだけで賛否や意見は不明), 否決は事実上ない, 時間

がかかる等の欠陥があり，革新的意思決定には不適とされる．→ボトム・アップ経営

〔森本三男〕

臨時工

臨時従業員としての臨時工は，本工のように期間を定めずに雇用されるのではない．1年以内（たとえば3ヵ月や半年など）の雇用期間を定め，短期の雇用契約によって臨時的に雇用された従業員を指す．したがって，雇用期間終了とともに解雇となる．しかし，雇用契約が終了しても企業の必要性があるならば，雇用契約は更新される．このように，日本企業において長年にわたり，雇用調整のクッションとしての役割を臨時工は果たしてきた．近年は，パートタイマーがその役割を担っている．→コンティンジェント・ワーカー

〔三ツ木芳夫〕

れ

レイオフ (lay off)

アメリカでは，生産削減や生産停止による，被用者にとって非自発的な，一時的または永久的な被用停止をレイオフという．このうち一時的な被用停止はわが国における一時帰休制度に近い．この場合，労働契約によって休業手当などのベネフィットが被用者に与えられることもある．レイオフ解消にさいしては労働協約による先任権 (seniority，最後に被用停止になった者を最初に雇用する) によるか，被用者の能力を重視するかが，労働協約上の調停で争われることもある．ともかく，人事の問題はファヨール (H. Fayol, 1916) が，管理の一般原理に人事の安定をあげているように，原理・原則に基づく成員のロイヤリティの維持こそが根幹であろう．

〔河野重榮〕

レジオセントリック志向 (regiocentric)

パールミュッターのEPRGモデルの一部で，「地域志向」と訳されている．現地志向（ポリセントリック）と世界志向（ジオセントリック）の中間的な存在である．企業の多国籍化がある程度進展し，多数の海外子会社を有する状況で，これらを一定の地域単位（東アジア，北米など）でマネジメントしようとする．これらの「地域」に比較的同質な社会や市場が存在する場合には，製品や技術のマネジメントシステムをある程度標準化することができるために，この方法がとられる．企業グループ全体の統合機能とより高度な現地社会・市場への対応を両立させるために，リエゾン（接続）部門として，「地域統括本社」がおかれ，日本企業の場合にはヨーロッパ，アメリカ，アジア，日本，の4つの「地域」におかれ，4極体制がとられる例が多い．→EPRGモデル，地域統括本社 〔池田玲子〕

ろ

労働三法

「労働組合法」，「労働基準法」，「労働関係調整法」の3つの法律を総称したもの．労働組合法は1949年に公布され，組合の設立，運営等に関する基本的なことを定めた法律であり，労働基準法は1947年に公布，労働者の労働条件等に対する統一的な保護を目的とした法律である．また，労働関係調整法 (1946年公布) は，産業の安定的な発展と労働関係

の紛争等を予防・解決し,公正な調整を図ることを目的とした法律である.いずれも社会のニーズに合わせて年々改正が行われているが,雇用者と労働者の雇用契約等に関する基本的な法律であり,わが国産業発展のためには必要不可欠なものである.→労働基準法

〔前田 勲〕

ローカルコンテント (local content)

現地調達率ともよばれる.企業が海外進出をしている国や地域において生産を行う場合,一定の比率で現地市場からの部品調達を義務づけられることをさす.ローカルコンテントの目的としては,進出してきた外国企業の支配から当該国や地域の市場を守ること,そして現地企業の育成などがあげられる.→現地調達

〔徳永潤二〕

ロビンソン (Richard D. Robinson)

アメリカの国際経営学者.The Academy of International Business 会長を務めるなど,学界を主導した.第二次世界大戦終結直後の南朝鮮やトルコでの,草の根レベルの社会,文化,経済の実地研究を通じ,経済の発展は社会的・文化的変化に続くとして,文化・社会的環境と経済発展の密接な関係を基本思想とした.それに基づき,彼はアメリカ企業の海外進出戦略の硬直性を批判し,受け入れ国・社会の長期的利益と進出企業のそれとが一致するよう柔軟に,①マーケティング,②調達,③労使関係,④人事,⑤所有と支配権,⑥財務,⑦法務,⑧コントロール,⑨PR,の各戦略的意思決定を下すことを主張した.→国際経営論

〔川口恵一〕

和

　一般的な意味として「仲よくすること，あわせること」である．ビジネスに近い意味として「相手の言い分・立場を大幅に認め，譲れるものは譲り合うこと」とある．和を強調した聖徳太子の17条憲法では，まず和の精神を説き，1条では「和を以って，貴しと為す」が基本という．日本企業では，経営理念に「和」を掲げる企業が多い．「和」のみ強調すると集団主義経営になる危険を孕んでいる．現代の企業にとっては「和」の前提となるものを大事にすることである．憲法17条には「大事は独り断(さだ)むべからず，必ず衆とともに宜しく論(あげつら)うべし」とある．和とは妥協ではなく，その前提とし，さまざまな意見を闘わせたうえで，いったん決定した以上は目的達成に協力することが大切である．→集団主義　　　　　　　〔逸見純昌〕

ワイガヤ革命

　社員全員でワイワイガヤガヤ意見を出し合って物事を決めていくボトム・アップ型の意思決定のこと．ホンダ技研工業の創業者，本田宗一郎が根づかせた現場主義のクラフトマンシップや藤沢武夫が各担当役員を一部屋に集め，ホンダの将来を全社的観点から議論させるために設置した役員大部屋制度がその源流といわれている．現場主導の意思決定を伝統とするホンダも近年の環境変化に合わせて，本社主導のトップ・ダウン型の意思決定へと転換したり，再度，現場主導の意思決定に戻したりと柔軟な対応をみせている．→ボトム・アップ経営　　　　　　〔宇田　理〕

ワーク・シェアリング (work sharing)

　従業員1人当たりの労働時間を短縮し，従業員間で一定量の仕事を分かち合うこと．その目的は，①企業業績の一時的悪化に伴う人員整理の回避や中高年層の雇用維持，②国全体での法定労働時間短縮による失業者の雇用創出，③短時間勤務やパートタイム労働などの就業形態の多様化による女性・高齢者への就業機会の提供など，雇用の維持・創出にある．ワーク・シェアリングは，1970年代以降失業率が上昇した欧州諸国で取り入れられ，日本でも一部の製造業で実施されてきたが，その導入には，労使の合意形成，職務および労働時間と賃金の関係の明確化，パートを含む従業員の公正な処遇の確保などの課題がある．

〔飛田幸宏〕

第3部
経営教育と人的資源

1. 大学・大学院における経営教育

(1) 大学教育の意味

　大学における経営学教育を論じる前に，大学教育そのものについて検討する必要がある．大学とはいかなるものであり，どのような存在であるべきなのか．大学が培い，創造し，提供する知とは何か．この問いに対する回答が大学における教育のあるべき姿を示し，経営学教育の方向性を明らかにすると思う．

　大学は，研究と教育を2本の柱とする知の創造と伝達の「場」を提供する．そもそも school は「余暇」を示すギリシャ語を語源とし，外界から遮断された空間で人間の本質などについて思索する哲学者の集まる「場」であった．哲学は諸学の中心であったが，この学問領域から自律するかたちで社会学や歴史学，経済学，経営学などが誕生してくる．新たな学問領域は，外界との接触なしには成り立たないものの，外との距離を保つことで客観性を確保することができる．

　この客観性は，主体となる私的な利害関係を排除し，より公的な関係性の中で問題を捉え，真理を追究する「場」を提供するものである．そのため，特定の個人や集団に直接的な利益になるような研究ではなく，社会の基盤となるような基礎研究や遠い将来に役立つような研究，そして仮説や検証といった現在の科学的な枠組みで論じられるロゴス的な知のみならず，宗教や芸術，演劇など感性に関わるような知も蓄積・創造する「場」である．研究領域が特定利害集団の関心事を直接的対象としないことで，研究と同時にその成果を還元する教育活動を中立化することができる．

　しかし，大学の研究・教育は，特定の利害関係者からの独立だけではない．社会科学のみならず，人文科学や自然科学も社会的な存在であり，そこに置かれる研究者や教育者は歴史的に共有する社会の価値観などに左右される．地動説や進化論，遺伝子の研究などは宗教的な価値観から独立して議論することが困難である．社会科学や人文科学は，自然科学以上に歴史的な産物になるが，こうした価値観から自由になれねば真理を追究することは難しい．

　人は，生まれたときから社会の影響を受け，知らず知らずのうちに慣れ親しんだ風景の中で生活している．住民にとって，その風景は興味の対象にならないが，旅人には異国での風景が楽しみ，関心や疑問，感動の対象となる．研究者は，風景に慣れ親しんではいけない．当たり前になっている風景を旅人の目でみるため，外界と距離を置く「場」に身を置く必要がある．

　こうした中立性を確保することは容易なことではない．研究対象や研究目的を決定する段階から自らの思考を相対的に位置づけ，狭い知識や偏った知識をより広範な不偏の知識にする必要がある．近視眼的な思考ではなく，大局を見通す複眼的な思考をもたねばならない．そのために必要な知識はなにか．それは教養としての知識である．教養は，細分化された専門領域を横断的に捉える学際的な知の体系である．

　既述のように，知識の体系は，いかなる科学も人間を取り巻く社会的な産物である．宗教的な影響や社会的な関心事が学問の発展や方法論に影響を及ぼしている．しかし，その専門分野は細分化され，特定の専門家以外は評価が困難な領域になっている．自然科学や社会科学，人文科学に分類される諸学は，それぞれに特化しており，共通の言葉を有していない．物理学や生物学，医学，経済学や社会学などのそれぞれにジャーゴン（用語）をつくり，垣根を高くしていく．医学分野は消化器科，循環器科，呼吸器科，神経科，眼科，耳鼻咽喉科などに分かれ，さらに細分化された研究領域をもつ．研究者は，専門領域を特化させるが，人間の身体はすべての臓器や神経などが有機的に連携し，統合されている．それは，法学，社会学，経済学，そして経営学のそれぞれがもつ垣根と同じである．

(2) 学問領域としての「経営学」と周辺領域の学習

われわれの社会は、いずれかひとつの学問領域で理解され、問題を発見・解決できるものではない。しかし、各学問領域は専門化を進めている。経営学は、管理論や戦略論、財務や会計、人事や労務、組織、生産管理論、マーケティング論、その他多くの領域で専門化され、それぞれに学会をもち、専門用語とパラダイムを構築している。

専門分野が細分化されることで、特定領域の常識と他の領域の常識が乖離する。細分化は特定の問題を深く研究するために必要であり、学問体系という分業の中で、それぞれの役割を高度化するものである。しかしながら、専門分野の高度化・深化により、研究者間の相互評価ができなくなり、社会的意義のない問題に多くの時間と労力をかける滑稽な研究が許される時代になる。

教養教育は、研究者自らの研究対象や目的を再検討させる。各学問領域内の専門分野の相互関係を検証することで、自らの研究の価値がみえてくる。こうした研究者の姿勢は、大学教育を受ける学生に対しても望まれる。専門的な基礎知識や経験をもたない学生が、細分化した専門分野を学ぶことは危険である。異なる価値観や社会的な背景で生まれた知識が、多様な価値観を有する大学人を通じて教授されることで知識は噛み合わない無秩序な歯車になる。こうした危険を回避するためには、教養教育と専門教育の並行したカリキュラムが必要である。

もちろん、教養教育が専門的知識の相対評価を可能にする知識であることを認識させねば意味がない。問題は、教養教育を担当する個々の研究者も、自らの専門を細分化させていることである。学生が教養教育の価値を発見できない理由でもある。しかし、専門領域を学ぶには必要な舞台づくりである。複眼的な思考をするための準備を整え、あるいは同時並行的に教養を身につけながら、自らの専門分野を相対化できることが大学の教育である。

学部における経営学教育も例外ではない。経営学が諸学の体系の中でどのような相対的位置づけにあるのかを確認しなければならない。周辺領域の学習は、単に経営学の位置づけを知るのみならず、経営学自体の理解にも役立つ。語学、数学、統計学、法学、経済学、社会学、歴史学、心理学などの基礎的な知識を共通言語とし、自然科学や人文科学の周辺領域の学習で経営学の相対的な位置づけを確認する。そうした諸学の中で経営学を学ぶ学生は、経営学という言葉を使い、この言葉で対象を認識し、問題を発見・解決することになる。経営学というメガネをかけることで、認識すべき対象に焦点をあて、それ以外を風景にする。経営学関連学部の教育で重要なのは、経営学的なものの見方ができる学生の養成である。

(3) 経営学教育のあり方

学部学生がかける経営学のメガネは、最先端の知識を認識するものではなく、経営学領域の諸学に共通する基礎的な用語を学ぶことである。用語の学習は、経験とのセットが望ましい。社会人としての経験がない学生には、経営学で使用する用語のほとんどに実感がない。人事や組織という言葉は、会社で働くことで生きた言葉になるが、講義や文字情報からだけでは十分に理解できない。概念を明確化するには、インターンシップや企業訪問などで、実際の現場を経験することが望ましい。

ビジネスプランを策定する起業教育も重要である。ビジネスプランは企業の内外の環境を分析しなければならない。環境分析は、さまざまな情報の取捨選択である。経営学のみを学習しても事業領域や社会に必要な財・サービスを特定化することはできない。また、この分析過程で、自分自身の能力を相対化でき、分業や協業、組織と市場の関係を自らの思考の中で具体化できる。プランの策定は、さまざまな知識が必要であり、経営学の専門領域間の有機的関係を理解させるのに役立つ。同様の教育手法には、ビジネスゲームなども数えられる。

先端的な領域は、大学院での研究テーマである。しかも、修士課程(前期課程)ではなく、博士課程(後期課程)で研究すべきであろう。修士課程は、過去の経営学研究を整理し、自ら

の問題意識に再編成する場である．修士課程であっても，経営学の位置づけを意識し続ける必要がある．テーマを絞り込む段階で，その社会的な意義や貢献を明確にしなければならない．実務経験者との間に問題意識の共有ができなければ，その理由を解明する必要がある．経営学が社会科学である以上，遠近の相違があるにせよ，経営実務との接点をもたねば意味がない．博士課程は，そうした経営学の位置づけを確認したうえで，先端的な問題にも取り組むことになる．

他方，社会人教育としてのMBAコースなどでは，実務経験者の再教育が目的となる．実務家は，MBAに対して即戦略となる知識を求めるかもしれない．しかし，実践的知識は大学の提供する知識ではない．実務の現場では，個別の問題に特化した最先端の知識を駆使することで競争優位に立とうとしている．限られた時間の中で意思決定が求められるため，ある時期に成功した手法が，他の条件では失敗することがある．多くの場合，経営者の判断が成否を決める．無限の情報から価値ある情報を選択する経営者の能力である．

経営学には，そうした日々の意思決定をモデル化することができない．先端の知識が多くの実践的実験や実証研究を通じて検証され，経営学という学問体系の中に位置づけられてくる．先端的知識の先端が丸くなり，周知のものとなった段階で経営学の言葉となるのである．社会人が必要とする知識も，こうした経営学の言葉である．経営学の言葉は，知的資産として蓄積されたものであり，この言葉の使用が企業経営を効率化させることになる．こうした視点からみると，社会人の再教育は学部の経営学教育に共通している．

〔亀川雅人〕

2. 企業内教育の現状と展望

(1) 企業内教育の変遷

1) 企業内教育の本質

企業内教育は，一般には研修，OJTなどの直接的教育や自己啓発支援のレベルと認識されており，ここでもその視点で捉えるが，そもそもこれは教育を狭義な面で捉えたものにすぎない．教育の本質は，本来人間の有している素質を開花し，望ましい方向へと自己努力するように動機づけ，目標達成のプロセスを援助するところにあり，人間の成長と発達を助成する作用である．

企業内教育も同様であり，その方向は経営目的の達成に寄与するところにあるが，従業員の能力開発を助成する作用である．すなわち，能力開発の基本は個人の主体性によるものであり，望ましい人材ビジョンへと方向づけし，積極的な主体的努力を促すよう動機づけし，指導・教授などによりそのプロセスを援助するものである．

したがって企業内教育を考える場合は，研修・OJTや自己啓発支援のレベルにとどめることなく，経営理念・ビジョン，戦略や技術・ノウハウ，組織・制度，管理，企業風土などを含め，人材育成や人材開発という全組織的視点の広義な面から捉えるべきであることを念頭におく必要があろう．とりわけ動機づけに直接影響する人事システムや職場のマネジメントが大きな影響を及ぼす．能力主義人事下では，個人は能力開発へと強く動機づけられ，成果主義下では実績の確保のための能力開発へと動機づけられるであろうし，新たな価値創造を高く評価すれば，技術力や創造・戦略力の開発への関心が高まる．

2) 日本的経営下の人材育成

日本的経営下においては，終身雇用，年功序列の人事慣行を基本とし，学卒者を一括採用してジョブローテーションを展開し，素質の発掘や能力開発を行いつつ年功的に昇進させていくという企業内育成システムが一般的であった．年功制下で頑張れば誰もが課長になれるという緩やかな昇進競争のメカニズムが従業員の経営へのコミットメントを強め，仕事や能力開発へ

の動機づけ効果を発揮していた．また経営効率を確保するためにチームワークを重視し，勤勉・協調と改善創造を基本コンセプトとする人材像を重視した．

企業内教育は，OJTと研修が中心であり，OJTは組織のすべての者が上司から教育を受け，部下を教育するという組織的かつ日常的な育成システムとして機能した．教育内容は単に業務遂行能力の向上だけでなく，長期的視点に立った人材育成にも意を用いるという日本型のコンセプトを形成していた．研修においては昇進プロセスに即応した階層別研修を基本とし，併せて専門能力を中心とする業務遂行能力の向上を図っていった．

3) 経営改革と教育改革

バブル経済崩壊後の経営改革は，戦略的経営の強化と価値創造への転換を促進し，企業合併や経営統合，アライアンス，アウトソーシングなどが一般化した．今日の人事政策は，従来型の日本的人事管理を色濃く反映している企業から戦略的人的資源管理を実践している企業まで，実に多様な展開をみせるようになっているが，全体の傾向としては，経営戦略との関係を重視する戦略的人的資源管理を指向する方向にあり，すでに大企業の80％はなんらかの意味での成果主義を導入している．

戦略的人的資源管理指向によって，必要な人材を市場から随時に調達するという発想を強め，人材開発の中核である企業内教育を弱体化させる動きがある．このことは優れた人材の長期的確保という面から問題があるといわざるをえない．また，個人の自律性を重視しつつ従業員の能力開発を経営戦略と整合させつつ多面的に開発するという方向性を強め，自律的キャリア形成が新たな課題となってきている．

(2) 企業内教育の実態

厚生労働省による平成16年度能力開発調査結果によると，全業種で従業員30人以上の規模の企業の能力開発の実態は次のような状況にあり，①計画的・組織的に能力開発を行う企業は経常利益が増加している割合も比較的高い，②企業のOff-JTまたは計画的OJT実施率は，前年度より増えたが長期的には減少傾向にある，ことを指摘している．これは，成果主義下における企業内教育の傾向を現したものといえよう．

① 特定の能力のある者が必要な場合の対応は，従業員の能力開発を図る（44.8％），外部から雇い入れる（15.8％），求める役職，職種によって異なる（31.6％）．
② 能力開発は，積極的である（53.4％），積極的ではない（45.8％）．
③ Off-JTは，実施した（58.3％），実施していない（40.4％）．
④ Off-JTの費用は，実施した企業の従業員1人当たりの平均費用総額が34,095円である．
⑤ 計画的なOJTは，実施した（46.7％），実施していない（52.0％）であり，平成12年度から横ばいの状況にある．
⑥ 能力開発責任主体の現状と今後については，これまでは従業員個人の責任（29.3％），企業の責任（64.9％）であり，今後は従業員個人（32.5％），企業（62.1％）とやや個人責任の増大をうかがわせている．
⑦ 自己啓発支援は，受講料などの金銭的援助（59.6％），社外の研修コース，通信教育コース，図書などに関する情報提供（47.6％），社内での自主的な講演会などに対する援助（26.4％）．
⑧ eラーニングは，利用している（10.7％），利用を検討している（21.3％），検討もしていない（64.0％）．
⑨ キャリア・コンサルティングは，実施している（3.3％），実施を予定している（5.0％），実施しておらず，予定していない（89.5％）．

(3) 企業内教育の今後の展望

21世紀初頭に，世界大競争を迎えての厳しい競争に打ち勝つための経営改革が進められ，少しずつ成果が現れ始めてきている．もとより，各企業の個別の事情により，日本的経営の残

渣を色濃く残している企業から,戦略的経営まで幅広くかつ多様な経営が展開されており,従来のように日本的経営としてひとくくりにしてきた状況とは大きく変化してきている.人的資源管理や人材育成においてもそれぞれの経営を反映してさまざまに多様化してきているが,全体的状況は成果主義の導入を基本とする人的資源管理の方向にある.その特徴の第1は企業の戦略と人材獲得の統合であり,必要な人材を必要な時期に調達するという発想である.第2は従業員の自律性の重視にあり,各人の自己啓発やキャリア形成への配慮である.

そのため,企業内教育において,次のような傾向や課題が現れてきている.

1) 自己啓発の重視

成果主義の強化に伴って自己啓発が重視され,外部を含んでの多様な研修メニューを提供しての研修のカフェテラス方式の展開やeラーニングの発達など,自己学習の促進を図りつつある.しかしながら前述の能力開発基本調査によると,労働者の自己啓発実施率は36％前後にとどまっており,忙しくて時間的余裕がない(42.1％),費用がかかりすぎる(31.7％)など,企業側の支援が十分でないことをうかがわせており,企業と従業員間の意識にギャップが生じている.このことは,後に述べるキャリア形成との関連において重視していかなければならない課題である.

2) OJTの新たな展開

日本的経営下においては,上司・部下関係が安定していたことにより,上司は安んじて部下の人材育成に取り組むことが可能であったが,上司・部下の逆転も生じかねない成果主義においては,OJTに構造的なゆがみが生じてきている.また絶えざる価値創造を展開していく経営においては,上司が必ずしも優れているという保証がなくなりつつあり,十分な指導が可能であるかという問題も生じてきている.

しかしながら組織が蓄積してきた知識・技術・ノウハウ等の継承は重要な課題であり,また上司・部下間の議論を通じた暗黙知の創造は,知識創造と部下の能力開発に欠かすことができない.

そこで,部下育成の成果を管理者の人事考課に反映させること,そして人材育成を長期の視点で評価するなどの転換が重要となろう.さらには人材育成・活用の優れた管理者の下への異動を公募できる社内労働市場の形成などによって,必然的に優れた管理者が評価されるようになるなど,OJTの積極的な展開を促進する方策が必要となろう.

3) 階層別教育から目的別教育へ

成果主義は年功的階層教育の意義を薄め,必要な者に必要な研修を行う目的別研修が強化されつつある.とりわけ大企業においては,リーダーや経営者の早期選別育成が着目され,コーポレート・ユニバーシティの設立などの動きが強まっている.また,研修の効率化のため,能力開発部門を分社してグループ企業の教育を一貫して行うなどの動きが定着してきている.さらに,伝統のある大企業においては,経営改革や人材の流動化などに伴う企業のアイデンティティの揺らぎに備えて,企業イズムの教育などを重視し始めた.これらの動きは今後さらに加速されていくものと予想される.

4) アクション・ラーニング

従来の教育は,研修で向上した能力によって学習したことを業務遂行に生かしていく発想であり,研修と業務の間に距離が生じていたが,研修において現場の課題を検討し,問題解決や業務の創造を行うというアクション・ラーニングが注目されてきている.OJTは能力開発と日常の業務を一体として展開するが,アクション・ラーニングは研修と業務を一体化する優れた方法であり,経営戦略と人材開発を統合する意味からも今後の積極的な展開が期待される.

5) 自律的キャリア形成との調和

終身雇用を保証できなくなった経営においては,従業員に定年までのコミットメントを求め

難く，成果主義の強化に伴う自律的能力開発の要請もあいまって，従業員の自律意識を高め，転職も視野に入れての自律的キャリア形成志向を強めつつある．このような傾向を無視しての企業主導の人的資源管理では従業員の納得を得難く，求心力を確保することは困難である．そのため，従業員の自律的キャリア形成と企業活力とを統合する人的資源政策が必要となるとともに，状況によっては転職を目的とするエンプロイヤビリティ支援も必要となろう．この種の政策は大企業を中心に展開され始めている．

自律的キャリア形成と企業活力との統合のためには，個人の生きがいと企業活力が調和することが必要であり，そのためには企業価値創造を担う知識労働者に対しては，企業・事業ビジョンと個人のビジョンとの調和，企業人としての多様な生き方の許容，職務選択の自由度の増大，事業や仕事の創造の奨励，そして自律的キャリア形成を支援する能力開発の展開など，内発的動機づけ機能の強化が重要となろう．

6）キャリア・カウンセリング

成果主義や自律的キャリア形成志向の高まりは，激しい競争や従業員個人の生き方の多様化などをもたらし，キャリア・アセスメントの実践，キャリア・デザインの指導，モラール低下への支援，励ましによる勇気づけなど，キャリア・アセスメントやキャリア・カウンセリング，キャリア・コンサルティングなどが人的資源管理の重要な機能となろう．そのためには上司の指導レベルにとどめることなく，プロフェッショナルによる対応が望まれる．

〔川端大二〕

3．経営教育学の確立をめざして —山城テーゼ「経営学は経営教育である」の進化—

日本経営教育学会の金科玉条的テーゼ「経営学は経営教育である」[1]（以下「山城テーゼ」と呼称）を唱えた学会創立者の山城章はかつて，「この学（経営学）の歴史は方法論の悩みの歴史であり，また，今後もそうであることを忘れてはならぬ」[2]（括弧内および傍点は筆者）といい放った．しかるに，「経営教育」といえば研究色の希薄な技法提供が，また「方法論」といえば少しも先に進まない「経営学学」がイメージされる．それらの言葉に対する最大公約数的なイメージに鑑みて，今こそ「経営教育学派」の認知向上を図るべく[3]山城テーゼを進化させるその第一歩を踏み出さねばならない．

山城テーゼを進化させるうえで有効だと思われるのは，「経営学＝経営教育」図式のままでよいのか，という問いである．それは，「経営学≠経営教育（実践），＝経営教育学」という仮説的な修正テーゼが成立し得るからである．山城の数多くの論考には，日本経営教育学会の創立者にもかかわらずなぜか「経営教育学」という用語が見当たらない．不思議なことに，それは，同学会創立10周年事業の山城章編著『経営教育ハンドブック』（同文舘，1990年）の索引の中にも見当たらない．が，山城テーゼの進化には，是が非でも「経営教育」という用語と異次元の「経営教育学」という学的体系概念が必要である．

けだし修正テーゼは，「経営教育＝経営教育実践≠経営教育学＝経営（というアートを）教育（するための方法についての）学＝経営者育成のための方法論」という学的体系化を基礎にして導かれるもので，有用性が高い．実に看過されやすいために強調しておかねばならない点は，山城テーゼ並びに山城が同テーゼを導いた論理それ自体は経営教育それ自体（経営教育実践）ではなく「経営教育のあり方を説く理論」すなわち「経営（というアートを）教育（するための方法についての）学」の範疇に入るもので，経営教育学とはまさにその段階の考察を示すために用いられる学的体系概念だということである．経営教育学の成果を基に経営教育が実践される，という関係である．前者と後者の概念的峻別は，経営教育学の確立に絶対不可欠である．経営教育と経営教育学という2つの用語を概念的に峻別すれば，両者の異名同体的混乱や，「教育」と名の付く研究の不当に低い評価を防止し得る．

かくして山城テーゼを「経営学は経営教育学である」と修正することで,同テーゼ進化の第一歩としたい.経営学なる語は「学」の文字を付すことからして実践概念とは一線を画すべきで,経営教育それ自体(実践)と同列視することは避けたい.

山城テーゼの「経営学＝経営教育」図式は「学＝実践」図式であり,それは,「経営者自らが経営を勉強し,その能力をのばし,高めていく,つまり育てること(教育)が経営実践学となるのである.経営学は経営者能力育成の経営教育である」[4](傍点は筆者),「能力開発とは教育のことであるから,経営の学問は経営能力開発の『教育』を意味する.このように経営の学問と経営の教育は同義となる.つまり,『経営学は経営教育である』ということになる.実践学は教育であり,教育も学問と解するのが実践学の特色である」[5](傍点は筆者),「実践のプロの能力開発の方法にはきまった型がないので,他から聞いたり,書物に頼るのでは不十分であり,自己啓発するより他に方法はないのである」[6](傍点は筆者)などの一連の指摘から,山城の「自ら学ぶ＝自らを教育＝自己啓発」視に由来するものと推察する.

経営能力の向上がひっきょう自己啓発以外に方法はないという主張それ自体はまったく同感であるが,問題は,「自ら学ぶ＝自らを教育＝自己啓発,故に経営学＝経営教育」とする解釈である.「『自己啓発を可能とする経営教育』の重要性を唱える経営学＝経営学の1モード＝日本経営教育学会の経営学＝経営教育学」とする解釈の方が語法的に違和感がなく,回りくどいいい方かも知れぬが,概念的混乱の危険度は圧倒的に低い.山城テーゼの「学＝実践」図式は,山城も多用した誤解誘発乗数の高い「実践学」[7]という用語も併せると,「経営学学＝実践学」図式をも認めざるを得なくなる.「経営学学」なる語だけは用いたくない.「実践≠実践学＝実践(というアートを教育するための方法についての)学≠実践科学＝実践(を)科学(的に分析する学)」と整理した方がはるかに明快だ.

以上の学的体系の整理によって,伝統的な「経営学方法論(≒経営学学)」および「経営理論」と経営教育学との識別も容易となる.それは,2つの問い「①何のために?(学の目的)②誰に対して?(学のユーザー)」に対するスタンスによって決まる.「経営学方法論」では目的およびユーザー自体が中核的な研究対象であり,目的とユーザーに前提を置いて考察のスタートを切らない.他方,経営教育学は同じく方法論ではあるものの,問い①に対しては「経営者育成のために」,問い②に対しては「経営学者(≒インストラクター)に対して」と明快である.誤解されやすいが,経営教育学の問い②のスタンスは「経営学者に対して≠(現職)経営者に対して,≠学生に対して」であるという点が要注意だ.経営教育学の研究姿勢が,「方法研究にして技法の開発・提供に非ず」[8]となるゆえんである.ゆえに当然,「経営教育学」は大学カリキュラムの科目名には相応しくなく,科目名ならば実践性を強調すべく「学」の文字が消えた「経営教育」が望ましい.残る「経営理論」だが,理論はそもそもが「万人のために」というスタンスを本質とするがゆえに,2つの問いについては無関心なのである.ために「経営理論」には学的体系がまったく顧慮されない「経営における○○についての研究」が増産されやすいことは半ば必然で,時として「経営学など,フリーハンドで好き勝手なことをいってればいいんだ」式のユーザー無視の経営学研究(者)が大学の科目ポートフォリオに障害を招く.

山城テーゼの進化は,経営教育学派の経営学者が勇躍「専攻は経営学で,専門は経営教育学(経営学者ないし学会対象),そして担当科目は経営教育(学生対象)である」と,学的体系に曇りなく表明し得る日が訪れることでもある.本小論が,創立25周年を迎えた日本経営教育学会にタイムリーな問題提起となれば幸甚である.

<注>
1) 山城　章「Ⅰ経営教育の課題─経営学は経営教育である─」山城章編著『経営教育ハンドブック』同

文舘, 1999, p.5. 山城のこのテーゼ自体は上記論文から遡ること30年ほども前に投げ掛けられていたことが, たとえば, 日本学術振興会経営問題第108委員会主催「第1回経営教育担当者会議」（1963年7月30・31日）における山城の講演要旨（高瀬荘太郎編著『経営者教育』経林書房, 1965年に所収）などからも確認される.
2) 山城　章『経営原論』丸善, 1970, p.43
3) ちなみに筆者は最近も, 日本経営学会・第79回大会（於　九州大学）の統一論題「日本型経営の動向と課題　サブテーマ①：変革期における経営学の理論的, 方法論的課題」において,「経営学と経営者育成—『経営教育学派』の認知向上—」という論題で報告機会（2005年9月8日）を与えられている.
4) 山城, 前掲書, 1990, p.6
5) 同上書, p.10
6) 同上書, p.12
7) 同上書, p.5
8) 辻村宏和『経営者育成の理論的基盤—経営技能の習得とケース・メソッド—』（文眞堂, 2001）の考察スタイルは, ひとつの挑戦的試みである.

〔辻村宏和〕

4．教育方法としてのケース・メソッド

(1) HBSで誕生した「ケース・メソッド」

　経営教育におけるケース・メソッドは, 19世紀のはじめ, ハーバード大学大学院の教育方法として確立した. 1871年, ハーバード大学法律大学院（Harvard Law School）のラングデル（C. C. Langdell）は, 法学教育に判例研究（Case Method）を用いている. 同スクールの卒業生であったゲイ（E. F. Gay）は, 1908年にハーバード大学経営大学院（Graduate School of Business Administration, HBSと略称する）が開設されると初代ディーンに就任し, 法律科目の「商法」に判例研究の教育方法を導入した. 彼は, その後も「ビジネスポリシー」に経営者から提案される諸問題の討論,「産業組織論」などに各種刊行物などの資料を使用した討論などを導入した. さらに1919年から1942年までの23年間にわたりHBSの2代目研究科長を務めたダナム（W. B. Donham）は, 経営研究所にケースブックの作成を指示し, ケース収集が広範に体系的に行われるようになった.

　こうして, ケースを使用した討論型教育は, 講義方式に代わりHBSの中心的な教育方法となった.『ハーバード・ビジネス・レビュー』の編集長であったユーイング（D. W. Ewing）は, HBSにおける今日のケース・メソッドについて,「教授陣はさまざまな企業の実地調査によって, 年間300件以上ものケースを開発している. MBA課程の学生は2年間で約900ものケースを学ぶ」,「HBSはケース・メソッドという新たな方法を考案し, これが世界中の経営教育に革新をもたらした. …HBSは, 卓越した教育を行うことをきわめて重視しており, 教育方法の品質管理の厳しさは他に類がなく, 他の教育機関の範ともなっている. さらにHBSの開発した何百というケースや論文は, 世界中の教育機関に毎年提供されている」と述べている. こうしてHBSのケース・メソッドは, その後, 米国内の経営大学院や学部教育ばかりでなく, 世界各国の経営教育における主要な教育方法のひとつとして普及し今日に至っている.

　しかし, 2004年に出版されたミンツバーグ（H. Mintzberg）の *Managers Not MBAs* は, ケース・メソッドを含む経営大学院教育を痛烈に批判し, アメリカで大反響を巻き起こしている. とりわけ実務経験のない受講者にケース・メソッドを行うことに対する批判は, 今後のケース・メソッドについての議論においても慎重に検討する必要がある.

(2) 知識教授を超えた教育方法としての「ケース・メソッド」

ケース・メソッドは、プロフェッションとしてビジネスを実践する人々を育成するための教育方法であり、経営に関するさまざまな知識を講義方式によって体系的に教授するといった伝統的教育を超えたものとして捉えることができよう.

ホワイトヘッド (A. N. Whitehead) は、「教育とは知識を利用する技を獲得することである. この技は、それを伝えるのに非常に困難なものである」、「教授陣が養わなければならないのは、知識を踏まえた活動であり、学生たちが学ばなければならないものも、知識を踏まえた活動である. この議論は、学生がまず受動的に学び、学んだ後に知識を応用すべきだという説を斥ける. まず学習、次に活動という説は心理学的に誤りである. 学習の過程には、なんらかの意味で、応用という従属的活動が含まれるべきである. 事実、応用は知識の一部である. 既知のものの意味そのものは、それら自身を超えた諸々の関係のなかに包み込まれている. このように、適用されない知識は意味のないものである. …大学は活動と融合させなければならない」と主張する.

HBS で 1947 年以降、「人間関係論」と「経営実践」を担当したベイリイ (J. C. Bailey) は、知識と技能の融合について、「ケース・メソッドは、知識と技能の結合をもたらし、それが正しく使用される場合には、両者を結合せざる得ない方法なのである」と述べ、ケース・メソッドの有用性を強調している.

しかし、だからといって新聞や雑誌記事を含む各種資料や身近にある入手可能なケース、さらには「プロジェクトX」などの映像をひとつのケースとして受講者に提供し、それについて課題を提示して討論させればいいというものではない. ケース・メソッドにおいては、インストラクターと参加者、あるいは参加者相互の討論をインストラクターが導き、彼らが相互に学び合う情況をどのように作り上げるのかという教育プロセスがきわめて重要となる.

(3) 「ケース・スタディ」と「ケース・メソッド」

ケース・メソッドとケーススタディは、しばしば混同されて使用されるが、厳密な意味では区別されるべきものである. この混同が、ケース・メソッドの理解に混乱をもたらす原因ともなっている.

ケース・スタディとは、仮説に基づく調査研究であり、実際の経営から情報収集して、それらを分析し、その結果によって仮説を検証し、場合によっては仮説を修正して新たな仮説をつくり、さらに調査研究する研究方法である. 他方、ケース・メソッドとは、ケースについての討論を通じてインストラクターを含む参加者が相互に学習し合う教育方法である. ケース・メソッドにおけるケースは、現実の経営現象から可能な限りさまざまな情報を収集し、教材としてのケースとして執筆されたものでティーチングケースとよばれている.

ケース・メソッドにおいて使用されるケースは、「問題解決を迫るケース」と「評価のためのケース」に分類される. 前者は、問題解決が迫られており、ケース読者がケースの情況分析、主要問題の発見、問題分析、問題解決を他の参加者との討論を通じて相互に学び合うためのものである. それに対して、後者は、登場人物もしくは組織がすでに行った意思決定が記述されており、ケース読者がその意思決定を評価するものであり、一般的には経営の成功例や失敗例を記述したケースが一般的である. どちらのタイプのケースを使用するかについては、ケース・メソッドを行う際の教育目的による.

そこで、前者の「問題解決を迫るケース」とは、インストラクターが参加者に適切な質問をすることにより、①ケースにおける主要な問題、登場人物、関連する諸事実の確認、②ケースにおける主要な問題の発見、③問題の多様な視点からの分析、④問題解決とその選択理由の検討、⑤ケース討論からなにを学び得たのか、などについて一連の討論をすることを通じて、経営や管理に関する問題発見、問題分析、問題解決などの能力、さらに他者の意見を理解する力

や表現力，説得力などを習得させようとするものである．

そして，「評価のためのケース」によるケース・メソッドも，①ケースにおける事実の確認，②主要問題の発見と分析，③なぜ成功したのか，失敗したのかの諸要因の発見と分析，④登場人物の意思決定への評価とその評価理由の検討，⑤ケース討論を通じてなにを学び得たのか，などについて一連の検討を通じて，過去の経営上の意思決定から学び得たことを将来の経営に生かす能力などを習得させようとするものである．

(4) ケース・メソッドにより学び得るものとは

経営や管理についての既存のアイデア，概念，理論の学習，あるいは過去の出来事や歴史から学習することを否定するものではないが，ケース・メソッドの目的は，将来において経営や管理にたずさわる人々の意思決定能力を向上させることであり，それは教師が参加者に一方的に教授するのでなく，参加者がケース討論を通じて主体的に学び合うことにより獲得されるものである．

『経営者』を編纂したグローバー (J. D. Glover) とハウアー (R. M. Hower) は，ケース・メソッドについて「経営者を経営者たらしめる特質は，責任的に考え，行動し，他人と協働し，他人が友好的で，同時に集団内部での満足を得られるような職場を提供することにある．学生たちは，ケース研究とケース討論によって，それらを可能にする資質を高めることができると考えている」と述べている．

またユーリック (D. N. Ulrich) は，「『経営的心構え』は，事実の集積や記憶によっては発展も達成もできない．それはまた『原則』や『原理』の記憶によっても育成されない．一般的，抽象的な討論によって，有効に育成されるとも考えられない．『講義を受ける』ことによって経営者になることはできないし，なにを，どのように考えるべきであると教えられたところで経営的なものの見方を身につけることはできない．われわれは，批判的な読書によって，なにが経営的なプロセスやアートになるかを良く理解できるようになると考えてはいるが，経営に関する読書を行うことで経営者になれるとは思っていない」との理由から，ケースを学習し，熟考し，討論するというケース・メソッドを選択しているのだと主張している．

ケース・メソッドが，経営教育において唯一最善の教育方法であるとは考えていないが，他の方法との併用によって有力な教育方法になる．

(5) 「ケース・メソッド」と組織学習

経営学部，経営大学院，企業におけるケース・メソッドは，参加者による討論によって展開される．それゆえに参加者たちの相互関係の中で行われるケース・メソッドは，討論が行われる場に限定すれば，参加者たちによる組織学習の一形態であると理解することもできるかもしれない．しかし，参加者たちがケース・メソッドにより学習した成果を，仕事が行われる場（職場）に個人的に持ち込み，個人の意思決定や協働の維持に役立たせようとする限りにおいては，個人学習として捉えることが適当かもしれない．職場から切り離された学部や大学院においては特にこのことが妥当する．

しかし，企業内で行われるケース・メソッドにおいて，「ケース・メソッドの場」と「職場」をどのように結びつけて，個人学習を超えて，組織全体を学習する組織に発展させるかは，教育担当者が検討しなければならない課題といえよう．たとえば，使用するケースを参加者の職場での問題を扱ったものにしたり，職場のメンバー全員でケース・メソッドに参加するなど，さまざまな検討をする余地があるように思われる．

(6) わが国における「ケース・メソッド」

良質なケースやケースインストラクターの不足が，わが国におけるケース・メソッドの普及の障害になっているように思われる．とりわけ近年，つぎつぎに創設される実務家育成のための経営大学院におけるケース・メソッド実施にあたり，これらは解決されなければならない緊

急の課題といえよう．慶應義塾大学経営管理研究科（慶応ビジネススクール）のほかにも，一橋ビジネスレビューがケース開発に力を入れている．また，ジャパンケースバンクや日本ケース・メソッド協会が設立されるなど，ようやくわが国においてもケース開発やインストラクター育成への努力が本格的にスタートしはじめた．ケース・メソッドには，良質なケースとインストラクターが不可欠の要素であるから，大学教授たちも含めてケース・メソッドの理解と実施にあたっての条件整備を地道に進めることが求められている．

〔吉田優治〕

5．日本における企業家育成の条件

(1) 起業家・企業家の意味

起業家・企業家はアントレプレナー（entrepreneur）と一般的に呼称されている．起業家と企業家はほぼ同じように解釈されているが，字義どおりに解釈すると起業家とはまさに企業を創業し，企業として新規に開業する経営者のことである．また，他の解釈として社内ベンチャーといわれるように，社内に新規事業を起こし，社内起業家として新規事業の経営に携わる者に対しても使われる概念である．このようなことから企業家は一般的に起業家を含む言葉と解釈してよいであろう．また，経営者という言葉との関連であるが広義に解釈すると起業家，企業家を含む概念として用いられることが普通である．

さて，企業家が一般的にどのような企業を創業し，その目指すべき方向とか条件は何であるかを概観する．起業家が創業する企業はまず，規模的には小さな，たとえば数人から10数人で起こすサイズがほとんどであろう．そのような企業に社会的な意義があるには，「新しい技術，新しい市場の開拓（新製品・新サービスの提供）を志向した企業家精神（創造的で進取な心をもち，リスクに果敢に挑戦する意欲と責任感・倫理感をもつ心の様相－ベンチャースピリット）に富んだ経営者にリードされる中小企業」としての使命感があるからであろう．筆者はそれを「ベンチャー企業」と定義する．そのような志向や行動特性をもつ企業家を多く輩出できるかにより産業や経済の活性化に貢献できると考える．企業家教育が必要な理由もそこにある．

(2) ベンチャースピリット（企業家精神）とベンチャー経営

企業には多様な形が存在するが，筆者は，4つに分類している．概念図として捉えると，縦軸は，ベンチャースピリット（創造的で進取な心をもち，リスクに果敢に挑戦する意欲と責任感・倫理感をもつ心の様相）の高さの程度を，横軸は企業のサイズ・規模の大小を置き，きわめてシンプルではあるが4つのセルを設けた．つまり，ベンチャースピリットが低く，企業の規模が小さい場合は，「普通の中小企業」，逆にベンチャースピリットが高く規模が小さい場合は「ベンチャー企業」と命名した．また，ベンチャースピリットは低いが大企業である場合は，「普通の大企業」，他方，大企業でベンチャースピリットを高くもっている企業を「ベンチャースピリットを兼ね備えた大企業」と命名した．それらは，一般的には，ビジョナリーカンパニー，エクセレント・カンパニー，グレート・カンパニーともよばれている．

「ベンチャー企業」と「ベンチャースピリットを兼ね備えた大企業」の領域を「ベンチャー経営」とよぶ．すなわち，「組織の規模に関係なく，経営者が企業家精神をもち続け，その思想が組織全般に浸透し，つねに高い目標に向かって業務遂行をしている状態，プロセス」をいう．企業家が目指すべき方向・条件は，「ベンチャー企業」であり，「ベンチャー経営」となる．ここで注意しなければならない点は，ベンチャー企業を誕生間もない若く，新しい企業を指すことが多いがここでは歴史があり，第2の創業とか第3の創業といわれる企業もベンチャー経営を志向する企業であるという点である．

(3) 企業家の基本的条件

企業家の育成をリーダーの育成と考えると、それは上記したようにベンチャー企業やベンチャー経営を目指す企業家(リーダー)ということになろう。すなわち①新技術、新市場、新サービスの開拓、②高いベンチャースピリット(創造的で進取な心をもち、リスクに果敢に挑戦する意欲と責任感・倫理感をもつ心の様相)の維持、③社会貢献を目指すビジョンの存在、の3条件をどのように育成できるかであろう。

このようなベンチャー経営を目指す経営者をコリンズ(J. C. Collins)は第5水準(最高のレベル)の指導者として捉えている。それは「自尊心の対象を自分自身にではなく、偉大な企業を作るという大きな目標に向けられている。私に欲がないのではない。それどころか、信じがたいほど大きな野心をもっているが、その野心はなによりも組織に向けられていて、自分自身には向けられていない」という。すなわち、組織存続のために、後継者の育成を考慮しているのである。

ベンチャースピリットが重要であることに関して、筆者の社会生産性本部の調査(1996)とベンチャー企業調査(2004)によると①なにかをなし遂げようという経営者の志の高さ(社会生産性本部の調査71.6%、ベンチャー企業調査79.5%以下同じ)、②柔軟な発想(61.3%、61.9%)、③優秀な社員の採用、育成(46.2%、39.7%)となっている(3つまで回答)。基本的には高い志をもち、高い目標に挑戦し、なし遂げようというベンチャースピリットがリーダーにとってのキーコンセプトであることがわかる。

すなわち、企業の経営者は組織に方向性を与え、高い目標に向かってメンバーのモチベーション(意欲)を喚起し、組織メンバーの創造性や課題解決能力を高める能力が必要不可欠であり、リーダーシップとはそのプロセスであり、実現させようとするパワーであるといえよう。

筆者はベンチャー企業調査(1995, 2004)で社長への経路調査を行った。それによると「創業者」(47.0%、42.9%)が最も多く、次いで「同族事業継承者」(37.9%、40.3%)、「非同族内部昇進」(8.1%、12.6%)となっている。同族支配が8割を超えている。時期、対象企業が異なるこれら2つの調査において同じような傾向がみられることは注目できよう。

ここで2つの点が重要である。ひとつは、多くの中小企業が創業者として起業し、現在に至っているという事実である。2つ目は、創業者を親族にもつ同族が事業を継続しているという点である。ここで中小企業経営者は先述したベンチャー企業やベンチャー経営を目指す企業家の3条件を保持し、上記したリーダーシップを十二分に発揮できる人材でなければならない。

さて、もうひとつの重要な視点は、日本はアメリカのように開業率が高く、しかも閉業率も併せて高い「多産多死型」ではなく、開業率も低い段階にあるということである。アメリカ型に移行すべきとの議論が一部にあるが、日本には日本らしい生き方があると考える。組織の中でベンチャースピリットをもって活躍できる人材の育成が日本型人材育成の特徴である。日本企業が成長・発展するためにはベンチャースピリットを組織や個人にどのように浸透させるかであり、企業を「小さな組織」「チーム型」に分割し、自立的に動ける組織の連合体とすることが必要不可欠の条件となる。連合体としてのベンチャー経営型・「風船」型組織(企業の部長、事業部長、カンパニーのプレジデント、課長、工場長、フロアー長、店長、子会社のトップ、フランチャイズチェーンの店長などが企業を構成する各風船である)へと転換しなければならない。各風船が自立的に責任をもってリーダーとしての職務を果たすイメージである。

(4) 経営者の育成は可能か

経営者の最大のテーマは後継者の育成と人選である。GEの人材育成は、ニューヨーク郊外にあるクロトンビルの経営開発センターで行われている。ウェルチ(J. Welch)は会長職21年間に1万8千人近い経営幹部と直接に対話し、大企業病(官僚主義)と戦い、「シックスシグマ(品質向上運動で100万分の3.4の確率)」「ワークアウト(問題の発見と除去)」の経営

合理化プログラムを開発実践した.次期後継者もここから輩出している.

1994年から次期のCEO選びが始まり,45歳のジェフ・イメルトが2001年に抜擢された.2001年9月6日,このセンターは「ジョン・F・ウェルチ・リーダーシップ開発センター」と改名された(『日本経済新聞』「私の履歴書」2001年10月).

また,日本の企業も有能な企業家やリーダー育成にさまざまな工夫をしている.ジュニアボード(青年重役会)の設置,研修所での合宿研修,トップとして関連子会社への派遣,カンパニー組織のプレジデント,事業部制に事業部長への登用,前川製作所のように約80にものぼる独法(別法人で大体従業員10から20名の会社)による経営者の育成などが行われている.今日の日本社会は,ベンチャー企業待望論,起業家輩出の賛美,大企業や中小企業からのスピンオフの奨励,学生に対するベンチャースピリット涵養等が盛んに喧伝されている.

経営者育成策についてその例をまとめて以下に示すと,①ベンチャー企業,SOHO(small office home office)への支援策,インキュベーター(孵化器—小さな企業を多面的に援助し,自立できるよう支援する機関)によるマイクロ企業の育成,②若者に対する挑戦心の育成(大学生や小・中・高校生のベンチャースピリット養成セミナーなど),③大企業の社内ベンチャー企業育成(トヨタベンチャーファンド設立など),④後継者育成の取り組み(関連子会社へのトップとしての派遣),⑤社内教育の徹底,⑥会社法の改正による取締役の責任,⑦カオスの縁での経験(不安定と安定の狭間の変化状態の経験),⑧経営大学院での教育などがある.

<参考文献>

社会経済生産性本部『わが国ベンチャー企業の経営課題』1997

加藤茂夫,永井裕久「日本におけるスモールビジネスの組織特性(Ⅲ)—店頭登録企業とベンチャービジネスの比較調査」『専修大学経営研究所報』第115号,1995

加藤茂夫「日本におけるベンチャー企業の組織特性」『専修大学経営研究所報』第164号,2005

加藤茂夫『心の見える企業』泉文堂,1996

コリンズ,J.C.,山岡洋一訳『ビジョナリーカンパニー』日経BP社,2001

加藤茂夫編著『ニューリーダの組織論』泉文堂,2002

〔加藤茂夫〕

あ

アイオワ実験

　レヴィン（K. Lewin）などが1939年にアイオワ大学で実施したリーダーシップ・スタイルの効果についての集団実験のこと．実験では能力が似たような10歳前後の15人の児童を選び，5人ずつ3つのグループに分け，グループのリーダーに1人ずつ先生をつけ，3人の先生を民主的リーダー，専制的リーダー，自由放任のリーダーに仕立てて，児童たちに工作をさせている．その結果，専制的リーダーの先生のグループでは，仕事はたくさんできたが，作業意欲は低調であった．これに対して，自由放任のリーダーのグループは非能率で，作業意欲も低かった．そして，集団に対して望ましい影響を与え能率的で態度も雰囲気もよかったのは，民主的リーダーのグループであった．→動機づけ理論，リーダーシップ　　　　　　　　　　〔守田峰子〕

IT教育

　IT基本法（2000年成立）では「すべての国民が情報通信を活用できるようにするための教育及び学習を振興するとともに，高度情報通信ネットワーク社会の発展を担う専門的な知識又は技術を有する創造的な人材を育成する」とされてきた．特に，中学校，高等学校におけるインターネット接続を実現する「e-Japan重点計画」によって，ブロードバンド環境の整備が進められ，2003年3月末にはその接続が100％に達した．しかし，1校当たりのインターネット接続台数や生徒が日常的に使用できる割合が低く，さらに教育用コンテンツの不十分さが露呈し対策が講じられている．大学教育では，インターネットを利用した教育が早くから試みられ，また，社会人教育や生涯教育でもデジタル化や，eラーニングの活用が行われてきている．→IT
〔石井泰幸〕

ITスキル標準

　2002年12月，経済産業省によって各種IT関連サービスに必要であるとされた能力の指標を示したもの．経済産業省は，さらなるIT普及と活用を促すことを目的に，2003年7月，独立行政法人情報処理推進機構にITスキル標準センターを設立させている．この目的に沿う専門家の育成やITの普及を目指す啓蒙を官民がそれぞれ行った結果，ITスキル標準は，情報サービス産業を始めとして各企業に認知され，着実に普及してきた．しかしながら，その一方で，見直すべき問題が顕在化し，ITスキル標準センターは2004年11月に「ITプロフェッショナル育成協議会」を設置し，さまざまな課題を検討し，2006年4月に改訂版として「ITスキル標準V2」を発表した．　　〔石井泰幸〕

ITリテラシー

　IT（information technology）は，コンピュータや通信などの情報技術のことであり，リテラシー（literacy）は読み書きの能力のことであり，ITリテラシーはIT活用能力のことである．ITリテラシーの内容は，生活や産業の中でパソコンや高度情報通信ネットワークの果たしている役割，情報モラルや情報セキュリティの必要性，パソコンのハードウェアとソフトウェアの基本的な構成と各部の機能および基本的な操作，電子メールの送受信，Webページの閲覧と作成など高度情報通信ネットワークの活用，ワープロソフト・表計算ソフト・プレゼンテーションソフトなど，パソコンソフトの活用などである．→IT，IT教育　　　　　　〔野々山隆幸〕

アイデンティティ（identity）

　同一性一般を指す言葉であったが，心理学者エリクソン（E. H. Erikson）が自我同一性

(エゴ・アイデンティティ)という概念を提唱して以降，人格の統一性・固有性を表す言葉として広く用いられるようになった．人間は成長の過程でアイデンティティを確立することにより，自分の出自やあり様の統一性・固有性に対して確信を抱くことができる．この概念は，組織体にも適用範囲が拡大されてきた．なかでも，企業の社会的イメージの統一性はコーポレート・アイデンティティ(CI)とよばれ，その確立は，社会・市場における認知度・優位性の獲得のうえから，特に重要視されている． 〔杉本昌昭〕

アウトソーシング（outsourcing）

自社の業務を外部の資源に依存すること．自社の経営理念や経営方針を固めたうえでコア・コンピタンス（自社の強み）に経営資源を集中するため，間接部門や専門性の低い業務を，専門知識をもった外部企業に委託する．委託によりコストを削減したり，業務効率が向上したり，より専門性の高いサービスを得ることが可能になる．現在では，日本企業の約90％がなんらかの形でアウトソーシングを活用している．生産を外部に全面委託し，商品企画のみを行うファブレスとよばれるビジネスモデルも存在する．→経営資源，ファブレス 〔宮内 強〕

アカデミック・スクール

アカデミック・スクールはプロフェッショナル・スクールと比較される．後者は，ビジネススクールやロースクールなどの職業人養成大学院であり，日本では専門職大学院とよばれる．実務的・実践的な専門的訓練を施すことに目的を置くため，独創的な研究や専門領域を探求するものではない．一方，アカデミック・スクールは，研究者養成の大学院であり，過去からの研究成果や伝統を重んじ，実務や実践的な側面は軽視され，純粋に学問的立場をとる．経営学の修士号ではMaster of Arts（MA）もしくはMaster of Science（MS），博士号ではph.Dの学位を取得する．しかし，現実と遊離した問題設定とその解決に社会的な意義はない．特定の利害関係者に偏らない両者のバランスが要求される．→ビジネススクール，ロースクール 〔亀川雅人〕

アカデミック・ハラスメント
（academic harassment, アカハラ）

大学などの研究教育の場での権力を濫用した嫌がらせであり，それによって個人の権利である研究・就学の機会が奪われることである．上位教員による下位教員への研究妨害，昇格の保留などや，学生が教員から受ける指導拒否，学位取得妨害などがある．アカデミック・ハラスメントの構図は，マジョリティーである男性からマイノリティーである女性，留学生に対する嫌がらせ，教員から学生への権力行使である．上下関係を利用した嫌がらせであるため，パワーハラスメントの一類型ととらえることができる．性的な嫌がらせであるセクシュアル・ハラスメントを伴う場合も多い．→セクシュアル・ハラスメント 〔杉田あけみ〕

アクション・ラーニング
（action learning）

1930年代に「アクション・ラーニングの父」と称されるイギリス人物理学者レグ・レバンス（R. W. Revans）によって開発され，アメリカにおいて1980年代にリーダーシップ育成の手段として注目を集めてきた手法である．組織横断的な参加者が，アクション・ラーニング・コーチによる質問を中心とする指導を手がかりに，職場における現実の問題の解決策を立案ばかりでなく，その行動とリフレクション（内省）により，個人，グループ，組織の能力を向上させるプロセス，およびチーム学習プログラムをいう．そのため「学習する組織づくり」の基礎ともなる．マコード（M. J. Marquardt）は，アクション・ラーニングの6つの構成要素として，問題，グループチーム，質問とリフレクションのプロセス，行動，学習へのコミットメント，学習コーチをあげている．→組織学習 〔吉田優治〕

アドミッションズ・オフィス
(admissions office)

元来は，アメリカの大学内に設置された専門機関で，学生の募集等の広報活動，入試制度の研究から入学者の選抜までの入試にかかわる業務を一貫して行う組織を指している．しかし，わが国の大学では，このような強力な権限を有する組織はほとんどみられない．むしろ，わが国では，「admissions office」の頭文字をとって，「AO」と略称され，「AO入試」という用法で使用される場合が多い．このAO入試は，1990年に慶應義塾大学の総合政策学部と環境情報学部が初めて実施した．これは，学力試験のみで入学者を選抜する従来の手法と異なり，数回の面接や小論文，または志願理由書の提出などを求めることで，受験生の適性，能力や意欲などに関する多角的な検討を行うことで，当該大学にふさわしい学生を入学させようとする入試手法である．　　　　　　　　　　〔飯嶋好彦〕

RJP (realistic job preview)

「現実的な仕事の説明」あるいは「ありのままの仕事内容の明示」という意味で，最近注目されている採用理論である．これはアメリカの産業心理学者ジョン・ワナウス(J. P. Wanous)により提唱された考え方である．その主張は，有効な採用活動のためには，これまでのような，魅力的なことを強調した入社案内や採用パンフレットでなく，担当する仕事や職場に関して，良いことも悪いこともすべてを伝えることであるとする．この理論は，企業にとってもまた応募者にとっても現実的な職務を直視することとなり，入社後のミスマッチを減少することも可能となり，キャリア・マネジメントの視点からも今後さらなる発展が予想される．　　〔村上良三〕

アルバイト

ドイツ語のArbeitを語源とし，「仕事」，「労働」といった意味であるが，日本では「学生アルバイト」といったように本業が別にある人が臨時的，副業的に就業する場合を指すことが多い．正式には"アルバイター"が正確である．「学生アルバイト」，「主婦パートタイマー」といったような属性で短時間労働者を使い分けているが，基本的には短時間労働者に関する雇用管理の改善に関する法律（パートタイム労働法）の「パートタイマー」であり，「同一の業務に従事する労働者に比して1週間の労働時間が短い者」と定義される．近年では，仕事の需給によって雇用を調整しやすいので小売業やサービス業で拡大基調にあるが，それに伴って正社員との賃金や福利厚生などの処遇格差の是正が課題になっている．なお，大卒以後も正社員でなくアルバイトとして働く話題の"フリーター"は，"フリー・アルバイター"の略語である．→ニート，非正社員，フリーター　　〔嶋根政充〕

安全教育 (safety education)

事故や災害を防ぐための知識や技能を身に付けさせるための教育のこと．企業においては，生産活動を安全に進めるために行う教育訓練を指す．労働安全衛生法によると，労働災害などを防ぐために，①労働者を新たに採用した時，②労働者の作業内容を変更した時，③労働者を危険または有害な仕事に従事させる時，④職長・その他の労働者を直接指導監督する者に任命した時，事業者の義務として特別教育を実施しなければならない．安全教育の内容としては，たとえば，安全な作業方法の知識や技能の習得，万が一，事故や災害が起こった場合の適切な処置の学習，日常の安全意識の醸成などがあげられる．→ヒヤリ・ハット　　　　　　　　〔合谷美江〕

依願退職

退職には大別して、①従業員側からの意思により雇用契約を解消する〈依願退職〉、②経営者側からの意思により雇用契約を終了させる〈解雇〉、③双方の合意により雇用契約を解消する〈定年退職など〉の3つがある。〈依願退職〉は、本人からの願い出による自己都合(一身上の都合)退職を指す。これには、家庭の事情、企業内のコミュニケーションの欠如、左遷による不満、仕事への自信喪失などが含まれる。もうひとつは、不祥事により懲戒処分(解雇)となるものを、〈依願退職〉として取扱うことが稀にある。これは、本来ならば解雇に当たるが、その人の立場や将来性などを考慮して、温情として〈依願退職〉として受理するものである。→退職〔簑 豊〕

異業種交流

経営の現場では、他業種や他業界で行われている経営手法や現場の知恵、アイデアが自社の役に立つことがある。たとえば、小売業における在庫管理の方法が、製造業の生産管理や業務の効率化のヒントになる場合などがあげられる。このように、異業種の経営手法や知恵を取り入れることを目的として、異なる業種間で、情報交換や人事交流などを行うことを異業種交流という。一般的に、異業種交流は中小企業の間で行われ、「異業種交流会」という企画やイベントの場を通じて行われることが多い。まれなケースとしては、交流会をきっかけに正式なアライアンスにまで発展する場合もある。→産学協同、産官学提携 〔奈良堂史〕

育成の論理

教育の本質は、人間の成長と発達を助成する作用であり、精神的、身体的に内在している素質をあるべき方向に正しく導き、その成長を助けるところにある。組織における人材育成においても、その本質は教育と同様の助成作用である。すなわち、能力開発の基本は各人の主体的努力にあり、経営目的を効果的に達成する人材へと方向づけし、能力開発に積極的に努力するように動機づけ、その活動を援助するところにある。人材育成の促進作用には、自己啓発、経験、教育があり、組織的活動としては、望ましい人材ビジョンの提示(方向づけ)、自己啓発を刺激する制度的動機づけや上司などによる刺激、育成に効果的な経験の場の提供、そしてOJTや研修などの直接指導を単独あるいは総合的に組み合わせることによる。→人材ビジョン

〔川端大二〕

一芸入試

入学試験で、学力入試とは関係なく、なにかに秀でた特技をもつ受験生の能力を評価して、面接で合否を決める試験制度である。スポーツ、文化、芸術、語学やあらゆる検定資格、ボランティアなどの地域活動、生徒会の活動、趣味などジャンルを問わず、あらゆる分野において特技や資格で評価してくれる入試制度である。活動や実績を残したユニークな人や優秀な選手を確保するために、主に大学、高校や一部の中学で実施するケースがある。たとえば、「競技カルタ」、「囲碁」や「暗算」などの競技で高い能力をもつ人、あるいは「各種スポーツの記録」、「各種コンテスト」で表彰されている人が合格している。→アドミッション・オフィス 〔白川美知子〕

一般職

「主に定型的業務に従事し転居を伴う転勤はない」職務として、コース別雇用管理の一区分である。これはコースを設けて雇用管理する制度で、一般職のほかに、総合職や専門職などがある。この制度は1986年の男女雇

用機会均等法施行により大企業が導入を始めた．その目的は主に「能力主義に基づく処遇を行うため」であり，男女差別の是正を意識したものである．しかし実質的には男女均等雇用が進まないため，99年に改正均等法を施行した．近年では，改正法の施行と低成長経済の背景から，一部企業では一般職を廃止し，定型業務を派遣社員・契約社員などへ移行し，中間職を設ける傾向にある．→コース別人事制度　　　　　　　〔堀部誠治〕

eラーニング（e-Learning）

electronic（電子的な）手段で行われる学習形態である．主に，情報技術を使うことで従来ではできなかった学習形態を可能にするものである．「広義」では，情報技術を使った学習形態すべてに使われる．「狭義」では，主に時間（同期型と非同期型），インタラクティブ性（片方向性と双方向性）などに分類されて使われる．たとえば，インターネットを利用した形態は主に非同期型，テレビ会議システムを使った形態は同期型に分類される．インタラクティブ性はその度合いによって分類されて使われる．最近では情報技術の革新と多様化が進みこれらの学習形態を連携・統合して使うこともある．→遠隔教育，オンデマンド教育　　　　　　〔大東正虎〕

インストラクター（instructor）

意味は指導者，教師，教官などであるが，指揮者，スポーツクラブの指導者，動物訓練の指導員など広範囲に使用されている．企業においては従業員の訓練を行う指導者である．パソコンなどのITの指導，接遇や販売員の訓練，各種作業訓練，また研修講師の助手的スタッフなどを指し，定型化された技術・技能の指導や訓練，さらには定型的研修コースの指導に当たる者を指すことが一般的である．多くの場合，インストラクター養成講座があり，関係する協会，研修機関，公益法人などによって運営され，資格として認定するものが多い．しかし，資格や能力レベルのあいまいなインストラクターも少なくなく，契約や内容でトラブルが生じることもある．

〔川端大二〕

インターネット検索

インターネットとは全世界に点在するコンピュータを相互に接続した巨大なコンピュータネットワークである．その起源はアメリカ国防総省の研究プロジェクトであり，この技術をもとに1986年に学術機関を結ぶネットワークが構築され，1990年代中頃から次第に商用利用されるようになり，現在のインターネットになった．この世界中のコンピュータに存在する情報を検索することをインターネット検索といい，この検索を行うソフトをサーチエンジンという．最も代表的なものが元々スタンフォード大学内の研究プロジェクトとして立ち上げられたグーグルである．それまでにも検索エンジンは存在していたが，結果の精度や豊富さから現在世界中で最も多く利用されている．日本語版のサービスが開始されたのは2000年9月である．〔中山雅之〕

インターンシップ制度

学生が在学中に自らの専攻，将来のキャリアに関連した就業体験を行うことと定義されており，文部科学省，経済産業省，厚生労働省などが積極的に推進する制度である．その種類には，職場体験型（企業における仕事体験），職業意識開発型（職業意識，就業意識の養成），教育実践型（大学・専門学校教育の実践）などがある．インターンシップ（internship）には，職業意識養成，責任感・自立心向上など学生側のメリット，教育内容の充実，学校PRなど学校側のメリット，人材との交流，企業PRなど企業側のメリットが存在し，今後，さらなる発展が期待されている．→社会体験学習　　　　　　〔谷井　良〕

イントラプレナー（intrapreneur）

①「社内企業家（社内起業家）」「企業内企業家（企業内起業家）」などと訳される．②人物像としては「企業家」とほぼ同じだが，会社内の人物という点が特徴をなす．主に，「大企業内に存在する創造的活動をする人物であり，リスクをとることをいとわない

人物」といった意味で使用される．③日本では，2001年に経済産業省が新規産業創出のためのイントラプレナー輩出の必要性を発表しており，「社内で新規事業を行う人物」といった意味での使用がめだつ．④このような人物によって構成されるイントラプレナー型組織の代表的な企業事例として，㈱ミスミがあげられる．→起業家育成　　　　〔小野瀬拡〕

イン・バスケット法 (in-basket method)

管理者選抜のためのアセスメントあるいは管理者の問題処理能力向上のための教育訓練方法のひとつで，イン・トレイ法ともいわれる．参加者は，文字どおり未決箱（インバスケット）に入れられたさまざまな未決書類を一定時間内に判断・決定し，既決箱（アウトバスケット）に入れることが求められる．その際，実際の職場と同様に，電話や不意の面会者の訪問があるなど，参加者にはしばしば種々の妨害圧力がかけられる．参加者は，そうした圧力を排除しながら未決書類を処理するとともに，その処理を取る優先順位，処理の仕方などを所定のメモ用紙に記入していく．参加者各自が書類の処理を終了した後に，小グループにおいてそのメモを基に各自の処理結果について意見交換し，さらには必要に応じてその意見交換の結果について全体で討議することになる．　　　　〔中村秋生〕

インビジブル・カレッジ (invisible college, みえざる大学)

最先端をいく研究者たちがネットワークを構築して，学問交流を通じて研究領域をリードしている研究者グループをいう．地理的にばらばらであったり，大学や企業など機関にとらわれないネットワークである．学問領域に精通していなければ，グループのつながりが把握できないため，みえざる大学とよばれている．ソーシャル・キャピタル（社会関係資本）のひとつとして考えられる．→社会的資本　　　　〔松村洋平〕

え

営業力

そもそも営業とは，利益を得るために事業活動を行うこと．そのため営業の目的は，あくまで利益である．売上は，その手段となる．売り捌くことを意味する販売とは，この点で，少し趣きを異にする．営業は，むしろ商売や経営に近いニュアンスをもつ語である．したがって営業計画は，まず始めに利益計画ありきとなる．現在の環境下で営業力を支える主な要因は，情報活用力，利益創出力，商品育成力，意思決定力，関係性創造力などである．これらの諸要因が有効に絡み合って，総合機能としての営業力が形成される．

〔高橋　弘〕

英語検定 (英検)

現在，英語の資格実力を検定する試験は30種類以上存在する．㈶日本英語検定協会の英検が最も古く一般的で，最も難易度の高いものに，㈶日本国際連合協会実施の国連英検があり，国際政治，経済，環境など最も幅広いテーマを題材にとった検定を実施し，特A級は国連職員への道も開けよう．最近注目されてきたのはトーイック (TOEIC, test of english for international communication) で，ビジネスを主にした国際コミュニケーションを中心にしている．990点満点のうち750点をもって一般的な企業への就職に有利とされる．アメリカ圏での検定にはトフル (TOEFL, test of english as a foreign language) が有名，ペーパーテスト (PBT) とコンピュータテスト (CBT) の2種類があり，これからは後者が主流となる．主に留学に必要な英語力を検定する．イギリス圏ではケンブリッジ英検が欧州では最

も権威がある. 〔中島一彰〕

エイジレス雇用

わが国の多くの企業には定年制(法律で60歳以下にはできない)がある. 近年の年金制度改革に伴い, 厚生年金の支給開始がすでに段階的に60歳以降に引き上げられており(男性の場合), 最終的に65歳支給となる. 今後定年年齢が60歳のままなら, 年金受給開始年齢との間には5歳のギャップがでる. そのため, 定年延長, 定年後継続雇用, 定年制廃止が法律でも義務づけられる(2006年4月から). このような環境下, 従来から企業社会において,「働く意思と能力をもつ高年齢者を, 年齢にこだわらないで雇用する」という「エイジレス(ageless)雇用」の考え方が求められている. 高齢化社会への対応, 人材損失の防止, 将来の労働力不足などに対応するものであり, これからの企業の大きな課題となろう. → 65歳現役社会, 高齢者の継続雇用 〔鷲澤 博〕

エグジット・ヴォイス＆ロイヤルティ
(exit, voice and loyalty)

開発経済学者・政治経済学者であるハーシュマン(A. O. Hirschman)が1970年に著した『離脱・発言・忠誠』の中で示した組織変革の3つの概念. 彼は組織変革には「exit(離脱・退出)」,「voice(発言・抗議)」という行動が用いられ, 経済学者は前者, 政治学者は後者に偏重しやすいと主張した. そのうえで,「loyalty(忠誠)」は voice を活性化させると指摘した. exit しやすい組織では voice が生じにくくなるため, うまく組み合わせることは難しいものの, 必要に応じて, もう一方を行使することが重要であるとした. 〔安田賢憲〕

エグゼクティブ・セクレタリー
(executive secretary)

事務局(総)長, 社長室長(組織の事務執行権限をもつ役職)といった直訳がある. 企業では, 部長職相当以上の秘書を指していることが多い. 経営幹部としての役割を果たしており, そのように処遇されている. したがって, 通常は, エグゼクティブ・セクレタリーには, その日常の秘書業務を処理するためのセクレタリーが, 配属されている. 日本における最高地位のエグゼクティブ・セクレタリーとしては, 専務取締役社長室長という例がある. 日本の官公庁では, 内閣総理大臣秘書官の英文名称が Executive Secretary to the Prime Minister である. 〔杉田あけみ〕

SE (system engineer)

業務プロセスをコンピュータ化したシステムを設計・構築・保守する技術者のこと. システムとは, 業務の一連の流れをコンピュータに行わせ, 効率化をはかっていくことであり, システム化によって人的負担の軽減やコストダウンを実現することができる. したがって SE は専門的な技術力をもち, システム構築のノウハウや, 業務プロセスに精通し最適な情報システムを構築するための中心的な存在として, エンドユーザーとシステムとの橋渡しを行う. 具体的業務は, システムの提案書やプロジェクトの基本計画書の作成, プロジェクトの指揮, システムのテスト・評価, システムに対する保守作業などがある.
〔石井泰幸〕

X理論・Y理論

マグレガー(D. McGregor)が著書『企業の人間的側面』で提唱した人間の性質や行動に関する2つの見解. 従来, 経営者や企業は「人間は仕事がきらいで強制されないと能力を発揮せず, 責任を回避し安全を望む」と考えてきた(X理論). 彼はこの見解に異議を唱え,「人は自分が進んで身を委ねた目標に向かって働き, 責任を引き受け, 問題解決のために想像力や創意工夫をこらす能力がほとんどの人に備わるが, 企業では従業員の知的能力の一部しか生かされていない」とする(Y理論). 命令・統制の「階層原則」ではなく個人目標と企業目標の「統合の原則」を組織づくりの軸に据える. →Z理論 〔内田 賢〕

HRM（人的資源管理）

Human Resource Management の略である。経営資源のうち「ヒト」（人材）の管理にかかる企業などの組織体における諸活動をいう。企業などの戦略を踏まえ、従業員を採用・育成・活用し、組織の目標（効率的な事業活動の遂行・組織の統合を通じた中長期的な競争優位）を達成するとともに、個々の従業員の目標も達成されることを目的とする。この概念は1970年代にアメリカで広がり、1980年代からわが国でも用いられ、今日では一般的な用語になった。従来用いられてきた「人事・労務管理」とほぼ同内容であるが、人材に対する教育訓練や動機づけを重視するとともに、企業などの戦略との一体性・整合性を重視している。具体的な活動として人材の調達（採用）、育成（教育訓練）、活用（配置・昇進）、評価（人事考課）、報酬（賃金）、労働環境整備（労働時間・安全衛生）、福利厚生、労使関係管理などが含まれる。→人材マネジメント、人事労務管理　　〔石毛昭範〕

FD（faculty development）

一般に「教員が授業内容・方法を改善し、指導能力を向上させるための組織的な活動」とされるが、広くは「教員の研究能力の向上、教育能力の向上、教育課程の開発・向上、教育目的を達成するための組織改善など活動」を含んだ概念。アメリカのFDが導入された背景には、大学の大衆化・グローバル化、学生の多様化・個性化があり、同時に大学が厳しい時代を迎え、社会から説明責任と透明性を要請され、教員の教育能力の向上が最も重要な課題となり、組織としてこの問題に対応しなければならなくなってきたことがある。なお、同様の概念にSD（staff development）がある。スタッフが事務職員などを指していることもあるが、教員をはじめ大学関係者全員の教育能力などの向上の組織的な活動を意味していることが多い。→授業評価　　〔田中二郎〕

MOT（management of technology, 技術経営論）

情報・工業技術などを活用してベンチャー企業の創設や社内ベンチャーの立ち上げなどをリードしうる人材育成を目的とするMOTは、1980年代の末あたりから、アメリカの大学院で活発な展開を示した。わが国でも2003年度から複数の大学院でMOTコースが発足しているが、第1号は2000年創設の法政大学の「ITプロフェッショナル・コース」である。が、ビジネススクールと理工系大学院が協力して研究教育される統合的専門性を有したハイブリッドなマネジメントには、いまだ統一的なコンセプトが定まっておらず、技術者に経営理論を提供するだけのMBAコースと区別のつかぬものもある。→ビジネススクール　　〔辻村宏和〕

MTP（management training program, 管理研修プログラム）

昭和24年当時、占領軍基地で働く大勢の日本人を監督する立場にいた日本人に対するアメリカ流のマネジメント教育のため、「米極東空軍監督者訓練計画」の日本版を急拠作成したプログラム。カリキュラムは現在、日本産業訓練協会での11次改訂を経て下記の6部門17セクションとなり、主として参加者の討議、会議方式で行い、標準研修時間は合計32時間30分となっている。①管理の基礎（管理の基本的な考え方、管理と人間行動、組織の運営、基準に基づく管理）、②変革への管理（問題解決の基本、仕事の改善の実践）、③管理のプロセス（計画、指令、統制、調整）、④育成と啓発（育成の考え方、個人能力の育成）、⑤信頼関係の形成（態度と行動の啓発、人をめぐる問題への対処、コミュニケーションの確立）、⑥よい管理の実現（リーダーシップ、管理の展開）。　〔長坂　寛〕

MBA（master of business administration）

広義には学位としての経営学修士をいうが、狭義にはアメリカを中心に発展した実務型経営大学院（ビジネススクール、Business

School）において一定の MBA プログラムのもとで修得された修士課程学位をいう．したがって，わが国の大学院経営学研究科博士前期課程で修得される学位の多くは経営学修士ではあっても，その教育理念，カリキュラム，教育方法，教員陣容などが異なり，厳密にはビジネス・スクールの MBA とは区別される．ただし MBA コースはあくまでも学位課程であり，経営者・管理者の短期教育コースとは異なって，経営戦略論，組織論，人事管理論，財務管理論，経営倫理論等の経営学の各論を幅広く集中的に修学するプログラムである．→社会人大学院，ビジネススクール，プロフェッショナル・スクール

〔小笠原英司〕

遠隔教育（distance education）

遠隔地から実施する教育のこと．手法はさまざまであり，インターネットや電子メールによる手法は一般的になったが，その歴史は長い．最初に登場したのは通信教育で主に郵便による紙媒体であった．1970 年代になるとイギリスのオープンカレッジが創始し，ラジオ，テレビなどと通信指導を組み合わせた教育を提供した．さらに，通信ネットワークの発展で 1980 年代には TV 会議または一方向映像と双方向音声の通信が可能になった．最近はブロードバンドの普及により，インターネットおよび電子メールを使い，よりインタラクティブなやり取りが可能になり，膨大なテキスト，画像，動画なども送ることができるようになった．〔バンバン・ルディアント〕

援助付き雇用

さまざまな障害によって就職が困難な障害者の働く意思を尊重し，障害をもちながらも労働に従事する人の雇用支援を指す．すでにアメリカでは，1986 年のリハビリテーション法の改正により，障害者への「援助付き雇用」（supported employment）が制度化されている．日本では職場で働く障害者とその雇用主の双方を支援する「ジョブコーチ」（職場適応援助者）が制度化され，全国の障害者職業総合センターに導入されたのは 2002 年度からである．障害者の社会参加が進む中，行政・企業にとって積極的なリーダーシップが問われる．→チャレンジド

〔三ツ木芳夫〕

エントリーシート

社員の採用に際し，企業が独自に作成している応募フォームをいう．インターネットによるエントリー（資料請求）の進展とともに普及がはじまった．自己 PR 書と履歴書を合体させたもので，応募者全員からその企業が求める同一の情報を入手し，それを比較できるという利点がある．一般的には自己 PR，志望動機，学生生活，勉学，趣味・特技・資格，希望する職種とその理由，仕事に対する考え方，といった内容が盛り込まれている．多くの企業では，このエントリーシートで第 1 次選考を実施しており，インターネットによるエントリーの普及で応募者が増加している人気企業ではほとんどが選考に活用している．

〔菊地達昭〕

エンパワーメント（empowerment）

文字どおり「力（パワー）をつける」，「本来もっている能力を引き出し，権限を与える」ことである．①経営学では，現場に裁量を委ね，自主的・主体的な取り組みの中で，人や組織のやる気と成果を引き出すための「権限付与」，「権限委譲」の意味で用いられる．それにより，顧客ニーズに対する迅速な対応とともに，メンバーが直接意思決定に参画・関与できたという充足感が満たされることになる．ただし，現場で改善や変革が素早く的確に実行されるためには，全社レベルでの一貫した考え方が浸透していることが前提となる．②ジェンダー論やソーシャルワークなどでは，女性・障害者といった弱者の本来もっている能力を開花させ，「生きる力」を引き出すことを目的とする．それは，自己決定の機会とそれによる統御感を人間の権利とみる立場に立っている．いずれの場合でも，社会や組織・グループ全体の問題意識の共有と仲間意識の高揚によって，新しいビジョンや価値観を形成する原動力を生み出し得る．→パ

ワー　〔嶋根政充〕

エンプロイメント・アット・ウィル
（employment at will, **随意解雇の原則**）

労働者の採用は使用者の判断によって決定され，そして雇用継続がなされるという原則である．アメリカでは以前から続いてきた暗黙の協定である．したがって，労働者は組合や明文化された契約で保護されていない限り，この原則に従って自由に解雇されることになる．しかし，最近ではこの原則が崩れ始め，企業では，従業員を解雇せず，活用せざるをえない状況におかれ，人的資源活用の必要性が高まっている．→解雇　〔丸山啓輔〕

お

OJT

On the Job Trainingの頭文字を取った略称である．人材育成にはさまざまな手法があるが，実務の仕事を継続しながら，ノウハウ，技能を高める方法を「OJT」と総称する．実務を通じて行われるので，上司が訓練指導者になるのが一般的であるが，先輩が訓練の指導者になる場合もある．この場合，会社によっては，「brothers system」とよぶこともある．兄弟でスキル・知恵の移転が行われることと同じ効果をもたらすからである．物事を処理する時の，考え方，感じ方，感触といった感性的な捉え方の能力移転には効果的だが，多数の能力者を育成することのできない不都合もある．→研修体系，自己啓発
〔西田芳克〕

Off-JT

日常の業務から離れて訓練することをいう．人材育成にはさまざまな手法があるが，on the job trainingの頭文字を取ったOJTとは別の方法論である．一度に大勢の人間の能力を向上させるために，プロフェッショナルといわれる超熟練者にノウハウ，技能を教え込める長所があるが，その間，実務の作業が中断する不都合もある．同じ技能を使う人が多数いる場合には効率のよい方法である．しかし，表面的な技術，知識の移転に終わることも起こりやすい．風土に影響される，精神的なもの，あるいは物事に対する考え方，感じ方，感触の掴み方などの面では不満足に終わることも多い．→研修管理，研修技法，研修体系
〔西田芳克〕

オンデマンド教育

オンデマンド（on demand）はユーザーの要求に対応してすぐにサービスを提供する注文対応のことであり，オンデマンド教育はIT（information technology, 情報技術）またはICT（information and communication technology, 情報通信技術）を活用した双方向で主体的な学習が可能な教育のことである．オンデマンド教育の特徴は，ITによるコミュニケーションネットワークなどの活用，学習者とコンテンツ提供者との間の双方向性，主体的な学習などである．オンデマンド教育は，インターネット接続環境があれば，いつでも，どこからでも受講可能である．→IT教育
〔野々山隆幸〕

オンライン教育

インターネットを利用した双方向のコミュニケーションが可能な教育のことをいう．主に職業人のために郵便や放送を使って配信されていた遠隔教育にインターネットが利用されることになって時間や場所の制限がなくなった．今日では，さらに広い意味で使われるeラーニングの用語が一般的となりつつあり，新入社員教育やコンプライアンスのための学習などをはじめとして，組織学習の教育方法として着実に普及してきている．→遠隔教育
〔斎藤奈保子〕

海外研修制度

企業内教育制度の一環として社員を海外で研修させる制度である。その狙いは、企業活動の国際化に伴って、今後国際的に活躍することが期待される若手社員に、外国語を修得させることや国際的な視野で業務遂行ができる知識や技術を取得させることにある。海外研修派遣者の選抜にあたっては、自己申告、上司による推薦、選抜試験などにより選考する。派遣期間は1年ないし2年間が多く、研修目的としては、現地語の習得のためとしたものと、経営の知識や技術を習得するためのMBA資格（経営学修士）を取得させるものとが多い。国際事業要員の育成・配置のためには、制度として、要員の登録、育成、派遣のシステムを確立することが大切である。
→MBA，エクスパトリエイト　〔逸見純昌〕

海外留学

外国に一定の期間在留して学術、技芸、技能などを学ぶこと。それには、たとえば学術留学、研修留学、語学留学、スポーツ留学などがある。この海外留学は、わが国では古くは奈良時代や平安時代から行われていたが、明治期以降になると、わが国の近代化を推し進めるために、海外の優れた制度や先進的な科学・技術を取り入れる目的で制度化されるようになった。現在では、企業、大学、政府など多くの機関が研究開発や技術レベルの引き上げ、国際人材の養成などを目的に、海外留学制度を利用している。また、近年では個人も自分自身のキャリア形成の目的で、外国のビジネススクールなどへ留学するケースも増えている。
→ビジネススクール　〔桑名義晴〕

会計専門職（accounting profession）

「専門職」とは、本来「知的職業」を意味し、もともと神学・法学・医学の3つの職業を指すが、現代では、会計においてもこうした専門性が求められている。わが国においても、その代表的な資格として公認会計士や税理士があるが、会計的標準化の国際化などに伴い、こうした専門的な資格や能力が改めて評価されている。会計専門職には、業務上の判断を下す場合に重大な責任があり、高い倫理観が求められる。また、会計専門職は、企業のみならず政府、自治体、さらには公益法人などの公的部門の会計においてもその高い専門性が求められ、コンサルタントやアナリストといった形でも重要性が高まっている。そうした会計専門職の育成を目的としてわが国においても会計専門職大学院が設置されてきている。
〔篠原　淳〕

会計専門職大学院
（アカウンティングスクール）

業務の多様化、国際化、IT化など環境の変化に対応するため、平成18年から公認会計士の試験制度が大幅に変更された。こうした背景のもと「専門職大学院設置基準」の改正で「会計分野に関する専門職大学院」が平成17年4月から設置できるようになった。その主旨は、大学院で高度で専門的な職業能力を有する人材を養成することが目的で、公認会計士を目指す予備校的な存在ではない。平成16年に開設された法科大学院修了が受験資格となる新司法試験と相違して、会計専門職大学院修了は、新公認会計士を受験する資格要件ではない。ただし、公認会計士試験の一部が内閣府令により免除される。→ロースクール　〔加藤浩康〕

解決志向ブリーフセラピー

インスー・キム・バーグ（Insoo K. Berg）らが開発した実践心理療法。問題や原因を追究するといった、すでに起きてしまった過去

に注目するのではなく，未来を志向する．たとえば，「どうしたら，うまくいっていたのか」ではなく，「うまくいったら，将来どうなっている」といった考え方である．自分の力で，問題を短期（ブリーフ）に解決することを目的とする．長所や可能性を伸ばす方法として，産業カウンセラーや部下の育成やコーチングなどに，取り入れられている．→行動療法 〔田中信裕〕

解雇

使用者の一方的な意思による雇用関係の解除をいい，整理解雇と懲戒解雇がある．前者はその対象者の数が比較的に多数となること，後者はその判断が難しいことなどが多いこと，などから，ともに労使間の紛争になりやすい．傷病などによる労働能力の低下を理由とする解雇，能力不足・適格性欠如を理由とする解雇，非違行為を理由とする解雇などがあるが，客観的・合理的な理由を欠く場合には，不当解雇あるいは解雇権の濫用とされ，その解雇は無効とされる．→解雇権濫用法理 〔平野文彦〕

外国人労働者 (foreign labor)

わが国における外国人労働者とは，「外交」，「公用」，「研修」，「永住者」を含まない就労目的の在留者を指す．2003年の外国人労働者は約79万人と推計されている（厚生労働省2005年5月）．欧米諸国と同様に，単純労働者の受入れには慎重論が多勢を占め，日本では専門的・技術的分野に限定して受入れを積極的に推進する動向にある．地場産業などに顕在化する深刻な労働力不足と，経済活性化のための高度人材獲得に向けた対応が模索されるなか，2005年3月には，看護・介護分野に従事する日系フィリピン人の受入れ拡大が諮られた．国際的な労働力移動が進む一方で，社会適応や教育訓練，子女の就学問題など，受入れ体制の整備上の課題も多い． 〔澤木聖子〕

解雇権濫用法理

この法理は，最高裁（1975年の日本食塩製造事件判決）により「客観的に合理的な理由がなく，社会的相当性の認められない解雇は権利の濫用として無効になる」と明言して，判例法として定着した．この解雇権濫用法理はもともと，懲戒解雇など労働者側の事情を理由とした解雇に適用される法理であるが，人員整理のように経営不振に伴う，企業側に理由のある解雇についても，司法の場では厳しく規制されてきた．いわゆる，①人員整理の必要性，②解雇回避努力，③解雇手続き，④非解雇者選定の妥当性という，すなわち，「整理解雇の4要件」を満たさない場合はやはり権利濫用で無効となることが長い間定着してきた． 〔大西利弘〕

階層別教育

社員教育は企業の営業活動の主体的機能を担う「階層別教育」と組織に準じた「職能別教育」のマトリックス形態が主流といえる．階層別教育とは新入社員，入社数年目の中堅社員，主任・係長などの監督者，課長・部長級の管理者，取締役から社長・会長までの経営者の各階層別に行う教育を指している．各階層別教育の内容は次のとおりである．新入社員教育の重点は，①学生と社会人の違い，②コスト意識の高揚，③時間管理．中堅社員教育は，①業務知識，②人間関係，③コミュニケーション．監督者教育は，①リーダーシップ，②職場活性化，③管理技法．管理者教育は，①管理者の役割，②組織運営，③問題解決能力と企画力．経営者教育は，①意思決定訓練，②株主総会運営，③法改正による施策見直し．なかでも各企業ともに，新入社員と管理者教育を重点的に実施している．→職能別教育 〔長坂 寛〕

買い手市場

自由市場では，供給量と需要量が均衡するところで価格が決定する．そこで供給量が需要量を大きく上回るか，持続的に上回るとどうなるか．買い手は需要量の確保が容易なので買い急がない．需要の潜在化さえありうる．一方，売り手は供給量の消化が困難なので売り急ぐ．供給の顕在化が進むことにもな

る．当然に価格は下落傾向となる．買い手有利で，買い手が市場を支配しているかの様相を呈する．こうした市場を買い手市場と称す．この逆が売り手市場と称す．なお，商品だけでなく，労働力についても買い手市場はあり，企業側が有利な市場である．→労働市場　　　　　　　　　　　　　〔宮本修巳〕

カウンセリング (counseling)

クライエント（来談者）とカウンセラー（依頼に応ずる専門家）が相互コミュニケーションを介してクライエントの問題を改善，解決する援助過程．その背景には人間・人間行動の本質をどうみるかという問題がある．その実践領域は教育，産業，家庭，医療，福祉，司法などの各職域ごとにある．目的，対象，内容，場などの違いによって職場，学校，家族，病院など，またヘルス，メンタル・ヘルス，予防的，問題解決的，開発的，キャリアなどのカウンセリングがある．その役割は治療，予防，発達障害の矯正，発達課題の達成による自己成長の促進，人間の本来もつ人的資源・潜在能力の開発，自己実現の可能性への助長などに対する援助にある．この場合クライエントは，心の病をもつ者，生活上の悩みをもつ者，自己向上をはかる健常者であり，いずれも豊かな生活力の回復，維持，向上に関わりのある人たちである．→行動カウンセリング　　　　　　　　　〔二井房男〕

学習支援ボランティア

学校教育の支援として，正規授業の担当教員を補助するボランティアのこと．保護者や地域の住民がボランティアとして，教育活動の支援を行う場合が多い．教員数の確保や設備の理由から，少人数制や習熟度別クラス編成を取り入れることが困難な場合，一人の教員が一斉授業を行うやり方では，個々の生徒の能力に合わせた教育を行うには限界があり，学力格差が広がる可能性が高い．そのため学習支援ボランティアが補完する形で導入される．正規担当教員との綿密なコミュニケーションと連携が重要である．→学校教育
〔田中信裕〕

学習塾

㈳全国学習塾協会は，「主に教室での授業を中心とした学習指導を行い，小学生，中学生及び／又は高校生を対象として予習，補習及び／又は進学指導を行う事業者及び事業形態をさす」と定義している．学歴社会の浸透，受験競争の激化，学校教育に対する不満，少子化など，さまざまな理由によって，学習塾は発展してきた．学習塾の役割も学習指導だけにとどまらず，地域コミュニティの場や，生徒のカウンセリングなどと変化してきており，セキュリティ面や講師の質などが重要な課題となっている．→学校教育　〔田中信裕〕

学習理論

経営学では一般に組織における行為やプロセスに関連した「学習」を問題にする．それには，少人数の集団（チーム）での学習，複雑な構造をした組織での学習，組織間の学習，そして，学習による個人の発展や組織能力の発展などが含まれる．このような学習のメカニズムを実証ないし論証したモデルや命題は，学習理論とよばれる．一般に，学習は，「doing（実行）・searching（探究）・using（利用）」などの経験によってなされる．個人の学習は心理学では「経験が，後の行動に影響するようなかたちで，心の中に比較的永続的な変化を生じさせること」という．組織における学習は，狭い意味では組織における知識・スキル・能力ないし態度（心的傾向性）の変化として捉えられる．広い意味では，組織での認識や判断，知識の創造，組織行動の変容などを含めて，組織における経験とパフォーマンスとの関係として捉えられる．→組織学習　　　　　　　　　　　　〔阿部　香〕

学生ベンチャー

「ぴあ」や「リクルート」をはじめとして，学生が起業した会社が拡大した例は存在している．しかしながら，1990年代後半から，少子化による大学間の競争の激化，バブル崩壊などによる終身雇用制の崩壊などの日本社会の構造変化に伴い，学生が，在学・卒業時

に起業する「学生ベンチャー」が高い関心を集めるようになってきた.また,そうした「学生ベンチャー」を支援するために,行政も「大学発ベンチャー1000社計画」の育成策に乗り出している.学生ベンチャーには,事業分野の新規性,短期間での収益拡大目標,創業者のリーダーシップなどの特徴に加え,操業の際に多額の資金を要しないものが多い. →大学発ベンチャー 〔塩谷さやか〕

課題設定能力

目標達成のために解決すべき課題を,優先順位をつけて自ら選定できる能力のこと.課題設定能力は単なる問題発見能力とは異なり,問題を解決していくために必要となる自らの行動まで認識することが求められる.このため,課題設定は以下の手順で進めていく必要がある.①テーマを明確につかむ.②テーマに関した情報を集める.③現状について調査する.④情報・調査から問題を把握・分析する.⑤問題を絞り込み,優先順位をつける.⑥解決すべき課題を決める.⑦課題解決のための行動計画を策定する. →問題解決能力 〔井上善海〕

学校教育

わが国の学校教育は,教育基本法に則り国の設置基準に従って国民教育を行う正規の学校(いわゆる1条校)と専修学校,各種学校によって行われている.学校教育法第1条は,「この法律で,学校とは,小学校,中学校,高等学校,中等教育学校,大学,高等専門学校,盲学校,聾学校,養護学校及び幼稚園とする.」と規定している.さらに,学校教育法は学校教育に類する学校として,都道府県知事の認可による専修学校(第82条の2)職業若しくは実際生活に必要な能力を育成し,又は教養の向上を図ることを目的とするものと,各種学校(第83条)第1条に掲げるもの以外のもので,学校教育に類する教育を行うものがある.現在では,一定の要件を満たす専門学校(専修学校のうち教育要件を満たしたもの)の卒業生については,「専門士」の称号が与えられ,大学入学資格・編入学も

可能となっている. 〔河内 満〕

加点主義人事

人事評定制度のひとつの考え方で,業務遂行課題に対し,積極的に挑戦し,課題達成しているかどうかを評価基準として評価する方法である.なにも行動しなければ評価は0点,挑戦して未達成であれば50点,積極的に挑戦して目標達成すれば100点として加点する評価方法である.社会経済的要求,時代背景および組織風土によっては,対極にある減点主義人事(出る杭は打たれ,挑戦する態度を歓迎しない)もあり,被評価者の動機づけに影響を与える.組織変革リーダーを求めるときは加点主義人事,組織の現状維持管理者を求める場合は,減点主義人事が採用されることが多い.さらに,組織構成員の個人能力を評価・活用する場合は加点主義人事を採用し,組織価値観を重視し,統制する集団主義の場合は減点主義人事が採用されることが多い. →加点主義評価 〔保井正明〕

加点主義評価

組織発展の源泉は人材の開発と活用であるという観点に立ち,個人の意欲・知識・技能・行動・成果などの項目について分析し,長所に着目して評価するものである.また,チャレンジ度を尊重し,個人の意思や適性にも配慮する.この評価を実施することで,個人が失敗を恐れず積極的に課題に取り組むようになり,組織の活性化につながる.これに対し減点主義評価とは,人材の選別と処遇を目的とし,ミスや短所に着目して評価するもので,業務の品質を一定に保つ効果はあるものの,受身的な人材が多くなり,組織の活力が失われやすい.なお,この評価の成立要件として,「評価基準の明確化と開示」,「評価者から被評価者への評価結果およびその理由のフィードバック」,「評価者,被評価者間の定期的な面接」などがある. →減点主義評価 〔海治 勝〕

家電製品アドバイザー

㈶家電製品協会が発行する認定資格.大

量生産・大量消費・大量廃棄社会を見直し，有限である地球資源の有効活用と地球環境の保全・省エネルギー対策を主旨とする．使い捨てずに手入れをしながら使うメンテナンス体制の充実と，家電製品のデジタル化，ネットワーク化から，使いこなし方や技術的なトラブルを適切に解決できる人材を育成・確保するためにつくられた．顧客満足向上の観点から，「適切な商品選択」，「安全快適な使いこなし」，「不具合発生時の対応」，「使命を終えた家電の適正な処理」などについて，消費者に的確な助言のできる人材育成を目指している．　　　　　　　　　　　　〔田中信裕〕

カフェテリアプラン

カフェテリアでメニューをみながら飲み物や食べ物を自由に選ぶように，従業員は「企業が準備した福利厚生メニューから個々のニーズに合ったものを自由に選択することができる」という制度．従業員個々にとって必要な福利厚生メニューは，勤務地域や年齢，性別などにより差がある．この個人差による福利厚生制度の受益格差を，選択可能なメニューと従業員個々に所与のポイント（予算）の組合せで解消しようというもの．管理面からは総額人件費を常に管理できる体制の整備が必要で，メニューを外部に委託する例も多い．　　　　　　　　　　　　〔和田俊彦〕

カリスマ型リーダー

元来はドイツ語のCharismaからきたもので，奇跡や予言などを行う超人的な天賦の能力や，言葉に尽くせない摩訶不思議な力によって，大衆の感情を操ることのできる統率力をもった人間を指す．従来，毛沢東やチャーチルなど歴史上の著名な政治家を指すことが多かったが，今日では日産のカルロス・ゴーンなどの経営者各界の著名人の尊称として用いられている．身近なところでも，その指導力の源泉が言葉で説明し難い魅力的なリーダーに対して敬意を表して使われることがある．→特性論アプローチ，変革型リーダー
　　　　　　　　　　　　〔田畑壽邦〕

環境教育

環境保全意欲の向上と環境保全行動の促進を目的として，すべての社会構成主体に対して行う環境保全に関わる教育，学習，啓蒙を含む活動．環境問題が多様化し，「持続可能な発展」には，従来の生産，消費，ライフスタイル，価値観などの変革が必要となった．長い間，一方通行型社会経済に慣れ親しんできた現世代の人々にとって，この変革は容易ではないから，環境基本法でも環境教育の重要性が強調された．平成15年，環境保全のための意欲の増進及び環境教育の推進に関する法律が制定され，文部科学省，環境省，自治体などの環境教育行政が強化された．環境教育は学校教育，社会教育，職場内教育の中に組み込まれて実施され，知識だけでなく，体験学習を重視し，人間と自然との関わりについての理解を深めるとともに，環境保全への取り組み意欲を高める諸施策も含められている．→環境問題　　　　　　　　〔石山伍夫〕

感受性訓練 (sensitivity training：ST)

STともよばれ，アメリカのマサチューセッツ工科大学とレヴィン (K. Lewin) により態度・行動変容を目的として開発された訓練技法．訓練の中心は対人関係における感受性と状況適応力の強化にあるといえ，一般的には合宿研修方式にて実施されている．日本には1960年代に導入され，態度・行動変容の画期的技法として多くの企業で即効性を求め実施されたが，1980年代には実施する企業はほとんどなくなった．しかし，その思想は多岐に渡る訓練技法のあらゆる技法に影響を与えている．現在では立教大学キリスト教研究所が開発当時の内容に準拠したもので実施している．　　　　　　　　　　　　〔岡部　泉〕

寛大化傾向

人事評価における心理的傾向のひとつであり，評価対象者を実際の能力以上に評価してしまう傾向のことをいう．人事評価者が評価対象者に感情移入する，もしくは評価対象者へ必要以上に配慮することが，その原因と

なる.寛大化傾向の特徴としては,人事評価の基準を甘くするため,結果として下位評価者がいなくなり,評価対象者間の格差をつけることが困難になる.人事評価の寛大化傾向は,中心化傾向とともに,評価対象者全体の能力開発を妨げる可能性がある.→人事考課,中心化傾向　　　　　　　〔吉成　亮〕

監督者

日常的には,経営組織体の内部に部下をもち,一定の職務権限を与えられた者を指すことが多く,TWI(training within industry for supervisor, 管理監督者訓練)においても,企業(事業所)などにおける第一線監督者(係長,班長,職長,組長など)がその対象とされている.→ミドル・マネジメント
〔平野賢哉〕

幹部育成

企業変革の推進や雇用形態の変質により,幹部育成の重要性が増している.幹部を枢要な職位を担当するマネジメントと位置づけるとき,幹部は全社的・部門横断的な物の見方・考え方,業界ワイドな視点を含むコンセプチュアル・スキルをもった幅広い意思決定能力を有する人材でなければならない.こうしたスキルは短期間で養成できない.幹部候補になる可能性を有する者を早期に発見し,個別プログラムにより計画的に育成することが望まれる.この場合,幹部候補を定期的に審査し,必要に応じて候補の入替えが必要である.それはつねに最適な候補の確保と,敗者復活の道を開き組織の活性化に資する.→トップ・マネジメント　　　　　　〔稲山耕司〕

管理職教育

一般には部課長教育を指す.管理とは,各業務を順序立て,軌道に乗せること.管理職とは業務に順番を付けて軌道に乗せる担当者.そこで,管理職教育とは①内容は,業務の順位づけと軌道の選び方である.業務による区分や付与能力目的による区分および定性要因であるモチベーションなどの心理要因を加味するものに分けられる.②教育の方法は職務を離れた教育(Off-JT)と職務を通じた教育(OJT)に分けられる.③教育効果の測定は金銭換算で効果基準設定が多い.④実施例には,産業能率大学や日本能率協会などの企業研修団体などがある.実態は,業務内容や性格などの定性的な要因より大きく変化する.→ミドル・マネジメント　　〔太田誠一〕

き

基幹労働者

生産現場において,臨時的・変動的な労働力である季節工,期間工などに対して,高度の技能を蓄積しつつ,その中核を担っている終身雇用の本工をいう.自動車製造業界などでは全工員数に占める基幹労働者の割合を示す「基幹率」が80%を割り込むと,品質が低下する.化学,繊維の業界では処遇の学歴差が大きくないこと,監視労働とトラブル対応が主体となっていることから基幹という言葉は使われていない.また,鉄鋼,造船,電機などの業界などで賃上げ交渉の際に使われる「35歳技能職標準労働者」,「30歳技術職標準労働者」といった「標準労働者」,情報ソフトウェア業界の「一人前労働者」の概念に近いところもある.ただし,将来的には「標準労働者」基準から「職種」基準へと改革される方向にあり,この概念も使われない傾向にある.→標準労働者　　　　　　〔平野文彦〕

起業家育成

起業に必要な知識提供や環境整備などを行い,起業を志し,あるいは実際に起業する人材を育成すること.これには,教育的観点からの実践的側面と,環境的観点から考慮され

るべき社会政策上の側面とがある．実践的側面とは，起業家活動に必要な経営能力の養成や知識の提供を指す．近年，起業家育成においては，直接的な経営能力や知識だけでなく，起業家精神（entrepreneurship）の涵養が重要であると考えられている．一方，社会政策上の側面とは，起業家支援策や金融システムなどの制度の整備に加え，起業家を生み出す風土の醸成を含む．わが国の開業率の低迷は，その風土に起因するとの指摘もある．開業率向上のためには，起業家の社会的評価を高めるなど，風土の変革に努めていく必要がある．→企業家精神 〔奥山雅之〕

企業内大学
（コーポレート・ユニバーシティ）

企業経営を実践できる人材を戦略的に育成するために企業内に設立された教育機関．設立の目的は，企業の経営方針，戦略，企業文化などを体得した，次世代のリーダーを育成し，また人材育成の教育内容と企業戦略を一致させることである．近年では，大学院やビジネススクールのMBA（経営学修士号）の企業版として，自社の社員だけでなく，他の企業まで対象を広げ，社会に通じる経営者層を育成する機関として，その教育そのものを，経営のひとつの柱とする企業も現れてきた．代表的な企業内大学として，欧米ではゼネラル・エレクトリック社，モトローラ大学など，日本ではソニーユニバーシティ，トヨタインスティチュートなどがある．→ビジネススクール 〔武内龍二〕

企業年金

企業が従業員のために年金（退職後の生活保障）を支払う仕組みのこと．①厚生年金基金，②適格退職年金，③確定拠出年金（日本版401K），④確定給付型年金，⑤中小企業退職金共済制度などがある．①は国の厚生年金保険に企業独自の制度をつけ加えて，手厚く支給する目的がある．しかし，不況により年金資産の運用が悪化し，基金の解散などが問題となっている．③は2001年に導入され，掛金は確定，将来給付額は未確定となるが，その推移が注目されている．④は2002年，①や②の掛金の運用益をあげにくいという問題を解決するために導入された．もっとも，企業年金を導入していない企業も多く，企業経営の悪化や会計基準の国際化により，企業年金の見直しが行われている．→退職，401K 〔鷲澤　博〕

企業倫理教育

企業の不祥事が多発するたびに，防止策として「倫理教育」の重要性が叫ばれる．しかしながら，各企業は独自の方法で実施しているものの，共通するプログラムや体系化がなされていない．一般的には，①大学など教育機関での倫理教育と各企業などが実施している実務レベルでの教育とを明確にする，②倫理教育の目的および方法・内容の決定，③倫理教育プログラムの策定，④アンケートなどによる実施状況のチェック，⑤内部者・外部者による評価の，5ステップが考えられる．また，特に重要視されているのがケース・メソッドで，水谷雅一も「経営倫理教育がとかく抽象的な教育や精神論に終始する懸念があるだけに，具体的な実務状況の設定をベースとするこのケース・スタディ方式（case method）は，経営倫理教育の具体的，実践的推進にとって不可欠」という．→企業倫理 〔飯冨順久〕

期限の定めなき労働

労働契約には，期限の定めのある契約（有期雇用契約）と期限の定めのない契約（常用雇用契約）がある．期限の定めのない労働契約とは，特に期間を決めないで契約が締結される場合であり，典型的には正社員の労働契約のほとんどがこれに相当する．期限の定めのない労働契約を使用者が一方的に打切るのが解雇である．解雇については，民法上（第627条）は原則自由とされるが，判例では解雇権濫用の法理により制限されている．なお，有期雇用契約においても，更新が反復され，長期にわたり雇用が継続されている場合には，期限の定めのない契約とみなされ，解雇権濫用の法理が適用される．→解雇権濫用

法理　　　　　　　　　　　〔林　雅之〕

危険物取扱責任者

ガソリン，灯油など発火性や引火性の高い危険物を貯蔵したり扱っている施設には，危険物の性質や消火方法，法規制などについての詳しい知識をもち，貯蔵や取り扱いの指示ができる危険物取扱責任者が必要である．資格は甲種，乙種，丙種の3種類に分かれ，試験は消防試験研究センターが行う．危険物は火災予防の見地からみた第1類～第6類（消防法による指定）の6つの性質に分類され，甲種はすべての種類の危険物の取り扱いと立ち会いができる．乙種は免状をもっている類の危険物の取り扱いと立ち会いができる．丙種は，ガソリン，灯油，軽油などの指定された危険物のみを取り扱いできるが，立ち会いはできない．
〔高木俊一〕

希望退職

企業の競争力維持には製品の品質向上や付加価値，価格競争が一般的であるが，財務的競争力を高める観点から主に人件費関連抑制政策として行われる．企業単独で行う場合と合併吸収により行われる場合に大別される．自己都合退職と異なり退職金の上乗せ支給が行われることが多い．通常の退職金は基本給の何ヵ月分という形で支給されるが，希望退職を募ることで人件費上昇や将来の潜在的負債である退職金支出を抑えることができる．即戦力の技術者や多様な人脈を駆使した営業拡大ができる人材であれば，他社からのヘッドハンティングと重なれば効果的である．不況下では希望退職後も再就職できない場合もあり，自分の実力と合わせた見極めが大切である．→退職
〔早川淑人〕

キャリア（career）

経歴や職歴のほか，実力のある人，高い学歴，出世コース，高度の専門性を指す場合もあるが，仕事人生，生涯職業人生とする場合が多い．アメリカでも当初は仕事や職業を指すのが一般的だったが，ガイスバーグ（N. Gysberg）のライフキャリアの概念を受け，スーパー（D. Super）が人生における主要な役割の連鎖としてキャリアを捉えたことを契機に，生き方の全体を指すようになっている．だが，生き方と働き方とをセットにして捉えるという発想から創出された概念と受けとめられるので，「仕事を通して築かれる人生行路（ないし人生航路）」が妥当であろう．語源的には前進，競争，発展という意味合いが込められており，困難を乗り越えて自分で運んだ人生路を指してキャリアという．→ライフ・プランニング
〔梅澤　正〕

キャリア・アンカー（career anchor）

シャイン（E. H. Schein）によれば，自分のもつ能力や価値観，関心などから，自分の職業上のキャリアを決める指針になる自己イメージをいう．人は仕事を通じて多種多様な経験をし，またそのフィードバックを受けることにより，自分自身への理解が進んでくる．そして，その過程で，なにが自分にとって重要なものかを判断できるようになる．仕事など人生の厳しい選択を迫られたときでも捨て去ることができないものがキャリア・アンカーである．シャインは，専門職能別コンピタンス，全般管理コンピタンス，自立・独立，保障・安定，起業家的独創性，奉仕・社会貢献，純粋な挑戦，生活様式という8つのキャリア・アンカーが存在するとした．→シャイン
〔田中秀穂〕

キャリア・ウーマン（career woman）

単に職業をもつ女性，または職業に関する専門的な知識やスキルを活かして働いたり，昇進して管理職に就くなど，上昇志向が強く，仕事で成功している女性を指す．日本では，バブル経済期頃に，女性が少ないビジネス社会において，男性に伍して働き，報酬や地位が高い女性を指した言葉として流行した．男勝りのバリバリ働く女性といったややネガティブなイメージで従来使われることが多かったが，近年では女性が生涯に渡りキャリアを継続したり，専門的職業や管理職に就くことが当たり前になり，ネガティブなイメージは薄らいできたといえる．→女性管理職

比率,マネジリアル・ウーマン 〔合谷美江〕

キャリア開発プログラム
(career development program, CDP)

キャリア・カウンセリング,適性分析,自己申告,教育訓練,資格取得,配置転換などによって,従業員が生涯にわたり経験を積み重ね,能力をひきだし発揮できるようにするプログラム.企業にとっては,経営環境の変化に適応しつつ個々人の能力の開発によって企業のマンパワーを高め,市場競争力を増すことになる.また,特に留意したいことは,企業内でこのプログラムを開発するとしても,退職後のことや仕事以外の家庭,地域社会との関わり,個人の趣味など人生と生活全般のキャリア発達が包含されていなければならないことである. →キャリア 〔大西 宏〕

キャリア・カウンセラー

職業を中心とするキャリア設計・形成・開発支援を専門的職務にする人のこと.1908年ボストン市に職業指導局を開設したパーソンズ(F. Parsons)の職業指導運動が起源で,学校教育や職業行政において職業カウンセリングとして発展してきた.キャリア・カウンセラーはクライエント(相談者)の自己理解,職業理解を深め,カウンセリングの理論,技法,情報などを活用し,相談者が自己決定により自らの進路・職業選択をできるよう支援していく.キャリア・アドバイザー,キャリア・ファシリテーター,キャリア・コンサルタントなども同義語であり,キャリア・カウンセラーは学校での進路指導,大学・企業主催の就職ガイダンス,ハローワークや就職支援企業等での職業指導が主な活動の場である. →キャリア・コンサルタント〔小林 勝〕

キャリア教育

主として児童・学生を対象に,職業に関する知識・技能を身に付けさせるとともに,自己の個性を理解し,主体的に進路を選択する能力・態度を育てる教育を指す.近年の就職・就業をめぐる雇用環境の変化や,若者自身の資質をめぐる問題(フリーター志向の広がり,新卒早期離職者の拡大など)が顕在化し,学校教育と職業生活との接続のあり方が課題となっている.こうした状況の下,わが国では平成15年4月に関係4省庁による「若者自立・挑戦戦略会議」が発足し,教育・雇用・産業政策の連携強化による総合的な人材対策が打ち出された.具体的には,小学校段階からの勤労観・職業観の醸成,企業実習と組み合わせた教育の実施,フリーターの再教育,高度な専門能力の養成などで支援策が講じられることになり,将来を担う若者の人間力強化が政策として推進されることになった.

〔田中信弘〕

キャリア・コンサルタント

平成13年,厚生労働省は「第7次職業能力開発基本計画」を発表し,労働市場の5つのインフラ整備を宣言した.この中のひとつ「キャリア形成支援システムの整備」では,キャリア形成支援を行う前提としてキャリア・コンサルティングをはじめとしてキャリア形成支援を担う人材の育成も推進することになった.ここでは,キャリア・コンサルタントを「キャリア形成支援を担う専門家で,労働者が,その適性や職業経験等に応じて自らの職業生活設計を行い,これに即した職業選択や職業訓練の受講等の職業能力開発を効果的に行なうことができるよう,労働者の希望に応じて相談を行なう」と定義している. →キャリア・カウンセラー 〔菊地達昭〕

キャリア支援制度

従業員の職業上のキャリア(経験,職歴,職務経験の計画的蓄積)をはかるための,企業の総合的な支援制度.終身雇用,年功昇進等の日本的経営の崩壊,高齢化社会の進展による第2,第3の職業生活の計画化の必要性等から,自己のキャリア形成は企業主体から個人の自己責任において推進するニーズも高まり,企業としても積極的な支援制度を採りつつある.人事関連制度として社内公募制度,社内分社化制度,キャリアカウンセリング,早期退職優遇制度,また教育関連制度としてはキャリア開発研修,キャリア・デザイ

ン研修, PCなど専門技術研修, さらに転職支援制度として転職支援資金制度, 新規事業援助制度, 企業塾派遣制度などがある.

〔山田博夫〕

キャリア支援センター（大学）

大学・短大への入学者が高校卒業者の5割に近づき, 進学の目的を明確にもたない学生が増えている. さらに, 卒業後も正社員として就職をせず, フリーターあるいはニートとなるケースも増加している. この現状の中で, これまでの大学・短大は, 就職部による就職支援が中心であったのに対し, 単に就職支援だけではなく, 入学した時点から学生に目標をもたせ, 自己のキャリアを考えさせていこうという動きが強まっている. このような役割の変化に伴い, 大学は, 単なる就職支援ではなく, キャリア支援センターあるいはキャリア・センターを組織化し, 大学・短大におけるキャリア支援の役割の明確化を図ってきている. →キャリア支援制度〔菊地達昭〕

キャリア・ステージ（career stage）

個人の職業に関連した人生の中で, 質の違った段階（ステージ）のことを指す. 人が生まれてから死ぬまでの一連の流れをライフサイクル, その各段階をライフステージとよぶように, キャリアにも, 職業に就いてから退職するまでの一連の流れとしてのキャリア・サイクルがあり, そのキャリア・サイクルに各段階としてのキャリア・ステージがあるとするものである. たとえば, 年齢や勤続年数などにより, 初期キャリア（early career）, 中期キャリア（mid career）, 後期キャリア（late career）といったステージに分けて, それぞれを確立段階, 維持段階といった質の違った発達課題をもつステージとしてキャリアを捉えるものである. 〔合谷美江〕

キャリア・デザイン

キャリアを設計（デザイン）すること. 狭義のキャリアは, 「職業・職務・職位・進路」のことであり, 職業とそれにまつわる経験・地位・資格・学歴・知識などを総合的に含んでいる. 広義のそれは, 「個人の生き方と表現方法」であり, 幅広く総合的な「ライフキャリア」のことである. 現在, キャリアは狭義から広義の概念へとシフトして「生涯にわたる人の生き方」の総合概念が主流である. このキャリアの設計支援は, 学校の進路指導, 大学や企業主催の就職ガイダンス, ハローワークなど職業行政機関による職業指導をとおして専門家によるサービスが提供されている. →キャリア 〔小林　勝〕

キャリア・パス（career path）

キャリアを形成していくための職務経歴をさす. 組織内で望ましいビジョンや目標を形成していくためには, どの職務を経験し, どの職務へ移動しどのような昇進ができるかを明らかにしたいわば出世のための経路である. アメリカにおける第2次フーバー委員会は, 公務員制度改革の一環として人材育成を総合的に行うようキャリア・フィールド, キャリア・パス, 評価とカウンセリングのシステム, 研修計画の4要素を含むCDPを勧告した. この制度は個人としての従業員のキャリアに視点を置いたものであった. 従来の日本企業の出世の経路は重要ポストを巡回しつつ昇進していくというシステムであり, 企業主導の経路であった. 大企業にあっては, 長年の実績の中で漠然とではあるが出世コースが形成されていった. しかしながら, 今日の自律的キャリア形成志向の高まりにより, 個人の主体的意思によってキャリアを形成していくことへの関心が高まり, 有能な人材の育成と流出防止の視点から, 幹部や専門家へのキャリア・パスを提示することが重要視されてきている. →キャリア開発プログラム, キャリア・パターン 〔川端大二〕

キャリア・パターン（career pattern）

キャリア・パスともいわれるが, 到達した職業レベルのことであり, どのような仕事に, どのような順序で, どのくらい従事し, どのような職業レベルに到達したかといったキャリアの類型を指す. このキャリア・パターンの性質は, 各個人の親の社会経済的なレ

ベル，個人の知的能力やパーソナリティの特徴および個人に与えられた機会によって決定されるという．→キャリア・パス〔合谷美江〕

キャリア・プラトー

キャリアの停滞期といわれ，組織で働く個人が，職階において，現在の職位以上に昇進する可能性が低い状態のことを指す．こういった背景には，人員削減や組織のフラット化に伴う管理職ポストの消滅，団塊の世代に象徴される管理職ポストの恒常的不足などがある．こういった状態が組織に蔓延することをキャリア・プラトー化といい，組織における個人のモチベーションやパフォーマンス（業績）の低下を引き起こすという負の側面を指摘している． 〔合谷美江〕

キャリア・ポートフォリオ

これまでに従事してきた仕事の内容を，主に時系列または内容別にまとめた一種の自己PR文書で，「職務経歴書」をいう．転職や再就職時に，相手企業等に履歴書とともに提出することが多い．履歴書は一定の様式にのっとり，単に学歴，職歴等を時系列に記述するが，職務経歴書は自由な様式で，自己を「売り込む」ための文書で，これまでの職務経験，具体的な実績，修得している知識，技術，資格や人脈などのほか，希望職種や働くうえでの抱負やビジョンなども含める．こちらの人物像につき，具体的なイメージができ，好感を抱かれるような書き方を工夫し，次の採用面接につなげるようにすることが大切である． 〔山田博夫〕

休憩時間 (recess)

労働時間とは，使用者の指揮監督下にありその拘束下に置かれている時間を指すが，一方，休憩時間とは労働者が使用者の指揮監督下から離れ自由に使うことのできる時間である．つまり，労働者の有する権利として「労働から離れることを保障されている時間でありなんら就労の命令を受けることなく完全に解放されている時間」を意味する．また，労働基準法34条では，使用者は，労働時間（実労働時間）が6時間を超える場合においては少なくとも45分，8時間を超える場合においては同じく1時間の休憩時間を労働時間の途中に与えなければならないとし，その休憩時間は一斉に与えなければならないとしている．なお，休憩は自由に利用できるが，労働時間中であるため，職場を離れる時には使用者，または上司の承認を得るというのが通例である． 〔川嶋啓右〕

QCサークル (quality control circle)

同一職場内での品質管理活動を自主的に行う小グループ．この活動は全社的品質管理活動の一環として行われ，職場の管理・改善を継続的に全員参加で行う．進め方はQC手法の7つ道具（パレート図，特性要因図，層別，チェックシート，ヒストグラム，散布図，管理図）を活用する．自己啓発，相互啓発を伴うため，働く人の資質が高められ，その結果として企業の体質が強化される．活動の基本理念は，「企業の体質改善・発展に寄与する」「生きがいのある明るい職場づくり」「人間のもっている能力を限りなく引き出す」の3項目にある．→小集団活動，チーム型組織

〔宮沢甫次〕

休日 (day off)

「業務，授業などを休む日．また公の機関が職務，業務の執行を原則として休むと定めた日．日曜日，国民の祝日など」（『広辞苑』）のこと．そして，労働法では「労働契約において労働義務のない日」である．就業規則上，勤務時間を割り振らない日（一般職勤務時間法6条）であるから，使用者（雇用する側）は，原則，その日に労働者（雇用される側）に就労を求められない．もし，労働者が休日に勤務する場合は，所定時間外労働となり労働者に割増賃金が支払われることになる．労働基準法35条では，毎週少なくとも1回（週休制），もしくは4週間に4日以上（変形週休制）の休日を労働者に与えなくてはならないとある．なお，「休暇」とは，労働の義務のある日にその義務を免除することである．それゆえ，年次有給休暇（ home leave ）とは，本来，

仕事をする日に取るべきものである．

〔川嶋啓右〕

教育訓練

組織が成員に対して行う能力開発策のひとつで，研修とほぼ同義である．訓練が技術・技能の習得を主対象とし，実習など経験の反復によって習得・向上することが中心であるのに対し，知識や各種能力の習得，態度変容なども加えた幅広い能力開発に対して教育訓練の用語が使用されている．さらに，訓練的要素が少なく自学的要素を重視したものとして研修の用語が使用されるようになった．企業においては，訓練，教育訓練，研修と用語が変遷してきた経緯がある．→研修

〔川端大二〕

教育訓練給付金

働く人が主体的に能力開発に取り組むようになるための給付金制度で，本来の支援目的は働く人の能力開発によって雇用の安定と再就職の促進を図ることにある．受給資格は，厚生労働大臣指定の教育訓練講座を受講した場合で，雇用保険の一般被保険者（現在は保険期間が3年以上，または資格を喪失してから1年以内の者）が給付を受けられる．支給金の内容は，本人が教育訓練機関に支払った教育訓練経費の40％に相当する額（率は年度によって変わる）が，本人の住所を管轄するハローワークを窓口として支払われる．なお，指定の講座内容は「厚生労働大臣指定教育講座一覧」にまとめられている．

〔間　敏幸〕

教育訓練投資

教育訓練（研修とほぼ同義）には，現在の業務遂行に必要とする知識や技術などの習得・向上を図るもの（現任教育）と将来に向けて育成していく内容のものがある．現任教育は，現在の仕事を効果的に遂行するためのものであり，いわば人材のメンテナンスの位置づけにある．したがって，教育訓練経費は，現在の事業の改善に資金を投下するのと同様の投資に相当するとみることができる．それに対して，将来に向けての育成は，将来の経営ビジョン達成のために人材を育成するものであり，将来的投資に相当しよう．教育訓練投資は経営の効果的展開に必要であり，とりわけ長期的視点に立った経営の展開のための人的資源管理において欠くことのできないものであるが，不況時には往々にして将来的投資が削減されるという実態にある．→教育訓練

〔川端大二〕

教育相談

2001年5月に厚生労働省は「キャリア・コンサルティング技法に関する調査研究報告書の概要」の中で，相談の目的は，「従業員のよりよい適応と成長，個人の発達を援助すること」と定義し，「育てるための相談」を重視している．より良い相談を行うために，①従業員との間での心理的な関係（ラポート）の確立，②従業員の期待についての認識，③従業員の感情についての認識，④従業員自身がキャリア・コンサルティングの過程に責任をもつようにさせること，⑤相談の過程を不必要に延ばすことなく終結すること，⑥相談の成果を評価すること，⑦プライバシーの保持，の7項目をあげている．特に，相談を受けるには「傾聴」といった，人の話を聴く姿勢が最も重要である．→キャリア・カウンセラー

〔田中信裕〕

教材開発

人材の能力開発のために企業組織の内外において多種多様な教育・研修が行われるが，その際，効果的に研修を行うには，使用する教材のあり方（内容と媒体）が問題になる．受講者にとって受容される教材をいかに開発するか，これが教育研修の効果に大きく影響する．内容としては，①わかりやすいこと，②業務に役立つこと，③自分も得すること，④実践できること，などに確信のもてるものが効果的である．組織の側の自己満足を押し付けるものや単なる状況説明では研修効果が薄い．媒体としては，近年では，IT化もすすみ映像・画像を利用した教材が通常化している．

〔渡辺　峻〕

業種特殊的熟練

その業種で業務を遂行する際にのみ，必要で有効な知識・技量の蓄積のこと．同業種であれば，会社が異なっても，このタイプの熟練は活用することができるため，同業他社に転職する場合に有効である．しかし，日常の業務遂行にはこれとは異なる，個別の「企業専用熟練」もまた必要となる．→職務特殊的熟練
〔池田玲子〕

業績評価

組織のミッション達成に向けて事前に目標を定義し，その目標に対して実施期間内の成果を測定・比較することによって，業績がどの程度達成したのかを評価することである．そのため，業績評価には評価者と被評価者の間で明確な目標と業績を測定する評価基準を共有することが必要となる．業績評価は，人事考課など個人を対象にしたものと企業の部門別の業績を対象にしたものの2種類に分けられるが，いずれの場合も，目標に対する管理（MBO, management by objectives）として業績が評価され，その評価結果は報酬の支払いやインセンティブに利用される．→目標管理
〔奥居正樹〕

金太郎飴型人間

飴菓子から援用された言葉である．人材育成の標準化が進んだり，組織風土が確立すると，誰もが同様な発想と行動のパターンをとるようになる．組織にとって，一定品質のサービスができるというプラスの面も多いが，逆に，変化する社会に対し，違った視点で考えるような柔軟性，あるいは臨機応変な対応ができなくなる危険性もある．語源の意味は次のような事象に由来する．最近は露天商などでもみることが少なくなったが，棒状の飴を作り，それを一定の大きさに斬り分けて販売していたことがある．その飴の棒は断面が金太郎の顔にみえる仕掛けがしてあり，どの部位で斬っても同じ模様が現れるように作られていた．→企業文化
〔西田芳克〕

勤務地限定社員

企業の数多くある人事制度（採用制度）の一形態であり，一般的に，従業員の希望などにより，一定地域内に勤務地が限定されるような採用・就業制度のこと．この制度は，近年，少子化などを背景に従業員（新卒者）の中で地域密着志向が高まる傾向にあり，その流れを受けて多くの企業が導入し始めている．なお，この地域限定社員は，通勤可能範囲内での転勤の可能性はあるが，居住地を変更しなくてよいとのメリットがある．一方で転勤を伴う正社員（総合職）と比較して，給与水準や昇進の可能性が劣るというデメリットもある．
〔馬場伸夫〕

勤労意欲（モラール）

もともと軍隊における団結心や士気を表す言葉（morale 仏）が経営学や集団心理学に応用され，集団や職場の目標達成に対する集団単位の勤労意欲を意味する概念として用いられている．近似の概念に個人レベルの達成意欲を意味する「動機づけ」（モチベーション）がある．個人のモチベーションや集団のモラールは組織の有効性を左右する要因とみなされ，これを改善することはマネジメントの基本的な機能となっている．士気管理の伝統型は命令ないし統制による強制型マネジメントであるが，現代型はメンバーおよび集団の自主的ないし自生的発意を促す支援型マネジメントとされている．→動機づけ理論
〔小笠原英司〕

く

苦情処理

広義には，使用者が組織体の円滑な経営を維持するために，利害関係者からの不満を一定の手続きに従って処理し，その解決に向けた必要な措置を行うことを意味する．人事・労務の分野では，職場における日常の作業条件，処遇や評価などに関して生じた不平・不満の解決が課題となる．→苦情処理制度

〔平野賢哉〕

苦情処理制度

職場の労働条件，労働協約・就業規則の解釈・適用などについて，働く人々の苦情（不平不満）を処理するために，労使双方で構成する制度・機関をそれぞれ苦情処理制度，苦情処理機関という．近年，企業における成果主義人事制度の普及に伴い，働く人々の人事考課，賃金，配置転換などの雇用・労働条件や処遇をめぐっての苦情や問題・紛争が特に多くなっている．つまり，働く人々の苦情が増大して深刻化し，従来の人事部や労働組合にかわって，上司・管理者対部下の個別的労使関係の重要性が高まっている．その結果，これらの個別的な労使の苦情や紛争を処理する制度や機関が企業内外につくられつつある．

〔鷲澤　博〕

グループウェア

特定の企業や組織において共同作業を効率良く進めるために，web上の情報を組織内にとどめ，かつその中では情報を共有するシステム，およびそれらを支援するソフトウェアを総称するものである．Lotus Development 社製の Notes と MS 社製の Microsoft Exchange が，グループウェアとして，多くの企業に使われている．それらには，電子メール機能，スケジュール共有機能，電子掲示板機能，BBS 機能，文書共有機能，ワークフロー機能などが用意されている．グループウェアにより組織内に情報が蓄積され，業務の効率化のみならず，ナレッジ・マネジメントを可能にするものである．→ナレッジ・マネジメント

〔八杉　哲〕

グループシンク（groupthink）

一般にジャニス（I. L. Janis）によって名付けられ，集団的浅慮とよばれている．グループシンクとは，個人的にきわめて優秀なメンバーからなる集団が満場一致の名のもとに，誤った決定を下してしまうことをいう．特に，凝集性の強い集団に起こりやすいとされ，合意の形成が優先された結果でもある．防止策としては，仮想的な敵の立場から原案を批判すること，自由な意見を出しあって多様な意見を抽出すること，などがある．

〔柿崎洋一〕

け

経営学部

企業や経営管理に関連する専門知識や能力を育成する目的で設けられた学部のこと．従来は経営理論の講義がほとんどであったが，最近は起業家養成などの実務的な科目も設置されるようになってきた．1881 年にペンシルバニア大学に設置されたウォートン・スク

ールが世界最初の経営学部といわれている．当初，このような学部では，商学，経済学が主な科目であった．今日，アメリカでは実践的な経営教育はビジネススクール（経営大学院）で行われている．日本では経営学は第二次世界大戦前は商学部で教えられていたが，戦後はアメリカの強い影響の下で経営学部が次つぎに開設されるようになった．現在の経営学部には，経営学原理，経営管理論，マーケティング，財務管理論，経営情報論，国際経営論，経営戦略論，会計学，金融論などの科目が置かれている．→経営情報学部，商学部　　　　　　　〔ビシュワ・ラズ・カンデル〕

経営管理能力

ヒト・モノ・カネ・情報などの経営資源を適切に組み合わせて新しい価値を創出する能力のことをいう．「マネジメント能力」ともよばれる．その能力は，営利を追求する企業組織においてはトップの経営層はいうまでもなく，現場のビジネスパーソンにとっても習得すべき不可欠なものである．また近年においては，自治体・大学・病院・教会・軍隊などの非営利組織においても，組織メンバーにとって，この能力が不可欠であることが強調されている．→経営資源，トップ・マネジメント，ミドル・マネジメント　　〔渡辺　峻〕

経営教育

経営者は，どうしてつくられるか．「経営の神髄は，経験によってのみ体得できるものであって，教えられるものではない」．このような考え方が，日本企業一般の底流になったことがあった．かつてハーバード・ビジネス・スクールの吉野洋太郎などが，"日本の経営教育の実体"を調査し，その中で「経営教育の価値について，多くの経営幹部が，疑問を抱いていることを知った．この人達の考えは，経営者，管理者の能力は，大部分生まれつきのもので，それを開発する途はほとんどない，とするものであった」といっている．しかし，ただ長い期間の実務体験によってのみ，経営者をつくり出すだけではなく，実務体験とあわせて，学校その他の専門機関による育成，その他，より効果的な行き方が考えられているのではないか．また考えていくべきなのではないか．→幹部育成，管理職教育，経営者教育　　　　　　　　　　　〔阿部　實〕

経営者教育

企業経営者に必要な資質は，「ビジョン」，「判断力（遵法を含む）」，「財務感覚」，「指導力」，「ボーダーレス感覚」，「企画力」に加えて，最近の時代の潮流に沿った「強い会社から良い会社へ」の体質変革に伴い，「企業経営の質，グッドネス」向上能力とされている．これらの能力の育成方法は，企業経営がつねに未知との遭遇であり，管理者の延長線上にはない能力のため，①個々人ごとのCDPの策定，②マネジメント基礎能力の再教育，③ケース・スタディ研修（各種のケース学習から自らの不足能力に気づかせ自己啓発させる方法），④実在組織での経営者体験（特にベンチャー企業または再建企業での経営が効果的）の手順が有効である．そこで，育成ずみ・即戦力経営者を外部から招聘する人事も最近増えている．→管理職教育

〔井之川義明〕

経営情報学部（school of administration and informatics）

情報技術の進展により産業界からの期待に応えて次代を担う人材として経営のわかる情報技術者，あるいは経営学と情報学の双方の知識や技術を備えた人材が求められてきた．このような時代を背景に，1979（昭和59）年，産学協同の伝統がある産業能率大学が日本で初の経営情報学部を開設した．その後，経営情報学部，または学科の開設は一種のブームとなり，約10年の間に20校を数えるほどになった．さらに，日本企業における情報技術の進化に対応するように経営情報学部もさらなる進化がみられ，国際情報，医療情報，地域情報，マーケティング情報，メディア・コンテンツ，映像等への応用分野を取り込みつつ，新たな人材の育成への試みがなされている．→経営学部，商学部　　　〔村上良三〕

契約社員

明示または黙示の長期雇用契約を雇い主と結んでいない労働者であり,各会社によって異なるが,通常,短期的(1年〜3年程度)雇用契約を結び,ある程度独立性を保ちながら自らの専門的な知識や技術をもとに期間を限定して雇用される労働者のこと.職種としては,管理職,専門職,技術職,事務補助職,サービス職などその幅は広い.また,人材派遣業などの仲介を通じて契約社員となるケースや,定年退職者を嘱託として雇用する場合も1年契約の契約社員として,1年ごとに契約を更新する傾向が多いようである.これによって,経営側は,短期的・臨時的なプロジェクトの推進や景気動向に対応した人員調整,労働コストの削減,などが可能となる.
→コンティンジェント・ワーカー

〔小原久美子〕

KJ法

創造的発想法の一種で,KJは開発者・川喜田二郎の頭文字.手順的には,①課題を決め,②アイデアのエッセンスを短文で1項目ごとに1枚のカードに書き込み(その際,カード間相互の比較などはせず,すべてのカードを平等に扱う),③すべてのカードを机上に広げ全体を見渡してカード相互に親近性・親和性を感ずるものを集め(その際,理性ではなく情念で考える,すなわちカード自身に語らせるようにする),④各グループの名前を付けて表札を作り(その際,グループ全体を表す短文を考え表札とする),⑤カードをグループごとに空間的に配置してグループ間の関係を適当な記号で表現し(ここまでのプロセスをA型図解化とよぶ),⑥A型図解を鳥瞰して全体をひとつのストーリーとして文章化する(これをB型文章化とよぶ).以上により,混沌とした状況から秩序づけられた知識を発見することが期待できる.→創造性開発

〔常田 稔〕

ケース・カンファレンス

ケース・メソッド教育と研究に関する会議は,1958年設立アメリカNACRA(North American Case Research Association)会員約450名,1957年設立カナダASAC(Administrative Sciences Association of Canada's)会員700名が北米大陸で,1984年設立のACT(Academy for Creative Teaching)& WACRA(World Association for Case Method Research and Application)会員約300名が欧州を中心に毎年ケース会議を開催している.そして,その成果は,CRJ(*Case Research Journal*),CJAS(*Canadian Journal of Administrative Science*),IJCRA(*International Journal of Case Method Research Application*)に出版されている.
→ケース・メソッド

〔百海正一〕

欠員補充型採用

退職者が発生した場合や,業務量が増加した場合などに,人員を補充するために,必要に応じてその都度採用すること.また新卒者採用では,一次採用の後に,採用人数が満たない場合,採用人数を補充するために二次的に採用することがある.

〔沼倉佑栄〕

研修

本来の意味は,学問や技芸などの研鑽修得であるが,一般には組織が成員に対して行う能力開発の方策のひとつであり,一時的に仕事から離してもっぱら行う教育や訓練のことを指す.研修は人材育成策の主要な方策であり,新入社員や管理者の教育など,従業員の質の向上を図るもので,人的資源管理において重要な位置づけにある.さまざまな目的,態様があるが,研修ニーズの共通する者を研修所や会議室などに集めて行う集合研修が一般的である.目的に応じて階層別研修,業務・専門研修,技術・技能訓練などがある.ニーズに応じて組織内外の指導者(講師)が指導し,2時間程度のものから3ヵ月間以上にわたって行うもの,知識の付与や技能訓練,自主的研究まで幅広い態様がある.また,個人を対象として,外部企業や研修機関,大学,外国へ派遣する派遣研修や個人の自己啓発を支援する選択型研修などがある.→教育訓練

〔川端大二〕

研修管理

　研修活動のマネジメントであり，研修のplan, do, seeのマネジメント・サイクルに沿って効果的・効率的に運営することを目的とする．研修目標・計画の策定，研修の実施，研修効果の測定，職場などへのフィードバックなどの一連のプロセスを管理することである．往々にして研修事業の管理を指す場合もある．すなわち，研修員への連絡などの事前準備，教材・機材・教室の準備，研修員の受け入れ，オリエンテーション・開講式，研修員の役割の決定，研修の時間管理など研修の進行，講師への対応，食事や合宿などの運営，懇親会，健康管理，閉校式，研修員の送り出し，経費管理，施設などの研修環境の整備などの研修運営の管理である．研修内容がいかに優れていても，研修管理に不手際があれば研修効果はいちじるしく減衰することが少なくなく，研修員を気持ちよく研修に専念させるための管理は，研修スタッフの重要な役割である．→研修組織　　　　　　　　　〔川端大二〕

研修技法

　研修指導における手法をいう．主な技法としては，知識・情報などを付与する講義法，研修員同士の相互啓発を促す討議法，現実や仮想のケースを研究する事例研究法，実際に体験する実習や体験学習法，現在や将来の課題を研究する課題研究法，パソコンを用いて行うeラーニングなどがある．「教わる，見る，読む，書く，話す，考える，創る，やってみる，まねる，教える」などの日常のあらゆることがなんらかの教育効果を有しており，これらの組み合わせも含めて研修技法は無数に存在しうる．適切な方法を選択・創造することは，それぞれの研修の目的を効果的に達成するための重要な方策である．また，研修技法は，ブレーン・ストーミング，KJ法など，一連のまとまった研修方法や研修コースを指す場合もある．→研修体系　　〔川端大二〕

研修組織

　企業は経営戦略や経営計画を実現していくために必要な人材の育成を目的として，年間研修計画を立て，計画を推進するための研修組織を編成する．研修組織は，前年の研修成果と反省，年度研修計画（対象者の選定，時期，研修場所，研修担当部署・担当者，予算，研修の狙いと内容）策定，研修参加報告先と事後フォロー，研修実施報告と成果分析についての責任者，実行者，結果報告者を定めて編成する．階層別研修は全社人事スタッフが，職能別研修は事業部や社内カンパニーが，考課者訓練やMBO研修は社外専門家が担当することが多い．また社員研修全体を社外の専門機関に委託するケースが増えてきている．→研修管理　　　　　　　　〔河合　武〕

研修体系

　広義での研修体系には，OJT，集合研修(Off-JT)，自己啓発の3つが含まれる．このうち，OJTは人材育成の基本といわれ，実際の仕事を通じて上司，先輩が部下，後輩を個人別に指導・育成していく方法である．集合研修は，通常の業務とは別に特定の集団を対象に，必要な知識・技術などを学ばせるものである．これには，新入社員，初任管理者といった同一階層を対象にした階層別研修と，営業職，技術職といった職種別に行う職能別研修が主なものであるが，最近はテーマ別に行う課題別研修もある．これらのテーマを体系化したものを，狭義の研修体系ということもある．自己啓発は自らの意思で行う能力開発のことであるが，企業が援助するものとしては通信教育が代表的なものである．→階層別教育，自己啓発，職能別教育〔吉澤　洋〕

研修評価

　組織や集団，部門や上司などにより，メンバーに課された研修をその意図や目的の観点から成果を評価し，それを対象メンバーの教育訓練を含む人事考課とまで結び付けるすべてのプロセスを指す．ただし，一番重要な「自己研修・啓発」はこれには含まないことが多

い．研修評価で大切なのは，公平性・透明性・納得性である．意図や目的の観点から，評価項目・評価基準を具体的・明確化し，研修成果を正確，かつ公平に評価し，それを評価対象者にフィードバックし，納得させる．納得できない場合の異議申立てや不服審査制度が不可欠だ．そうでないと研修評価が転じ，人事統制のための手段になってしまう．自己評価は2割くらい高いことも多く，納得させるのは難しい．そのため多面観察制などの制度の工夫も重要である．研修評価は従業員の能力アップの支援システムであり，能力開発・育成が一番の目的である．→研修管理

〔厚東偉介〕

減点主義評価

評価の基本スタンスには減点主義と加点主義がある．減点主義は，目標や期待水準に対して成果の未達成部分に着目して減点する見方をする．100点満点の試験に対し，間違った部分を減点して70点などのように評価するもので，目標の達成度の測定や偏差値などの相対評価に効果的である．減点主義下では，未達成部分を指摘して矯正を促すこととなり，欠点を補うことによる標準的人材の育成やミスのない手堅い態度・行動を促す．一方で，減点主義は基準点を上回る側面の評価が欠落しがちであり，天才的な芽を摘みかねないというマイナス面がある．また，失敗や欠点がクローズアップされることから，失敗を恐れる態度が強くなり，チャレンジマインドが育たないという欠点も有している．加点主義は成果の青天井の評価や失敗を次の成功で取り戻すことができるという敗者復活のアプローチとなるため，チャレンジマインドが刺激されやすい．ミスの許されない組織では減点主義が，創造的にチャレンジする組織では加点主義がより適している．→加点主義評価

〔川端大二〕

こ

コア人材

企業の事業遂行上中核となる人材についての，実務上の慣用語．企業競争の激化に伴って，企業は資源の「選択と集中」を進めるなかで，人的資源についても事業遂行上の中核人材と縁辺的人材を意識的に区分する状況が生じてきた．人材育成においても，経営の中核となる人材を選抜し「コア人材」とし，将来の経営者として育成することが行われている．しかし，特定の社員だけを「コア人材」とすることで，他の社員を切り捨てることが危惧される．また，雇用形態から，長期雇用の人材を「コア人材」とし，短期雇用の人材と区分する意味で用いられることがある．人的資源管理面では，「コア人材」であるか否かに関係なく，すべての人材が尊重されることが重要である．→正規従業員，選択と集中

〔杉 忠重〕

公開講座 (an open class, a public lecture, an extension lecture)

大学などの教育機関が自らの研究・教育内容の一部を，一般市民向けに開放する制度である．大学で開講される公開講座は，年々増加傾向にあり，講座の種類も多種多様化・高度化すると同時に，大学などの特色や地域のニーズに合致するような内容の講座も実施されている．地域における生涯学習機会の多様性として，その意義は高い．実施団体によって「オープンカレッジ」，「コミュニティ・カレッジ」，「エクステンションセンター」，「生涯教育」などとよばれる．学内に公開講座を実施する専門機関を設けている大学もある．大学が独自で運営しているものの他に，市や区と連携して市民講座という形で開講するケースもある．

〔佐伯秀範〕

公害防止管理者

「特定工場における公害防止組織の整備に関する法律」（昭和46年，法律第107号）に定められた公害防止組織において，公害発生施設または公害防止施設の運転，維持，管理，燃料・原材料の検査等を行う役割を担う．また，国家試験に合格することが必要である．公害防止組織および公害防止管理者の設置は，規制水準の遵守を義務づけられた工場において，人的組織を基盤とする十分な公害防止体制が構築されていなかったことを背景とする．しかし，経営管理の視点から，その設置のみならず，業務実施において，計画（Plan）・実行（Do）・評価（Check）・改善（Action）のPDCAサイクルを構築し，公害防止を効果的に実施することが必要と考えられる． 〔八島雄士〕

降格

3種類があり，人事権の行使としての降格（たとえば，部長から課長への降格），職能資格制度における資格の降格，懲戒処分としての降格である．降格そのものは会社の裁量であるが，行使にあたっては，それが妥当かどうか就職規則や労働者の保護の立場から慎重に考えなければならない．近年多くなったのが職位の降格である．極端なケースとして，ある中堅企業で常務から平社員への降格が行われた．意識改革が目的であったが，社会通念上疑問が残る降格であった．職能資格制度における降格のケースは少ない．職務遂行能力の見直しは必要であるが，日本では卒業方式の昇格制度を採用している企業が多いためであると思われる． 〔竹村之宏〕

交渉力（ネゴシエーション能力）

商談などにおいて，自分側と相手側の双方が可能な限り満足のいく成果を生み出すための手腕，スキル，技術，能力のことを指す．その基本には，ビジネス・コミュニケーション・スキルが必要とされ，人間関係や問題の調整力・解決能力など，双方の間に所在する問題を取り除く作業が必要になる．ビジネス環境や解決すべき問題，交渉相手が代わっても，決められた期間内に，双方にとって満足のいく成果を引き出せる交渉をつねに行える能力をもった人が，「交渉力に優れた人」ということになる．→コミュニケーション能力
〔金 雅美〕

高大連携

高校と大学の円滑な連携を目的に事業を行うこと．それは進学率の上昇に伴う多様化を背景に，大学での教育・研究に触れる機会を高校生に提供し，学習機会の拡大を図ることで，個々の能力や適性，進路等を主体的・創造的に提供することを目的としている．この考え方には，「高大連携」・「高大接続」・「高大一貫」といった事業内容が含まれる．また，大学は，学生の学習意欲の低下に伴う導入期教育の課題，18歳人口の減少，国立大学の法人化，第三者評価など，さまざまな課題を抱え改革期にある．主な連携事業としては，①高校生に対する大学の授業の公開，②大学教員の高校への派遣，③公開講座の実施など多岐にわたる． 〔高松和幸〕

行動カウンセリング
(behavior counseling)

クライエントとカウンセラーが，言語・非言語を媒介として相互作用を及ぼしあうなかでクライエントの不適応行動を適応行動に変容するためにカウンセラーが提案する行動療法（実験・検証に基づく学習理論を核とした行動理論を応用した心理治療法）の考え方や技法をクライエントが学び訓練（学習）していくように援助する過程である．人は環境に適応した行動を経験しながら問題を解決している．不適応行動により問題を解決できないと不安・ストレス・無気力などの心因性症状を経験したりする．行動療法は，適応・不適応の行動・経験を学習の結果身についたものと考える．行動（行動療法）カウンセリングは，カウンセラーがクライエントの心因性症状を解消するために不適応行動を消去し問題解決に必要な適応行動を学習によって習得できるように援助する

過程である．→行動療法　〔二井房男〕

行動療法（behavior therapy）

学習理論を核とした行動理論の応用による心理療法．人は環境に適応した行動を経験しながら問題を解決している．問題が解決できないと不適応による心因性の適応障害＝不安などの症状で不適応行動が生じたりする．学習理論は症状やどの行動も学習の結果であるとするから，行動療法では適切な学習で不適応行動を消去して適応行動を形成し，症状解消ができるような治療方法がとられる．行動療法には技法の集積があり，その典型には①レスポンデント条件づけ療法：不安緊張＝条件刺激を弛緩する反応で習慣性の緊張行動の消去により不安症状の不適応習慣の解消を図る系統的脱感作技法など，②オペラント条件づけ療法：負の強化子＝罰を与えて不適応な習慣行動の消去で症状習慣の解消を，正の強化子＝報酬を与えて適応習慣の維持で適応習慣の形成を図る強化スケジュール法など，がある．この場合，正の強化刺激に動機づけられて環境に働きかける自発的行動が重視される．習慣は，効率的な生活をもたらすが，生活の障害にもなる．　〔二井房男〕

高齢者の継続雇用

高齢者が定年後も同じ企業で雇われることをいう．正規社員に近い身分で「勤務延長」するものと，正規の雇用関係を終えて「再雇用」されるものがあり，後者が圧倒的に多い．今後は少子高齢化による労働力の不足・年金財政の圧迫・社会参加を望む高齢者の生きがい助長などから重視されよう．寿命の延長や自立意識の高揚などで健康な高齢者の労働意欲は向上するが，労働能力の個人差の拡大や生理的予備力の低下（たとえばゆとりのない職場で高齢者は疲労しやすい）などが問題となる．今後は労働条件の個別化や高齢化に向けた環境改善が必要となろう．労働意欲の高い高齢者は仕事の責任感や質が若年者より優れていると評価されることも多い．→エイジレス雇用，高齢社会　〔奈倉道隆〕

高齢者の職場適応

高齢者の活用では，勤務態度が良く，仕事が丹念など，高齢者の優れた特性や豊富な経験を生かす配置転換，職種転換，職務再設計，職場開発といった積極的な対策を資格制度・専門職制度といった人事処遇とあわせて，CDPの視点から実施する必要がある．能力開発に結びつく職務の拡大・充実にあたっては，主として高齢者のキャリアを生かし「人に仕事を合わせる」観点で機械設備・作業方法・作業組織を工夫して，高齢者の能力開発を行う職務再設計，そして教育訓練を通じて求められる職務の知識・技能を習得させる「人を仕事に合わせる」方策がある．また，勤務形態の多様化と相まった時短・任意就業など労働時間の弾力的な運用・管理も欠かせない．→高齢者の継続雇用　〔斎藤幹雄〕

語学研修

外国語の研修のこと．異文化交流が各国の社会や企業のさまざまなレベルで行われている現在，異文化の相互理解を育むためには，コミュニケーションの手段となる言語の習得が不可欠である．企業内の会議を英語で行ったり，外国語で海外企業と交流することが一般的になっているため，今日，特に企業において語学研修がさかんに行われている．観光産業などでは外国語を利用することが年ごとに多くなっている．企業活動のグローバル化の中で，社員一人ひとりの業績に，語学力が大きく影響しているといえる．英語能力を昇進の条件にする企業もでてきた．企業が競争に生き残っていくために語学研修が求められている．→英語検定

〔ビシュワ・ラズ・カンデル〕

個人請負

雇用主と雇人をともにもたない個人事業主のこと．労働基準法上の労働者とならないために，労災保険，労働時間，最低賃金などの労働法の適用を受けられない．職種としては建設関係，独立ドライバーからIT関連エンジニア，コンサルタントから税理士，司法

書士まで多様である．近年，個人請負が増加しているが，これはIT関連を中心に専門性をもった職種が増加していること，企業のコスト削減策の一環，労働量調整が容易であることが主原因である．しかし，実質的に労働者である個人請負もあること，個人請負であって労働時間や休暇などに対して最低限のルールを決める必要があるなどが指摘されている．→フリーランス　　　　　　　［小嶌正稔］

コース別（雇用管理）人事制度

仕事内容や労働条件の異なるキャリアコースをあらかじめ複数設定し，募集・採用時に選択させてコース別に異なる処遇をする雇用管理のこと．雇用管理人事制度ともよばれる．コースは，仕事内容に限定がなく遠隔地転勤のある「総合職」，定型的業務に従事し遠隔地転勤のない「一般職」，専門的な仕事に従事し特定地域内の転勤がある「専門職」などに区分される．1980年代半ば頃より金融業を中心に大企業に広く導入されたが，制度の欠陥や運用上の問題とも関連して，「総合職は男性，一般職は女性」という男女別雇用管理となり矛盾が露呈した．現在，改正均等法のもとで見直されている．→一般職
〔渡辺　峻〕

コーチング

アメリカにおいて人間中心のマネジメントという考え方の中から生まれてきた手法．日本では1990年代後半に注目を浴び一気に広まり，多くのコーチング手法が導入されている．コーチングは語源が馬車という意味であるように「大切な人をその人が望むところに送り届ける」ように，相手の中の可能性を相手の望む方向に引き出し，自発的行動を促進し，そのためのコミュニケーションスキルがコーチングスキルといえる．アメリカではコーチ育成の機関や非営利団体によるコーチの品質維持に努めるなど，コーチング手法の浸透と指導者育成を積極的に行っている．日本においても現在，数多くの団体によるコーチ育成や資格認定を行っている．→インストラクター，メンター　　　　　　　［岡部　泉］

個別的労使関係

労使関係は個別的労使関係と集団的労使関係からなる．前者は使用者と労働者個人との間の，労働契約の締結，展開，終了をめぐる関係．後者は使用者と労働組合との関係．近年，経済，社会情勢の激変下，倒産，リストラ，労働者意識の変化，能力主義人事管理への指向などにより，解雇，労働条件の切り下げなど個別労働関係紛争が増加している．紛争は企業内での自主的解決が前提であるが，個別労働関係紛争解決促進法が施行（平成13年10月）される，など種々の裁判外紛争処理機関が機能している．安定した個別的労使関係の確立には，使用者と労働者との信頼，協力関係を基にした日常の地道な労務管理が重要である．→苦情処理　　　　　　　［齋藤　詢］

コミュニケーション能力

組織活動の有効性という経営学的あるいは経営実務的な関心からみたとき，コミュニケーション概念はおもに成員間の意思伝達あるいは情報伝達の過程として捉えられるが，本来この概念に対しては，哲学，社会学，心理学，あるいは行動科学，認知科学などの諸研究領域から，さまざまに関心が向けられてきた．経営教育においては，コミュニケーション能力は，マネジメント技能やリーダーシップの要素として位置づけられ，教育プログラムの中では，積極的傾聴などの臨床心理学上の概念や，行動科学的研究成果に基づく指導が行われることが多い．→コーチング，積極的傾聴　　　　　　　［佐伯雅哉］

雇用差別

わが国において1986年に男女雇用機会均等法が施行され，就労における差別はおおむね撤廃される方向にあるが，年齢による雇用差別が注目されている．国際高齢者年の1999年，欧州では高齢化問題会議が開催され「活力ある高齢化」に関する討議がなされ，2000年にはEU指令「雇用における均等処遇」が採択され，EU各国は2006年までに差別禁止法導入を求められている．この背景には

年金改革と早期退職制度の見直しがある．各国における公的年金支給年齢を引き上げ，そのための定年延長は避けて通れなくなり，高齢者が働き続けるうえで障害となる年齢差別が高齢者への社会的排除として認識されている．年金改革を進める日本でも，今後検討が求められる．→高齢者の継続雇用〔樋口弘夫〕

雇用人材ポートフォリオ

異なった雇用形態の人材を経営環境の変化に応じて柔軟に組み合わせて活用する複線型雇用制度のこと．たとえば，長期雇用を前提とし企業の基軸的業務に従事する「正社員」と，パートタイマーやアルバイト，派遣社員，契約社員といった流動雇用の可能な「非正社員」を組み合わせて活用すれば，必要な労働力を必要なだけ，つねに社内に確保することができ，総人件費の抑制を図ることができる．この雇用人材ポートフォリオを活用した雇用体制には，個人の価値観やライフスタイルが多様化する今日，一人ひとりが働き方を選択できる仕組みを社会に提供するというメリットもある．→複線型人事制度

〔田中利佳〕

雇用調整

一般に企業業績の変動に応じて，従業員数を増減させることをいう．しかし，主に企業が業績の悪いときに，従業員数（人件費）を減らす調整を指すことが多い．その調整手段としては，残業規制，新規・中途採用の抑制・中止，コンティンジェント・ワーカー（パートタイマー・派遣社員・契約社員など）の削減・解雇，正社員の出向・配置転換・希望退職募集・早期退職優遇募集などが行われる．さらに業績悪化の場合は，一時帰休，指名解雇という段階にいたる場合もある．わが国の1990年以降のバブル経済崩壊時には，解雇などのハードな雇用調整が続出して失業率も増大し，大きな社会・経済問題となった．→失われた10年，雇用リストラ〔鷲澤 博〕

雇用のマッチング

労働市場におけるさまざまな職種について，求人数と求職者数が一致することをいう．しかし，一般には両者が一致することは少ない（「雇用のミスマッチングあるいはミスマッチ」）．近年，ホワイトカラーの職種では，求職者数が求人数を上回っているが，営業職，専門・技術職など（設計・IT関連・セールスエンジニアなど）では，逆に人材不足となっている．わが国の失業率の主な原因は，この雇用のミスマッチにあるとされている．雇用のマッチング実現のためには，雇用の維持・創出，従来型雇用システムの変革，職業紹介・職業訓練機関の機能充実，企業の必要人材の明確化と詳細な求人情報の開示，エンプロイヤビリティの向上，中高年齢者・若年者・女性・障害者などへの就業支援などが必要である．→雇用のミスマッチ

〔鷲澤 博〕

雇用のミスマッチ

企業側の求人ニーズと雇用者がもつ個人の求職ニーズとが合わない状態のこと．雇用のミスマッチが起こると，潜在的な生産能力が活用されないため，失業などの社会的コストが発生し，結果として消費水準が低下する．また，失業や転職による技能の損失のみならず，失業によって本人の受ける物心両面のダメージも大きい．ミスマッチの生じる理由には，第1に企業の求める人材と働く側のもつ職業能力の不一致，第2に情報の不完全性，そして，第3に企業や個人の選好という3つが考えられる．このうち第2に関しては，特に転職後の従業員の満足度を高める効果が最も高いのは，年収などではなく，労働時間や休日，経営トップの人柄や社風，能力開発の機会，そして仕事内容についての情報であるという．そこで，充実したキャリア・コンサルティングを行うなどして採用時に時間をかけ，お互いの抱く思いの内にあるミスマッチの種をコミュニケーションによって一つひとつ解消していく努力が肝要であろう．

〔林 悦子〕

雇用保険

失業した時の失業保険というのが一般的で

あるが，昭和50年4月1日に従来の失業保険法を取り込んで，雇用保険法が施行され雇用保険制度が創設された．そして，雇用保険は，労働者がなんらかの理由で失業したときに，その失業中の生活を保障するとともに，①求職活動を容易にするなど，その再就職を促進する，②労働者の職業の安定に役立てるため，失業の予防や雇用構造の改善，労働者の能力の開発向上を図る，③その他労働者の福祉を図る，という目的をもっている．また，この雇用保険は，全産業の雇用労働者を対象としており，雇用保険への加入は強制適用とされている．なお，船員については船員保険法により，失業給付がなされており，また公務員についても別の取扱いがなされている．

〔堀川俊郎〕

コンセプチュアル・スキル
(conceptual skill)

カッツ (R. L. Katz) によって主張された経営管理職能のひとつで，経営ビジョンや戦略立案など理念を構築化していく能力である．最高意思決定者層に最も求められる能力であり，構想化スキルとも称される．彼はこのほかにヒューマン・スキル (human skill) やテクニカル・スキル (technical skill) が必要で，現場の管理者にはテクニカル・スキルが特に重要とした．→経営者教育

〔田口智子〕

コンティンジェント・ワーカー
(contingent worker)

「一般には，企業などで主に短期的（コンティンジェント）でさまざまな種類の労働サービス（仕事）の需要が発生した場合，それらに応じて働く人々」をいう．しかし，厳密な確定した定義はなく，わが国で普遍的に用いられる用語にはまだなっていない．正規従業員以外のパートタイマー，契約社員，アルバイト，派遣労働者，請負社員，フリーランサーなどが含まれる．これらの労働条件（雇用契約（有期が多い）・労働時間・賃金・社会保険加入など）は，正規従業員の条件とは異なることが多く，処遇の改善問題が論議さ

れている．現在わが国雇用労働者の3割以上を占め，なかでも飲食店，宿泊業，卸売・小売業，サービス業などに従事者が多い．元来は1990年前後，アメリカ企業の事業の多様化から生じた広範囲な非正規労働者などを総称する用語である．→アルバイト，非正社員

〔鷲澤　博〕

コントロールの内的な位置

クエール (C. R. Kuehl) とランビング (P. A. Lambing) によると，起業家には主に①コントロールの内的な位置，②活動レベルが高い，③達成欲求，④自信，⑤時間を気にする，⑥あいまいさに耐える，などの特徴があるという．そして，コントロールの内的な位置 (internal locus) とは「自分の将来は，自分でコントロールでき，外的な要因はあまり影響を与えないという考え方」であるとしている．これに対して，コントロールの外的な位置とは自分の将来は外的な環境要因によって左右されると考える人間である．起業家はビジネスを開拓し，リスクの大部分を背負うため，自らの将来に対しても，このようなポジティブな思考をもつ傾向がある．→起業家育成，ベンチャービジネス

〔田中信裕〕

コンピテンシー人事

コンピテンシーとは各職種のハイパフォーマー（高業績者）の思考・行動様式（仕事をするうえでなにを考え，どこに重点を置き行動しているか）を分析することにより，業績確保に向けた組織行動のパターンを見出そうとするものである．分析結果から導き出された行動特性を行動基準として組織成員に提示し，組織としての期待成果の獲得に結びつけるものである．年功序列，終身雇用が実態として崩壊しつつあるなかで，人種，年齢，学歴，性別にとらわれずに人材の採用，登用，配置，育成などを適切に行い，客観的自己評価の実施と成果評価を納得性のあるものとしていくための基準値としてコンピテンシーを人事制度に組み込んで運用をしていこうとするものである．→ハイ・パフォーマー

〔岡部　泉〕

再雇用制度

定年年齢に達した者をいったん退職させた後，再び雇用する制度をいう．定年退職という形式をとっているため，定年前の雇用契約が別の雇用契約に変わるのが特徴．賃金の引下げや雇用形態の変更を伴う場合が多く，また，定年年齢に達した時点で退職金を支払うことが一般的．平成16年に改正された「高年齢者等雇用安定法」では，65歳までの安定した雇用確保のために，高齢者雇用確保措置として，①定年年齢の引上げ，②希望者を再雇用する制度の導入，③定年制の廃止のいずれかを義務化することとされた．わが国の高齢化社会への移行に対応した労働力確保政策のひとつで，定年間際の従業員の志気を維持する手段としても有効である．→高齢者の継続雇用，シニアパートナー制度〔和田俊彦〕

再就職

1998年4月，60歳定年制が義務化された．「雇用管理調査」（2004年厚生労働省）によると，60歳定年制を採用する企業が90.5％ある．年金年齢の65歳への延長により再就職問題の緊急性が生じている．救済策として，政府は高年齢者等雇用安定法を制定し定年延長・継続雇用制度の拡充措置を事業者に求めている．しかし，事業主の大半は，いったん雇用関係を終了させ，「会社が特に必要と認めた者」のみを再雇用の対象とする．急速な少子化・長寿社会を迎え，高年齢者が職業生活で誇りと夢を支え生甲斐を実感できるよう，雇用の年齢条件の禁止等の法的措置が緊急の課題となっている．→高齢者の継続雇用，再雇用制度〔西下政宏〕

在宅ワーク（勤務）

「労働日の全部又はその大部分について事業所への出勤を免除され，かつ自己の住所又は居所において勤務すること」と定義され，場所・時間にとらわれない働き方の一形態．関連した言葉に，SOHOなどがあり，これらの総称を「テレワーク」という．テレワークとは，tele（遠隔・離れて）とwork（仕事・働く）を組み合わせた造語で，情報通信技術（IT）を活用し，遠隔地で仕事をする働き方を指す．在宅（ワーク）勤務はテレワークの一形態であり，パソコンなどを活用して在宅形態で請負的なサービスなどを自営的に行う．一方，SOHOは在宅勤務を含むが，専業性や独立自営の度合いの高い形態のものを指すことが多い．従来の内職とは，情報通信機器を活用する点で異なり，雇われずに仕事を行うという点では，企業に雇用されるホームオフィス勤務とも区別される．→SOHO，テレワーク〔遠藤真紀〕

裁量労働制

研究開発職などの専門業務や企画業務など，労働者本人以外に仕事内容を把握することが難しく，管理者による労働時間管理が向かない職種は，労働者本人の意思に任せたほうがよい場合がある．そのような労働者本人の裁量に委ねた労働形態を裁量労働制または，みなし労働制という．労働基準法の第38条の3や4に定められており，「専門業務型裁量労働制」と，「企画業務型裁量労働制」の2種類がある．→みなし労働時間

〔田中信裕〕

サクセッションプラン（succession plan）

アメリカにおける経営者の後継者育成計画のこと．次世代の経営者育成は社長や事業部長などの経営幹部に責任があるという立場から，経営者や事業部長などのエグゼクティブが自分の後継者育成のプランを実践していくシステムである．一般には，候補者全員について人事部門と関連部門とのディスカッショ

ンを通じてコンピテンシーにより評価し、リーダーへの選別を行う。ついで管理者の経験と教育を通じて30歳代半ば頃には幹部候補者の選別を行い、リストアップし、その中から40歳頃には各事業部長候補を数名程度に絞り込んでいく。今日では、主要ポストの後継者選別だけではなく、次世代の幹部育成を幅広く捉えての人材プールや育成を意味するようにもなってきている。→経営者教育、コンピテンシー人事　　　　〔川端大二〕

サテライト・オフィス（satellite office）

本社から離れた所に設置されたオフィス（群）であり、これを本社側からみたとき、それらがあたかも衛星（サテライト）のように本社を取りまくことから命名された。サテライト・オフィスは、1970年代初頭に生起したエネルギー危機を解消するための一環として、つまり遠隔地からのマイカー通勤者の増加を防ぐ目的で、アメリカ・ロサンゼルスではじまったといわれている。パソコンが急速に普及し、情報ネットワークが整備された今日では、都心にオフィスを作る必然性が乏しくなっている。また、オフィスを分散配置することで管理コストが削減できること、従業員にとっても職住接近が可能になるなどの理由から、注目されはじめている。加えて、大都市への一極集中の是正、通勤混雑の緩和、主婦・障害者などの雇用機会の創出などがその導入を歓迎する理由となっている。
→ SOHO　　　　　　　　　　　〔飯嶋好彦〕

サバティカル（sabbatical）

「研究休暇」の訳。これまでアメリカにおいては、6〜7年勤めた大学などの教員に対して、この資格が発生する。そして退職するまで、およそ7年ごとにサバティカルをとることができる。しかしサバティカルの期間は、大学などから給与が支払われない場合があるので、サバティカルの教員は、サバティカル滞在先からのサポートに依存することが多い。わが国の大学などでも、こうしたアメリカのサバティカル制度を導入することが試みられているが、実施するためには多くの検討課題が残されている。さらに、研究組織をもっている一般の企業でも、サバティカルの導入について検討が行われている。
〔高松和男〕

三六協定

法定労働時間の上限を超える時間外労働や休日労働を労働者に行わせることは、労働基準法違反となる。しかし、当該事業所に労働者の過半数で組織する労働組合がある場合にはその労働組合、なければ労働者の過半数を代表する者との間に書面による協定を結び、これを所轄労働基準監督署長に届け出れば、その協定に従って法定労働時間を延長し、または法定休日に労働させることができる。この労使間で結ぶ協定が、労働基準法第36条に基づくことから、三六（さぶろく）協定という。この協定に基づく時間外労働や休日出勤をさせた場合には、労働基準法第37条の規定による割増賃金の支払いが必要となる。→変形労働時間制、法定労働時間〔逸見純昌〕

参加型管理

経営管理におけるリーダーシップの現代的スタイルで、リーダーの意思決定プロセスに職場のメンバーをできる限り参加させることにより、メンバーの職務満足や職場の業績を高めようとするもので、マグレガー（D. McGregor）のY理論に立つ。対極のスタイルが強権的管理・専断的管理でX理論に立つ。ドラッカー（P. F. Drucker）は21世紀型組織として注目するNPOで働く無給のボランティアの求めるものは、明確な使命と、訓練、責任であるとして、自らの仕事や組織全体に影響を与える意思決定に際して、意見を述べ、参加することができる参加型マネジメントを望んでいるという。→エンパワーメント、コミットメント、システム4
〔河合　武〕

産休制度

産前産後休業は労働基準法で定められており、産前は出産予定日の6（多胎の場合は14）週間前、産後は8週間の休暇を取得する

ことができる.ただし,現実の出産が予定日より早ければそれだけ産前休業は短縮され,予定日より遅ければその遅れた期間も産前休業として取り扱われる.出産当日は産前休業期間に含まれる.産前休業は本人が請求することで与えられる休業である(請求がなければ与えなくてよい)が,産後休業は本人の請求の有無を問わず,与えなければならない強制休業である.ただし,産後6週間を経過し,かつ医師が支障ないと認める業務については就業が可能である.なお,就業規則に有給の定めがない限り産前産後休業中は無給である.また,使用者は産前産後の休業期間およびその後の30日間は労働者を解雇することはできない. 〔深津千恵子〕

残業

労働時間には労働基準法で定められている法定労働時間(同法第32条で原則として1週間40時間以内,1日8時間以内と定められており,同法第40条で特例が,同法第32条の2ないし第32条の5で変形労働時間制が定められている)と,法定労働時間の範囲内で,労働協約,就業規則等により個々に定められている所定労働時間がある.残業とは所定労働時間外の労働をいい,使用者は残業に対して労働時間に対応した賃金を支払わなければならない.特に法定労働時間外残業をさせるには三六協定を締結し,労働基準監督署に届け出たうえで法定の割増賃金を支払わなければならない(労基法第36条および第37条).なお,三六協定による場合でも,延長時間は厚生労働大臣が定める基準内でなければならない. →三六協定,法定労働時間
〔渡邊福治〕

産業カウンセラー

産業カウンセラー協会は産業カウンセラーとしての資格認定を行っている.資格をもった専門カウンセラーは,相談を望む人(クライエント)とは,相談室において,通常1対1で相対して話し合う.必要があれば日を改めて何度でも面談する.また,必要によって心理テストなどを行うことがある.カウンセラーが守らなくてはならないことは第1に守秘義務である.個人のプライバシーを厳格に守ることである.しかし緊急な対策が必要な場合(自殺の恐れなど)は守秘を超えて専門医への委嘱や人事,職場責任者に連絡し対策を取ることがある.これらの具体的な内容は産業カウンセラー協会の場合は倫理綱領に定められ,カウンセラーの道義的責任を明確にしている. →産業カウンセリング〔間 敏幸〕

産業教育

産業において,それぞれの職業を遂行するために行われる教育訓練の総称.それぞれの産業がその従業員を対象に専門の講師を招聘して行う,専門の教育訓練期間が行う場合がある.内容は,それぞれ職業に必要な能力に関するものと,産業における階層に必要な能力に関するものがある.産業革命の発生によって第2次産業が形成され,それに伴って産業教育も誕生した.日本では,明治以前は,それぞれの家業において,徒弟制度による職業訓練が行われていたが,明治維新を契機とした"殖産興業"によって近代産業が勃興し,産業訓練も行われるようになった.

〔青木 健〕

360度評価

わが国では90年代後半から注目されてきた多面評価のひとつ.一般的に人事考課制度の運用における問題点として〈いかに的確な評価ができるか〉があげられる.「360度評価」は,被考課者の職務行動・遂行成果について,上司(直属,関連部門),顧客(取引先,ユーザー),同僚など多くの面から評価を行うところに特徴がある.多面的な評価によって,いっそう的確に被評価者の職務行動・遂行成果を捉えることができる,という考え方に基づき,製造・販売部門において実施されている.なお,実施に当たっては,導入目的を明確にして,公平感,信頼感を高めるように運用工夫を進めていくことが重要である.
→人事考課 〔服部 治〕

GEM値（gender empowerment measure, ジェンダー・エンパワーメント指数）

　女性が積極的に政治・経済活動に参加し，意思決定に参加できるかどうかを測るものである．わが国ではGEMの数値は低い．これは，国会議員に占める男女の比率，行政職および管理職に占める男女の比率，専門職および技術職に占める男女の比率，男女の推定所得を用いて算出している．各国の値をみると，国連開発計画（UNDP）2004年調べでは，GEM値の高いノルウェーが世界で1位であるのに対して，日本は38位である．日本は，政治，経済，意思決定に参加する分野では男女の格差がある．→女性管理職比率，男女共同参画社会
〔白川美知子〕

JST（Japan Science and Technology Agency, 科学技術振興機構）

　科学技術基本計画の中核的実施機関として，科学技術創造立国の実現を目的としている．JSTの事業は，各地域における研究開発の推進，国際交流，科学技術の理解増進，科学技術情報の流通促進など，幅広い事業を行っている．なかでも，「大学発ベンチャー創出推進」事業は，大学などの研究成果を基にした起業および事業展開に必要な研究開発を推進することにより，大学発ベンチャーが創出され，これを通じて大学などの研究成果の社会・経済への還元を推進することを目的としている．また，「産学官連携ジャーナル」事業は，産官学連携参加者に意見交換を進めることで，産官学連携活動の促進と発展を図っている．→産官学連携，大学発ベンチャー
〔亀岡　篤〕

ジェンダーフリー

　社会的・文化的性差から解放され，そうした偏見（ジェンダー・バイアス）から自由になること．それによって，性役割にとらわれずに男性も女性も個人の能力の潜在的可能性を拡げ，成長しながら個人の自己決定によって自分らしさを確立していくことを目指すものである．たとえば，女性にとって家事や育児に専念してそれ以外の高い能力を捨てることはジェンダーから自由になっていないし，逆に男性も，職業中心になることで育児の経験や機会をもてないために，人間的な豊かさを享受することにつながっていないといったことを意味している．元来は，ジェンダーの視点をもたないという「ジェンダー・センシティブ」の逆の意味で用いられたが，日本では「ジェンダー・イクォリティ」（平等）の文脈で用いられることが多いために，現場では「性差を否定し，男女の相違を認めないもの」といった混同がある．→男女共同参画社会
〔嶋根政充〕

資格等級

　職能資格制度のもとでは，職務遂行能力（職能）の重要度の序列に従い，求められる要件を概念化し格付けするが，そのランキングを示す指標が資格等級である．等級の表記は企業により異なるが，下位から上位にむけて，たとえば書記→主事→参事→理事などと示される．さらに同じ資格内でも，たとえば主事3級，主事2級，主事1級などと格付けを細分化する場合もある．この資格等級の格付けが上ることを「昇格」といい，それに連動して主任→係長→課長→部長など職位の上がることを「昇進」という．それは多くの場合，給与の上がる「昇給」にも連動している．→昇給，昇進，職能資格制度
〔渡辺　峻〕

時間給

　賃金支払形態の一種であり，一時間単位で金額を定める．賃金には出来高給，時間給，日給，年俸などさまざまあるが，いずれも労

働に対する対価である．時間給とは1時間当たりの賃金のことである． 〔弓庭 登〕

自己啓発

「職業に関する能力を自発的に開発し向上させるための活動をいい，職業に関係ない趣味，娯楽，スポーツ，健康の維持増進等のためのものは含まない」（厚生労働省の定義）．また，OJT，Off-JTも含まない．職務上必要な知識や能力を身につけたり，キャリア・アップへの準備，資格取得，昇進・昇格といった目的のために行われている．具体的方法としては，TV・ラジオ・専門書による自学自習，民間あるいは公的教育訓練機関，社内外の勉強会・研究会，通信教育，大学・大学院・専修学校などが活用されている．勤労者の約3分の1はなんらかの自己啓発に励んでいるという．→社会教育，生涯学習，相互啓発
〔中山 健〕

自己実現

心理学者のユング（C. G. Jung）が使った言葉で，個人がもっている能力や才能といった可能性を最大限に発揮して自己を実現していくことをいう．社会心理学者マズロー（A. H. Maslow）は，欲求段階説を主張し，人間は低次元の欲求が満たされると高次元の欲求をもち，この高次元の欲求に動機づけられて自己の向上をつねに求めて行動していくとした．誰でも，生きていくことと仕事とは切り離すことができない．マズローは『自己実現の経営』の中で，人間は仕事によって自己を実現し，発展・向上する．それが企業に繁栄をもたらし，企業の繁栄はまた，個人の向上につながっているとしている．→マズローの欲求段階説 〔菊地達昭〕

自己申告制度

各従業員に，自分の適性や現在の職務に対する満足度，今後のキャリア開発に関する希望を申告させ，それに基づいて配置転換や能力開発を推進していく人事制度のこと．従業員の自主性や働く意欲を高める制度として注目され，大企業を中心に導入が進んでいる．この制度は，従業員の適正配置や効果的な教育訓練の実施に有効であるほか，キャリア開発に関して会社側と従業員とが意思疎通を図る場としても機能する．また，従業員にとっては自分のライフプランに沿った職務を選択できるというメリットがある．しかし，人事管理の複雑化を招くほか，従業員の希望に応えられないケースが多いと人事制度自体への不信感が高まるといった問題点もあり，運営に苦慮している企業も多い． 〔佐々 徹〕

仕事

「仕事」，「労働」，「働く」は，ほぼ同義語として用いられている．しなくてはならないこと，からだや頭を使って行動することを意味している．「労働」には収入を得るとか不自由な活動というマイナスイメージがあるが，「仕事」には，判断，自由裁量の余地，自己実現，専門性などのプラスイメージがある．仕事についての経営教育に関連した関心としては，モチベーション（仕事意欲）をどのように高めるかという動機づけ理論や仕事能力をどのようにつけていくかという能力開発論などに焦点が当てられている．また今日では，仕事と生活のバランスをどうとるかやフリーター，ニートといった正規の仕事をしようとしない若者の問題にも関心が高い．→職能，職務，ニート，ハーズバーグ，フリーター，ワーク・ライフ・バランス
〔逸見純昌〕

仕事上の無能

「ピーター（L. Peter）の法則」（1969）として知られている．ピーターによると，「階層社会では，すべての人は昇進を重ね，おのおのの無能レベルに到達する」という．仕事の要求水準が高まれば「まだまだ」という気持が高まり，頑張り続ける．しかし，どこかで気持が切れてしまうと達成が難しくなり，緊張感を持続するのに限界がくる．もう自分にはこれ以上の成果を出す能力はないと思うようになると，無能感に達する．長らく頑張ってきたのに報われず，「燃え尽き」て，あきらめの境地に達することを「学習された無

力感」(M. セリーグマン)というが,心理学の立場から仕事上の無能を説明している.
〔逸見純昌〕

自己有能感 (self competence)

人間は自己を取り巻くなんらかの環境を処理し,効果的な変化を生み出すことができたとき,自らを有能であると感ずる.この自己の環境を効果的に処理することができる能力に関する前向きな自己評価を自己有能感という.人間は自己有能感が高まるほど学習や運動,職務に対する意欲が高まると考えられている.自己有能感を育成,向上させるには学習による成功体験の蓄積と周囲の人たちから受ける肯定的なフィードバック・肯定的なインターアクションが重要となる.デシ(E. L. Deci)によれば自己有能感は内発的動機づけによる活動の源泉のひとつと考えられている.→内発的動機づけ 〔安田賢憲〕

システム・アドミニストレータ (systems administrator)

情報システムを利用するエンドユーザー(利用者)部門における情報化推進のリーダーのことで,「シスアド」と略称される.経済産業省が認定している国家試験「情報処理技術者試験」には,情報システム利用側の試験としての「初級システムアドミニストレータ試験」と「上級システムアドミニストレータ試験」がある.「情報処理技術者試験」は,独立行政法人情報処理推進機構(IPA)が実施している.また,Microsoft 社が認定する資格として,マイクロソフト認定システムアドミニストレータ(MCSA)がある.
〔野々山隆幸〕

次世代育成支援

将来の社会を担う子どもたちを健全に育成するために,国や地方自治体だけではなく,企業や地域社会も協力して子育てを支援するためのさまざまな施策のこと.具体的には,平成15年の次世代育成支援対策推進法の公布を契機に,各自治体や事業主は「次世代育成支援」の行動計画を策定し,平成17年度より具体的な施策を進めている.これによって,子どもを育てやすい環境を整備し,少子化と今後の人口減少に歯止めをかけることが期待されている.具体的な施策としては,育児休業や労働時間の短縮など子育てと仕事の両立が可能な雇用環境の見直し,保育所などの拡充,地域での子育て支援,職住近接を実現する住宅や公園などの生活環境の整備,社会保障の拡充による子育ての経済的負担の軽減などがあげられる.→産休制度,両立支援
〔小林 稔〕

失業等給付

雇用保険の目的を達成するために行う雇用保険事業のひとつであり,雇用保険法第10条に「失業等給付は,求職者給付,就職促進給付,教育訓練給付及び雇用継続給付とする」と定められている.それぞれの給付は次のとおりである.①求職者給付(基本手当,技能習得手当,寄宿手当,傷病手当),②就職促進給付(再就職手当,常用就職支度金,移転費,広域求職活動費),③教育訓練給付(教育訓練給付金),④雇用継続給付(高年齢雇用継続給付〈高年齢雇用継続基本給付金,高年齢再就職給付金〉),⑤育児休業給付(育児休業基本給付金,育児休業者職場復帰給付金),⑥介護休業給付金. 〔渡邊福治〕

シニアパートナー制度

高年齢者等雇用安定法の改正に関連して,従業員側には「厚生年金受給開始年齢の引上げ」への対応,組織側には社会的要請や個人ニーズを踏まえて,「人材の有効活用」,「団塊世代の60歳定年後の人材不足解消」の観点から設置された「雇用延長制度」のこと.内容的には,定年延長,継続雇用(勤務延長・再雇用),グループ会社での勤務延長・再雇用である.一般的な形態は,定年退職後も引き続き勤務を希望する従業員が,健康などの一定要件を満たせば,年金受給開始年齢を上限に再雇用される制度である.豊富な業務知識・技能・経験をもつ定年後人材をより有効活用することが,後継人材の指導・育成や,本人の定年後の生活支援,生き甲斐にも繋が

ると認識され始めている．→高齢者の継続雇用，再雇用制度
〔井之川義明〕

死亡退職

死亡で勤務先を退職することの総称．就業中と就業外死亡に大別され，さらに傷害死亡と疾病死亡に分けられる．死亡事由が勤務に起因する場合は労災認定され，就業中と就業外死亡で支給額に差がでる．死亡退職金は勤続年数により基本給の何ヵ月分，あるいは企業独自の死亡退職係数を乗して算出されるが，企業規模によっては，生存退職金に弔慰金を一律加算する時もある．死亡退職金や人的損失を補填するため勤務者を被保険者とし，傷害死亡のための損害保険，傷害死亡と疾病死亡両方に有効な生命保険を法人契約し，内部留保や法人税軽減対策を兼ねる場合もある．就業規則とともに，退職金規程死亡退職条項や弔慰金規程をあらかじめ作成しておくことが重要である． 〔早川淑人〕

シャイン（Edgar H. Schein）

ハーバード大学にて社会心理学の博士号を取得．主な研究分野は，組織文化，組織変革，プロセス・コンサルテーション，キャリア・ダイナミクス，組織学習であり，組織心理学の分野における世界的権威である．キャリア・アンカーなどの鍵概念を提唱し，個人と組織の統合というテーマに取り組んでいる．特に，組織成員の意思決定原理や行動メカニズムに焦点を当てた機能主義的組織論研究を展開している．また，組織研究に臨床的アプローチを採用し，数多くの世界的な大企業のコンサルティングも実践している．2006年現在，マサチューセッツ工科大学経営大学院（スローン・スクール）の名誉教授である．
→キャリア・アンカー，組織学習〔水野基樹〕

社会教育

社会教育法第2条において，「学校教育法に基き，学校の教育課程として行われる教育活動を除き，主として青少年及び成人に対して行われる組織的な教育活動（体育及びレクリエーションの活動を含む）をいう」と定義されている．内容は学校教育や家庭教育の枠を超えたものすべてであり，対象も広範であるため，本来，人間は学習し続けるものであるという観点から，生涯学習と同義に用いられることが多い．特徴として自主的，自発的であり，強制されるものではない．企業においては，企業見学のように，自社の工場などを一般の人に見学させることなども，重要な社会教育の場の提供となる．→生涯学習
〔田中信裕〕

社会人大学院

働きながら学びたい社会人を主要な対象にして夜間や土日に開講する大学院のこと．近年，ビジネススクールと称して開校されている専門職大学院は，そのひとつの典型である．それはビジネスパーソンに対する専門的な職業知識の教育・再教育が主要目的である．近年，この種の社会人大学院が急増した背景には，産業構造の転換や雇用の流動化など環境変化の中で，自己責任による新たな職業能力開発が求められている，という事情がある．他面では18歳人口減少・学部生減少の中で大学院生を増加させる大学の経営事情もある．社会人大学院の教育の質・目標については，日本の労働力市場のあり方とも関連して，現在，多くの課題が提起されている．→ビジネススクール，プロフェッショナル・スクール 〔渡辺 峻〕

社会体験学習
(learning through work experience)

近年，少子化の進展，家庭や地域社会の教育力の低下などのさまざまな問題が指摘される中，子どもたちの精神的な自立の遅れや社会性の不足が顕著になっている．このため，日本では2001年7月に，学校教育法と社会教育法を改正し，総合的にボランティア活動をはじめとする体験活動の充実を図ることが明確化された．社会体験学習の場を提供する企業側のメリットとしては，制度の特徴上，企業内部を学生にみせることからオープンでクリーンなイメージを社会に与えることができる．また，学生が自分で実際に企業の中を

みるため，地域への口コミ的な効果や，職場そのものの活性化にも繋がる．学生が一定期間企業などで研修生として働き，自分の将来に関連のある就業体験を行えるものとしてインターンシップ制度がある．→インターンシップ制度　　　　　　　　　　〔佐伯秀範〕

社内研修プログラム

あるメーカーでは実務に必要不可欠な専門知識・能力の修得のため，入社後5年間で決算書の読み方，マーケティング，などを必修にし，9講座を選択させる基礎教育を行っている．その後3年間で，専門性や専門能力の伸長を図り，ビジネス基礎の幅広い学習をする基本教育を行う．ここまでは全員が対象．次に，ビジネス理論を体系的に学習し，事業戦略の全体を把握し，経営課題の本質を探究できる資質を養う応用教育がある．問題解決，マーケティング，アカウンティング，ヒューマンリソース，経営戦略を学ぶ．そして，高度な戦略思考をもった次代の幹部職になりうる素地を作るための経営塾がある．実際の事業を題材にした実践型トレーニング形式の講座を実施し，講座修了後に社長に事業提案をすることが課せられている．→教育訓練，研修　　　　　　　　　　　〔早坂明彦〕

社内公募制

従来の企業では，従業員の配置や異動に関しては，原則として会社側の業務命令で決まり，従業員の意向は考慮されなかった．しかし，従業員の仕事やキャリアを重視する自己実現型の価値観が近年志向され，従業員本人の意向を重んじ，労働意欲の向上を図るための新しい方法を導入する企業が増加している．そのひとつとして，社内公募制がある．企業で新規事業，新商品企画，プロジェクトなどで要員確保を必要としている場合，広く社内で募集を行うものである．応募者は直属の上司を経由せずに，直接応募ができるのが特徴である．これに応募して異動が決定された場合は，直属の上司は異動を拒否できない．→イントラプレナー　　　　〔早坂明彦〕

週休2日制

背景には，1970年代以降のヨーロッパにおける労働の人間化やこれを基礎にしたQWL（quality of working life，労働生活の質）の向上思想や運動がある．労働環境や労働条件だけでなく，産業社会で働く人々の生涯全体としての生活の充実，仕事と私生活のバランス，ワーク・ライフ・バランスの尊重を目指す．日本人の「働きすぎ」に対する欧米からの批判に対して生まれた制度と説明されることもある．労働基準法が1987年に改正され，1週間40労働時間が定められ，この時期を境に「週休2日制」が急速に企業や自治体などで採用された．その結果，土日の2日間，企業や自治体などは休業することが多く，地域住民・顧客などへのサービス低下にもつながる．ただし，本来の趣旨は組織全体の休業でなく，各従業員の労働時間が短縮され，働く人々の労働生活を含む社会生活全体の質を向上させることにある．→休日，4L重視の経営　　　　　　　　　〔厚東偉介〕

従業員態度調査
(morale survey, attitude survey)

企業，組織における従業員の勤労意欲，労働意識などを調査，測定すること．モラール・サーベイともいわれ，モラールの語源はフランス語の士気にあたる言葉である．元来，士気とは軍隊用語であり，非戦時にいかにして兵士の戦意を高めるかという，いわば監督者が部下の士気高揚のための意識づけ，動機づけと同義に用いられている．転じてモラール・サーベイとは，従業員の士気を高め，職場の生産性を高めるための調査方法として第二次世界大戦後アメリカで発展し，わが国でも昭和30年代に普及した．方法には質問紙法，テスト法，観察法などがある．調査の内容としては管理監督者の態度，昇進や処遇の公平さ，その他の労働条件に関する満足度などである．発展の契機となったのは，E.メイヨー（G. E. Mayo）のホーソン実験であり，いわゆる人間関係論の基礎的な方法として発展した．

→動機づけ理論　　　　　〔村上良三〕

従業員代表制度

ある単一事業所の従業員が自分たちで選んだ代表者を通じて，経営側と労働条件などについて協議・調整するための制度．ただし，従業員の代表者は，選出に経営者側の意向が反映し，経営側からの財政的援助を受け，法的な争議権や団体交渉権をもたないなど，本来の労働組合とは大きく異なるが，企業別組合の原型になった．もともと，この制度は1920年から30年代にかけてのアメリカで，経営者が，本来の労働組合を排除するために，意識的に作り出したものであり，当時の労働組合は，この制度のことを「御用組合」とみなしていた．1935年に制定されたワグナー法（Wagner Act）により，この制度は不当労働行為とみなされ，禁止されて消滅していった．　→共同決定制度，団体交渉

〔日夏嘉寿雄〕

就業規則

事業組織が複数の労働者を継続的に雇用し，組織的に就業させるために秩序づけ，服務規律とその違反に対する制裁措置を設ける一方，賃金，労働時間その他の労働条件について体系的・統一的に定めた職場の規則．労働基準法に，「作成及び届出の義務」（第89条），「作成の手続」（第90条），「制裁規定の制限」（第91条），「法令及び労働協約との関係」（第92条），「及び効力」（第93条）が定められている．集団的・統一的な行動を実現するための工場を想定した伝統的な就業規則の内容は，企業業績への個人プレーを重視し，従業員の自由な発想と行動を必要とする現代の金融業やIT業などにはそぐわなくなっていることが指摘されている．　→労働協約

〔平野文彦〕

就職浪人

いい会社に入社できなくて，留年する学生が出た時期もあった．また，バブル経済の崩壊後，就職が困難になり，卒業後も就職を探さなければならない人びとが多くなっている．しかし，フリーターなどをしながら就職を求めている若者だけでなく，中高年でも就職を探している場合には，やはり就職浪人である．　→第2新卒，フリーター　〔伊藤　敦〕

集団的労使関係

労働者集団組織（労働組合）と使用者組織（使用者または使用者団体）を集団的労使関係と捉えるもの．そこでは，労使間における協議や交渉を中心とした諸関係が形成され，労使双方による問題協議や解決を図る活動が進められる．労働者は，労働組合の活動のもとに使用者（使用者団体）と協議や交渉などの場面・機会をもつことになる．集団的労使関係における主な交渉，協議形態として，団体交渉（労働者の雇用・労働条件を決定する労使交渉で最も重要な制度），労使協議制（労働者の代表と使用者が経営上の諸問題について情報や意見を交換する機関）があげられる．わが国の労使協議制の運用は，労使関係の安定に役立っている．　→個別的労使関係

〔服部　治〕

授業評価

教員の授業に対し受講生が評価を行い，授業と教育の改善に資することを目的とするもの．大学教育の現場でも急速に広まりつつあるが，その評価方法の適切性や信頼性に留意し，評価を生かした改善志向の形成的評価が問われる．そのためには，教員各人の授業改善への絶えざる努力はもとより，受講生の能力や視点，カリキュラムや教育環境との整合性に配慮した組織システム全体によるFDの視点が重要となる．企業での社員教育では，こうした視点とともに，企業目的，要求される能力・技能，人事労務管理の人材育成計画に見合った，研修などでの効果的な授業評価システムの導入と運用による教育訓練効果に配慮し，人材の能力開発を進めていく必要がある．　→FD，研修評価　　〔八木俊輔〕

熟練（skill）

分業化，専門化により，同一種類の作業はできる限りひとつの単位にまとめて担当させ

ることで熟練を促すことができる。各個人の能力や資質・特性などを考慮し，役割分担することにより，同種の仕事を集めて，何度も何度も繰り返す作業によって，しだいにその仕事の手順や手際が整えられ，短時間で達成できるようになる。また，仕事に使う原材料のムダも減少し一定の量から多くの製品ができるようになる。熟練と年齢・勤続年数との間に一定の関係がみられるので，大企業では雇用した若年労働者を適材適所により職務に配置し，訓練することによってしだいに格付けるのである。彼らを熟練工という。→職務特殊的熟練　　　　　　　　　〔袴田耕司〕

情意評価

組織の一員として個人に期待される仕事への取り組み姿勢について評価するものである。その主な要素として規律性，責任性，協調性，積極性の4つがある。組織の基盤を固めるために求められるものが，規律性と責任性である。規律性とは，組織理念，部門方針，就業規則，上司の指示命令などの意味を十分に理解し，それを遵守する態度をいう。責任性とは，与えられた職務を自覚し，誠実に最大限の努力で遂行し，その結果に責任を負う態度をいう。組織をさらに成長させるものが協調性と積極性である。協調性とは，自己の守備範囲外ではあるが，組織全体の成果を高めるために，他メンバーを手伝ったりチームワークを高めようとする態度をいう。積極性とは，自己の仕事や能力のレベルを改善しようとチャレンジする態度をいう。→人事考課
〔海治　勝〕

生涯学習

1965年にフランスのパリにて，ユネスコ主催で開催された，第3回成人教育推進国際委員会において，フランスのポール・ラングラン（P. Lengrand）が提唱したのが最初であるといわれている。教育は人間が生きているかぎり継続されるものであるとし，教科書を用いた学校教育を卒業すれば，教育が終了するものではないとする考え方である。社会の変化が激しく，人々の価値観が多様化していく中で，その時々に必要となる知識を年齢や場所などにとらわれることなく，自由に生涯にわたって学んでいくことを指す。→社会教育，生涯学習ボランティア　　〔田中信裕〕

生涯学習ボランティア

自らが学んできた知識や技術などの学習成果を活用して，他の人の生涯学習活動を支援する立場にまわるボランティアのこと。学習内容は多岐にわたり，趣味なども含む。教える側はボランティア自体が生涯学習であり，自らが学んできたことを活かす場ともなる。知識や技術を環流させ，地域の活性化にも貢献することにつながるため，生涯学習ボランティアが生涯学習の振興を図ると期待されている。→生涯学習　　　　　　　　　　　〔田中信裕〕

紹介予定派遣

正社員として就業する前に，派遣スタッフとして一定期間就業した時点（通常は派遣期間の終了時点）に，就業先企業と派遣スタッフの両者の希望が一致した場合に，双方が直接に雇用契約を結んで正社員（あるいは契約社員）となる雇用システムのこと。その際，派遣元は紹介予定派遣であることをあらかじめ明示しておかなければならない。TTP（temporary to permanent，短期一時雇用から長期永続雇用へ）ともよばれ，アメリカではすでに広く普及しているが，近年，日本でも注目されるようになった。このシステムの利点は，企業側にとっては雇用する人材を良く見極めることができ，また働く側にも勤務先の労働内容や職場風土などを事前によく知ることができるので，双方ともにミスマッチを防止できる点にある。→雇用のミスマッチ，派遣社員　　　　　　　　　〔渡辺　峻〕

商学部

日本における商業教育は明治8年の東京商法講習所の設立をもって始まり，東京商業学校，高等商業学校，東京商科大学などを経て，今日の一橋大学となった。さらに明治35年に設立された神戸高等商業学校（後の神戸商業大学，神戸大学）を始めとする各地の高等

商業学校，および大正7年公布の「大学令」により大学となった私立大学などに商学部や商業学科が設置される．大正15年の日本経営学会の創立が，名称を「日本経営学会」とするか「日本商学会」とするかで論争が行われたことが象徴するように，経営学の研究は，商学と経営学，さらには会計学などを包摂する形で展開された．しかしその後，経営学，会計学，商学などはそれぞれ密接に関連するが独立した研究分野として分化していった．第二次世界大戦時中，軍部により，「商業」という名称が営利主義として排斥される中で，神戸（経済）大学において経営学科が制度化され，戦後，経営学部，経営学科の設置・名称変更が行われるようになった．→経営学部，経営情報学部　　　　〔松本芳男〕

試用期間

従業員を採用した場合に直ちに本採用しないで，一定期間を区切って，採用時にはわからなかった能力や適性を評価し，正式に本採用するかを決定すること．通常この制度は就業規則に規定されている解約権保留付の労働協約とみなされている．試用期間は短いもので1ヵ月，普通は3ヵ月が多い．この試用期間の扱いで問題になるのは，会社側に自由な解約権が認められるかということである．過去の最高裁の判例では，深刻な不況に陥り，大幅な人員整理が必要になった場合，本人の経歴に重大な虚偽がみつかった場合，過去に刑事事件で逮捕されていた場合などにのみ，解約権が行使できるとしている．→紹介予定派遣　　　　〔竹村之宏〕

昇給

労働者個人の能力・成果・年齢・勤続年数などの伸びに応じて基本部分の賃金水準を引き上げること．類似した概念にベースアップがある．ベースアップが組織全体としての賃金水準の引き上げを意味するのに対して，昇給は労働者個々の賃金を個別に引き上げるものである．このように賃金水準の引き上げに対して2つの概念があるのは日本の特色であり，欧米では賃金引き上げに関する分類はなく，"pay raise"あるいは"pay increase"などひとつの言葉・概念で捉えられている．昇給の種類としては，年齢・勤続によって自動的に昇給する自動昇給，査定結果に応じて昇給する査定昇給，昇格によって昇給する昇格昇給などがある．→賃金プロファイル

〔須田敏子〕

昇進

処遇上の位置づけが上昇することで役職昇進と職務昇進がある．役職昇進はラインの管理職（課長，部長など）のポストに就けることであり，職務昇進は昇格制度における資格呼称を上げることである（たとえば，主査，参事など）．昇進で入手できるのは，昇給，権限，社内・外のステータスなどである．ただし，職務昇進の場合は必ずしもステータスは得られない．昇進の方式は入学方式が一般的であり，上位職位にふさわしい能力と人格があると認められた場合である．高度成長時代は役職昇進が人々を動機づけてきたが，最近では高学歴化，高齢化，仕事の高度化，一生一社主義の崩壊，成長鈍化によるポスト不足などで，昇進は魅力ではなくなったといわれる．→内部昇進　　　　〔竹村之宏〕

情報リテラシー（information literacy）

リテラシーが読み書き能力一般を意味するのに対して，マルチメディア，コンピュータ，インターネットなど，特に情報通信技術を活用して情報を処理する能力を指す．わが国では，1980年代半ば以降，国民への普及・定着が政府により推進されてきた．狭義には情報通信技術の操作方法に限定されるが，広義では情報理論の基礎やコンピュータの作動原理，情報セキュリティなどの安全面や著作権法などの法制など，情報通信技術を介して情報と接するうえで必要とされるあらゆる知識・技能を含む．また，情報の検索・収集・理解・蓄積にとどまらず，みずから情報を加工・発信していくための能力も含まれると解されている．→ITリテラシー　　〔杉本昌昭〕

賞与考課

　企業，団体などにおける社員，職員の業務遂行成績や能力，態度などを評価，記録，判定し，その組織における成員の処遇（昇給・賞与・昇進・配置転換・教育など）に反映させるものを人事考課といい，特に賞与を考課するものをいう．従来日本の賞与は，終身雇用や年功制などの日本の雇用慣行との関連から，欧米の特別配当的なものとは異なり，盆暮，期末などの一時金，生活給的な色彩が強かったが，近年各組織における成果主義などの導入により，賞与考課を行う場合，固定部分に成績評価を加味したやり方が一般的である．今後は年俸制を含めた賃金制度の変化に伴い，退職金，賞与制度にも，見直しを含めて，大幅な変革が予想される．→人事考課
〔矢野武彦〕

職位 (position)

　公式組織において，職務（job）を果たすために組織構成員の一人ひとりが占める地位を指す．したがって，組織には，成員の人数だけ職位の数があることになる．日本の管理組織では，従来，課が単位組織とみなされて，職務は課単位に与えられ，課員は一丸となってこれに取り組んできたが，成果を個人単位で評価しようとするのであれば，機能を重視した職位の確立が必要である．職位には，責任（responsibility），権限（authority），義務（accountability）が付与される．このうち，責任は個人単位の職責として公式に与えられた特定の職務内容を指し，権限は職務を遂行するために部下や物を公式に支配し強制しうる権利ないし力（power）を意味し，義務はこの与えられた職務を適切に遂行し，結果について上司に報告する義務である．→職能
〔冨田忠義〕

職業観

　個人の仕事や労働に対する価値観を指す．近年，個人の価値観の多様化から，特に若年者の職業観の変化が顕著になっている．ひとつの企業において定年まで勤め上げるだけではなく，キャリアの途上で転職することに抵抗感をもたなかったり，正社員になることにこだわらず自由に働きたいといった価値観が広まる傾向にある．一方，職業観の希薄化から安易にフリーターやニートになる若年者が急増し社会問題となっている．このような背景から，望ましい職業観の形成のためにキャリア教育の必要性が叫ばれており，高校や大学を中心にインターンシップなどの普及も進んでいる．→インターンシップ制度，自己実現，自立人，ニート，フリーター〔合谷美江〕

職種別採用

　募集・採用方法の多様化により導入されている選考方法であり，一括して募集・採用の後，各職種へ配属するのではなく，募集の段階において各職種の採用基準を定めて選考する方法．職種別採用の導入により，専門性の高い人材の確保およびその育成を効率よく行うことが可能となると同時に，選考の段階において入社後期待される職務遂行能力をより具体的に判断することが可能となる．また，応募する側においても応募者自身の専門性を重視する傾向があり，中途採用（経験者採用）だけでなく，新卒採用においても導入が進んでいる．→中途採用　　　　〔草田清章〕

嘱託

　正式の社員・職員・従業員に任命せずに，特定の職務・事務を依頼し任せて働いてもらう人がいる．このような人を一般に嘱託という．このような身分の人は，その企業を定年退職し再雇用された人であったり，ある専門知識をもった人を一時的に活用する場合に採用された人などが多い．この人たちの就労条件は，期間限定・時間限定の場合が一般的である．→コンティンジェント・ワーカー　　〔丸山啓輔〕

職能 (function)

　仕事を意味するが，組織の目的を達成するためになされるべき仕事のこと．目的と関連づけて用いるので，使命とか任務という意味あいをもっている．また，同じ種類の専門的知識と熟練を必要とされる仕事の群やかたま

りをいう場合もある．伝統的組織論では，職能が組織デザインの分析の基本単位として使われ，組織はこの職能の水平的分化（購買，製造，販売のように横方向の分化）と垂直的分化（管理と作業のように縦方向の分化）によって，編成される．これにより，職能がどういうふうに生まれてくるかを理解することができる．→仕事，職務　　　〔高橋成夫〕

職能給

従業員の能力を職務遂行能力によって評価し，職務資格制度の能力序列（等級）ごとに決定された賃金をいう．職務遂行能力は，知識・技能・体力を根幹に精神的熟練（理解力・判断力，企画力など）と発揮能力の質量を支える情意（執務態度）からなり（日経連『能力主義管理』1969），序列ごとに明確化され，その能力に合致した等級の職務給が支給される．この制度は，職務と資格が分離され，能力があっても定員の都合で役職につけなくとも，その等級の資格が付与されるなど人基準の賃金制度として普及した．90年代以降職能給が「年功賃金」といわれるようになったのは，職務遂行能力が抽象的で，年齢や勤続年数などで上昇する潜在能力としてとらえられるようになったからである．→職務遂行能力　　　〔杉原英夫〕

職能資格制度

従業員を職能という概念に基づいて等級（ランク）づけし，その等級をベースに賃金を決定する人事処遇制度．職能とは職務遂行能力の略語であり，仕事を処理するうえで会社が期待し要求する能力のことを指す．その能力のレベルを何段階かに分け，その分けられた階層を職能資格等級という．職務遂行能力の等級に対応したという意味で，能力給の性格をもつ．「上司の指導を受ければ出納業務ができる」，「単独で財務諸表を作成できる」など，できる限り具体的に職能資格の定義を表現すれば従業員にわかりやすい制度となり，運用がやりやすくなる．等級数は従業員数や業務の複雑さに応じて決定される．→資格等級，職務遂行能力　　　〔雑賀憲彦〕

職能別教育

階層別教育とともに，企業や行政機関における教育および研修体系の典型である．従業員が生産，営業，経理，財務，マーケティング，法務など，それぞれの職能（部門）に応じて，OJTだけでは習得することのできない，よりプロフェッショナルな知識や技能をOff-JTとして習得することを目的にする．近年では，雇用環境の変化とともに，従業員個々人の主体的な能力伸長を目指して，各自のキャリア開発を促進するように，自己投資型の職能別教育を切り替える企業も多い．→階層別教育　　　〔吉成　亮〕

職場ぐるみ研修

組織内の課や部などの職場を単位としてメンバー全員を対象にして行う研修で，「ファミリー・トレーニング」ともいう．個人を対象とした研修は，個人の能力の向上に資するが，それが職場風土や職場メンバーの価値観などと齟齬があれば，チームで行う仕事には十分生かされないことになる．そのため職場全体の課題，上司・部下間の課題，チーム活動にかかわる課題，職場風土が重要な影響を及ぼす課題などについて，関係するメンバー全員に対して行うものである．職場集団全体の活性化や職場の再活性化などに効果的であるが，一時的にせよ職場を閉鎖して行うため実施が困難であること，上司・部下が共同で議論することとなるため指導が難しいという課題を有している．→組織開発　　〔川端大二〕

職務（job）

組織メンバーが個々に担当する仕事を表し，組織上の職位（position）―○○主任，△△課長，□□店長など―の内容をひとまとめにした概念．たとえば，営業部長の役割などである．それは職務の内容を分析した結果として職務記述書（job description）によって表される．職務分析によって職務は，技術革新や社会的要請，高齢化などの変化にあわせてつねに見直しをしていかなければならない．人と仕事の適合関係を探求し，人に優し

い，意欲を喚起でき，時代に即応した職務を作り出すことが必要となろう．職務拡大論，職務充実論，リーダーシップ論，モチベーション論は職務設計に大いに関係する．このように組織全体とのかかわりの中で職務を鳥瞰する視点が重要となろう．→職位，職能，職務設計　　　　　　　　　　　　〔加藤茂夫〕

職務遂行能力

　仕事をするうえで必要な能力を職務遂行能力という．文字どおり，仕事をなし遂げていく能力である．従来，日本企業では欧米のように職務内容に応じて賃金を決める職務給よりも，職務遂行能力のレベルに応じた職能資格（等級）制度をつくり，人事考課とあわせ職能給で処遇してきた．このように職務遂行能力は一般的な能力のレベルを指し，厳密な個々の職務に必要とされる能力ではなかった．ある職務に必要な能力が他の職務に通用するかといえば厳密にはそうではない．それを職能という資格で評価することで平等な処遇を可能にしてきた．しかし，バブル崩壊後，職務遂行能力より結果を出す行動特性としてのコンピテンシーが注目されている．→コンピテンシー人事，職能資格制度，ハイ・パフォーマー　　　　　　　　　　　〔水元　昇〕

職務設計（ジョブデザイン）

　組織は，それぞれの人の職務によって構成され，職務とは一人が担当する業務の範囲である．その業務の範囲の中に，いくつかのタスクがあるが，職務は単に細分化，特殊化されただけのもの，あるいはタスクを単に寄せ集めたものであってはならない．モチベーションや一人ひとりの適性や能力，組織の全体的な観点から，意味のある合理的なまとまりでなければならないからである．終身雇用システムにおいては，職務の分担はきわめてあいまいであった．しかし，昨今では職務給や職能給の関係から，また自律性重視，協働化，組織のフラット化，裁量労働制，セルシステム化などの潮流から職務設計は組織設計とともにきわめてダイナミックに考えられねばならない重要な課題である．→職務〔大西　宏〕

職務特殊的熟練

　類似職位くくり型職務編成では，従業員個々人に割り当てられているタスクの大部分が共通で，職務遂行のために要求される知識や技能の種類に大差がなく，その仕事に期待される知識や技能の程度がほぼ同じような職位（position）の集まりを職務（job）という．この職務は，企業ごとに異なる業務内容から生じる特殊的な知識や技能である職務特殊的熟練と，どの企業に転換しても通用する「市場性のある」知識や技能である職務一般的熟練とで形成される．→業種特殊的熟練，職務
　　　　　　　　　　　　　　　　〔向田裕一〕

職務評価

　組織内における各職務の相対的な重要度を評価すること．この方法は，職務全体を対象に相対的な重要度を評価する非分析型職務評価と，職務を構成する主要な要素にわけ，要素ごとに相対的な重要性を評価する分析型職務評価の2つに大別される．非分析型職務評価ではジョブランキングやジョブクラシフィケーションなどが，分析型職務評価にはポイントファクターやファクターコンパリゾンなどがある．職務ベースの人事制度では，職務評価に基づいて組織内の職務グレード構造や賃金構造が決定され，さらに職務評価は組織内の地位や報酬など個人処遇に決定的な影響を与えるものである．→職務分析〔須田敏子〕

職務分析

　それぞれの職務に含まれる個々の業務の目的，内容，困難度，責任度，職務遂行上必要な知識・経験といった必要要件などを細かく規定して，その結果を職務記述書や職務明細書などにまとめて，他の職務との違いを明確にする手続き．具体的な方法としては，分析者が作業者の行動を観察する方法，分析者が作業者と面接し，聞き取ることによって情報を得る方法，作業者に作業条件などの必要事項を質問票に記入してもらう方法などがある．職務分析の目的は，職務給を設定することにある．すなわち，社内のすべての職務に

ついて，その価値・難易度および就労条件などを測定し，その結果に基づいて職務ごとの賃金（職務給）決定する．→職務〔古山 徹〕

職務満足

組織の成員が，自分自身の職務や職務環境において抱く好ましい感情のこと．ハーズバーグ（F. Herzberg）は，組織の方針と経営，監督，対人関係，作業条件，および給与という，成員に不満をもたらす要因（衛生要因）は，ほとんど職務満足に貢献せず，成員の職務満足に貢献するためには，精神的成長により潜在能力を実現したいという要因（動機づけ要因）の重要性を指摘している．また，ミシガン研究では，生産性と職務満足は相関関係であり，職務満足と離職率および欠勤率は，逆相関にあることを指摘した．→従業員満足，ハーズバーグ 〔吉成 亮〕

女性管理職比率
(executive job ratio of women)

管理職全体に占める女性の割合のことで，わが国はきわめて低い．ILO調査（1995）によると，日本の女性管理職比率は21ヵ国中最下位と低く，女性管理職が少ない理由として，①必要な知識や経験，判断力などを有する女性がいない，②勤続年数が短く，役職者になるまでに退職，などの理由がある．経済産業省『女性の活用と企業業績』は，「女性管理職比率が高い企業には，女性を均等に処遇する風土があり，それが企業の業績にも良い影響を与えていると解釈できる」としており，積極的に女性を管理職に登用すべきである．→マネジリアル・ウーマン
〔白川美知子〕

女性起業家

自分自身で，会社を創り，経営していこうとする女性のこと．近年，農村・都市部にかかわらず，増加傾向がみられる．その理由には，男女共同参画社会の進展に伴って，心理的なハードルが低くなってきたこと，女性自身の可処分所得が増加したため，女性のニーズ（ネイルサロンやファンデーションの通信販売など）を対象とする市場が拡大したことなどがあげられる．→起業家育成，マネジリアル・ウーマン 〔池田玲子〕

ジョブグレイド

職務給制度において賃金を決定するための職務等級をいう．職務給では，基本的にはジョブグレイドごとに賃金が決まっており，ジョブグレイドが同じであれば，賃金は同じになる．ジョブグレイドは，職務遂行に必要なノウハウや専門知識の有無，コミュニケーションスキル，マネジメントスキルなど職務遂行の難易度によって決定する．そこで，たとえば，大規模な支店の支店長がグレイド1，大きな部の部長がグレイド2，そのほかの部長クラスがグレイド3，営業所長がグレイド4，課長クラスがグレイド5，というように，ジョブカテゴリー（ポジション）と対応して用いる．→職務分析 〔古山 徹〕

ジョブシャドウイング
(job shadowing)

仕事をしている人に影のように張り付いて行動をともにし，仕事をしている人や職場の雰囲気を身近に観察する中学生・高校生向けの職業体験型キャリア教育である．参加者は，仕事とはどのようなものであるのか，他の人々とどのように関わりながら仕事をしているのか，その仕事にはどのような知識やスキルが求められるのか，希望の仕事をするためにはなにを学ばねばならないのか，そして多様な職業選択肢などを理解することにより，将来の進路選択や職業選択に役立てることが期待されている．アメリカで1998年にスタートし，全米ジョブシャドウ連盟や地域ごとの非営利支援組織があり，年間100万人以上の生徒，10万社以上の企業が参加している．→インターンシップ制度，体験学習
〔吉田優治〕

自立人

一般に「組織人」とは，組織や集団の価値観や人間関係にコミットして，相互依存的に働く人々を意味し，「会社人間」と同義に使

われることもある．これに対して「自立人」は，組織や集団のさまざまな束縛からはなれ，自分自身の価値観や自己実現のために働いたり，生活したりする人々をいう．具体的には，独立自営業者，転職をとおして自分の専門能力を発揮する人，リタイア後の人生で積極的な充実した生き方をする人などを指している．→会社人間　　　　　　　　〔鷲澤　博〕

自律分散型リーダーシップ

野中郁次郎によれば，知識創造企業におけるリーダーシップは，特定のリーダーが固定的に担うのではなく，状況に応じて臨機応変にリーダーが決まる自律分散型のリーダーシップが基本であるという．というのも，知識創造は特定のエリートだけが行うのではなく，組織メンバー全員による「知の総動員」体制として行われるからである．かつてフォレット（M. P. Follett）も，権限は知識や経験に伴うべきであると述べているように，真に有効な問題解決を行うためには，地位や肩書きにとらわれることなく，その時々の状況において最もふさわしい知識や経験をもった人がリーダーシップを発揮し，関係者たちとの知的対話を通じて解決に当たるのが有効である．　　　　　　　　　　　　〔松本芳男〕

辞令

公式組織が，組織構成員に対して所属組織における職格，職位，基準賃金などに関する事項を，公式組織の最高責任者からの権威に裏づけられた書式形式で行う命令伝達である．辞令は，組織の協働体系活動における活動範囲を限定した組織構成員個々人へ責任と権限の移譲，および所属する組織における組織構成員の責任と権限の明確化を意味し，組織構成員は，その命令を無条件で受容する関係にある．一般的には，組織（官公庁，企業）が，年度の業務開始時において組織構成員の所属・配属への命令と昇給に関する事項を組織構成員に書式でもって辞令交付する形式がとられる．　　　　　　　　　　〔三浦庸男〕

人材開発

組織主導によって従業員を組織目的達成のための有為な人材へと開発すること．能力開発の基本は個人の主体的努力にあり，組織は有為な人材へと方向づけと動機づけを行い，そのプロセスを援助するところに，その本質がある．そして，人の成長には経験，教育，自己啓発の3要素があり，人材開発はこれらを総合的に組み合わせて行うこととなる．具体的には，人材ビジョンや職務コンピテンシーなどの提示による能力開発の方向づけ，職務割り当てや職務再設計，昇進などによる仕事の経験，研修やOJTによる教育，人事考課や自己決定性の増大，マネジメントなどによる動機づけ，eラーニングや通信教育，専門職大学院などへの留学，外部勉強会の参加などの自己啓発支援などである．人材開発と同義の用語に人材育成があるが，それは個人の主体性を軸に長期的視点で育成していくイメージが強いのに対し，人材開発は組織主導で比較的短期をイメージさせる．→自己啓発
　　　　　　　　　　　　〔川端大二〕

人材派遣

企業が必要なとき，必要な人材を必要な期間だけ派遣会社から派遣してもらい，仕事をこなす雇用形態．1986年7月1日に労働者派遣法が施行され，認可された．人材派遣の仕組みは，「派遣元企業」，「派遣社員」，「派遣先」の3者で構成され，「派遣元企業」は「派遣社員」を雇用する立場にあり，「派遣先」企業は，「派遣社員」を使用する立場にある．つまり雇用者と使用者が分離されている．→派遣社員　　　　　　　　〔市村修一〕

人材ビジョン

企業経営の基礎や前提には必ずその企業の指針となるべき理念や哲学あるいはビジョンが必要である．なぜなら，これに基づいて企業行動や経営戦略が策定されるからである．経営戦略のひとつである人事戦略も，そうした理念やビジョンに基づいて構築される必要がある．たとえば，企業において必要とされ

る人材も，上記の理念やビジョンを明確にしたうえで望ましい人材像が示されることとなる．そして，それに基づいて採用計画や社内での人材育成計画や研修計画，そして評価・処遇システムなどが策定される．この意味では，人材を育てるビジョンが明確に確立されているか否かで企業組織のあり方が大きく左右されることとなる．→人材マネジメント

〔大平浩二〕

人材募集

人材募集は，企業などが有能な従業員を募集することである．日本企業は一般には学卒者の一括採用を基本としているが，通年採用や中途採用も大幅に増加してきている．募集の形態はさまざまであり，学卒者の場合は，学校を通じての募集，インターネットを介しての募集，企業説明会や企業セミナーによる募集，各種広告媒体による募集，コネを通じての募集などが多い．中途採用は職業安定所，求人誌，新聞などの広告，新聞への折り込み広告など，さらに幅広い募集が行われる．また，労働法の改正により，紹介予定派遣が解禁され，派遣業者を通じての募集も拡大してきている．企業が戦略的人的資源管理を強めてきていることから，市場からの人材募集が増大し，また転職傾向がますます増大するなど，日本の労働市場が急速に拡大してきており，人材募集は企業にとって重要な戦略として位置づけられるようになってきている．→RJP，新規学卒一括採用，中途採用

〔川端大二〕

人材マッチング

近年，雇用する側と雇用される側の双方のニーズを適合させる機会がしだいに少なくなり，適切な人材がその能力を発揮できない職業もしくは職場に恵まれない状態が深刻化する一方で，高度の技術力や企業としての能力・活力を有しつつも，企業規模の制約による求人困難や，後継者の問題などを抱える企業も少なくない．こうした状況の中で注目されているのが，人材マッチングである．これは就職希望者と求人希望者（企業）との間の"橋渡し"的役割を意味しており，全国商工会連合会が日本商工会議所の協力のもと，中小企業庁の委託事業として後継者不足に悩む企業に対し，webサイトを活用した後継者人材マッチング事業を展開している例などがある．→雇用のマッチング，雇用のミスマッチ

〔吉村孝司〕

人材マップ

ある企業や組織などで，どんな能力，技術，ノウハウ，資格，キャリア，行動特性などをもった人材が，どこにいるかを示すものをいう．形式はさまざまである．作成の目的は，適正配置や選抜，適任者発見，教育訓練，後継者の育成（サクセションプラン）などである．たとえば企業の新規事業立ち上げのチームメンバーを，必要な能力，キャリアなどに合わせて選ぶ場合に人材マップは欠かせない．これを作成するには，各項目にかかわる個々人の情報を収集，データベース化し，しかも適宜更新することが必要であり，各種の人事情報システムが活用されることが多い．情報の整備のために対象者本人や各セクションの管理者などの協力が必要であり，また収集した情報は個人情報保護の観点から厳正に管理しなければならない．→サクセション・プラン

〔石毛昭範〕

人事アセスメント

従業員の能力や行動を測定し，その特徴を把握すること．アセスメントの結果は，採用・配属・昇進・昇格・能力開発など，さまざまな場面で活用される．ツールには，性格的な側面を測定する「性格検査」，知的能力を測定する「知的能力検査」，職務行動を把握する「360度評価」，マネジメントスキルを評価する「アセスメントセンター方式」などがある．主に欧米のアカデミックな研究を基礎とし，科学的接近が遅れているわが国の人事管理に一石を投ずるもの．実務的には，アセスメントの測定結果を意識しながらも，他方で注意深い観察に基づいた本人との対話にも配慮する工夫が重要である．→360度評価，人事考課

〔和田俊彦〕

人事考課
(merit rating, performance rating)

人事評価ともいう．従業員に対して行う個別の査定評価．成績考課，能力考課，情意考課の要素を含んでおり，従業員の昇進・昇格，昇給，配置・人事異動，教育訓練，キャリア開発などに活かすという目的がある．通常，直属上司が一次評価者，その上の上司が二次評価者となる．従来は上司により密室で行われている感があったが，近年は，目標管理（MBO），コンピテンシー，多面的評価などの方法が広く導入され，より客観的で透明性の高い評価が行われるようになっている．その背景には，成果主義が広まり，従業員のモチベーションアップと貢献につなげるためには，人事考課の公平性や納得性がより重要な課題となっているということがある．→コンピテンシー人事，360度評価，目標管理
〔合谷美江〕

新入社員研修

見習い期間中の社員を対象に行われる研修で，定期採用者の導入教育を指すことが多い．研修内容としては「組織全体の基本的な理解，仕事の厳しさと最低限ルールの理解と体得，そして入社時の集中教育が効果的な専門家によるトレーニング（社会人としてのマナー，OA，基本スキル（お札の数え方，電話訓練，話し方，文書作成，など））などの教育」がある．また，職場配属後の受入体制（メンター制度）まで含めている場合もある．この他，通年採用・不定期採用などが増え，経験者採用を前提に新入社員研修が省略されがちであるが，組織の経営理念とか経営姿勢（CSR経営）などについての最低限の研修は必要である．最近，早期戦力化の大義名分の下に，この研修期間を短縮して配属する傾向が多いが，新入社員の将来の成長度および定着度を考えると本研修には一定期間を確保すべきものである．→研修，社内研修プログラム，態度変容教育
〔井之川義明〕

進路指導

学生・生徒の卒業後の進路，進学指導や職業指導を行うことをいい，近年では，若年層の雇用，フリーターとニートが社会問題となっており，将来の仕事や働くことについて考える進路指導をキャリア教育とよぶこともある．また，価値観の多様化，働き方の多様化が進む中，進路指導は人の生き方や職業生活についても含めて行われており，具体的には自己や職業の理解なども含まれる．中・長期的展望にたって，どう生きるか，どう働くのかを考えさせる教育や職業能力開発指導，そして，さまざまな選択肢の中から個々人自らが，選択できるように教育することが必要とされている．→キャリア支援センター，ニート，フリーター
〔佐藤美津子〕

スキルマップ

企業における各職種・職能に必要なスキルを体系的に網羅したもの．それは各職務の業務フローをベースにして個々の業務の処理に伴う必要スキルや知識を体系化するものである．結果として職種ごとの求めるスキルとレベルを明示することにより企業側の求める能力と働く側の発揮すべきスキルの相互理解を促進し，一体感を図ることに活かされている．しかし，スキルマップは技術変化や市場変化に伴い，つねにブラッシュアップすることが求められ，実態としては最適化を求めるには困難性を有している．最近はハイ・パフォーマーとしての意識・能力・行動特性といったコンピテンシーをも網羅し，企業の強み・弱みの把握までも行う傾向になりつつある．→コンピテンシー人事，ハイ・パフォー

〔岡部　泉〕

スペシャリスト（specialist）

ゼネラリストの対語．スペシャリスト（専門職）は文字どおりある業務について専門性を発揮する職務である．経済の高度化とともに，経営においても競争を勝ち抜くために，幅広い業務知識や技能だけでなく，深い専門性が必要とされるようになった．実務的には専門職とか専任職といったいい方がされる．スタッフ部門の充実のためにスペシャリストが求められるだけでなく，ライン部門においても深い専門性が求められるようになった．一方，いくつかの専門性をもちながらも，専門を超えた領域で能力発揮を求められるのがゼネラリストである．→ゼネラリスト

〔杉　忠重〕

せ

成果給

成果とは計画に対して予期以上のよい結果がえられた状態をいう．したがって，成果給とはその成果をえるための努力に対する褒賞を指し，その一例は賞与である．成果給の基準として付加価値に占める人件費の割合である労働分配率が用いられる場合が多い．付加価値の算出方法には控除法と加算法がある．成果配分方式にはラッカープランとスキャロンプランが有名で，さらに個人別とグループ単位に分けられる．最近導入が盛んな年俸制では目標管理制度を活用して，前年度と今年度の実績を比較して成果給を支給する形態がとられており，成果給は能力主義・実力主義人事との関わりが深い．→能率給，能力主義

〔長坂　寛〕

成果主義

1990年代頃から，能力主義の代わりに導入され，主に管理職を対象にする人事管理方式で，目標管理制度を準拠として展開されている．具体的には，成果の対象になる目標を各人が設定し，その達成度を公平・公正に評価し，処遇に連動させようとする考え方である．仕事の結果（業績・成果）を重視し，結果によって処遇の変更（昇格と降格，昇給と減給）を行うところに特徴がある．最近は，仕事の達成成果だけを評価の基準としてではなく，達成にいたる過程の評価も重視されるようになってきた．→能力主義，能力評価

〔阮　育菁〕

正規従業員

法律的な厳密な定義はないが，一般に，雇用期間の定めがなくて長期の安定雇用が保障されている従業員のことを正規従業員とよんでいる．「正社員」あるいは「フルタイマー」ともよばれる．それに対して，雇用期間の定めがあり短期的一時的に雇用されて，一週間の労働時間が正規従業員よりも比較的に短い従業員のことを非正規従業員，パートタイマー，アルバイトなどとよんでいる．近年の雇用形態の多様化の進展する中で非正規従業員の比率が高まっている．→アルバイト，非正社員

〔渡辺　峻〕

セカンドキャリア（second career）

第2の職業のこと．長寿化が進んだ今日，①個人差はあるが，仕事を続ける体力や意欲は十分である，②公的年金の支給開始年齢が段階的に引き上げられる，③少子化による労働力不足が懸念される，などの理由から，高齢者の雇用促進が重要課題となっている．そこで，定年延長や再雇用のほかに，セカンドキャリアすなわち「従来とは異なった職業」への転職を支援する必要性が指摘されている．ただ，60歳定年を迎えてからの転職は困難なため，キャリア設計研修，早期退職優遇制度，フレックス定年制，高齢者活用会社

など，40代や50代を対象にした「セカンドキャリア支援プログラム」の導入が拡がっている．→高齢者の継続雇用，再雇用制度
〔武田公男〕

セカンドスクール
(Second Schools, 第2の学校)

児童・生徒が日常通学するファーストスクール（第1の学校）に対する呼称のこと．1972年に，現在の国土交通省都市・地域整備局大都市圏整備課の提唱した「セカンドスクール構想」がその発端．大都市の学校が，豊かな自然環境の残る地方に第2の学校を設け，地方の自然の中で生活しながら豊かな情操を育み，第1の学校とあわせて豊かな学校教育を推進しようというもので，人口の地方分散化と，地方の既存施設の活用や施設整備による地方振興を図ることなどが背景にあった．現在，総合的学習の時間に配当して，青年の家・少年自然の家などの宿泊施設や，美術館・博物館などの公共教育施設を利用した体験的な学習活動が，全国各地で行われている．→体験学習
〔新免圭介〕

セクシュアル・ハラスメント
(sexual harassment, セクハラ)

男女雇用機会均等法第21条では，職場での性的言動により女性が労働条件につき不利益を受けること（対価型セクハラ）と女性の就業環境が害されること（環境型セクハラ）を防止するため，事業主は雇用管理上必要な配慮をしなければならないと定めている．「性的言動」の例として性的冗談やからかい，食事やデートへの執拗な誘い，身体への不必要な接触，強制わいせつ行為，強姦，ヌードポスターの配布，掲示など．「対価型セクハラ」とは，女性の意に反する性的言動に対する女性の対応によって，その女性が解雇，降格，減給などの不利益を受けることである．「環境型セクハラ」とは，女性の意に反する性的言動により女性の就業環境が不快なものとなり，能力発揮に重大な悪影響が生じるなど就業に支障が生じることである．→アカデミック・ハラスメント
〔長坂　寛〕

積極的傾聴

相手の立場に立って相手を理解する聴き方であり，ロジャース（C.R.Rogers）が提唱したカウンセリング技法．誠実さ，相手を受け入れる受容の心，相手とともに考え，感ずる共感的理解を基本として，相手の話を積極的に聴くことにより，相手の発言の背後にある考え方や気持ちを理解し，相手の信頼を得て本音に迫ろうとする．聴く側はあまり発言することなく，あいづちやオウム返し，さらには相手の発言の意味を別の言葉に置き換えて確認するなどにより，相手の発言を促していく．とりわけ批判的，忠告的，説教的発言は，相手を萎縮させたり警戒させたりするので禁句とする．カウンセリングでクライアントの本音を聴きだす技法であるが，管理者が部下の悩みや弱点に対応する際のコミュニケーション手法としても注目されている．→カウンセリング
〔川端大二〕

ゼネラリスト (generalist)

多方面にわたり，知識・技能の全般的な能力をもち，過去の豊富な経験から全体的な立場として判断ができる人をいう．企業においては，さまざまな業務を経験し自己キャリアを形成していく人材をゼネラリストと認識している場合が多い．また，専門職あるいは特別職（会計職，ファンド・マネジャーなど）であるスペシャリストに対する一般職を指すこともある．民間企業では，専門的な部署に在籍したスペシャリストより，多くの部門を経験してきたゼネラリストの方がトップに昇進する機会が多いといわれる．一方，最近では，企業のグローバル化の進展とともに，スペシャリスト，ゼネラリストという人材育成方式は見直しが要求され，管理職には「幅広い知識と経験があると同時に，特定分野でより深い知識と経験をもつ人材」が要求されてきている．→スペシャリスト，T型人間，能力開発
〔川嶋啓右〕

選職

個人が真に満足する職業生活を送るため

に，自分の好みや適性にあった仕事（職）を選ぶことを指す．近年，若者を中心に，求職に際し，仕事の内容や職種にこだわる傾向が強くなっている．平成11年度の『国民生活白書』（経済企画庁）には，副題に「選職社会の実現」とつけられ，これまでの戦後社会が生産関係で結ばれた「職縁社会」であったとすれば，これからの社会は，自らの生活（人生）をより楽しくするために，好みの職場を選べる「選職社会」といえるだろうとしている．さらに，自由な労働市場で，自らの好みと適性に合った職業，職場に入り活躍できるよう勤労者への能力開発の重要性を説いている．→キャリア・デザイン，転職〔合谷美江〕

選択定年制度

少子高齢化の進展と年金財政の逼迫により，公的年金受給開始年齢が60歳から65歳へと段階的に引き上げられた．この結果，①年金受給開始年齢の引き上げに伴う60歳以降の生活設計の不安解消，②60歳の定年後も働きたい人と定年扱いで早期退職し，自分の生活を楽しみたい人など，多様なニーズへの対応，③意欲とスキルをもった高齢者の有効活用，などの理由から，個々人のライフプランに即した選択可能な雇用制度を新設する必要が生じた．このため定年前に①これまでどおり60歳で定年退職，②一部給料のダウンはあるが65歳まで雇用を延長，③60歳以前に定年扱いで転職支援制度を活用し退職，と定年後の過ごし方を選択できる制度が導入されつつある．この制度のことを選択定年制度という．→退職　　　　　　　　〔渡辺幸男〕

選抜型リーダー

将来，自社の経営陣としての活躍が期待される有能な人材を早期に選抜し，リーダー教育を施す動きが近年活発化している．このように早期の段階から企業を率いるリーダー（トップ・マネジメント）に向けた教育を施された人材を選抜型リーダーとよぶ．有能な人材の潜在力をリーダー教育によって顕在化させ，問題分析力，課題解決力，意思決定力などを身に付けさせる狙いがある．OJTなどを活用し，全社員を平等に教育する伝統的な日本的教員訓練と異なり，有能な人材に資源を集中的に投入することによって少数精鋭のリーダーを育てることを目的としている．→選抜教育　　　　　　　　〔谷井　良〕

選抜教育

企業の教育訓練の方針には，「底上げ教育」と「選抜教育」の2つがある．選抜教育とは経営幹部・リーダーの早期育成という目的達成のために基準を定め，特定の潜在能力のある選抜者のみに教育を提供する方法である．グローバール時代を向かえて，経営幹部・リーダーの人材選抜は早期から着手し，選抜者については時間と実務経験を有利に提供することにより，とかく遅れがちな経営幹部・リーダー育成を促進するという考えをもとに導入されたものである．また，選抜教育は大企業を中心に行われてきた画一的で平等な企業内教育の反省と教育費の削減・効率化の要請から行われるようになった．→早期選抜
〔水上久忠〕

選抜の論理

人事考課のもつひとつの側面である「従業員に差をつけ，選抜する」という観点で使われる用語．人事考課では従業員の勤務態度や職能資格や業績を評価し，その結果を従業員に知らせることで従業員の能力開発を促すという教育的側面がある一方で，その結果によって昇給や昇進に差をつけるという選抜的側面がある．前者の人事考課の考え方を「育成の論理」といい，後者を「選抜の論理」とよんでいる．この「選抜の論理」においては，限られたポジションと人件費の抑制ということを前提にしており，他の従業員との比較という「相対評価」による人材の選抜という観点が前面にでる．それゆえ，「育成の論理」と「選抜の論理」には矛盾が内包されていると指摘できる．→育成の論理，選抜教育
〔中條秀治〕

専門学校

高等学校卒業程度を入学資格とする専門課

程をもつ専修学校をいう（学校教育法第82条の3，第82条の4）．修了者には，「専門士」の称号が付与される．また，大学に編入することもできる（同法第82条の10）．設置には，所轄官庁である都道府県の認可が必要となる．専修学校の目的は，「職業若しくは実際生活に必要な能力を育成し，又は教養の向上を図ること」（同法第82条の2）である．専門学校には，実践的な職業教育，専門的な技術教育を行い，工業，農業，医療，衛生，教育・社会福祉，商業実務，服飾・家政，文化・教養の8つの分野で，スペシャリストとして活躍できる即戦力の人材を育成することが期待される．→スペシャリスト〔八島雄士〕

専門職

一般には高度な知識や技能を必要とする職業（もしくはその従事者）を指す概念であるが，日本の企業においては1960年代半ば以降，ラインの管理職ポストの不足を補い，企業を活性化するために，ライン管理職とは異なる昇進体系をもつものとしてこの専門職という概念（専門職制度ともいう）が導入された．したがって，どのような分野においてどの程度の知識，技能を必要とする職務を指すかの判断は企業によってかなり大きな開きがある．しかしながら，企業にとって，この専門職の見極めと処遇は彼らの動機づけや競争力保持の観点からも非常に重要である．→スペシャリスト〔阿部敏哉〕

専門性教育

特定の職業人の養成や職業人の能力を高める教育のこと．わが国では大学の経営学部で理論的な基礎教育が行われているが，経営危機や経営の国際化という経営環境の変化から，さらに高度な職業人育成の目的で専門職大学院が発足している．しかしながら，大学や大学院における教育と企業の要請する能力には，根本的に乖離が生じることが多いため，企業では，実務を通じて教育が行われている．それが，企業内大学である．また，アメリカにおいては，経営大学院であるビジネススクールである．さらに，アメリカの優良企業では，CEO自らが企業内大学の講師となって教育したり，人材育成や次世代リーダーを教育する目的で，CLO（chief learning officer）を設置して，専門性教育を行っている企業もある．→企業内大学，ビジネススクール，プロフェッショナル・スクール

〔當間政義〕

戦略策定力

事業・組織のありたい姿を実現するためには，経営幹部はSWOT分析（機会／脅威，強み／弱み）をして戦略思考し，注力すべき課題を抽出しなければならない．抽出した課題は重要性，適時性，整合性を検討し取捨選択して戦略課題を決め，アクションプランにつなげる．従来の管理者は，タテとヨコの関係における調整型管理者が多かったが，グローバル化，情報化の進展する21世紀には，経営革新を常態としなければ競争に勝ち残ることができない．したがって，調整型管理者でなく，戦略策定をなしうる能力をもった戦略型管理者を企業は必要とし，経営者はそのような管理者を重用することになる．→幹部育成，コンセプチュアル・スキル，戦略ビジョン，ビジョン策定力　〔高田宏成〕

戦略性開発

戦略とはビジョン・目標を創造し，実現の道筋を描いて集中的に資源を配分して実現していくことであり，新たな価値創造やブレークスルー，構造改革などに不可欠である．戦略性開発とは，戦略思考力と遂行力の開発であり，①ビジョン・目標を創造し，目標から現実へとつなげて実現のプロセスを描く逆思考力，実現の障害の予測とその解決のための方策の策定，実行のためのエネルギーの編集やリスク・マネジメントなど，戦略の本質やプロセスの教育（学習），②過去の戦略のケースや現実の戦略課題に関する研究，③戦略的上司の率先垂範やコラボレーション，OJT，④戦略的業務の遂行，さらにはチャレンジマインドの刺激や戦略的業績の高い評価などが効果的であろう．また戦略的課題は，多くが従来の延長線上を離れた課題であるた

め,外部との異質交流などによる創造性の開発や大局観の涵養なども重要な方策となる.→戦略策定力,創造性開発,ビジョン策定力
〔川端大二〕

戦略的ミドル

これまで,組織におけるミドル・マネジメントの役割は,トップの戦略的決定に基づいて各部門で活動・調整を行うことと考えられてきた.しかしながら1970年代頃から,実際に現場で戦略の執行に関わっているミドルマネジメントを単なる戦略の実行者ではなく,戦略の策定にも関わる存在として捉える考え方が現れてきた.これが戦略的ミドルの概念である.高い不確実性のもとで,トップの決定を独自に解釈・判断して行動することを求められる日本のミドル・マネジメントがこの概念に近いという指摘もある.→管理職教育,ミドル・アップダウン経営,ミドル・マネジメント
〔阿部敏哉〕

そ

早期選抜

次世代のリーダー候補となる人材を早期選抜することをいう.早期選抜にはファスト・トラック方式(アメリカ型)がある.この方式は人事システムの中に教育が組み込まれており,IBMやGEがその最初の例である.特徴としては早い昇進・異動があげられる.日本はシングル・トラック方式(日本型)が旧来からあり,学歴や年功による昇進のため,ゆっくりしているのが特徴である.しかし,大企業を中心に早期選抜の人材マネジメントが採用され,次世代のリーダーの確保と中長期的に安定して高い業績をあげる人材(high potential individual, HPI)の新たなキャリア形成となってきている.→選抜型リーダー,選抜教育
〔高松和幸〕

相互啓発

一般的に,相互とはどちらの側からも同じような働きかけがあること.啓発とは知識をひらきおこし理解を深めることである.経営教育の観点からは,実践経営学の理論に基づいて,経営者や管理者同士が,知識の深化のみならず,それぞれの経験を踏まえ,実践できるところまでお互いの能力を高めることが,相互啓発の目標となる.→自己啓発
〔八島雄士〕

創造性開発(creativity development)

創造的アイデアを創出する能力を開発することを創造性開発という.企業が持続的に発展するためには「創造的アイデア」(新規性,進歩性,有用性・利用性)を含むものでなければならない.創造的アイデアは幅広い学問領域をもつ個人もしくは多様な専門知識をもつ集団によって達成される.すなわち,創造性開発は多様な能力開発といえる.また,「常識的でない,意外性の高い」アイデアをはぐくむ土壌も必要である.かかるアイデアは製造業だけではなくあらゆる分野のイノベーションを展開するうえできわめて重要な能力である.これらの問題解決手法として①ブレーン・ストーミング,②サイバネティックス,③水平的思考法などがある.→イノベーション,KJ法,ブレーン・ストーミング
〔岩村淳一〕

属人給

年齢,性別,学歴,勤続年数など個人に属する要素を基準として決められる給与体系を総称する.従来の日本の年功序列給は,その例であり,その対極に賃金制度の近代化として仕事(職務)そのものを基準とする欧米の職務給がある.多くの企業は,その中間的な給与として,仕事そのものだけでなく職務遂

行能力に応じ個人をみて賃金を支給する職能給を導入している．あえていえば，職能給も属人給というべきであろうが，仕事給（職務給）と捉える傾向もある．ただし，日本の伝統，文化，民族性を考慮すれば，今後も属人給の要素は組み込まざるをえない．要は，自らの企業，組織に適合する選択とバランスが鍵である．→成果給 〔山本 毅〕

即戦力的人材

従来から企業は，社員のキャリアの段階に応じて，新しく高いスキル（知識や技能）を習得させるため，さまざまな教育訓練や能力開発を行ってきた．しかし，多くの企業は，バブル経済の崩壊後，グローバル化，競争激化のため，これらの訓練を全社的に行う経済的余裕を失ってきた．そのため，新しい事業展開や経営戦略などの実現のためには，専門家を社内で長い時間をかけて養成するよりも，社外から採用する方が効率的となった．このように，主としてすぐに活用できる中途採用者を「即戦力的人材」とよび，多くの企業で重視されてきている．→エンプロイヤビリティ，コンティンジェント・ワーカー
〔鷲澤 博〕

素質発掘

仕事を通じて，働く個人の隠れた性質や能力をみつけだすことをいう．しかし，自分の能力や個性が活かせるという理由で会社を選択しても，雇用されている限り，通常職場や仕事は選べない．そのため，個人からみると，個人の目標とするものや目指しているものを明確にすることによって隠れた性質や能力を自ら発見できることが多いため，目標設定が重要となる．また，企業は，個人の隠れた長所や能力をみつけられるよう，将来的には個人のエンプロイヤビリティを高められるような人材育成が求められている．個人の隠れた素質を発掘できなければ，個人にとっても企業にとっても損失となる．→エンプロイヤビリティ 〔佐藤美津子〕

ソーシャル・スキル (social skill)

対人関係でコミュニケーションをしたり，意見を聞いたり，影響を及ぼしたりすることのできる人間力を高めるスキル（スキルとは獲得可能な技能や能力）のことで，経営者や管理者にとって必要である．ソーシャル・スキルは，EI (emotional intelligence) もしくは EQ (emotional quotient) で，「こころの知能指数」と邦訳されている）を構成する要素のひとつであり，対人関係知性とも考えられている．これは，他者に適切かつ効率的に働きかけることができ，ネットワークを構築できる技能であり，共通の基盤をみつけ，信頼関係を作り出す能力である．→コンセプチュアル・スキル 〔加藤里美〕

率先垂範

自ら率先して，実行し，模範を示すことをいう．組織のリーダーには意思決定力，実行力，コミュニケーション力などの能力とともに期待される行動様式のひとつである．山本五十六の「やってみせ　いって聞かせて　させてみて　ほめてやらねば　人は動かじ」の言葉が有名．しかし，組織のメンバーの一人ひとりの自律性を高めることが重要な今日では，リーダーがすべてを率先するのではなく，新しいことや困難なことに挑戦して模範を示すことが必要である． 〔斎藤奈保子〕

大学コンソーシアム

知的・人的交流,協力を目的に設立された同一地域内の大学・短大の連携,およびその調整・支援を行う組織ないし機関のこと.規模や学科の異なるそれぞれの大学の個性・特色を生かしつつ補い合うことで,より高度な教育・研究・学生支援を目指すものであり,単位互換制度,共同研究,ファカルティ・デベロップメント(FD),職員研修,生涯学習プログラム,共同進学案内,国際交流,インターンシップ,学生生活支援のための共同施設・サービスの運営と提供などが行われている.また,地元の産業・経済界,地方公共団体,高校などとも連携を行い,大学の集積のメリットを地域振興などの形で社会に還元することを目的のひとつとするところもある.→産官学連携 〔野村千佳子〕

大学発ベンチャー

大学における研究成果を活用して起業する,ベンチャー企業のこと.具体的には,次のいずれかに該当する場合を,大学発ベンチャーと定義する.第1に,大学などまたは大学教員などが所有する特許に基づいて起業する,「特許による技術移転型ベンチャー」である.第2に,大学などで得られた研究成果,もしくは大学などで洗練した技術に基づいて起業する,「特許以外による研究成果活用型ベンチャー」である.第3に,大学の教員や技術系職員,学生などがベンチャー企業の設立者である,もしくはその設立に深く関わりながら起業する「人材移転型ベンチャー」である.→起業家育成,TLO 〔吉成 亮〕

体験学習

学習者(参加者)に経験(実習)を通じて課題に取り組ませ,その後で,そのプロセスを振り返ることによって,理解を深めさせる学習のこと.広義には,①現実の活動そのものを体験させるもの(他企業への出向など),②模擬状況を体験するもの(シミュレーション訓練など),③研修活動中に業務体験するもの(ロールプレイング,事例研究など),④研修活動中に業務以外の体験をするもの(自衛隊体験入隊,座禅など)に分けることができるがこのうち②と③を指すことが多い.学習者中心の行動をすることによって学ぶのが特徴で,学習体験を振り返り,その後の行動に生かすことが大切となる.→インターンシップ制度,学習理論,社会体験学習 〔逸見純昌〕

退職

雇用者と従業員との間の労働契約が解除となり,従業員が企業から退出することで,解雇とは異なる.(1)定年退職(①一律定年制,②選択定年制による),(2)自己都合退職,(3)早期退職優遇制度による退職,(4)就業規則や経営方針による退職,(5)契約期間満了による退職,などに大別される.①は規定の定年制(民間企業では60歳以上)による退職,②は規定の定年年齢前に,企業提示の複数の自主退職年齢を自分で選ぶ退職,(2)は自分の意思による退職,(3)は年齢に関係なく同制度の募集に応じる退職,(4)は病気・事故で長期欠勤が続いた場合などの同規則による退職,定年前の他社への転籍による退職など,(5)は非正社員(雇用期間に定めがある)の契約期間満了時の退職,をいう.(1)から(4)については,退職金(②や(3)では割増退職金)が支給されることが多い.→解雇 〔鷲澤 博〕

退職準備教育
(pre-retirement education programs, PREP)

退職準備・生涯生活設計教育プログラムの中に含まれる定年退職間近に退職後生活へ

向けて行われる教育プログラムのこと．目的は，自助独立の精神をもって自己の可能性を追求し豊かで充実した生きがいのある生涯生活がおくれるよう，ライフスタイルの選択の幅を広げ，フレキシブルなライフ・スタイルを達成することである．このプログラムは人生の障害やリスクに対応する内容として，①生涯の経済計画，②キャリア開発，③健康管理を基本とし，ほかに家族関係，日常生活における税金と法律問題，年金，資産運用，相続などが扱われている．これらの問題について相談室を設けている企業も多い．→高齢社会，ライフ・プランニング　　　　〔望月　衛〕

態度変容教育

態度とは表情・身振り・言葉つきなど，形に表れたものをいうが，なんらかの状況に対処するかまえや考え方・行動傾向をも意味する．組織人として営業や管理など業務を行うためには，それぞれに望ましい態度があり，その態度が未熟である者に開発・定着のために働きかけるのが態度変容教育である．態度変容を促す方法には，理論による説得，感情への訴えかけ，集団による圧力，実習・業務経験などがある．カウンセリングや実体験などが効果的であるが，教育技法として活用されている方法としては，特にST（感受性訓練），ロールプレイング（役割演技法），TA（交流分析），グループ討議，体験法などが有効であるとされている．→感受性訓練，ロールプレイング　　　　　　　　〔川端大二〕

第2新卒

学校卒業後6ヵ月以上経過した者．第2新卒者の採用は，新卒採用および中途採用のいずれの枠でも行われるが，いずれにおいても，25歳を境に応募を受けつける企業の割合が低下している．採用後の企業の評価はおおむね良好であり，処遇も新卒採用者と変わらない．若年労働者が流動化している現実および当該企業の適職者が存在する可能性がある点を考えると，第2新卒採用は優秀な人材確保の機会として位置づけることができる．一方，第2新卒者は，新卒採用者枠のみならず，中途採用者枠にも就職のチャンスが十分ある点，採用後の不利がない点をふまえ，早期に正社員としての雇用機会を探すか，当面非正社員として働かざるをえない場合であっても，何らかのスキルを獲得するよう努力することが重要である．→ニート，フリーター
〔八島雄士〕

第2の創業

創業以来の本業に代わる新たな事業を確立し，再スタートすること．企業にとって，ひとつの事業が永続的に収益源であり続けるとは限らない．むしろ，多くの事業は，時間の経過とともに衰退し収益をもたらさなくなる．したがって，創業してから単一の事業しか営んでいないとすれば，企業は事業の衰退と軌を一にして凋落してしまう．第2の創業とは，企業が一事業の衰退を乗り越えて存続するために，新たな成長の機会を見出すことである．なお，経営者が創業者から別の人物に代わったときに実現されるケースが多い．→中小企業論，ベンチャービジネス

〔関根雅則〕

ダブルスクール

2つの学校に通うこと．すなわち本来の在籍・通学する大学（短大）とは別に，空いた時間を利用して，もうひとつの学校に通学して能力開発することをいう．近年の雇用流動化の中で即戦力型人材が求められ，しかも自己責任による能力開発を重視する風潮が高まるが，そのようなニーズに十分に対応できない大学のカリキュラムのもとでは，多くの学生たちが各種の資格取得や試験対策，外国語能力・情報処理能力アップなどを目指して，学外の各種専門学校にも通学している．大学を出ただけでは就職できない状況を背景にして，近年になり顕著になった現象である．→即戦力的人材　　　　　　　〔渡辺　峻〕

短期契約社員

短期の雇用契約で業務を行う労働者．雇用条件が正社員とは異なる雇用契約を結び，雇用期間を定めた働き方をする．人材の流動化

が進み,働く人々の意識の変化とともに,就業形態も多様化している.3ヵ月や半年などの短期雇用契約が増加している.契約社員は本来,高度の専門職とかわす期間契約を指したとされる.今日では,労働者として労働関係法令の適用を受けるが,法律上「契約社員」として定義されているわけではない.その実態は就業形態に差があり,専門的知識や技術を必要とする高度な業務から,単純業務に至るまで多様化している.また,賃金も高賃金から低賃金まで幅広いものとなっている.
→コンティンジェント・ワーカー,派遣社員
〔中村美代子〕

団体交渉（collective bargaining）

労働組合と使用者（経営者側）との間で行われる取り決めに関する話し合いのこと.労働者が労働条件の改善,維持のために団結し,その代表者（労働組合）を通じて使用者と交渉することである.使用者は,正当な理由がない限り,団体交渉を拒むことはできない.団体交渉の対象として,給与,勤務時間,休暇などの労働条件,そして労働者の生活向上,安定につながる問題などが含まれる.しかし,政治や社会問題など,使用者に決定権のない事項についての交渉はその対象とはならない.→労働組合
〔川嶋啓右〕

ち

知識・技能の陳腐化

「知識社会」といわれる現代社会において,業種・職種を問わず専門性の高い知識や技能が必要不可欠な資源となった.一方,インターネットの普及に代表される情報技術の革新やグローバル化による競争環境の変化に伴い,既存の知識や技能は急速にその価値をなくしてしまう.ドラッカー（P. F. Drucker）は『ポスト資本主義社会』で,こうした知識・技能の陳腐化を防ぐために,①既存知識の絶えざる改善,②既存知識からの新しい適用方法の開発,③イノベーションによる新たな体系的プロセスの組織化,の必要性を指摘している.すなわち,組織成長のためには,知識・技能を陳腐化させない学習システムをいかに組み込むかが肝要である.→育成の論理,社会人大学院,生涯学習
〔東 俊之〕

知的財産検定制度

2002年12月に設立された知的財産教育協会が実施する,知的財産に関する能力検定制度.2002年7月に,わが国の競争力向上を目的として,プロパテント政策を掲げる小泉首相直轄の知的財産戦略会議が知的財産戦略大綱をまとめた.この制度は大綱に基づいて制定された知的財産基本法に根拠をおく.研究者・技術管理スタッフ・学生を対象に,知的財産に対するマインドの高揚を図り,知的財産に関する専門的知識を有する人材の養成および資質の向上を目指す長期的政策のひとつになっている.→知的財産権
〔和田俊彦〕

チーム・イノベーション（team innovation）

企業組織内の部門・チーム内および部門・チーム間の協力・協働により,事業イノベーションを起こすことを目指す考え方である.その基本的な概念は,組織が保有している経営資源をいかに効果的に活用するかが課題にあげられ,そのためには組織内の個人が保有する能力や技能を職場単位の部門やチームとして活かすことが要求される.また,そのためには,全社的な経営ビジョンを示し,部門・チーム内のメンバーの協力および部門・チーム間の協働を促進すべく,組織内コミュニケーションを駆使して同じベクトルの方向に目を向けて事業に取り組むことが要求される.このように,チーム・ワークを尊重・醸成し,

その協力・協働の成果として，事業イノベーションが相乗効果として社内にもたらされることを企図する．→チーム型組織〔松本　潔〕

チャレンジ意欲

チャレンジ精神と同義であり，新しいことに挑戦しようとする意欲を意味する．経営分野においては，起業しようとする場合，新事業を始める場合，新製品を開発する場合，管理職になろう(出世しよう)とする場合，子育てが終わった女性が企業に勤めようとする場合などに用いる．国の経済活動を活発にするためには，起業家を多数輩出し，新製品・新技術などのイノベーションが次つぎと起きる社会を築くことが必要であり，そのためにはチャレンジ意欲の旺盛な人材を育てることが，学校教育や企業内教育において求められる．→起業家育成，ベンチャービジネス
〔中山　健〕

チャレンジショップ

近年のわが国では，商店街において空き店舗が増加する現象が散見する．他方，長引く不況から脱却し，経済を活性化するためには，中小企業の経営革新とともに，新しい企業の誕生が求められている．そこで，地元商工会や商店街振興組合などが中心になり，店舗開業にチャレンジする人々に，この空き店舗を半年から1年間単位で格安に賃貸するという創業支援事業が各地で展開されている．そして，この試みをチャレンジ・ショップという．出店者は本格的な開業の前に店舗経営のノウハウを学習することができ，また商店街側も特徴ある店舗を誘致できれば，過去のにぎわいと活気を取り戻すことができると期待している．→空き店舗問題，商店街の活性化　　　　　　　　　〔飯嶋好彦〕

チャレンジド (challenged)

婉曲語で「障害のある」という形容詞である．アメリカでは，障害者であっても，自ら社会に参画し，働こうとする人を，前向きに挑戦する人という意味をこめて，The physically challennged や The mentally challenged という表現を使う．IT機器の発達に伴い，障害者が働きやすい道具は整備されてきているが，雇用制度や雇用条件や職場でともに働く人の意識改革が必要である．障害者雇用促進法，特例子会社の設置，バリア・フリーの職場などが障害者の挑戦する意欲をさらに向上させる．→特例子会社〔田中信裕〕

中堅幹部研修

中堅幹部とは，決まった定義が存在しない．個別企業において便宜的に用いられる用語である．特に環境変化の激しい時代に，本来は幹部に行いたい研修を抵抗感なく導入するため，準備段階として若手幹部や管理職を対象として行う研修を「中堅幹部研修」ということが実務上は多い．「幹部」とは役員，部長，次長，課長，係長，主任といった役職階層の上のものをいうが，必ずしも一定の定義が存在するものではない．個別企業の実情によって柔軟に考えられる．研修プログラムも個別企業の研修ニーズによってまちまちである．→幹部育成，管理職教育　〔杉　忠重〕

中小企業診断士

中小企業の経営課題や問題点などに対応するため経営の現状把握(調査，分析，評価など)を行い，その結果から企業の体質改善や管理方法，さらに今後の進むべき方向性や戦略などについて助言や支援を行う専門家として，中小企業支援法に基づいて経済産業大臣が登録する資格者を中小企業診断士という．登録を受けるためには，中小企業診断協会が実施する第1次試験に合格し，さらに第2次試験および実務補習または実務従事する方法と，1次試験合格後に中小企業基盤整備機構中小企業大学校などが実施する中小企業診断士養成課程を修了する方法がある．→士(さむらい)業，中小企業大学校　〔森山典孝〕

中小企業大学校

中小企業支援法(旧，指導法)に基づき，経済産業省傘下の独立行政法人中小企業基盤整備機構により，中小企業の人材育成を目途として設立されている研修施設で，東京校を

含め，9校が全国各地で展開している．研修対象者は，経営者，後継者，工場管理者，営業スタッフ等を対象とする研修と，都道府県，会議所職員などの職員向けの研修に大別できる．研修内容は，前者の場合，高度で，専門的な経営管理能力，工場管理能力，創業時に必要な知識等の分野で，高度で専門的な分野の知識，技能を付与し，後者は，中小企業の経営支援に必要な制度，知識等を付与している．　　　　　　　　　〔伊藤直樹〕

中心化傾向

人事考課（評価）実施の際に評価者が陥りやすい傾向のひとつである．中心化（集中化）傾向は評価レベルが「3」や「B」といった真ん中のレベルに集中し，優劣の差があまり出ない状態となり，被評価者に対して「どんぐりの背くらべ」という評価をすることである．これは「寛大化傾向」といわれるものと同じで，評価が一般に甘くなる傾向を指す．このような評価は形式平等・悪平等ともいわれ，被評価者を良く知らない調整者や評価に自信がない評価者に起きがちである．これを避けるためには，日常の観察と指導により確認された事実（被評価者の職務行動）に基づき効果項目を十分に理解したうえで客観的評価を行うことである．→寛大化傾向，人事考課　　　　　　　　　　　　〔岡部　泉〕

中途採用

職務経験がある者を対象とした人材採用であり，不定期に行われる．前職などで得た実務経験やスキルが重視されることから，応募者は履歴書に加え，職務経歴書の提出を求められることが一般的である．　〔平野賢哉〕

賃金格差

民間企業の場合は，企業規模の大小によって賃金格差が生じ，零細企業と大企業の格差は大きい．また，男性と女性，正社員とアルバイト，フリーターなどの格差も大きい．一方，資格の時代といわれるがごとく有資格者については当然優遇されて然るべきだと考えられる．　　　　　　　　　　〔弓庭　登〕

賃金と職位の分離

わが国の多くの企業では，職位制度と職能資格制度を設けている．職位とは，「係長→課長→次長→部長」といった役職上の階梯であり，指揮命令関係を含めた職務遂行上の地位を意味する．それに対し，職能資格とは，「主務→主事→主査→参事」といった社内身分的な地位の階梯であり，多様な職務に広く通用する職務遂行能力に基づいた資格等級に全従業員が格付けされる．賃金（基本給）を資格等級に基づいて決定する職能給制度を採用する場合，賃金と職位は一致しないことになる．また近年では，職務の変化に能力要件（職能資格基準）が十分に対応できないケースも増加していることから，職能資格制度の見直しや成果主義的な制度の導入も進められている．→資格等級，職位，職能資格制度，職務　　　　　　　　　　　　〔平野賢哉〕

賃金プロファイル（wage profile）

縦軸に賃金，横軸に年齢・勤続年数をとった場合にプロットされる賃金体系．従来の日本における終身雇用を前提とした，年功序列の賃金構造では右肩上がりの曲線を示す．1990年代後半から，従来の右肩上がりの賃金プロファイルよりフラットニング（横ばい化）が進展した．これは，成果・能力給を導入することにより，業績に応じて従業員の基本給や賞与を変え労働インセンティブを与えるようになったためである．このため，年齢・勤続年数による賃金較差は縮小傾向にあるものの，年齢・勤続年数によらない個人間の賃金較差は拡大傾向にある．→昇給〔森　宗一〕

T型人間

　幅広い教養と深い専門性の双方を兼ね備えた人材のことをいう．Tの文字が横に広がる知識や関心と縦に深まる専門的な能力をあらわしている．これに対し，専門的な知識・技能しかもたない人材をI型人間，幅広い教養に加えて複数の専門性を備えた人材をπ型人間といい，いずれもその名称は文字の形状に由来している．「I型人間からT型人間へ」というかつてのスキルアップのキャッチフレーズが，近年「T型人間からπ型人間へ」とシフトしている．また，「T」の横棒が，人脈や情報収集能力など，専門的な知識・技能以外のさまざまな能力を指すこともある．→ゼネラリスト　　　　　　　　〔藤墳智一〕

定期昇給

　日本独特の年功序列型賃金体系の根幹をなすもので，勤続年数や年齢あるいは習熟などの経過に伴って上昇していくことを特色とする賃金である．等級ごとに幅のある支給額の中を毎年あるいは定期的に昇給を実施する制度を「定期昇給」という．ある年齢から定期昇給の幅が逓減または停止するところが多い．この定期昇給制度は従業員間の調和や企業内秩序の維持などに一定の役割を果たしてきた．しかし，国際競争の激化，労働意識の変化など経済社会環境の影響により，職務給や年俸制が導入され定期昇給制度の見直しの動きがみられる．→昇給　　　　〔南川忠嗣〕

TWI（Training Within Industry）

　企業内訓練と訳されるが，1940年頃にアメリカで開発された監督者訓練方法の代表的な定型方式である．日本には，第二次世界大戦後，GHQ（連合国軍総司令部）を通して導入され，労働省の管理下にあって広く普及した．10人以内の職長を対象に，十分訓練を受けたインストラクターが周到に準備されたマニュアルにしたがって実施するものである．その内容は，①作業指導，②作業改善，③部下の扱い方という3つの技能について，組織的に合理的に効果的に，教育訓練するものである．→管理職教育　　　　〔酒井　甫〕

定年延長

　平成10年4月施行の高年齢者等雇用安定法改正により60歳定年が義務化されたのに続き，平成16年の改正により65歳までの段階的な雇用延長が義務づけられ，平成25年度までに雇用延長の年齢を引き上げることになった．65歳までの雇用延長の方法については①定年年齢の引き上げ，②継続雇用制度，③定年の定めの廃止の措置から各企業が選択する．この背景には公的年金支給開始年齢の引き上げがあり，雇用と年金の接続を確保する必要があるが，同時に，高齢者がおのおのの能力・就業ニーズに応じた雇用を選択できる制度が求められている．また，若年者雇用とのバランスが必要であることはいうまでもない．→高齢者の継続雇用，再雇用制度，選択定年制度　　　　〔樋口弘夫〕

定年退職制度

　従業員が一定年齢（定年）に達すると退職させる制度．従業員30人以上の企業の約9割は，60歳定年制をとっている．この制度により，定年までは雇用を保障されることになって，生涯設計を立てやすくなる，企業側も要員計画が立てやすくなり，従業員の新陳代謝も図れる，という利点がある．一方で，この制度は能力や意欲と無関係に定年に達すると一律に退職させられるので，「生涯現役社会」の理念に逆行するとして，廃止を訴える声もある．アメリカでは1986年に廃止されているが，わが国では慎重な意見が多い．しかし，現実問題として公的年金の支給開始

時期が段階的に65歳からになるということもあり,制度は維持しつつも,65歳までの定年延長が求められている. →退職,定年延長

〔島田義也〕

適材適所

才能に適した地位(役職位)・任務(職務)に就けること.適材適所が行われる前提には,次のようなことがある.①従業員の能力を適正に把握できる制度が確立していること.経歴管理が実施されていたり,人事記録が整備されている.②役職および職務を遂行するに必要な条件あるいは能力が明文化されていること.職能等級基準や職務等級基準などである. →適正配置

〔丸山啓輔〕

適職

近年の労働力の高齢化や若年労働者の意識変化の影響および企業の長期安定雇用をめぐる状況の変化に起因して,転職や雇用形態の多様化がすすんだ.それに伴い労働者側では,自らの能力や資質,またライフプランに適合する仕事,すなわち適職への関心が高まってきた.これに対して,労働関連の調査機関やコンサルタント会社などでは,職業に関する自己理解や意思決定を支援する目的で,さまざまな適性検査ツールや労働市場に存在する職務の種類・内容・能力基準などを明らかにした職業データベースが整備されている.また教育機関においても,こうしたプログラムが,新卒者の職業生活に関する希望や計画を明確にし,適職の検討を支援する試みとして導入され始めている. →キャリア支援制度,選職

〔細萱伸子〕

適性検査

職務に対する適性,職務遂行能力,性格などを計量的に分析し,採用や人事配置に利用するべく,心理学や統計学をベースに開発された検査のこと.代表的なものに「SPI適性検査」などがあり,能力と性格のふたつの検査からなっている.大量のサンプル結果から作成されているため,ある程度の信頼性はあるものの,あくまで統計的に分類されただけであり,適性検査を受ける人間の能力や性格を決めつけるものではない.面接などでは,面接官の好みや主観に左右されるため,公平性や客観的な判断には有効である.

〔田中信裕〕

デュアルラダー (dual ladder)

管理職のみという単一型ではなく,管理職と専門職という複線型のキャリアパスが準備されており,能力,状況,希望に応じて,管理職から専門職(あるいは逆)に移動できることをいう.これは,複線型人事といわれるが,複線型人事は管理職の削減を目的とする専門職の構築という消極的なものではなく,専門職の構築によって専門的な知識や技術を有する人材を適切に処遇でき,能力と職務のミスマッチが減少し,人材の流出を防ぐとともに,動機づけられるという積極的なものになりつつある.しかし,一度,キャリアパスを選択してしまうと変更できないのであれば,意味が薄れてしまう.管理職と専門職を選択する機会が何度か存在する方がより好ましい.デュアルラダーの意義はここにある.
→スペシャリスト,ゼネラリスト,専門職,複線型人事制度

〔松村洋平〕

テレコミュート (telecommute)

ネットワークやパソコンなどの情報通信技術(IT)を活用し,自宅やサテライト・オフィス(衛星事務所)などで仕事をする新しい労働形態.会社と通信回線等で結び,あたかも会社で仕事をしているような環境を自宅やサテライト・オフィスで実現する.通勤時間の削減や会社の騒音からの回避等による効率的な業務の遂行およびオフィス・スペースの節約や勤労者の多様なライフスタイルに対応する労働形態である.しかし社内のコミュニケーションが乏しくなるという欠点も指摘されている.1970年代,マイカー通勤による交通混雑や大気汚染の緩和を目的としてアメリカのロサンゼルス周辺で始められたとされている.「テレコミュート」は,「コミュート(通勤)」との対比で使われる表現であり,最近では遠隔地で就労する労働形態の総称を

「テレワーク」とよぶ言い方が一般的になっている．→在宅ワーク，SOHO，テレワーク
〔遠藤真紀〕

転勤

同一の企業内で勤務地が変わること．転居を必要とする転勤を伴い，基幹業務に従事する総合職，転居を必要とする転勤を伴わず，定型業務に従事する一般職，一定の地域内でのみ転勤を伴う，総合職に準ずる準総合職などのコース別人事制度を採用している企業が多い．また，雇用形態の多様化によって男女雇用の機会均等が実現されることも多い．→コース別人事制度 〔中村 修〕

転職

他の職業に変わること．ある会社から別の会社に移り，職業を変えること．一般的には職種は変わらなくても，勤務先の会社が変わるだけのいわゆる「転社」も含めて転職といわれることが多い．経済のグローバル化に伴う企業間の競争激化は，従来の日本型経営の特色であった終身雇用，年功序列の人事管理システムから，能力成果主義システムの採用を余儀なくされ，ここに専門的即戦能力を有する人材の流動化，若年層における「やりがい」や「自分の個性を活かせる」職場を優先する価値観の変化など，キャリア・アップのための転職，人材の流動化が起こっている．→選職，ジョブ・ホッピング 〔徐 陽〕

転籍

わが国経済が昭和50年代以降安定成長へ移行する過程で，中高年齢にさしかかった「団塊の世代」に役職ポストを処遇する方法として出向が増加した．出向には在籍型出向と移籍型出向があった．前者の場合，籍は出向元の会社に残したまま，子会社や関連会社，業務提携先などで勤務する．出向元といったん雇用関係を打ち切る移籍型出向が後に転籍とよばれるようになる．この場合，本人と会社の合意や労働条件の変化に伴う差額の補填などが問題となる．昨今，企業がリストラや組織改編を行う際に出向や転籍が行われるが，実際には元の職場への復帰を前提とした転籍や，一定期間の出向を経てその後に転籍するなど，さまざまな形態がある．→団塊世代 〔樋口弘夫〕

と

トップセミナー

組織の最高幹部を集めて行う研修会である．報告者との意見交換を通じて，参加者の自己啓発が触発される．経済界で有名な軽井沢会議は経済団体が合同で行う夏のトップセミナーとよばれる．トップと目されるレベルは各セミナーの主旨に適合した，意思決定のできる役職，肩書きの人々で一元的に出席者レベルを特定できない．セミナーは英語のseminarの日本語で，ドイツ語の発音でゼミナールとよばれることもある．もともとは大学の教育方法で，教授が少数の学生に特定のテーマを与えて研究させ，その報告をさせるとともに討論をさせる形態である．世の中の変化スピードに伴い，組織経営の幹部の勉強会や意見交換する場が多くなっている．→幹部育成，経営者教育 〔西田芳克〕

ニート
(not in education, employment, or training)

「就職をせず,学校にも行かず,職業訓練も受けていない」若者をニート(NEET)と称し,厚生労働省によると,2004年末現在,64万人いるとしている.ニートは社会に出ることへの不安が原因となる場合が多い.また,自分で収入を得ることなく,親に養われている.ニートの問題は人間の生き方の問題と社会的・経済的問題とをあわせもっている.ニート対策として学校教育を通しキャリア教育を施し,仕事や職業について考えさせるという方法が採られており支援としてハローワークや自治体あるいはNPO法人などが職業訓練,カウンセリング,インターンシップなどを行っている.→フリーター 〔西 功〕

入社前教育

入社に先立って行う教育であり,多くは研修として行われる.最近はeラーニングを活用するところもある.4月1日の学卒者採用内定者を3月時点で研修することが多く,新規採用研修を前倒しで行うものである.入社早々から戦力として活用しようとすることを狙いとする企業もあるが,多くは入社に先立って心構えをさせたり,応対などの基本を身につけさせようとするものである.中には内定後に他社に取られないよう抱え込むために行う研修やアルバイト的に活用しようとするところもある.採用前であるので,日当は正規社員よりも安く,低賃金で教育をしようとすることや,学卒者の卒業時点の貴重な時間を奪うものとしての批判も少なくない.→新規学卒一括採用,新入社員研修 〔川端大二〕

認知行動療法
(cognitive behavior therapy)

認知に基づく行動療法,および認知療法が相互補完的に融合した新行動療法群の総称.これには,モデリング療法と認知療法がある.前者はモデルを観察して課題行動を内的評価基準(要求水準や価値観)に照らして主体的に相互調整しながらあえばその行動を選択実施し,そのいかんで報酬・罰を自己に与えて満足・不満を得る.この主体的なあり方の背景には課題行動の結果を予期してその行動を効果的にできる有能な力(コンピタンス)があるのだという予期的確信があり,それが行動を動機づけ,自ら制御する要因となっている.後者は,人間関係の出来事で受けたストレスの悩みを動機として生じた思い込み=認知の歪みが原因でうつ症状の情動障害が生じ,不適応行動や心身症をもたらしたりする.認知の歪みを適切な認知に修正する認知再構成法や論理療法,ストレス免疫法などがある.→行動療法 〔二井房男〕

年次有給休暇

年間の出勤日数,労働時間数に応じて付与される有給休暇のことで,年休ともよばれる.労働基準法第39条では,「使用者は採用日から6ヵ月間継続勤務し,全労働日の8割以上出勤した労働者に対して,最低10日間の有給休暇を与えなければならない」と定められており,パートタイマーにおいても正規労働者と同様に出勤日数,労働時間数に比例

して年次有給休暇が認められる．年次有給休暇の申請目的は，労働者の裁量しだいであり，使用者は申請された目的によって年次有給休暇の行使を拒否することはできないが，業務の繁忙期においてのみ時期変更権により，日程の変更を要請することができる．→休日，リフレッシュ休暇　　　　〔藤芳明人〕

年俸制

賃金（給料）の額を年単位で決定する賃金制度のこと．日本の場合，プロスポーツ選手に多くみられる制度であったが，近年，一般企業での採用も増加している．実際の支払いは，月1回の支払いが最低限度必要なため，年俸額を十二等分して月単位で支払われることが多い．すなわち，賃金額は年単位で決められるが，支払方法は月給制といえる．通常，年俸額は前年度の業績評価を基に上司などとの交渉によって決定される．そのため，年俸制は成果主義といえ，目標管理（MBO）などが重要な要素となる．しかし，多くの場合，成果だけでなく，年功や職能との組合せで決定されている．→成果主義，目標管理
〔藤芳明人〕

年齢給

職能などと関係なく，年齢によって決定される賃金（勤続年数に応じて加算される賃金も含む）のことである．資格給，成果給などの項目とともに，細分化された基本給のひとつとして用いられる．しかし，現在，年齢給を廃止する企業が続出している．従来は，年齢の上昇に応じた経験の蓄積，知識の獲得，技能の習熟に伴い，年齢が高くなれば能力も向上するという状況が想定された．ところが，社会情勢の変化や高度情報社会の到来によって，年齢の高さが能力の向上と連動しないケースが生まれており，年齢給の根拠が失われつつある．また，日本的経営の崩壊，成果主義の浸透も年齢給廃止の動きを加速させている．→日本的経営論，年功賃金
〔藤芳明人〕

年齢差別禁止法

日本ではまだ法制化はされていないが，定年年齢と年金受給年齢との違いから生じる収入の空白期間をなくすこと，高齢化社会を迎え，労働力不足が深刻になりつつあることなどから，厚生労働省は，高齢者の雇用を促進，安定させることを目的として，企業に対し，定年年齢の引き上げ，雇用の継続，定年制の撤廃など，施策の基本となるべき事項（努力目標）を示している．アメリカでは，1967年から実施され，86年には70歳上限も撤廃している．また，EUは1999年の「欧州共同体を設立する条約」の中で，年齢差別に対する適当な行動を促す内容が盛り込まれており，イギリス，ドイツ，フランスなども「年齢差別撤廃」に向けた動きが活発化している．→エイジレス雇用，高齢者の継続雇用
〔前田　勲〕

能率給
(performance-based salary/incentive wages)

仕事量をある一定基準に設定し，その基準に対する従業員の仕事量に応じて支払われる賃金のことで，出来高給制度に由来する．すなわち，基準仕事量に対する実際の従業員の仕事量の比率によって，その従業員の能率が判定され，評価を受けるのであり，能率給は受動的給与制度である．この能率給には，従業員個人の能率に応じて支払われる個人能率給と団体での能率向上を奨励する団体能率給が存在する．個人・団体いずれの場合も，基準となる仕事量の設定，達成度に応じた給与額の設定などが能率給の課題となる．→科学的管理，能力主義　　　　　　〔藤芳明人〕

能力開発

　働く人々の潜在能力を引き出して、労働力の質を高め、生産性をあげるために、能力開発を行う。現在では国際化やIT化などにより、従業員に高度な知識や技術を身に付けさせることが不可欠になってきた。具体的な能力開発方法としては、OJT（on the job training）,Off-JT（off the job training）が機能してきた。最近では、自己啓発を重視しようという姿勢がみられ、社会人大学院などで能力開発する人々が増えている。→ビジネススクール，プロフェッショナル・スクール

〔阮　育菁〕

能力評価

　働く人々の能力を客観的に評価すること。評価をうける人間が評価期間内に、どのくらい期待された職務遂行能力を発揮できたかについて、仕事を行うために必要な職業能力や知識のレベルをいくつかの段階に分けて評価する。各段階ごとに求められる能力基準を設定し、それぞれの従業員がその基準に達しているかどうかを評価し、評価結果を研修、異動、昇進、能力等級への格付けなどの資料として活用する。働く人々のモチベーション向上が期待されるが、評価者の評価技術の向上も要求される。→成果主義，能力主義

〔阮　育菁〕

は

配属

特定の目的を達成するための組織を，共同体（ゲマインシャフト）に対置する概念として機能組織（ゲゼルシャフト）といい，企業，警察，病院，軍隊，プロスポーツチームなどはすべてこれに属する．その機能組織において，組織構成員を主として機能面から考慮して各方面に振り当てることを「配属する」という．その組織の課題を達成するために各自が機能することを主目的としてなされるものである．→適材適所　　　　　　　　〔山崎和邦〕

ハイ・パフォーマー（high performer）

高い成果・業績を上げることができる人材のこと．また，長期間にわたって，いかなる状況でも非常に高い成果を出し続ける人材である．ハイ・パフォーマーは，ビジネスを成功させるための要因や変数をすべて認識し，その因果関係を知っており，最終的にビジネスにおいて結果を出すことができる．→コンピテンシー人事　　　　　〔加藤賢次郎〕

派遣社員

派遣元事業主と雇用関係を結び派遣先事業者の指揮命令下に置かれた労働者をいう．派遣先事業者（注文主）と労働者との間に指揮命令関係を生じない「請負」とは決定的な違いがある．しかし，指揮命令関係がある場合には，請負形式の契約により行われていても，労働者派遣事業に該当し，派遣社員と同様，労働基準法・労働安全法等の適用を受ける．労働者派遣事業と請負（民法第632条）との区分は労働省告示第37号による．厳しい雇用情勢や失業，働き方の多様化に対応すべく労働力需給の迅速かつ円滑な運用が期待できる．→個人請負　　　　　　　〔伊藤　敦〕

パス・ゴール理論（path-goal theory）

ロバート・ハウス（R. J. House）は，リーダーシップの行動特性がフォロアーの動機づけ水準を高めるとし，①課題が構造化されているタスクの場合，リーダーの配慮行動はフォロアーの満足度と正の相関にある，②課題の構造化がされていないタスクの場合，リーダーの構造づくり行動はフォロアーの満足感と正の相関をもつという．配慮とは良好な人間関係の形成・維持についての次元であり，構造づくりとは職務・役割の規定に関する仕事の次元をいう．意欲や遂行能力，あるいは満足感にあふれる積極果敢な集団へと導くには，達成すべき目標（ゴール）とそれらを具現化するための経路（パス）が人と仕事の両側面から明確に示されるべきである．→リーダーシップ　　　　　　　　〔松本大輔〕

発想力

問題解決にあたり創造的に思いつくという能力．惰性化した思考プロセスの結果とか，常識的な考えではなく，ちょっと待てよと，立ちどまってみるとか，視点を変えるとか，によって思いつく．また，まったく違うことを行っているとき突然に良い発想が生まれることがよくある．昔から「三上」といって馬上・枕上・厠上がその場合や場所とされてきた．発想力はリラックス状態で右脳を活発にし，脳波がアルファ波になっている時に発揮されやすい．→創造性開発，ブレーン・ストーミング　　　　　　　　　　〔高田宏成〕

パートタイマー（part-timer）

正規労働者に比べ，短時間労働に従事する労働者のことで，パートタイム労働者ともいう．短時間労働とは，総務省では週間就業時間35時間未満とし，パートタイム労働法では通常労働者に比べ1週間の所定労働時間が

短時間であると定義している．パートタイマーという雇用形態は，使用者サイドは低コストで労働者を確保でき，労働者サイドは主婦層を中心に低賃金でも自由な時間帯に短時間だけ働くことができるという点において使用者・労働者双方の利害が一致している．外食産業や小売業に多く，全労働者人口の中でもかなりの割合を占めている．→アルバイト，非正社員　　　　　　　　　　　〔藤芳明人〕

販売士

小売業界・流通業界において，唯一の公的資格として，1974年3月にスタートした．日本商工会議所，全国商工会連合会によって，小売業界を取り巻く環境変化や消費者のニーズの多様化に対応し，商品知識や接客技術をもち，商品の仕入や販売などを効率的に行える人材を，即戦力として育成していくために実施されている．日本販売士協会では，「小売業の健全な発展に寄与し，消費者に満足のいくサービスを提供できるプロフェッショナル」として位置づけている．環境変化に対応していくために，5年ごとに講習会などによって，資格を更新する制度をとっている．→士（さむらい）業　　　　　〔田中信裕〕

ひ

ピア・サポート・プログラム

学校内の子どもたちのいじめ，暴力行為，不登校などの原因として，仲間（peer）とのつきあい方がわからない，他を思いやる気持ちが少ない，忍耐力がない，苦しみやストレスを克服方法を知らないなどがあげられる．このような生徒指導上の問題点を，未然に防止するために，カナダ，オーストリアなどで開発された，主としてロールプレイやゲーム活動を通じて，人間関係能力や社会性を修得させていくための訓練プログラム．受講者や訓練の目的などによりプログラム内容が異なるが，グループ・エンカウンター的活動を通じて，子どもたち自身の気づきのたかまり，他への思いやりの気持ち，適切な自己表現能力や自己コントロール力の向上が期待できる．今後広く全学的な取り組みが望まれる．→態度変容教育　　　　　　　　〔山田博夫〕

ビジネス・ゲーム（business game）

18世紀に戦争ゲーム（机上演習）として誕生．第二次世界大戦中にはORやLPなどの統計手法も組み入れられた．戦後，アメリカの大学や経営団体で意思決定を主体に企業向きに再構築し，それを日本の経営指導機関が輸入し，以降，いくつかのものが開発され，普及している．ビジネス・ゲームは教育訓練技法のひとつで，経営戦略，管理監督の仕方，仕事の基本と動作を目的とし，特に決算により損益が明確となり，研修意欲を刺激するという利点がある．→ビジネス・シミュレーション　　　　　　　　　　　　　　〔杉浦道夫〕

ビジネス実務法務検定

商工会議所が行う検定試験のひとつで，年2回（7月，12月）行われる．企業は，ひとたび不祥事件が発生すると，刑事責任や損害賠償の民事責任，さらには社会からの厳しいペナルティ，社会的制裁を受ける．そのために，企業には，法令遵守，コンプライアンスの能力とリスクへの対応が求められている．この検定は，こうした時代のニーズに対応した資格として，誕生した．学歴，年齢に関係なく受験できる．3級は一般社会人を対象としている．2級は企業の法務担当者，1級は法務部門の責任者レベルの内容となっている．→コンプライアンス経営　　　〔織田善幌〕

ビジネススクール（経営大学院）

この名称は専修学校専門課程の専門学校で使われたり，無認可学校で使われたりしてい

るが、ここでは経営大学院のことをいう。パイオニアはペンシルバニア大学のウォートンスクール（Wharton School）で1881年に設立されている。1900年代になると各地に開設され、ハーバード、スタンフォードといった名門が設立されている。大学院教育はビジネスマンの再教育・再訓練的なプログラムの色彩をもち、再びビジネスの現場に戻ったら、学習成果を発揮することが期待されている。修了者はMBA（経営学修士, master of business administration）が取得できる。日本においては2002年11月に専門分野の実務家を養成する専門職大学院制度が設置可能になり、2003年から全国に開設されている。→プロフェッショナル・スクール

〔堀田友三郎〕

ビジネスプラン（business plan）

将来の事業構想、およびその構想をいかに実現するかを、論理的に体系化し、文書化したもの。ビジネスプランには内的な役割と外的な役割とがある。内的には、その作成プロセスを通じて事業構想の具体化、リスクの特定、不確実性の極小化がなされるとともに、実行段階における進捗管理の基準にもなる。一方、外的には、資金調達、取引、業務提携等を目的とした説明資料としての役割を果たす。ビジネスプランは、エグゼクティブ・サマリー、事業内容、業界・市場分析、事業戦略・スケジュール、経営チーム、リスク要因、財務計画からなり、具体性、実現可能性、測定可能性、時間との関連性、変化への適応性が求められる。→起業家育成、ビジネス・デザイン、ベンチャービジネス　〔奥山雅之〕

秘書（secretary）

上司が本来の業務に専念できるように補佐する人のこと。しかし、この定義では、秘書をそれ以外の補佐職から差別化することはできない。秘書は、職場生活において、メンターが行っている「配慮」を業務に反映させている。したがって、「補佐を必要とする者（上司）が、その役割・使命を全うしていく過程において、効率的に業務を処理できるように、メンターとしての配慮を業務に反映させながら、スタッフ業務とライン業務の両面から補佐をするのが秘書である」となる。秘書はメンター機能を効果的に発揮し、相手によって微妙に異なる対応をしながら、業務を円滑に遂行している。→メンター〔杉田あけみ〕

ビジョン策定力

長期的な視点から構想され、実現することを前提とした未来像であるビジョンを策定することは、その企業の存在意義を対外的にアピールしたり、従業員の関心を一点に集中させて個々の力を結集するうえで不可欠である。それゆえ、特に昨今のような不確実性の高い時代においては、ビジョン策定力の高さが企業の使命に深く関わっている。このビジョン策定力は、①経営理念に基づき、自社に課された使命を的確に把握する力、②自社がおかれた経営環境を正確に分析する力、③経営資源を分析し、自社にできることとできないことをしっかりと見きわめる力、④それらから導出された目指すべき方向性を、端的かつ共鳴や感動を喚起するような言葉にまとめあげる力、の4つに左右される。→経営戦略論、経営理念、コンセプチュアル・スキル、シナリオ・プランニング　〔佐々徹〕

非正社員

社会通念上または人材派遣業上の用語では一般に「派遣社員や契約社員に至らない、もっと臨時的な労働者」をいう。たとえば、主婦がスーパーマーケットで数時間アルバイトをする、または高校生がファミリーレストランで夜間働く、というイメージの階層をいう。→アルバイト　〔山崎和邦〕

一人一社制

高校生の就職・採用活動において、一人の生徒に対し学校が応募企業を一社に限定し、各企業が希望する人数分を学校内で選考し推薦するという仕組みである。生徒は、応募した企業の採否が決定するまでは他社への推薦を受けられない。不採用が決まった場合に、他社への応募が可能となる。法令などに基づ

くものではなく、あくまで学校と企業の間の就職慣行として長年実施されてきた．しかし、企業側の求人数の激減や、生徒側の進学率の上昇、就職意識の変化などにより、見直しが検討されている．自治体によっては、複数応募を認める、あるいは期限を決めて一人一社制を適用し期限後は複数応募を認める、などの新しい対応も始まっている．

〔市村保雄〕

ヒヤリ・ハット

誰でも「ヒヤリ」としたり「ハット」したりして、後で重大な事故にならずに「ホット」する経験はよくある．ハインリッヒ（H. W. Heinrich）の法則（労働災害の発生確率を導出したもの）によれば、重大災害を1とすると、軽傷の事故が29、そして無傷災害は300になるという．つまり、1件の重大災害（死亡・重傷）が発生する背景に、29件の軽傷事故と300件のヒヤリ・ハットがある．そこで、実際に起きた事故からの教訓だけではなく、ヒヤリ・ハットした事例を収集し、分類・整理すると、業務上の危険箇所を抽出することができる．この危険箇所を改善していくことは、事故を未然に防止することに繋がる．
→安全教育　　　　　　　　　　〔深津千恵子〕

評価者訓練

企業、団体などにおいて行う教育訓練のことで、社員、職員の評価を行う側、つまり評価者（通常は上司，）が被評価者（主に部下）を適正に、そして公平に評価するために行う訓練である．人が他者を観察する際、人はその人固有の認知の癖をもっており、それが評価に反映されやすい．結果として、部下側の不公平感や不満の原因になりやすく、評価制度自体の運用にも支障をきたしかねない．そのために評価の際の陥りやすい誤り（エラー）を学習したり、評価者自身の癖に気づくために実施するものである．能力主義や成果主義の導入が叫ばれる昨今、制度の構築とともに評価者訓練の位置づけはきわめて重要である．→360度評価，人事考課　〔矢野武彦〕

標準労働者

「学校（中学・高校・高専・短大・大学）を卒業後、直ちに企業に就職し、同一企業に継続勤務している労働者」を指す．つまり、就職してから一度も転職の経験もなく、定年まで勤め上げた場合の労働者の平均的モデルを指して標準労働者という．したがって、日本のサラリーマンの標準型ともいえよう．経営者側はこれを用いて従業員の賃金を見直し、労働組合側も「標準労働者方式」で賃上げを要求してきたが、最近では、労働組合の中には「個別賃金方式」をすすめているところもみられる．→基幹労働者，転職

〔三ツ木芳夫〕

ふ

ファイナンシャルプランナー（FP）

個々人には、将来の夢や希望があり、その実現のためのライフプラン（生涯生活設計）を考えている．ライフプラン実現には、将来にわたる金銭的な問題が発生する．この金銭的な問題の解決のためには、金融商品（デリバティブ商品）・保険・不動産・税金・年金・ローンなどの知識や技能を必要とし、それらを包括的に考えなければならない．ファイナンシャルプランナーは、個々人のライフプラン実現のための知識と技能を有し、それらを包括的に駆使することを業務としている．また、FPは顧客のプライバシーに関わることが多く、顧客の一生にも大きく影響させるので、知識や技能とは別に高度な職業的倫理を有することが要求される．　〔岩崎 功〕

フォローアップ研修

フォローとは「追跡する」こと、そしてフ

ォローアップの英語の意味はあるものごとを徹底するために，その展開を継続的に調査することである．フォローアップ研修とはある研修対象者に数回にわたって研修を行うことにより，さらに研修効果を確実するために行われる訓練方法のひとつである．フォローアップ研修は主に新入社員を対象に行われた研修が最初で，比較的近年に導入された研修方法のひとつである．新入社員からより時間をかけて，しっかりした研修プログラムを実施し，早期に戦略化することを期待する企業研修担当者の狙いが込められている．企業間競争が激しくなり，より効果的な人材形成戦略の構築の必要性がフォローアップ研修を多く取り入れられる背景がある．→新入社員研修
〔水上久忠〕

部下育成

「企業は人なり」といわれ，人材の育成は企業において重要な課題のひとつである．部下育成は，上司による日常業務の中でのOJT，ジョブローテーション，Off-JTのほかに，自己の能力を自ら開発しようとする自己啓発などのCDPの方法のほか，リーダーの育成を目的とした早期選抜・育成制度などが活用される．また，リーダーシップの観点から，コーチング，SL理論，PM理論などがある．このうちコーチングは，ティーチング(教える)と異なり，部下に指示するのではなく，部下が自発的に考え，行動するのをサポートする手法である．→コーチング
〔亀岡 篤〕

付加価値創造型人材

明確な定義はまだ存在しない．付加価値とは，組織やものが従来からもっている固有の価値に加わる新たな価値のことである．したがって，これまでは自組織に存在しなかった経営戦略，市場，顧客，商品，企画などに新しい価値を見出し，提案することのできるような人材を付加価値創造型人材と考えることができる．しかし，このような能力をもった人材は，組織がこれまで培ってきた文化や伝統にとっては，相容れない異質性を有することが多い．このため，企業としては付加価値創造を実現するような人材をどのように採用し，教育し，評価すればよいのかということが重要な課題となっている．　〔町田欣弥〕

福祉住環境コーディネーター(検定試験)
(Certification Test for Housing Environment Coordinator for Elderly and Disabled People)

東京商工会議所が1999年より実施・認定している民間の専門資格のひとつ．高齢者や障害者に対し，関連する各種福祉専門職との連携を図り，適切な住宅改修プランを提案し，家具や福祉用具の選択や設置環境，そして補助金などの情報についてアドバイスを行うのがその役割．医療・保健・福祉・建築についての，幅広い専門知識を有することが必須である．2001年1月の厚生労働省通達により2級以上の合格者は，介護保険制度を利用した住宅改修費支給の申請書類(理由書)を，介護支援専門員(ケアマネジャー)・作業療法士と同様に作成することが可能となった．→福祉経営　〔新免圭介〕

複線型人事制度

雇用環境や経営環境の変化の中で従業員の価値観・職業意識・ライフスタイルが多様化すると，従来のような一元化した単線型の人事制度では対応・処遇できない．そこで従業員の側の多様性・異質性に合わせて組織貢献を獲得する多様化・柔軟化した人事制度が登場・普及したが，それらを総称していう．コース別雇用管理はそのひとつの典型である．募集採用・教育訓練・賃金管理・昇進昇格・定年など人事の種々の局面において個々人の側の多様性に対応する複線型の制度であるから，個人の側からみると選択肢の増加であり，多様な生き方・働き方が可能になるが，同時に自立性と自己責任が伴う．→雇用人材ポートフォリオ，デュアルラダー　〔渡辺 峻〕

普通解雇

解雇とは，使用者の一方的な意思による労働契約の解約を指しており，普通解雇と懲戒解雇の形態がある．解雇を成立するために

は,合理的な理由が必要である.普通解雇は,従業員として的確でないと使用者が認定した場合に行うもので,勤務不良や労働能力の欠如,あるいは事業継続不能(業務上の場合)もこれに該当する.普通解雇の手続きとしては,使用者が従業員に対して,30日以上前に解雇予告するか,もしくは30日分以上の平均賃金(解雇予告手当)を支払うことが義務づけられている.また,雇用期間を定めている場合でも,契約更新が行われ,実質的に「期間の定めがない労働契約」と認められる際には,雇用期間の定めがない場合に準じた手続きが必要となる. →解雇 〔服部 治〕

不本意入学

アメリカの教育学者トロウ(M. Trow)による言葉で,「不本意就学」ともいう.大学などの高等教育機関に就学する際に,本来の希望や意思ではないところに就学した学生を指す.教育の大衆化によって,誰もが進学するようになったが,積極的な目的や意思もないままに進学することで,不満を抱いたまま在籍することになる.その結果は,授業への無力力・無関心,あるいは不登校という事態に発展することもある.その原因は,①本来志望の専攻以外の受験,②第1志望でないところに入学,③難易度の高い別の大学を希望したことにある.専攻分野への適性,卒業後の進路,難易度など,真剣に将来の進路を考慮することない受験生の様相を反映している. →キャリア・デザイン,キャリア支援センター 〔坪井順一〕

ブラザー&シスター制度

新入社員を対象とした教育訓練手法.OJTリーダー制度の一種.制度の名称は企業によってさまざまであり,エルダー制度,ブラザー制度,シスター制度,フレッシュマン・トレーナー制度などとよばれている.特に,ブラザー制度,シスター制度の場合では,同性の先輩従業員が新入社員の指導にあたることを意味する.新入社員はOJTと,個々の努力による自己啓発によって能力開発を進めていく.しかし,環境の急激な転換期を迎えて

いて,仕事とあわせたメンタル部分のフォローも必要である.現在,この制度は多くの企業に広まっている. →新入社員研修,メンター 〔中村美代子〕

フリーエージェント制度

ピンク(D. H. Pink)が2002年にその著書で,新しい仕事のスタイルとして提唱したシステム.フリーエージェント(free agent, FA)とは,主にIT環境を駆使して自宅やスモールオフィスで働き,組織に雇われることなく独立して企業と自由に契約を結び,社会と繋がっているビジネスマン(フリーランス,臨時社員,ミニ起業家)の総称.アメリカでは,労働人口の4分の1がこのような働き方をしていると推計され,日本でも雇用形態が多様化すると,この制度の採用が増えるという見方がある.企業は,その仕事に見合う高い才能をもった人材を集めてチームを作ることができる反面,必要な人材が容易に離れてしまう危険があり,市場原理に基づくマネジメントが重要になる.語源は,プロ野球の「FA宣言」. →SOHO,フリーランス 〔作野 誠〕

フリーター

「フリー・アルバイター」を略して生まれた造語.短期のアルバイトやパートなどで生計をたてる人の総称である.フリーターの範囲についてはさまざまな見解があるが,一般には,配偶者のいる女性パートを除外して,若年者や独身者に限定する場合が多い.そのタイプは「モラトリアム型」,「やむを得ず型」,「夢追い型」があるとされる.その数は約200万人ともいわれる.自由な働き方ができる半面,社会保障が十分でなく,デメリットもある.近年の雇用形態の多様化,学卒者の就職難の中で大量に生まれた. →アルバイト,ニート 〔渡辺 峻〕

フリーランス

会社などの組織に属さず,自分の才能や能力を使って仕事をするワークスタイルのこと.プロフェッショナルとしての自律したス

キルをもつことで，組織に縛られず自由に仕事をすることができる．独立した個人事業者で，収入は仕事に対する報酬によるが，会社のブランド力を使えないことから，仕事の結果そのものが評価の対象となる．仕事の請負から，スケジュール管理，マーケティング，リスク管理に至るまであらゆる業務を一人でこなさなければならないため，強い自己管理能力とビジネス・センスが必要とされる．編集者やIT技術者をはじめ，企業買収のコンサルタント，会計士，弁護士など，フリーランスの職種は多岐にわたる．→個人請負，自立人
〔大木裕子〕

ブルーカラー (blue collar)

事務管理職のホワイトカラーに対して，統一的，専門的な技術訓練を受けた，一般的に生産，運輸，保険，サービスなどの現場で作業衣を着て定められた作業を一定手順にしたがって従事する労働者，すなわち，技能工，生産工程者，運輸通信従事者およびサービス従事者を指す言葉として用いられている．→ホワイトカラー　　　　〔姚　堅強〕

プレゼンテーション能力

そもそも提出，陳述，表現，発表を意味する語．自らの考えや企画内容を，相手方に解りやすく説明し，理解・納得を得ること，ないしはその行為のこと．自分では解っていても，それを相手に十分理解してもらうには，それなりの表現技術や説得話法が必要となる．そのための力量を，プレゼンテーション (presentation) 能力という．広告会社が，クライアントに対して行う広告表現や媒体企画に関するこの種のことを，プレゼンテーション (通常，プレゼン) と，業界ではいわれている．→コミュニケーション能力〔高橋　弘〕

フレックスタイム

サラリーマンにはなじみの深い制度で，自由勤務時間制あるいは時差勤務制などの意味．1ヵ月以内の一定期間における総労働時間をあらかじめ定めておき，従業員は自由にその枠内で各日の始業や終業の時間を自主的に決定し働く就業方法である．従業員の価値観やライフスタイルの多様化に対応して，より柔軟で自律的な働き方を可能にする制度で，産業のサービス化に伴い，各国で普及している．労使双方で制度の基本的枠組みを定め，就業規則に規定する必要がある．運用上では，必ず勤務すべき時間帯（コアタイム）の設定や，事前にチームメンバーが本人の不在時間を把握し，不在中でも外部へ対応できるような工夫が必要である．→労働時間
〔和田俊彦〕

ブレーン・ストーミング (brain storming)

参加者が自由にアイデアを出し合い，連想を行うことによって，独創的なアイデアを引き出そうという創造性開発のための集団思考法・発想法のことである．アメリカのオズボーン (A. F. Osborn) によって開発され，略して「ブレスト」，「BS」などともいう．行う際には，「他人の意見に対する批判は行わない」，「自由奔放なアイデアを歓迎する」，「数多くのアイデアを求める」，「各アイデアの結合や改善を図る」などのルールがある．典型的には5～10人程度で行われ，その中でリーダー役が問題やテーマを提起し，記録係が出されたアイデアを記録していく．わが国では川喜田二郎のKJ法と組み合わせて使われることが多い．→KJ法，創造性開発
〔田中二郎〕

プロフェッショナル (professional)

企業における価値創出に貢献できる特定の専門性をもち，自由度の高い環境でも自分を律し，質の高い成果や業績を生み出し続ける姿勢や心構えをいう．バブル経済が崩壊して以降，IT化の急激な進展や成果主義の浸透などにより，「プロフェッショナル」という考え方が重視されてきている．このような考え方をもつ個人が増えると，自己の成果や業績に対して正当な評価や報酬を求める傾向は強くなるため，人事システムをオープンにし，個人の納得感を醸成することが必要不可欠となる．また，企業と個人は対等な関係と

なり，両者は貢献と報酬という関係で結ばれることになる．→オーケストラ型組織，自立人，付加価値創造型人材　〔葛西和広〕

プロフェッショナル・スクール (professional school)

アメリカの大学院では，学問的研究・教育を主眼とする「グラジュエート・スクール」(graduate school)と区別される専門職養成教育を目的とする「プロフェッショナル・スクール」があり，原則，修士修了で実践的な知識や技術の養成が行われている．近年，わが国でも社会経済の各分野における高度専門職業人の養成の必要性が強く求められ，平成11年に大学審議会の答申を受け高度専門職業人の養成に特化した大学院の修士課程「専門大学院」が制度化され，次いで平成16年には，中央教育審議会「大学院部会」の答申を受け「専門職大学院」制度が設けられ，タイプとしては，①国家資格に関連した分野（法科大学院，会計大学院），②社会的に高度な職業能力を必要とする分野（行政系大学院，衛生系大学院），③国際的に共通水準の人材養成が必要とされる分野（ビジネス系大学院）などがある．→アカデミック・スクール，会計専門職大学院，ビジネススクール，ロースクール　〔堀 彰三〕

プロブスト法

人事考課方法の一種で，プロブスト(J. B. Probst)の考案による．この方法では，考課者は職務知識・協調性などの考課要素を直接評定するのではなく，作業が速い・寡大であるなど，被考課者の行動・態度を具体的に表現する多数(100程度)の項目からなる勤務報告書に対して，観察した事実から当てはまると確信する項目のみを判断・チェックし，そのチェック報告結果をあらかじめ定められた採点表により別人が集計し評点とする．この方法には，判断が容易である，判断の客観性が期待できる，ハロー効果を極小化できるなどの長所がある．しかし，考課に手間がかかる，虚偽の報告がありうる，考課結果を人事管理に活かしにくいなどの短所がある．→人事考課　〔常田 稔〕

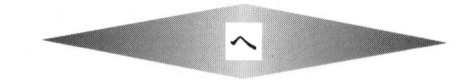

ヘイ・システム (Hay system)

1943年，フィラデルフィアに創設されたヘイグループの創立者ヘイ(E. Hey)が人事部門の責任者として，種類の違う職種を共通の尺度で測る方法として考案した職務評価方法．ノウハウ・チャート，問題解決チャート，アカウンタビリティ・チャートという3つの評価チャートを用いて評価する．人事コンサルティング・ヘイグループの成果目標サイクル，業務管理システム，成果主義的経営モデル，成果主義的人事システムは，現在フォーチュン1,000社の半数以上で採用され，報酬制度の世界基準となっている．　〔守田峰子〕

変革型リーダー

現代のように組織を取り巻く環境が不確実で不透明な時代には，組織はその環境変化に対応して従来の秩序や価値を変革し，新しい価値や意味を創造しうるための組織変革が要求されてくる．この一役を担うのが変革型リーダーである．バーンス(J. M. Burns)およびバス(B. M. Bass)らによれば，変革型リーダーは，部下の潜在的および顕在的要求を認識し開発するのであるが，それは，より高い要求の満足に求め，部下の全人格と関わり期待以上の動機づけをする人であると捉える．このようなリーダーは，組織変革がなされなければならない理由や組織の目指すビジョン，組織的価値内容の重要性および組織変

革をなす方法などについて動機づけし，部下の認識水準や意識水準を高め，自己の利己心の超越を促すことによって部下の欲求水準を押し上げ，部下自身が組織変革に向かって，自律的に仕事に打ち込む意欲を喚起するものである．→戦略的ミドル，組織変革

〔小原久美子〕

変形労働時間制

法定労働時間にあてはまらない労働のこと．労働基準法はこれらの点に配慮して次の4種類の変形労働時間制を設けている．①1ヵ月単位の変形労働時間制（1ヵ月以内の一定期間を平均して，1週間の所定労働時間を定めた場合，特定の日や週について所定の労働時間を超えて労働させることができる），②1年単位の変形労働時間制．（1ヵ月を超えて1年以内の一定期間を平均して1週間の所定労働時間を40時間以内とした場合，特定の日や週について法定労働時間を超えて労働させることができる），③1週間単位の非定形的変形労働時間制．（労働者数30人未満の小売業，旅館・飲食店などの事業において1週間単位で毎日の労働時間を定めることができる），④フレックスタイム制（1ヵ月以内の一定期間を平均して1週間の労働時間が法定労働時間以内になるように総労働時間を定めて，労働者がその範囲内で各日の始業，就業時刻を自主的に決定して働くことができる）．

〔堀川俊郎〕

法定労働時間

労働基準法は，労働時間は，原則として1日8時間，1週40時間を超えてはならないと規定されている．この原則に対して，①1ヵ月単位の変形労働時間，②フレックスタイム，③1年以内の長期間単位の変形労働時間，④1週間単位の非定型的労働時間について，例外扱いが認められている．さらに，商業，映画・演劇業（映画の制作の事業を除く），保健衛生業および接客娯楽業のうち，常時10人未満の労働者を使用する事業場については，1週44時間まで認められている．→変形労働時間制

〔堀川俊郎〕

簿記検定

日々の経営活動としての取引を仕訳し，帳簿に記録・計算・整理する能力，損益計算書や貸借対照表などの財務諸表を作成し，経営成績と財政状態を明らかにする能力，さらにその分析能力を有しているかを測定する資格試験のひとつ．この簿記検定は，経理業務に従事する者には必修であるが，その他の者にとっても取引先の経営状態や財政状態を把握することは必要であり，ビジネスパーソンとして誰もが保有すべき最低限の知識・資格である．なお，日本商工会議所・各地商工会議所主催の日商簿記検定1級～4級のほかに，全国経理学校協会主催，全国商業高等学校協会主催のものなどがある．

〔馬場伸夫〕

ポジティブ・アクション
(positive action)

従来からの固定的な性別役割分担意識などが原因で，女性が男性よりも能力を発揮しにくい環境に置かれている場合に，こうした状況を是正しようと企業が自主的かつ積極的に行う取り組みのこと．たとえば，性差のない公正な評価は女性社員の労働意欲と能力発揮を促すきっかけとなり，結果的に生産性の向上，競争力強化につながる．つまり，女性を保護し優遇するものではなく，能力と意欲のある女性が主体的に働く機会を拡大するためのものである．このように社員の能力発揮と育成に積極的に取り組む企業は持続的発展が期待でき，利害関係者から良い評価を得ることができる．→男女共同参画社会

〔深津千恵子〕

ホスピタリティ教育

　経営におけるホスピタリティ教育は, 顧客, 従業員, 経営者における対等となるにふさわしい関係づくりを基盤とし, 経営倫理に基づいた人と人, 人とモノ, 人と環境における最適な相乗効果を高め, 組織経営における価値の向上を促し, ひいては経済的波及効果をもたらすための概念教育である. しかし, 学校や一般社会におけるホスピタリティ教育は, 相関関係を築くための人倫が主眼点となるため, 経営におけるホスピタリティ教育と同じ内容にはならない. →サービス・マネジメント, ホスピタリティ　　　　〔服部勝人〕

ボランティア休暇

　社員がボランティア活動を行う際に, 休暇を認めて支援する制度. 企業の社会貢献活動の一環として取り入れられている. また, 企業の活性化, 社員の自己啓発などの効果も期待される. →企業の社会貢献　　〔中村　修〕

ホワイトカラー (white collar)

　頭脳的あるいは事務系の仕事をする人々を指す. 工場などで労働するブルーカラー (blue collar) に対応する. いずれも昔欧米において, 働く人々が着ていた衣服のえりの色から由来している. 従来から日本のホワイトカラーの生産性は低いといわれ, その向上が課題となっている. 近年では, 両者の仕事の中身が類似することが多くなっている. たとえば, コンピュータの導入により, 現場・工場では肉体的よりも事務的な作業が多いことがある. そのため, 両者の処遇格差は縮小され,「ブルーカラーのホワイトカラー化」がすすみ, 双方の区別が明確ではなくなってきている. →ブルーカラー　　　〔鷲澤　博〕

本人給

　基本給の一部で, 従業員の年齢・勤続年数・経験などに応じて決定される. 一般に, 従業員の年齢に応じた「年齢給」と, 勤続年数や経験に応じた「勤続給」とされることもある. 企業のもつ社会的役割に関連して, 本人給は従業員やその家族の福祉の向上に貢献することができる. そのため, 本人給は世間相場における最低限度の生活水準を確保できる賃金を保証する「生活基本給」の狙いをもっている. また「勤続給」に関しては, 従業員の習熟による能力や技術の向上が期待されることから「能力給」の一部として分類されることがある. →属人給, 年齢給, 能率給

〔森　宗一〕

ま

マイスター制

　中世ツンフト制度に起源をもつ手工業マイスターの育成と組織を意味する．マイスターには，当該手工業業種の営業権と見習生（従来の徒弟）の養成権が国家から与えられている．資格取得には，職業学校と企業内実習を並行するデュアル制（二元制）職業教育のもとで育成される専門労働者（従来の職人）資格を得た者が，規定の実務経験を積み，マイスター学校等に通学して国家試験に合格することなど，質の高さが維持されている．ただ従来 94 の職種数が 2003 年 41 業種に改正され規制が緩和されている．ドイツの職場にはこのほか多くのマイスターが活躍し，環境保全業務でも環境マイスターが養成されている． 〔岩井清治〕

まなびねっと

　文部科学省が開設していたポータルサイト（玄関口となる Web サイト）であり，生涯学習情報など教育に関する情報について系統的に情報検索ができる機能をもっていた．「まなびねっと」の教育用ソフト・コンテンツ紹介サイトは，平成 16 年度から，財団法人学習ソフトウェア情報研究センターが事業を引き継ぎ，実施している．生涯学習に関する Web サイトには，多くのものがある．たとえば，函館市の生涯学習単位認定システム「HAKODATE まなびっと広場」，群馬県生涯学習情報提供システム「まなびねっとぐんま」，横浜市教育委員会の生涯学習ページ「はまなび」，奈良県生涯学習情報提供システム「なら・まなびねっと」などがある．→社会教育，生涯学習 〔野々山隆幸〕

マネジリアル・ウーマン
(managerial woman)

　管理職，または管理職能を担当している女性のことで，「ウーマン・マネジャー」などともいう．かつてもインフォーマルなかたちでこれらの職務を担う女性が存在してきたが，男女雇用機会均等法施行後，一定の期間が経過してきたことや，ジェンダーフリー教育の進展に伴って，組織内で公式の（フォーマルな）地位や権限を有し，管理職能を果たす女性が増加している．→キャリア・ウーマン，女性管理職比率 〔池田玲子〕

み

みなし労働時間
(de facto working hours)

　労働時間の算定が困難な職務において，所定労働時間の勤務をまっとうしたと「みなす」ことをいう．みなし労働時間には，事業場外労働に関するみなし労働時間制と，裁量労働に関するみなし労働時間制，がある．前者は，使用者の指揮監督が及ばない事業場外の労働において，労働時間が把握できない職種（社外での営業活動など）に関し，あらかじめ使用者と労働者との間で労働時間を取り決める制度である．また，後者は，事業場内の仕事であるが，時間管理を行わず労働者の裁量に任せておく職種（企画，研究開発，映画製作など）に関し，時間労働をしたものとみなす制度である．なお，就業形態の多様化，および携帯電話の普及から労働者の事業場外労働が多くなる傾向があり，労使協定においてみなし労働時間の見直しが必要である．

→SOHO，労働時間　　　　　〔川嶋啓右〕

め

面接試験

会社，その他の組織体で，それぞれの立場で目的に叶う人物を360度観察し，質疑応答により評価・採用に結びつけるための一手法である．筆記試験や履歴書だけではわからない側面に気づき評価確度が高まる．形式的には「個人面接」，「集団面接」それに「集団討論」の3通りがある．「個人面接」は，受験者と面接担当者が1対1で行ったり，受験者1人に対し数人の担当者の場合もある．「集団面接」は複数の受験者（5〜7人）と数人の面接担当者（3〜5人）で行われる．「集団討論」は面接担当者（4〜5人）から与えられたテーマについて複数の受験者（7〜8人）がグループ単位ごとに討論し合う方法で，面接担当者が観察し採点し評価する．面接試験の最終目的はハイポテンシャル・インディビジュアル（HPI）つまり「有能な人材」の発掘にある．　　　　　　　　　　〔米村　徹〕

メンター（mentor）

語源は，ギリシャ神話の勇将オデュッセウスが息子テレマコスの教育を託した名教師メントルにある．一般的に豊かな経験をもつ年長者で，経験の少ない若手（プロテジェー）のキャリア発達を支援する存在である．メンターの提供する機能をメンタリング（mentoring）といい，クラム（K. E. Kram）によると，メンターはプロテジェーに，昇進を促進する「キャリア機能」およびアイデンティティや有効性を高める「心理社会的機能」を提供する．メンタリングが，プロテジェーの昇進，給与，職務満足，個人的成長，組織への帰属意識などに良い影響を与えるとともに，メンター自身や組織にも利益をもたらすことが多くの研究により実証されている．→コーチング，ブラザー＆シスター制度　　　　　　　　　　〔合谷美江〕

メンタル・ヘルス（mental health）

心の健康のこと．近年，職場の人間関係，仕事のプレッシャー，転職などによるストレスの増大でうつ病などの心の病気になる人が増えており，組織の大きな課題となっている．わが国では心の病気に対する偏見がみられ，精神科医やカウンセラーにかかることに躊躇する人が多い．しかし，心の病気も身体の病気と同じように誰でもかかることがあり，早めに専門家に相談することが効果的な回復につながる場合が多い．特に経営管理者はそのような偏見を払拭しなければならない．多くの経営管理者はカウンセリングの専門家ではないが，部下の日頃の表情や言動に目を配り，また部下との対話の中で心の不健康に気づくだけのカウンセリング・マインドが求められている．→産業カウンセラー，産業カウンセリング　　　　　　　〔吉田　博〕

も

目標管理
（management by objectives, MBO）

ドラッカー（P. F. Drucker）の提唱によって知られるようになり，シュレー（E. C. Schleh）やマクレガー（D. McGregor）によって継承発展された管理の理論である．ドラッカーは，管理者が自ら目標を設定し，成果

に向けて自己統制することによって企業における地位と機能を自覚し，責任ある行動をとることができるとした．これは管理の実践原理としての目標管理であったが，シュレーはこれを期待される成果の割付による業績管理の手法として発展させた．また，マクレガーはもっぱら人間の欲求実現の方法として目標管理の理論を展開した．これらは，わが国の企業にも1960年代から管理技術のひとつとして導入されたが，今日においても定着したものとはなっていない．→ドラッカー

〔麻生　幸〕

ものつくり大学

「ものづくり」の原点に立って，従来の理工系大学とは異なる実技・インターンシップを通じて，ものづくりと産業の進展に貢献できる，高度の専門職業人の育成を目的として，2001年に埼玉県内に開学した単科大学．製造技能工芸学科と建築技能工芸学科の2つの学科からなり，実技・実務教育を重視した特色ある教育が行われている．しかしここ数年，国内の主要な大学においても，技術経営を専門科目とする大学院の開設が相次いでおり，企業においても技術と経営の両方に精通した人材を自社で育成するための，企業内大学を設けるところが増えてきている．→ MOT

〔服部誠司〕

問題解決能力

ビジネスパーソンが仕事を遂行するうえで直面するさまざまな問題を解決する能力をいう．問題とは，あるべき状態と現状とのズレと考えられている．問題を解決するとは，このズレを調整し，あるべき状態に修復することである．調整する際には，現状をあるべき状態に近づけていくことを基本とするが，問題の内容によってはあるべき状態を現状に近づけるという方策がとられることもある．問題解決の手順は，問題の発見，原因の把握，解決策の決定，解決策の実施という流れで行われるが，重要なのは，問題の発見をいかに早く行うかということであり，問題解決能力の内容として，問題発見能力のウエイトはきわめて高い．→意見決定能力

〔正木勝秋〕

役員の任期

株式会社の役員の任期は，①設立後または合併後最初の取締役は1年以内，②それ以外の取締役は2年以内，③設立後または合併後最初の監査役は就任後1年以内の最終の決算期に関する定時株主総会の終結時まで，④それ以外の監査役は就任後4年以内の最終の決算期に関する定時株主総会の終結時まで，と定められている．有限会社の場合は役員の任期については商法上の規定はないが，定款に定めがあればその規定に従うことになる．執行役員は商法上の取締役・監査役とは異なり，一般社員と役員の中間に位置づけられるので，各社ごとの執行役員規程に従って任期が定められる．→役職任期制度 〔島田義也〕

役職任期制度

役職に任期を設けておいて，任期が切れると再任するか退任するかを決めるという制度．任期が満了すると，任期中の業績を評価し，再任するかどうかを判定する．これと似た制度として役職定年制度がある．どちらの制度も若手の社員を抜擢するために，管理職ポストを空けさせる必要性から生まれたものであるが，役職定年制度が個人差を無視して一定の年齢に達すると一様に役職を降りなければならないのに対して，役職任期制度は再任を妨げないところに特徴がある．任期中の業績しだいによっては再任されないという緊張感があるため，役職者の動機づけにつながる一方で，在任中の業績を正確に評価するのが難しいという問題点もある． 〔島田義也〕

役不足

誤って使用されやすい言葉に「役不足」がある．たとえば，誰かの依頼を断る場合に"力不足で申し訳ありません"というところを，"役不足で申し訳ありません"という人がいる．前者は私の力では果たせないという意味であり，後者は私の力量から判断して物足りなさを訴えることになる．後者のいい方を，断る側から使用すると非常に失礼な使い方になる．与えられた役目に対して不満をもったり，その人の能力に対して役割が軽すぎることを表す言葉が役不足である．これに対し前述したように，語感が似ていて混同されやすい言葉として力不足があり，力不足は私の力では役目を全うすることができないというような意味で使われるので注意が必要である．

〔森山典孝〕

役割コンフリクト (role conflict)

役割とは，ある特定の社会的立場における人間が他者から求められ，あるいは期待される行動様式をいう．組織内における個人は，公式，非公式ををを問わず，複数の役割を担っている．個人が抱える複数の役割が両立困難になった場合に役割コンフリクトが生じ，葛藤やジレンマといった心理的緊張を引き起こす．さらに，身体的な諸症状があらわれることもある．個人が家庭人と企業人という複数の役割を抱えているときに起こる役割コンフリクトは，身近にみる例のひとつといえる．
→コンフリクト 〔渡辺保〕

ゆ

有期雇用

文字どおり期間を限る雇用のことで、無期雇用(通常いう「正社員」)に対するものであり、非正社員の一形態である。派遣・顧問・嘱託・パートタイマーのすべてを含む。雇用者側からすれば無期雇用と対比して、期間終了と同時にリスクなしに雇用終了することが可能となるという便宜がある。実業界の慣用上、狭義の有期雇用は派遣と対比した概念として使われる。背景としては労働者派遣法が1986年に業種を限定して施行され、ほぼ5年ごとに改定される都度、緩和が進み自由化されてはいるものの、かなり運用上の制限はある。そこで、雇用者はこれらの回避策として有期雇用の形態を使うことが多い。→非正社員　〔山崎和邦〕

有給教育訓練休暇

労働基準法第39条の規定による年次有給休暇とは別に、職業人としての資質の向上その他職業に関する教育訓練を受ける労働者に対して与えられる有給休暇のことをいい、職業能力開発促進法第10条の3第2項において定められている。また、この有給休暇を与える事業主には、一定の要件を充たせば、雇用保険法第63条に定める政府が行う能力開発事業のひとつとして、助成金が支給される。これらの背景として、産業構造の変化、技術の進歩、高齢化社会の到来等による雇用環境の変化があり、雇用保険法、雇用対策法、職業能力開発促進法があいまってそれに対応しようとしているということである。→雇用保険、労働基準法　〔渡邊福治〕

ゆとり教育

1949年発足した教育課程審議会(2001年中央教育審議会統合)による「ゆとりある教育」への答申がされた1976年が、わが国の学習指導要領の詰め込み式教育の転換期となった。「自ら学び考える『生きる力』を育む」ことを目指し、1977年学習指導要領にゆとり教育が導入された。ゆとりある教育は、家庭生活の充実を図る週休2日制導入や総合学習の強化によって実現化した。一方で、総合学習の時間配分から教養科目が削減されたため、「学力低下」などの現象が教育改革にあるという見方がある。→学校教育〔田口智子〕

よ

余暇支援制度

資産形成援助、生活援助、健康管理など福祉を総合的に推進するための福利厚生制度のひとつ。保養施設、体育施設など多くの施設や制度が従業員の健全な余暇活用のために設けられている。運動会や社員旅行会、レクリエーションなど集団的な支援の方法もあるが、最近は生活水準の向上や余暇の拡大に伴い多様化する従業員のニーズを充足させるため、複数のメニューを準備し、一定の範囲内で必要なものを選択できるようにしたカフェテリアプラン(自由な選択メニュー方式による福祉厚生制度)を導入している企業、さらに従業員の余暇の充実を図るため余暇生活プラン教育を実施している企業もある。→カフェテリアプラン　〔望月　衞〕

ら

ライフ・プランニング

　近年の「雇用の流動化」,「雇用形態の多様化」が進展する中で,個人主義的な人材マネジメントが普及しているが,それは個々人の生き方・働き方の選択肢の増加を意味している.同時に,個々人は自分の生き方・働き方を「自由と自己責任」に基づき,自律的に決定することが求められている.その際の働き方についての設計のことをキャリア・プランニングというが,生き方の設計についてはライフ・プランニングという.個々人には,キャリア・プランやライフ・プランの能力が不可欠な時代になっている.→キャリア開発プログラム,キャリア支援制度,4L重視の経営　　　　　　　　　　　　　〔渡辺　峻〕

ラーニング・バイ・ドゥーイング（learning by doing）

　実践しながら学ぶことを指す.実践による学習の効果自体を指すこともあり,学習効果や習熟効果とも訳される.アメリカの哲学者および教育学者であるデューイ（J. Dewey）によって,提唱された言葉であり,教育における「経験」の意味が強調されたものである.経営学においては,OJTなどの従業員の実践トレーニングを意味するだけではなく,企業自体の実践による学習という意味にも使われている.実践による学習は,「知」の蓄積と共有化が重要視される企業において,生産性向上のひとつの鍵になるとされている.→OJT,体験学習　　　　　　　〔合谷美江〕

り

リエゾン・オフィス（Liaison Office）

　リエゾンとは「連携,連絡,つなぎ」という意味で,リエゾン・オフィスとは,文字どおり「連絡事務所」のことである.日本では主として産官学連携に関係して用いられており,大学や地方自治体の窓口機能を指すことが一般的である.企業のニーズと大学の研究室・研究者のもつ研究テーマ,貴重な技術シーズのマッチングを行い,産学連携による共同研究,技術移転等を実現させるための支援機能をもつ組織をいう.大学ではリエゾン・オフィスを設置し,受託研究の問い合わせ,申し込みを受けるなど産学連携の窓口としている場合がある.今後,民間企業が大学との共同研究を検討する場合,「リエゾン・オフィス」が大きな役割を果たしていくものと思われる.→産官学連携　　　　　　〔田中二郎〕

リカレント教育

　リカレント＝回帰,循環という語が示すように青少年期だけでなく,人間の一生涯にわたって教育を循環させようとするものである.つまり,これまで小学校,中学校,高等学校,大学,大学院などと人生の若年期に行われた教育だけでなく,一生涯にわたって,いつでも,誰でも,好きなことを学ぶことができることである.大学で実施されているリカレント教育を例にとると,社会性,専門性,実務性の濃いハイレベルの内容で社会,経済,政治,宗教,文化,科学,スポーツ,国際関係,IT関係など多くの領域にわたって行われている.→社会教育,生涯学習

〔森下　剛〕

リクルーター (recruiter)

　人材斡旋を行う個人や事業者など．企業が従業員を採用しようとするときに候補者を探してもらったり，就職を希望する人が登録して，就職先を斡旋してもらうのがリクルーターである．アメリカにおいては，営利事業として成立しており，雇用流動化と企業の急成長を支えているといえる．日本においては，職業安定所（ハローワーク）が代表的存在であるが，就職希望企業に在籍し，就職活動での世話役となる社員も，リクルーターとよばれている．同じ学校の出身者であることが多く，採否に関して一定の影響力をもつことが多い． 〔木下良治〕

リーダーシップ開発プログラム
(leadership development program)

　近年，企業環境の変化が激しく，そのためには，リーダーシップによる絶えざる組織の変革が必要であることから，リーダーシップの開発プログラムの重要性が強調されるようになってきている．しかしながら，現実の企業においては，OJTや研修プログラム，あるいは社長や有名人の講演を中心とした研修などにとどまり，リーダーシップの育成・開発を直接目的とした具体的内容のあるプログラムを継続的に実施しているところは少ない．この点から，マッコール（Morgan W. McCall, Jr.）は，「成長を促す経験」を，事業戦略を基にした「リーダーシップを開発するためのモデル」の観点から，選択的にとりあげてリーダーシップ開発プログラムを作成・実施するように主張している．→変革型リーダー，リーダーシップ 〔鈴木勝美〕

リフレッシュ休暇

　厚生労働省によると，「①週休・夏季休暇・その他毎年付与する休暇や有給教育訓練休暇以外の休暇，②職業生涯の節目節目に勤労者の心身のリフレッシュを図る目的とした休暇，③有給休暇であること」と定義されている．わが国のリフレッシュ休暇制度の導入状況は，大企業で普及しているものの，小規模企業ではわずかしか取り入れられていない．→年次有給休暇 〔山下雅司〕

両立支援

　仕事と家庭の両立支援対策を充実するために厚生労働省は21世紀職業財団を設立し，各種情報（育児，介護，家事代行）を無料で提供する一方，育児・介護を行う労働者の雇用安定と育児・介護休業者に対する職場適応性や職業能力の低下を防止し，回復を講じた事業主に対し，「育児・介護雇用安定等助成金」を給付し，両立支援を進めている．具体的には，①事業所内託児施設助成金，②育児・介護費用助成金（事業主が育児・介護サービス利用料の援助をした場合），③育児休業代替要員確保等助成金（育児休業取得者を原職などに復帰させた場合，その代替要員確保等にかかる費用を助成），④育児両立支援奨励金（短時間勤務制度などを労働者に利用させた場合），⑤男性労働者育児参加促進給付金，⑥育児・介護休業者職場復帰プログラム実施奨励金などである．→次世代育成支援，ファミリーフレンドリー企業 〔深津千恵子〕

臨床心理士

　日本臨床心理士会が認める資格で，文部科学省に認可された㈶日本臨床心理士資格認定協会が認定試験を行って資格を認定する．臨床心理士は，心の問題，悩みなどを心理学に基づいて解決に当たっていく専門職である．最近の活動領域は医療関係をはじめ職場・学校など広範囲にわたっている．認定試験を受けるための基礎要件としては，指定大学院の心理系の修士であることとなっている．なお，現在，心理職国家資格化を目指しているが，まだ実現していない．→産業カウンセラー，メンタル・ヘルス 〔間 敏幸〕

れ

レイバースケジューリング
(labor scheduling)

特定の仕事に対して人員を設定すること．従業員に対する仕事の分担ではなく，仕事の達成に必要な人員および時間が焦点となる．この設定方法を用いることによって，労働時間および人件費をコントロールすることができる．コンピュータの性能が向上した現代では，この技術を応用したレイバースケジューリング・システムあるいはレイバースケジューリング・プログラムが普及している．そのため，近年ではこの用語を「人員配置の仕組み」といった意味で使用することが多い．特に店舗運営において使用される．

〔小野瀬 拡〕

ろ

労働

人間が，道具・機械・装置など（労働手段）を用いて自らに備わる肉体的・精神的能力（労働力）を使用し，外的世界の自然素材・原料（労働対象）に，目的意識的に働きかけて人間生活に有用な物的財貨を生み出す活動のことをいう．この労働手段の使用が，他の動物の活動と区別される人間の労働の特徴である．今日の企業社会では，科学技術革命の進展とともに労働手段は大規模化・自動化・情報化しているので，労働のあり方も大規模な分業に基づく協業の形をとっている（労働の社会化）．→キャリア，仕事　〔渡辺 峻〕

労働基準法

憲法第27条2項の「賃金，就業時間，休息その他の勤労条件に関する基準は，法律でこれを定める」と規定した趣旨をうけて，労働条件の最低基準を定めるために制定されたものが労働基準法である．労働条件の最低基準を制定したものが労働基準法であることから，労働者と使用者の当事者が合意のうえで定めた労働条件であっても，「この法律で定める基準に達しない労働条件を定める労働契約は，その部分については無効とする．この場合において，無効となった部分は，この法律で定める基準による」（同法13条）とある．そこで，使用者が同法に定める条件に違反するような労働力管理を行った場合は刑罰を科しうるものとされている．→労働三法

〔森山典孝〕

労働協約

労働組合法第14条に基づき，労使双方で話し合い，労働に関する基準や約束事などを決めたもの．賃金，労働時間，労働の種類や態様，採用や解雇・退職などの基準や条件，昇給にかかわる研修を有給にするなどの労働契約に関するものや，福利厚生，教育・訓練，安全管理等の労働組織関連のもの，労働組合に関するものなどを協約として締結することができる．労働協約は労使双方が合意し書面にすること．また，署名（または，記名押印）が必要であり，正式に作成された労働協約は法律上有効と認められており，就業規則より優先されると解されている．ただし，労働協約はその労働組合に属する組合員にのみ適用されるものであり，非組合員は就業規則が適用されることになる．→就業規則〔前田 勲〕

労働組合

組合員の経済的・社会的地位の向上を目指す労働者の組織. 典型的な事例として, ①豊かな人生を歩むため, 組合員にとり, ごく身近で頼れるパートナーとしての存在, ②会社生活の充実に向けた存在, ③社会における改革者として存在を目指すことを掲げる組合(ある大手電機労組)がある. わが国の労働組合法では「労働者が主体となって自主的に労働条件の維持改善その他経済的地位の向上を図ることを主たる目的として組織する団体又はその連合団体をいう」(第2条), と基本要件を定めている. また, わが国では企業別に組織されることが一般的であるが, 目的と課題の広がりに応じて, 企業グループ内, 地域別, 職業別, 産業別に, さらには全国レベルで, 協議会, 連合会が組織されることがある. →団体交渉 〔平野文彦〕

労働災害

業務に起因する業務災害と住居と職場(就業の場所)の往復(通勤)にかかわる通勤災害がある. 炭坑のガス爆発からアスベスト(石綿)問題, 仕事によるストレスや過労が一因となる過労死やうつ病までさまざまな災害がある. 近年, 労働災害は減少の傾向にあるものの, 年間50万人以上が被災し, 平成16年には1,620名が労働災害によって死亡している. 労働災害に対する保険としては, 政府が保険者になり, 労働基準局などが業務を行う労働者災害補償保険(労災保険)があり, 保険料は事業主が全額負担している. また労働災害を防止し, 労働者の安全と健康を確保して快適な職場環境を作るために, 労働安全衛生法がある. →安全教育, ヒヤリ・ハット 〔小嶌正稔〕

労働時間

出勤から退社までの拘束時間から「休憩時間」を差し引いた時間. また, 定められた始業時間から終業時間までの所定労働時間に残業時間などの時間外労働を加えた時間. 所定労働時間は労働基準法によって, 原則として1日8時間, 週40時間以内に定められているが, 時間外労働の強制的な上限の規制がないので, 労働時間が長くなる傾向がある. 現在では, フレックスタイム制の導入によって, 労働時間の管理がより柔軟になってきている. →フレックスタイム, 変形労働時間制, 法定労働時間 〔中村 修〕

労働市場

当該部署で必要な人材を同一企業内の他の部署から, いわゆる異動で調達する「内部労働市場」と, 必要な人材を他企業から, いわゆる移動で調達する「外部労働市場」がある. また, 関連子会社を含めた企業グループを形成している大企業では, 積極的な事業展開のための有効な人材活用, 技術指導や減量経営, 経営合理化の施策として, 出向や転籍などを通じて必要な人材の交流, 調達などを行っており, 企業グループ内の労働市場も広がりつつある. 従来, 異動は会社側の一方的な業務命令で決定されていたが, 最近は, 従業員の意向を尊重した自己申告制度, 社内公募制度, 社内ベンチャー制度などを取り入れている企業も増加している. →青田買い, 雇用リストラ 〔早坂明彦〕

労働分配率

付加価値に占める人件費の割合のことで, 労働分配率=人件費÷付加価値で表すことができる. ここでいう付加価値は, 売上高から外部購入費用を差し引いたものであり, 人件費, 賃借料, 租税公課, 支払特許料, 減価償却費, 営業利益などを合計することで得られる. したがって, 経営資源のうち「人件費」として分配される割合がどれくらいかを表すのが, 労働分配率である. この比率が高ければ高いほど「ヒト」による仕事が多いことを示していることになる. 生産性を向上させるには, 給与水準をおさえて, 労働生産性をあげなければならないことになる. 〔前田 勲〕

労働力率

年齢階級別の労働人口に対する人口の比率のことで, 就業者に失業者を加えた人数の割

合を示したもの．日本では15歳以上で働く意欲をもつ人がどれぐらいいるかの労働力状態を示すものである．平成12年の労働力状態は，労働力人口（就業者および完全失業者）6,610万人で，平成7年に比べ92万人（1.4％）減となっており，労働力率（15歳以上人口に占める労働力人口の割合）は61.1％で，平成7年に比べマイナス2.5ポイントで，戦後初めての低下である． 〔前田 勲〕

65歳現役社会

65歳定年制の実現と定年まで働く人の企業に役立つための自己管理の2つの意味がある．最近は「エイジフリー企業」の実現ともいわれ，年齢の上限を定めず健康である間は働ける雇用環境や雇用制度の制定，そして高齢者の自助努力が求められている．自助努力の問題では，自分のライフプランをできるだけ早い時期に整え，加齢のプロセスにおいて自分の職業プランや生きがいプランを思考し，生涯現役生活の実現という考え方の自助努力が求められる．現役という言葉の意味には，会社勤めをするだけでなく，生きている間はなんらかの社会的役割の一翼を担うことや役割意識をもって社会貢献や産業貢献をしていくという解釈である．生涯現役で働くという価値観には個人差があるが，大事なことは自分の人生哲学や信念とも関連するので，その意思のもち方が問われるのである．→エイジレス雇用，高齢者の継続雇用，シニアパートナー制度 〔間 敏幸〕

ロースクール（法科大学院）

ロースクールとは，裁判官，検察官，弁護士などの法曹専門職を養成するための専門職大学院のこと．わが国では2004年度から開設された法科大学院（法務研究科，法学研究科法曹養成専攻など）のことを一般にロースクールという．2005年度において全国で74校のロースクールがある．修業年限は法学既習者2年，未習者3年である．大学院での法曹専門職養成という制度はアメリカのロースクールを範としたもの．ロースクールでは法律学の研究者に加え，実務家教員も教育にあたることとなっている．ロースクール修了者には「法務博士（専門職）」という学位と，2006年開始の新司法試験の受験資格が与えられる．→ビジネススクール，プロフェッショナル・スクール 〔吉村宗隆〕

ロールプレイング（role playing）

人間は社会の役割期待やそれまでの生き様などから思考や判断が束縛され，相手の立場になって共感することや，視点の違いによって生じるさまざまな気づきを通した自己変革に機会を失っているのかもしれない．ロールプレイングでは，自由に役割を演じる場を設定し，演技者が「役割を演じること」で先に述べた力を自ら獲得することを目指す．企業の社員教育にも応用され，たとえば営業社員に営業能力をつけるため，商談などの場面を設定し，社員に顧客を演じさせることを通し，彼自身にさまざまな気づきの機会を与え，自己変革，スキルアップにつなげようとしている．→体験学習，態度変容教育 〔大平義隆〕

論理的思考力

経営指導者の資質にかかわるのが論理的思考力である．ビジネス環境が複雑化し，IT化やグローバル化が進み，国家間競争，企業間競争，都市間競争，地域間競争などが激化すればするほど，ますます論理的思考力に基づく，的確な状況判断，意思決定，ならびに迅速な行動が強く望まれている．直接的には，経営関係者の事柄に対する姿勢，一般化や推論を行う知識，および科学的理論を実際に活用し得る技術力などの有無が問われる．他方，論理的思考力の基準づくりにおける実践事例としては，経営指導者について①手持ちの事実や情報から得られる推論，②判断や意思決定に関する理解度，③主張の背景になっている前提の認識，④議論についての潜在的可能性や判断力，⑤演繹法を元として始まる矛盾のない結論導出力，の5事項が尋ねられ，測定や評価が行われている．→意思決定能力，経営管理能力 〔渡辺利得〕

割当雇用制度

障害者割当雇用制度のことを指し,障害者の雇用の促進等に関する法律の中で定められている.雇用率制度の中の法定雇用率をいう.雇用率制度は,1920年にワイマール共和国(ドイツ)において,第一次世界大戦の戦傷障害者の雇用を定めたのが最初といわれる.日本においては,1960年に制定された身体障害者雇用促進法によって定められるが,1976年の改正時に,法定雇用率として義務づけられた.違反をすれば納付金を払い,クリアできると助成金が出る.特例子会社をつくり障害者雇用を促進している企業もある.2006年3月現在で,民間企業で総従業員数の1.8%,国や地方公共団体は2.1%と定められている.→チャレンジド,特例子会社　〔田中信裕〕

ワンセット経営教育

「日本の経営教育システムは,大学レベルの教育と企業内教育のワンセットによって主に構成されている」(齊藤毅憲,1988)というもの.これら企業での教育と大学での教育は,別々に完結しているようで,実は補完関係にあるという.さらに最近では,産学連携,インターンシップや社会人大学院などにより,大学と企業の関係は,より融合関係に近くなってきている.→産学協同〔田中信裕〕

和文索引

(ゴチック体は本文中の項目を示す)

あ

IR 15
ISO14000シリーズ 86,119
ISO規格 119
ISO9000シリーズ 86,119
アイオワ実験 183
I型人間 245
ICタグ 15,77
IT 15,183
IT革命 91
IT教育 183
ITスキル標準 183
ITベンチャー 119
ITリテラシー 183
アイデンティティ 183
アーウィック,L.F. 87
アウトソーシング 184
アウトプレースメント 119
青田買い 119
アカウンタビリティ 15
アカウンティング・スクール 193
アカデミック・スクール 184
アカデミック・ハラスメント(アカハラ) 184
アーキテクチャー 15
空き店舗問題 16
アクション・ラーニング 184
アクション・リサーチ 16
アジアNIES 119,127
アジェンダ形成 16
アジェンダ21 16
ASEAN 120
ASEAN自由貿易地域 120
アセスメントセンター方式 232
後工程引っ張り方式 130
アドホクラシー 16
アドホック 16
アートマネジメント 16

アドミッションズ・オフィス 185
AFTA 120
アプリケーションソフトウェア 66
アベグレン,J.C. 17,154
天下り 120
アメリカ経営学 17
アライアンス 17,33,40,186
R&D 17
RJP 185
アルバイト 185,214,215,234
安全教育 185
安全の欲求 93
アンソフ,H.I. 17
安定株主 120,128
暗黙知・形式知 18,94

い

委員会等設置会社 18
イエスマンとノーマン 121
イエ制度 135
依願退職 186
eかんばん 130
異業種交流 186
育児・介護休業法 18
育児休暇 18
育成の論理 157,186,236
eコマース 20
意思決定 34,48,76
意思決定支援システム 23
意思決定能力 18
意思決定論 19
異質交流研修 121
意匠 71,164
意匠登録 19
一芸入試 186
一時解雇 144
一人前労働者 198
5つの力(ファイブ・フォース)モデル 91
一般職 186,213
EDI 19

移転価格 121
イノベーション 19,29,89,91
EPRGモデル 121
EPA 122
異文化インターフェイス 122
異文化教育 122
異文化コミュニケーション 122
異文化シナジー 122
異文化相互作用 133
異文化摩擦 122
異文化マネジメント 123
EU 123
eラーニング 183,187,192,209,231
インカムゲイン 120
インキュベーション・センター 19
インキュベーター 72
インクリメンタル・イノベーション 19,20,101
インストラクター 187
インセンティブ・システム
インダストリアル・エンジニアリング(IE) 46
インターナショナル戦略 123
インターネット検索 187
インターネット・ビジネス 20
インターフェース 79
インターンシップ制度 187,223,227,240,248
イントラネット 20
イントラプレナー 187
イン・バスケット法 188
インビジブル・カレッジ 188
隠喩 96

う

ヴァーノン,R 123,163
ウェルチ,J. 64

ウォーターマン,R.H. 21
ウォマック,J.P. 103
ウォンツ 37
請負社員 215
失われた10年 123
内なる国際化 123
ウーマン・マネジャー 261
売り手市場 195

え

営業力 188
英語検定（英検） 188
エイジフリー企業 270
エイジレス雇用 189
衛生要因 91
HRM 190
エキスパート・システム 20
エクイティ・ファイナンス 72
エグジット・ヴォイス&ロイヤルティ 189
エクステンションセンター 210
エクスパトリエイト 124
エグゼクティブ 216
エグゼクティブ・セクレタリー 189
エクセル 21
エクセレント・カンパニー 21
エコビジネス 21
エージェンシー理論 21
エージェント 21
SE 189
SL理論 22,255
エスノセントリック志向 121,194
SPI適性検査 246
SPA 22
X理論・Y理論 74,189
NPO 22,42,54,59,66,75,85,217
FD 190
FTA 124
M&A 22
MOT 190
M字型構造 22
M字型就労 22
MTP 190
MBA 190

MBO研修 209
エリクソン,E.H. 183
エルゴノミクス 79
エルダー制度 256
LBO 22
遠隔教育 191,192
エンジェル 23
援助付き雇用 191
エンドユーザー 189
エントリーシート 191
エンパワーメント 191
エンプロイメント・アット・ウィル 192
エンプロイヤビリティ 124,214,239
縁辺的人材 210

お

OEM 125
オーケストラ型組織 23
OJT 144,153,186,192,198,209,220,228,231,267
OJTリーダー制度 256
オズボーン,A.F. 257
遅い選抜 153
オーナー型経営者 141
オフィスオートメーション 23
Off-JT 144,192,198,209,220,228
オフショア生産 125
オープンカレッジ 191,210
オープン・システム 53,60
オープン・ネットワークシステム 23
オペラント条件づけ療法 212
オペレーションズ・リサーチ 23
オルセン,J.P. 45
温暖化対策 24
オンデマンド教育 192
オンライン教育 192

か

海外研修制度 193
海外子会社 126
海外事業部 126
海外進出 126
海外直接投資 126

海外ラボ 126
海外留学 193
会計監査 28
会計専門職 193
会計専門職大学院 193
解決志向ブリーフセラピー 193
解雇 186,194
介護休暇 18
外国人労働者 194
解雇権濫用法理 194,199
外資系企業 127
会社人間 127,230
ガイスバーグ,N. 200
カイゼン 127,152
階層組織 25
階層別教育 194,228
階層別研修 208,209
買い手市場 194
外発的動機づけ 25
開発輸入 127
外部重役 127
外部労働市場 269
開放系 92
解約権保留付の労働協約 226
カウンセリング 195,248
価格 93,99
科学技術振興機構 219
科学的管理 17,25
家業 86
課業 25
華僑ネットワーク 128
学際的アプローチ 25,42
学習曲線 25
学習された無力感 220
学習支援ボランティア 195
学習塾 195
学習理論 195
革新 19
学生ベンチャー 195
確定給付型年金 199
確定拠出年金 199
過去の成功体験 94
仮想商店街 26
家族企業 86
課題解決力 236
課題研究法 209
課題設定能力 196
課題別研修 209

肩たたき 128
価値連鎖 26,91,133,139
学校教育 196
カッツ, R.L. 215
活動の配置 133
加点主義 210
加点主義人事 196
加点主義評価 196
家電製品アドバイザー 196
カーブアウト 26
カフェテリアプラン 87,197
株式公開買い付け 72,73,92
株式の相互持ち合い 128
株式の分割 26
株式非公開化 73
株主主権 26
カリスマ型リーダー 197
カルチャー・ショック 128
カルチャー・フリー 128
過労死 129
川上企業 62
川喜田二郎 208,257
川下企業 62
為替変動 129
為替リスク 136
為替リスク・マネジメント 129
環境型セクハラ 235
環境教育 197
環境経営 24
環境報告書 27
環境保全型社会・経済（循環型社会） 21
環境マネジメント 27
環境問題 27
観光マーケティング 27
看護管理 27
監査役 27
感受性訓練 197,241
間接金融 28
間接投資 129
完全失業率 129
完全な合理性 41
寛大化傾向 197,244
監督者 198
カントリーリスク 130,152

カンパニー制 28
かんばん方式 88,103,130,143
幹部育成 198
管理 198
管理監督者訓練 198
管理研修プログラム 190
管理職 198
管理職教育 198
管理図 203
管理責任 28
管理の意思決定 18
管理人 28
官僚制 29

き

機械的な組織 46
企画業務型裁量労働制 216
機関投資家 29
基幹率 198
基幹労働者 198
危機管理 35
企業家 29
起業家育成 198
企業家精神 29
起業家精神 199
企業価値 29
企業価値創造 17
企業間競争 270
企業間の取引（B to B） 20
企業競争力の源泉 94
企業グループ 130
企業再建請負人 69
企業再生 29
企業集団 30
企業塾派遣制度 202
企業戦略論 38
企業と一般消費者の間の取引（B to C） 20
企業統合 61
企業統治 18,30,46,56
企業ドメイン 52
企業内企業家（企業内起業家） 187
企業内失業者 161
企業内大学 199
企業内貿易 130
企業年金 199
企業の社会貢献 30

企業買収 57
企業犯罪 30
企業評価 30
企業文化 31
企業別組合 17,131,154,155
企業目的 31
企業目標 31
企業リスク 85
企業倫理 31
企業倫理教育 199
危険 101,141
危険管理 102
期限の定めなき労働 199
危険物取扱責任者 200
技術移転 50,131,146,159
技術移転機関 72
記述科学 31
技術・技能訓練 208
技術供与 131
技術経営論 190
技術の複合化 159
技術輸出 131
規制緩和 31
期待理論 32
汚い 141
きつい 141
帰納主義 32
機能主義的組織論研究 222
機能別組織 32
規範科学 31,32
希望退職 200
規模の経済 44,148
義務 227
逆移転 131
逆輸入 131
客観的合理性 19,28
CAD（computer aided design） 32
キャピタルゲイン 73,120,129
CAM 32
キャリア 200
キャリア・アップ 220,247
キャリア・アドバイザー 201
キャリア・アンカー 200,222
キャリア・ウーマン 200

キャリア開発 220
キャリア開発研修 201
キャリア開発プログラム 201
キャリア・カウンセラー 201
キャリア・カウンセリング 201
キャリア機能 262
キャリア教育 201,233
キャリア形成支援 201
キャリアコース 213
キャリア・コンサルタント 201
キャリア・コンサルティング 214
キャリア・サイクル 202
キャリア支援制度 201
キャリア支援センター（大学） 202
キャリア・ステージ 202
キャリア・センター 202
キャリア・ダイナミクス 222
キャリア・デザイン 42,202
キャリア・デザイン研修 201
キャリアの停滞期 203
キャリア・パス 121,202,246
キャリア・パターン 202
キャリア発達 262
キャリア・ファシリテーター 201
キャリア・フィールド 202
キャリア・プラトー 203
キャリア・ポートフォリオ 203
キャリア・マネジメント 185
休暇 141,203
休憩時間 203
QCサークル 142,203
休日 203
吸収合併 22
教育 231
教育訓練 201,204,232,254
教育訓練給付金 204
教育訓練投資 204

教育実践型 187
教育相談 204
業界団体 33
業革（業務改革） 132
共感的理解 235
教材開発 204
業種特殊的熟練 205
共進化 33
共生 33
行政経営 33
業績管理 263
業績評価 205
競争戦略 33
競争優位 26,33,34,145,158
協働 46
共同化 63,71
協働化 229
共同決定制度 34
協働システム 60
共同体 251
京都議定書 24,82
業務監査 28
業務災害 269
業務スキーム 90
業務・専門研修 208
業務的意思決定 18
業務の効率化 206
ギルブレス,F.B. 25
金帰月来 132
勤続給 260
近代管理論 34
近代組織論 17
金太郎飴型人間 205
勤務延長 221
勤務地限定社員 205
勤労意欲 205

く

クェール,C.R. 215
苦情処理 206
苦情処理機関 206
苦情処理制度 206
グーテンベルク,E. 34
クライシス・コントロール 35
クライシス・マネジメント 35
グラジュエート・スクール 258
クラム,K.E. 262

クリエーター 35
クリエイトの思想 60,80
グリッド理論 35
クリティカル・マス 158
グリーンフィールド 134
グリーン・マーケティング 35
グリーンリーフ,R.K. 49
クールビズとウォームビズ 36
グループウェア 206
グループ経営 36
グループシンク 206
グループ・ダイナミクス 16,36
グループ討議 241
グレイナイト 92
グローカル化 37
グローカル経営 124
グローカル戦略 132
クローズド・ショップ 36
クローズド・システム 23,53,74
クロス・ライセンシング 139
クロス・ライセンス 132
グローバリゼーション 36,155
グローバル化 43,80,83
グローバル企業 132
グローバル競争戦略 133
グローバル市場細分化 133
グローバルシチズンシップ 133
グローバルスタンダード 129,133
グローバル戦略 133
グローバルビレッジ 134
グローバル本社 134
グローバル・マネジャー 134
グローバル流通戦略 134
クーンツ,H. 25,87

け

経営学修士 190,253
経営革新 63
経営学部 206
経営家族主義 135

和文索引

経営課題 223
経営管理過程論 34
経営管理能力 207
経営教育 207
経営資源 37,64,184,207
経営資源管理論 37
経営資源の最適配分 132
経営システム 37
経営者教育 207
経営者支配 37
経営情報学部 207
経営情報論 37
経営人 19,28,39
経営診断 38
経営戦略 26,76
経営戦略論 17,38
経営組織 38,76
経営組織論 38
経営大学院 207,237, 252,253
経営哲学 45
経営ノウハウ 71
経営ビジョン 215
経営品質 135
経営福祉主義 135
経営理念 38,45
経営倫理教育 199
経験 231
経験科学 31,32,38
経験価値 38
経験曲線 39
経験曲線効果 44
経験者採用 227
経験主義 32
経験の事実 26
経済資本 16
経済人 28
経済人モデル 39,87
KJ法 208,209,257
形式知 94
形式的な子会社 126
継続雇用 221
継続雇用制度 245
傾聴 204
ケイパビリティ 39
契約社員 187,208,214, 215
系列取引 135
ケース・カンファレンス 208
ケース・スタディ研修 207

ケース・スタディ方式 199
ケース・メソッド 40
ゲゼルシャフト 251
欠員補充型採用 208
月給制 249
ゲートキーパー 40
ケネディ,A.A. 60
ゲマインシャフト 251
ゲーム理論 40
限界合理性 19
研究開発管理 40
権限 83,227
権限委譲 191
権限付与 191
現実の危険 97
研修 208
研修管理 209
研修技法 209
研修組織 209
研修体系 209
研修評価 209
研修プログラム 267
減損会計 40
現地R&D 135
現地化 136,150
現地国 146
現地雇用の増大 136
現地志向 121,165
現地人材育成 136
現地人社長 136
現地生産 136
現地調達 136
現地適応主義 134
限定された合理性 28,41
減点主義人事 196
減点主義評価 196,210
現場管理層 76
現場主義 41

こ

コア・コンピタンス 34,41,53,184
コア人材 210
コアタイム 257
ゴーイング・コンサーン 41
行為論的組織概念 83
工会 137
公開講座 210
公害防止管理者 211

考課者訓練 209
後期キャリア 202
講義法 209
公共経営 42
高業績者 215
後継者育成計画 216
後継者の育成 232
後継者不足 232
貢献意欲 42
広告表現戦略 35
公式組織 42,84
公式的基準 133
高次元の自己実現欲求 93
恒常性 92
交渉力 211
厚生年金基金 199
構想化スキル 215
高大一貫 211
高大接続 211
高大連携 211
工程別分業 131
公的標準 151
行動カウンセリング 211
行動科学 42
行動療法 212,248
合弁会社 137
合弁企業 137
合弁事業 137
合理的側面（順機能） 29
交流分析 241
高齢社会 42
高齢者の継続雇用 212
高齢者の雇用促進 234
高齢者の職場適応 212
5S 127,137
コーエン,M.D. 45
子会社・関連会社化 61
語学研修 212
顧客基盤 79
顧客志向 87
顧客情報管理 58
顧客セグメント 43
顧客の維持 43
顧客の創造 43
顧客満足 43
国際化 36
国際会計基準 137
国際規格 43
国際技術提携 138
国際経営 138
国際経営論 43

国際購買管理 138
国際事業部 138
国際人的資源管理 138
国際戦略提携 138
国際調達センター 139
国際通貨危機 139
国際的技術移転 139
国際的な環境問題 139
国際標準化機構（ISO） 43, 119, 133
国際ブランド 139
国際分業 140
国際マーケティング 140
個人請負 212
個人経営学 44
個人情報保護法 44
個人面接 262
コスト・リーダーシップ 34, 133
コスト・リーダーシップ戦略 44
コース別（雇用管理）人事制度 213, 255
個尊重の経営 44
コーチング 194, 213, 255
コーチングスキル 213
国家間競争 270
国境のない世界 160
コッター, J. P. 31
コトラー, P. 78
個別財務諸表 104
個別的労使関係 213
コーポレート・アイデンティティ 184
コーポレート・ガバナンス 29, 30, 48, 52, 80
コーポレート・ガバナンス論 26
コーポレート・ユニバーシティ 199
コーポレート・レピュテーション 44
コミットメント 45, 46, 82
ごみ箱モデル 45
コミューター・マリッジ 45
コミュート 246
コミュニケーション 36, 65, 45, 94
コミュニケーションスキル 213

コミュニケーション能力 213
コミュニティ・カレッジ 210
コミュニティ・ビジネス 46
コモンズ, J. R. 41
雇用延長制度 221
雇用差別 213
雇用人材ポートフォリオ 214
雇用対策法 265
雇用調整 214
雇用のマッチング 214
雇用のミスマッチ 214
雇用保険 214
雇用保険法 265
雇用リストラ 140
コラボレーション 33, 46, 147, 237
コールマン, J. S. 55
コンカレントエンジニアリング 46
コンカレントワーク 137
根拠なき熱狂 83
コングロマリット 46
コングロマリット統合 61
コンセプチュアル・スキル 198, 215
コンティンジェンシー理論 46, 65, 98
コンティンジェント 215
コンティンジェント・ワーカー 214, 215
コンテンツ産業 47
コントロールの内的な位置 215
コンピテンシー 217, 229, 233
コンピテンシー人事 215
コンピュータ資本主義 47
コンプライアンス 47, 58, 78, 80, 147, 252
コンプライアンス経営 30, 47
コンフリクト 47
コンベンショナルな協力関係 17
コンベンション・ビジネス 47

さ

再学習 65
債権者主権 48
最高経営責任者 51
最高執行責任者 52
再雇用 212, 221
再雇用制度 216
再就職 216
再就職支援活動 119
在宅ワーク（勤務） 216
財閥 86
サイバネティックス 48, 92, 238
財務管理 48
サイモン, H. A. 17, 28, 34, 41, 48, 53, 54, 83
裁量労働制 216, 229
裁量労働に関するみなし労働時間制 141, 261
作業の標準化 94
サクセッションプラン 216, 232
サテライト・オフィス 217, 246
サード・パーティ・ロジスティクス 49
サバティカル 217
サーバント・リーダーシップ 49
サービス残業 81, 141
サービス・マネジメント 43, 49
サブシステム 96
サプライチェーン・マネジメント 49, 58
三六協定 217
差別化 34, 62, 133
差別化戦略 44, 49
サムライカーブ 141
士（さむらい）業 49
サラリーマン型の経営者 141
3S 50
参加型管理 217
参加型マネジメント 217
産学官連携ジャーナル 219
産学協同 50
産官学連携 50, 59, 266
産休制度 217

和文索引

残業 218,269
産業カウンセラー 194,218
産業カウンセリング 50
産業教育 218
産業クラスター 50,59
産業組織論 91
産業の空洞化 51
3キ労働 141
3K労働 141
三種の神器 144,154
酸性雨 139
参入障壁 51
360度評価 218,232
散布図 203
サンム 142

し

CEO 51
JIS 103
JIT 152
JST 219
GEM値 219
CSR経営 233
CSR報告書 51
ジェンダー・イクォリティ 219
ジェンダー・エンパワーメント指数 219
ジェンダー・センシティブ 219
ジェンダー・バイアス 219
ジェンダーフリー 219
ジェンダーフリー教育 261
ジェンダー論 191
COO 52
ジオセントリック 121,165
資格取得 201
資格等級 219
仕掛かんばん 130
自我の欲求 93
時間外労働 18,217,269
時間給 219
事業イノベーション 242
事業外労働に関するみなし労働時間制 261
事業構造の再構築 140
事業コンセプト 84

事業場外労働 141
事業戦略 52,223
事業戦略論 38
事業創造 52
事業統合 61
事業ドメイン 71
事業部制 28
事業部制組織 52
事業ポートフォリオ 39,64
事業リスク 85
事業領域 52,76
資金的資源 37
資源ベース・アプローチ 41,52
資源ベース論 34
自己啓発 186,203,207,209,220,231,250,260,255
自己実現 220
自己実現人モデル 87
自己修復的適応力 92
自己申告 201
自己申告制度 220,269
自己組織化 53
自己都合退職 200,240
自己有能感 221
仕事 220
仕事意欲 220
仕事給 239
仕事上の無能 220
時差勤務制 257
事実上の標準 43,151
シスアド 221
シスター制度 256
システム・アドミニストレータ 221
システムズ・アプローチ 53
システム4 53,104
次世代育成支援 221
慈善行為 87
持続可能な開発（発展） 27,57,197
失業等給付 221
シックスシグマ 142
躾け（しつけ） 127,137
実行による学習 26
執行役員制 53
実証科学 53
実践科学 54
実務型経営大学院 190

実力主義 234
指定管理者制度 54
自働化 152
シナジー効果 18,54,97,139,149
シナリオ・プランニング 54
シニアパートナー制度 221
死に筋商品 132
死亡退職 222
資本コスト 55
資本集約型産業 105
資本輸出 142
シミュレーションメソッド 84
シャイン，E.H. 31,87,200,222
社会関係資本 188
社会起業家 55
社会・技術システム論 55
社会教育 222
社会貢献 55,87
社会貢献活動 260
社会資本 16
社会人大学院 222,250
社会人モデル 87
社会体験学習 222
社会的資本 55,88
社会的責任（CSR） 44,51,55,71,135
社会福祉 59
社会福祉経営 56
社外取締役 18,51,56
ジャスト・イン・タイム 130,142,143,152
社是 143
社長室長 189
社内企業家（社内起業家） 187
社内研修プログラム 223
社内公募制（度） 201,223,269
社内分社化制度 201
社内ベンチャー 56
社内ベンチャー制度 269
ジャニス，I.L. 206
ジャパナイゼーション 143
社風 143

集客産業　47
週休2日制　223
従業員主権　56
従業員態度調査　223
従業員代表制度　224
従業員満足　56
就業規則　218, 224
就業体験　187
自由勤務時間制　257
集合研修　208, 209
就社　143
就職協定　119
就職浪人　224
終身雇用　17, 127, 131, 144, 155, 215, 247
終身雇用制度　143, 154
囚人のジレンマ　56
集団規範　45
集団参画型組織　104
集団主義　143
集団的労使関係　213, 224
集団討論　262
集団面接　262
集団力学　36
集中化　244
自由放任的リーダー　183
授業評価　224
熟練　224
熟練仮説　155
熟練工　225
出資比率　57
守秘義務　218
シューマーレンバッハ, E.　57
シュミット, B. H.　39
シュレー, E. C.　262
循環型社会　57
遵守規律　58
純粋リスク　102
準総合職　247
シュンペーター, J. A.　19, 29, 131
情意評価　225
生涯学習　222, 225
生涯学習活動　225
生涯学習機会　210
生涯学習プログラム　240
生涯学習ボランティア　225
生涯教育　210
障害者雇用促進法　243

障害者の雇用　75
障害者割当雇用制度　271
生涯生活設計　254
紹介予定派遣　225
昇格　219
昇格制度　226
商学部　225
試用期間　226
昇給　219, 226, 236
条件適合理論　47
少子化　69
使用者組織　224
使用者または使用者団体　224
小集団活動　144
昇進　219, 226, 236
商店街の活性化　57
消費者同士の取引（C to C）　20
商標　164
少品種大量生産　69, 152
情報化　83
情報化のパラドクス　57
情報管理　58
情報管理マニュアル　71
情報技術（IT）　15, 37, 46, 183, 192
情報システム　62, 189
情報処理推進機構　221
情報セキュリティ　58, 183
情報通信技術（ICT）　15, 37, 192
情報的資源　37
情報リテラシー　226
常用雇用契約　199
賞与考課　227
初期キャリア　202
職位　227, 229
職位制度　244
職業意識開発型　187
職業観　227
職業訓練　201, 248
職業指導運動　201
職業体験型キャリア教育　230
職業能力開発　201
職業能力開発促進法　265
職業倫理　58
職業レベル　202
職種転換　212
職種別採用　227

嘱託　227
職能　227
職能給　228, 229
職能資格制度　211, 228, 244
職能資格等級　228
職能遂行能力　228
職能等級基準　246
職能別教育　194, 228
職能別研修　209
職能別組織　32, 58, 94
職場開発　212
職場ぐるみ研修　228
職場体験型　187
職場適応援助者　191
職場風土　228
職場満足　56
職務　228, 229
職務記述書　228, 229
職務給　230, 238, 239
職務給制度　230
職務経歴　202
職務経歴書　203
職務再設計　212
職務昇進　226
職務遂行能力　228, 229, 250
職務設計　229
職務等級　221
職務等級基準　246
職務特殊的熟練　229
職務評価　229
職務分析　73, 229
職務満足　217, 230
職務満足度　82
職務明細書　229
女性管理職比率　230
女性起業家　230
所属と愛情の欲求　93
所定労働時間　218, 269
ジョブカテゴリー　230
ジョブクラシフィケーション　229
ジョブグレイド　230
ジョブコーチ　191
ジョブシャドウイング　230
ジョブデザイン　229
ジョブホッピング　144
ジョブランキング　229
ジョブローテーション

144, 145, 255
所有経営者 64
所有と経営の分離 58
シリコンバレーづくり 59
自立人 230
自律性重視 229
自律的キャリア形成 202
自律的作業集団 59
自律分散型リーダーシップ 231
シルバービジネス 59
辞令 231
事例研究法 209
人員削減 203
人員整理 144
新規学卒一括採用 144
新規事業援助制度 202
人件費 269
新公共経営 33
人材開発 231
人材削減 128
人材の育成 255
人材の流動化 70, 241, 247
人材派遣 231
人材ビジョン 231
人材募集 232
人材マッチング 232
人材マップ 232
人材マネジメント 59
新・三種の神器 144
人事アセスメント 232
人事異動 32
人事異動の国際化 145
人事考課 231, 233
人事戦略 157
進出国 124
人事労務管理 59
新製品開発 60
新卒採用 227
新卒早期離職者 201
身体障害者雇用促進法 271
人的資源 37, 71
人的資源管理 190, 208
新入社員研修 233
シンプル・グローバル戦略 145
新・ほうれんそう 60
シンボリック・マネジャー 60

人本主義 56, 145
信用力 23
新「よみ・かき・そろばん」 145
信頼 59
信頼の経営 60
心理社会的機能 262
進路指導 233

す

随意解雇の原則 192
垂直的統合 61
水平的統合 61
SWOT分析 237
スキャロンプラン 234
スキルマップ 233
スクリュードライバー生産 146
スタッフ 38
スタッフ業務 253
ステークホルダー 15, 27, 28, 38, 41, 51, 55, 60, **61**, 64, 121
ステレオタイプ 61
ストーカー, G. M. 46, 98
ストック 31
ストックオプション 61
ストレイン 62
ストレス・マネジメント 62
ストレッサ 62
スーパー, D. 200
スペシャリスト 234, 235
スペシャリスト化 58
スポーツ・マネジメント 62
スマイルカーブ 62
スローン, A. P. Jr. 103

せ

成果給 234
性格検査 232
成果主義 25, 227, 233, 234, 249, 254
生活基本給 260
生活保障仮説 155
正規従業員 234
seiketu (清潔) 127, 137
成功事例 71
成功体験 221
生産流通情報把握システム 77
政治的安定度 130
政治的リスク 136
正社員 185, 214, 234
seiso (清掃) 127, 137
製造小売業 22
静態リスク 102
成長を促す経験 267
seiton (整頓) 127, 137
正の強化子 212
製販統合 62
製品 93, 99
製品サイクルの短縮化 136
製品のライフサイクル 40, 92
蛻変（ぜいへん）の経営 62
seiri (整理) 127, 137
生理的欲求 93
世界最適生産 152
世界最適調達 152
世界志向 121, 165
世界知的所有権機関 150
世界の工場・中国 146
世界標準 127, 133
世界貿易機関 148
セカンドキャリア 234
セカンドスクール 235
責任 96, 227
SECIモデル 63, 71
セキュリティ・マネジメント 63
セクシュアル・ハラスメント（セクハラ） 70, 235
セクショナリズム 63
世襲経営者 64
積極的傾聴 235
Z理論 146
説明科学 31
ゼネラリスト 234, 235
セマンティック・ノイズ 40
セリーグマン, M. 221
セルシステム化 229
セル生産方式 63
ゼロ・エミッション 63
ゼロ欠点運動 142
ゼロ在庫 152
線形計画法 24
選職 235

和文索引

漸進的技術革新 101
専制的リーダー 183
全体的最適化 79
選択型研修 208
選択定年制度 236
選択と集中 64, 210
選抜 232
選抜型リーダー 236
選抜教育 236
選抜の論理 157, 236
全般管理コンピタンス 200
専門化 50, 224
専門学校 236
専門技術研修 202
専門業務型裁量労働制 216
専門経営者 64
専門士 196, 237
専門職 186, 193, 213, 237
専門職制度 237
専門職大学院 184, 231
専門職能別コンピタンス 200
専門性教育 237
戦略経営 64
戦略策定力 237
戦略性開発 237
戦略的アライアンス 17
戦略の意思決定 18
戦略的事業単位 64
戦略的提携 64
戦略的ミドル 238
戦略ドメイン 84
戦略ビジョン 65
戦略立案 215

そ

早期選抜 238
早期退職優遇制度 128, 201, 240
創業経営者 141
総合商社 146
総合職 186, 213
総合的品質管理 151
総合的品質マネジメント 150, 151
相互啓発 203, 238
相乗効果 54, 122
創造性開発 238
総務部 147

相利共生 33
属人給 238
即戦力的人材 239
底上げ教育 236
組織開発 65
組織学習 65, 222
組織革新 132
組織間学習 147, 195
組織間関係論 65
組織構造 66
組織行動論 66, 93, 94
組織資本 71
組織人 230
組織人モデル 66
組織心理学 222
組織成長 242
組織設計 229
組織的怠業 17
組織内コミュニケーション 242
組織内の権限 96
組織能力 53
組織の環境適応理論 47
組織のフラット化 203, 229
組織風土 66
組織プロセス 66
組織文化 143, 222
組織変革 66, 189, 222
組織理論 93
素質発掘 239
ソーシャル・キャピタル 55, 188
ソーシャル・スキル 239
ソーシャルワーク 191
率先垂範 237, 239
ソフトウェア 66
SOHO 66, 74, 119, 216
孫子の兵法 147

た

対価型セクハラ 235
大学経営 68
大学コンソーシアム 240
大学発ベンチャー 50, 219, 240
大企業病 68
体験学習 209, 240
体験法 241
「だいこん」と「なす」 68

第三者評価 211
貸借対照表 73
退出障壁 74
退職 240
退職金問題 148
退職準備教育 240
対等合併 22
態度変容教育 241
第2次ベビーブーマー 149
第2新卒 241
第2の学校 235
第2の創業 241
ダイバーシティ 122
ダイバーシティ・マネジメント 68
高い業績をあげる人材 238
多角化 46, 68
多角的国際企業 148
ターゲット 93
多国籍化 36, 43
多国籍企業 129, 148, 150
タスク 229
タスク・チーム 71
タスク・フォース 88
タックスヘイブン 126, 148
脱国籍化 152
ターニングポイント 123
多能工 63
多能工化 69
多品種少量生産 69
多品種少量生産システム 152
WTO 148
ダブルスクール 241
多面的評価 218, 233
多様性 122
ターンアラウンド・マネジャー 69
団塊ジュニア 149
団塊世代 148, 149, 247
団塊の世代 148, 247
ターンキー契約 139
短期契約社員 241
短期的雇用契約 208
談合体質 149
単純化 50
男女共同参画社会 69, 230
男女雇用機会均等法 70
団体交渉 224, 242

和文索引

ち

担保能力 23

地域化 164
地域企業 70
地域コミュニティ 127
地域産業の集積 70
地域志向 121
地域統括本社 149
地域マネジメント 150
チェックシート 203
知価経営 70
地球温暖化 82
知財戦略 71
知識 153
知識・技能の陳腐化 242
知識工学 21
知識資本主義 58,91
知識社会 242
知識創造 71
知的財産権 150,164
知的財産検定制度 242
知的資産 71
知の集約産業 51
知的対話 231
知的能力検査 232
チーム・イノベーション 242
チーム型組織 71
チームの自律性 59
チーム・ワーク 71,242
チャネル 93
チャレンジ意欲 243
チャレンジショップ 243
チャレンジ精神 243
チャレンジド 243
チャンピー, J. 101
中核人材 210
中間管理層 76
中間職 187
中期キャリア 202
中堅幹部研修 243
中小企業技術革新制度 71
中小企業支援 72
中小企業診断士 243
中小企業大学校 243
中小企業退職金共済制度 199
中小企業論 72
中心化 244

中心化傾向 198,244
中途採用 227,232,244
懲戒解雇 255
懲戒処分 211
長期雇用 150
長期雇用契約 208
超国籍企業 152
直接金融 72
著作権 164
賃金 268
賃金格差 244
賃金と職位の分離 244
賃金プロファイル 244

つ

通勤 246
通勤災害 269
通信教育 191,209,231

て

TLO 72
TOB 72
T型人間 245
TQM 150
TQC 151
定期昇給 245
ディクソン, W. J. 79
ディスクロージャー 72,78
TWI 245
ティーチング 255
定年延長 189,221,245
定年後継続雇用 189
定年制 189
定年制廃止 189
定年退職 186,240
定年退職制度 245
定年年齢の引き上げ 245
定年の定めの廃止 245
デイビス, R. C. 87
テイラー, F. W. 25,79,82,86
ディール, T. E. 60
適応行動 211
適格機関投資家 29
適格退職年金 199
適材適所 246
適職 246
適性検査 246
適正者発見 232
適正配置 72,220,232

適性分析 201
敵対的買収 72
出来高給 219
出来高給制度 249
テクニカル・スキル 215
デザイナー 72
デシ, E. L. 221
デジタルエコノミー 72,79
デ・ジュール 129
デ・ジュールスタンダード 133
データウェアハウス 58
データベース 58
データマイニング 58
撤退障壁 74
撤退戦略 151
TPS 103
デ・ファクト 129
デファクトスタンダード 133,151
デフレスパイラル 123
テーマパーク 74
デミング賞 151
デミング, W. E. 151
デュアルラダー 246
デューイ, J. 266
テレコミュート 74,246
テレホームワーク 74
テレワーク 74,216,247
転勤 247
電子商取引 20,38,73
電子データ交換 19
転職 247
転職支援資金制度 202
転職支援制度 236
転籍 247
伝統的管理論 34,74

と

動機づけ 66,79,205,231
動機づけ―衛生理論 74
動機づけ（モチベーション）理論 74
投機的リスク 102
討議法 209
統計的品質管理 151
統合 105
投資収益率 121
投資優遇制度 152
統制の範囲 88

動態的経営行動論　83
動態的組織　35
動態的リスク　102
道徳的危険　97
東南アジア諸国連合　120
独資企業　152
特性要因図　203
特性論アプローチ　75
独立行政法人　75
特例子会社　75,243
都市間競争　270
都市経営　75
都市再生　75
特許　71,76
ドット・コム企業　119
トップセミナー　247
トップ・ダウン型　167
トップ・ダウン経営　76,92
トップ・マネジメント　76,121
トップ・マネジャー　134
ドメイン　76
トヨタ生産システム　69,152
トヨタ（リーン）生産方式　103,143
ドラッカー, P. F.　19,29,43,76,153,217,242,262
トラックバックシステム　88
トランスナショナル企業　152
取引　93
トレーサビリティ　76
トロウ, M.　256

な

内発的動機づけ　78,221
内部監査　28
内部告発制度　90
内部資源分析　26
内部昇進　153
内部通告制度　78
内部統制　78
内部労働市場　269
内面化　63,71
ナレッジ・マネジメント　58,**153**,206

に

ニーズ　37
2007年問題　149,153
日給　219
ニッチ戦略　78
ニート　202,220,227,233,248
日本型経営システム　143
日本型雇用システム　150
日本株式会社　153
日本経営品質賞　135
日本的経営　143,155,249
日本的経営論　154
日本的労働慣行　154
日本版401K　199
入社前教育　248
人間関係論　17,79
人間工学　79
人間モデル　28
認知科学　79
認知行動療法　248
認知療法　248
ニンベンの付いた自動化　152

ぬ

ぬるま湯　154

ね

ネゴシエーション能力　211
ネットワーク　79
ネットワーク外部性　79
ネットワーク関係　80
ネットワーク組織　80
根回し　92,155
年功主義　155
年功序列　17,127,131,144,215
年功序列給　238,247
年功序列制度　155
年功序列賃金　154
年功賃金　155,228
年次有給休暇　203,248
年俸　219
年俸制　70,249
年齢給　249,260
年齢給廃止　249
年齢差別禁止法　249

の

農業生産法人　80
ノウハウ　80,192
能率給　249,249
能率と効率　80
能力開発　220,250
能力給　70,260
能力主義　155,234,254
能力成果主義システム　247
能力評価　250
ノー残業デー　81
ノックダウン生産　146,156
ノード数　80
野中郁次郎　53,63,71,94,153,231

は

場（ば）　82
π型人間　245
バイキング型経営管理　82
ハイ・コンテクスト・システムとロー・コンテクスト・システム　157
敗者復活人事　157
買収防衛策　89
排出権取引　82
配属　251
配置転換　201,212,220
ハイ・パフォーマー　215,233,**251**
ハイブリッド経営　157
ハイポテンシャル・インディビジュアル　262
ハイリスク・ハイリターン　89
配慮　253
ハウス, R. J.　251
パウリ, G.　64
破壊的イノベーション　20
バーグ, I. K.　193
派遣研修　208
派遣先　231
派遣社員　187,214,231,**251**
派遣元企業　231
派遣労働者　215
ハーシー, P.　22

和文索引

ハーシュマン, A. O. 189
バス, B. M. 258
パス-ゴール理論 251
ハーズバーグ, F. 74, 82, 230
パーソナリティ 66, 128
パーソンズ, F. 201
発想力 251
パットナム, R. 55
パテントプール 139, 164
パートタイマー 185, 214, 215, 234, 251
バーナード, C. I. 17, 34, 48, 82, 95
バーニー, J. B. 41
派閥 84
バブル経済 83
ハマー, M. 101
ハメル, G. 41
パラカウンセリング 50
パラサイト・シングル 83
パラダイム・シフト 83
バランス・スコアカード 83
バーリ, A. A. 37, 59
バリア・フリー 243
パールミュッター, H. V. 121, 124, 160
パレート図 203
ハロー効果 258
パワー 83
パワーハラスメント 184
範囲の経済 148
反帰納主義 32
反グローバリズム 157
バーンズ, J. M. 258
バーンズ, T. 46, 98
バンドワゴン効果 157
販売士 252

ひ

ビア, S. 48
ピア・サポート・プログラム 252
非営利組織 22, 65
PFI (private finance initiative) 84
PM理論 255
PLC 158
比較経営論 158

非関税障壁 158
引取かんばん 130
非公式組織 84
非合理的側面(逆機能) 29
ビジネス・ゲーム 84, 252
ビジネス・コミュニケーション・スキル 211
ビジネス実務法務検定 252
ビジネス・シミュレーション 84
ビジネススクール 190, 207, 222, 237, 252
ビジネス・デザイン 84
ビジネスプラン 253, 253
ビジネス・プロデューサー 84
ビジネスモデル 85
ビジネスモデル特許 85
ビジネスリスク 85
秘書 253
ビジョナリー・カンパニー 85
ビジョン策定力 45, 75, 202, 207, 253
ヒストグラム 203
非正規従業員 234
非正社員 214, 253
ピーター, L. 220
ピーターズ, T. J. 21
ビット・バレー 119
ピーティ, K. 35
非定型的労働時間 259
PDCAサイクル 211
一人一社制 253
PPM理論 151
非分析型職務評価 229
ヒヤリ・ハット 254
ヒューマン・サービス 85
ヒューマン・スキル 215
評価基準 196, 205, 210
評価結果 196, 205
評価者訓練 254
表出化 63, 71
標準化 50
標準労働者 198, 254
ピラミッド型組織 80
ピンク, D. H. 256
品質管理 85, 143
品質管理活動 203

ふ

ファイナンシャルプランナー 254
ファカルティ・ディベロップメント 240
ファクターコンパリゾン 229
ファブレス 86, 184
ファミリー・トレーニング 228
ファミリービジネス 86
ファミリーフレンドリー企業 86, 99
ファヨール, J. H. 82, 86, 165
フィッシャー, D. G. 22
フィードバック 209, 210
フィランソロピー 87
フィランソロピー活動 30
風評リスク 78
フォードシステム 50, 152
フォード生産システム 69
フォーマル 38
フォレット, M. P. 231
フォローアップ研修 254
部下育成 255
付加価値創造型人材 255
不確実性 101
複雑人モデル 87
福祉経営 87
福祉住環境コーディネーター(検定) 255
複線型人事制度 255
福利厚生 87, 268
不測事態 35
普通解雇 255
物的環境 99
物的資源 37
物的資源調達ロジスティクス 138
物流 93
物流機能 49
不適応行動 211
負の強化子 212
部品の現地調達率 146
部分最適意識 63
不本意入学 256
ブーメラン現象 159
プライバシー保護 90
ブラザー&シスター制度

256
プラザ合意 159
ブラザー制度 256
ブラックボックス戦略 159
フラット組織 23, 59, 80, 87
フラットニング 244
プラハラッド, C. K. 34, 41
フランチャイズ契約 139
ブランチャード, K. H. 22
フリー・アルバイター 256
フリーエージェント制度 256
BRICs 120
プリゴジン, I. 99
フリーター 201, 202, 220, 224, 227, 233, **256**
フリードマン, M. 55
フリーランサー 215
フリーランス 256
ブルーカラー 257, 260
フルタイマー 234
ブルーム, V. H. 32
ブレイク, R. R. 35
プレゼンテーション能力 257
フレックスタイム 257, 259
フレックスタイム制 86, 106, 259, 269
フレッシュマン・トレーナー制度 256
フレデリック, W. C. 31
ブレーン・ストーミング 209, **257**
ブログ 88
プロジェクト型組織 94
プロジェクト・チーム 71, **88**
プロジェクト・マネジメント 88
プロセスイノベーション 88
プロセス・コンサルテーション 222
プロダクト・イノベーション 88
プロテジェー 262

プロバイダ 88
プロフェッショナル 257
プロフェッショナル型組織 88
プロフェッショナル・スクール 184, **258**
プロブスト, J. B. 258
プロブスト法 258
プロモーション 93, 99
分化 105
文化資本 16
分業化 25, 224
分業システム 96
分権化 28
分社化 36
粉飾決算 89
分析型職務評価 229

【へ】

ヘイ, E. 258
ヘイ・システム 258
並列作業 137
ベースアップ 226
ヘスケット, J. L. 31
ペッグ 139
ヘッドハンティング 200
ペーパーカンパニー 126
ペリル 101
変革型ミドル 95
変革型リーダー 258
変形労働時間制 218, **259**
ベンチャー企業 51, 85, 119
ベンチャーキャピタル 89
ベンチャービジネス 89
片利共生 33

【ほ】

ポイズンピル 89
ホイッスル・ブローワー制度 90
法科大学院 270
法規制遵守 27
報奨金制度 90
法人資本主義 90
法人税 90
法定労働時間 218, **259**
法令遵守 47, 252
ほうれんそう 91
簿記検定 259

ポジショニング・アプローチ 38, 41
ポジティブ・アクション 259
ホストカントリー 124, 146, **159**
ポスト資本主義社会 91
ホスピタリティ 91
ホスピタリティ教育 260
ホーソン実験 84, 91
ポーター, L. W. 32
ポーター, M. E. 26, 44, 49, 74, **91**, 133, 139, 145, 161
ボーダレス 159
ボーダレス化 160
ホップ, H. A. 25
ボトム・アップ経営 92
ボトルネック 58, 63
ホームオフィス 74
ホメオスタシス 92
ボランティア活動 222
ボランティア休暇 260
ボランニー, M. 18
ポリセントリック 121, 159, 165
ポリセントリック志向 160
ポールサイト 88
ボルドリッジ賞 135
ホワイト, W. H. Jr. 66
ホワイトカラー 257, **260**
ホワイトナイト 92
本国志向 121
本採用 226
本人給 260

【ま】

マイスター制 261
マインドセット 47
マグレガー, D. 74, 146, 189, 217, 262
マクロ組織論 93
負け犬 151
マーケット・シェア 26
マーケティング 93
マーケティング戦略 84
マーケティング・ミックス 93, 140
マーケティング・ミックス戦略 133
マザー・ドーター 134

マズロー, A.H. 74, 220
マズローの欲求段階説 74, **93**, 220
マーチ, J.G. 34, 45, 48
マッカーシー, E.J. 99
マッコール, M.W.Jr. 267
窓際族 161
マトリックス組織 93
まなびねっと 261
マニュアル経営 94
マネジメント・サイクル 209
マネジメント・セオリー・ジャングル 48
マネジメント能力 207
マネジリアル・ウーマン 261
マルチドメスティック企業 133
マルチドメスティック戦略 161
マン・マシン・システム 152

み

みえざる資源 94
みえざる大学 188
ミクロ組織論 93, 94
3つの基本戦略 91
ミドル・アップダウン経営 94
ミドル・マネジメント 95, 238
ミドル・マネジャー 134
みなし労働時間 141, 216, 261
ミニ起業家 256
民営化 161
民主的リーダー 183
ミーンズ, G.C. 37, 59
ミンツバーグ, H. 16, 38, **95**

む

無関心圏 95
無機能株主 58
無形の資産 37
ムダ・ムリ・ムラ 50, **142**
ムートン, J.S. 35
村八分 143

め

メイクの思想 80
メイヨー, G.E. 17, 25, 79, 84, 91, **94**, **95**, 223
命令の一元化 96
メインバンク制 162
メガコンペティション 162
メセナ 96
メセナ活動 30
メタファー 96
メトカーフの法則 80
面接試験 262
メンター 253, **262**
メンター制度 233
メンタリング 262
メンタル・ヘルス 195, **262**

も

目的の共有 96
目標管理 233, 249, **262**
目標管理制度 25, 234
モジュール化 62, **96**
持株会社 36, **97**
モチベーション 25, 32, 36, 79, 88, 93, 136, 150, 153, 157, 205, 220, 250
モチベーション・コミュニケーション 45
モデリング療法 248
モニタリング 78
ものつくり大学 263
モラトリアム型 256
モラール 36, 79, **205**
モラール・サーベイ 223
モラル・ハザード 97
問題解決能力 263
問題発見能力 196
問題分析能力 236

や

役員大部屋制度 167
役員の任期 264
役職昇進 226
役職任期制度 264
役不足 264
役割演技法 241
役割コンフリクト 264
山城章 54, 98

山本五十六 239

ゆ

誘因 42
有価証券報告書 73
有期雇用 265
有期雇用契約 199
有機的な組織・機械的な組織 98
有給休暇 265
有給教育訓練休暇 265
友好的な株式保有者 128
友好的買収 73, **98**
ゆとり教育 265
輸入代替 163
ユビキタス 98
ゆらぎ 99
ユング, C.G. 220

よ

余暇支援制度 265
欲求段階説 74, 220
読み書き算盤 145
4L重視の経営 99
4P 99
401K 99

ら

ライセンサー 164
ライセンシー 164
ライセンシング 139, **164**
ライフキャリア 200, 202
ライフサイクル 139, 202
ライフステージ 202
ライフ・タイム・エンプロイメント 143
ライフデザイン 42
ライフプラン 246, 254
ライフ・プランニング 266
ライン 38
ライン業務 253
ライン部門 234
ラジカル・イノベーション 19, **101**
ラッカープラン 234
ラーニング・アプローチ 38
ラーニング・バイ・ドゥーイング 266
ラングラン, P. 225

ランピング, P.A. 215

り

リエゾン・オフィス 266
リエンジニアリング 101
利害関係者 15, 61
リカレント教育 266
リクルーター 267
リージョナリゼーション 164
リスク 123, 101
リスク・コントロール 101
リスク処理 101
リスクの判断基準 102
リスク評価 78
リスク・ファイナンス 101
リスク分散 164
リスクヘッジ 102
リスクへの対応 252
リスク・マネジメント 102
リストラ 102, 128
リストラクチャリング 32, 102, 140
リーダーシップ 36, 66, 93, 94, 102, 196
リーダーシップ開発プログラム 267
リッカート, R. 53, 102
リフレッシュ休暇 267
リベート 103
流通チャネル 99
両立支援 267
リリエンソール, D.E. 148
稟議制度 164
臨時工 165
臨時社員 256
臨床心理士 267
リーン生産 103, 143

る

ルーティーン的な意思決定 103

れ

レイオフ 144, 165
レイバースケジューリング 268, 268
レヴィン, K. 16, 36, 183, 197
レジオセントリック 121
レジオセントリック志向 165
レスポンデント条件づけ療法 212
レスリスバーガー, F.J. 17, 79, 91
レバレッジド・バイアウト 22
レバンス, R.W. 184
連結化 63, 71
連結業績評価 104
連結財務諸表 104
連結ピン 104

ろ

ロイヤルティ 164
労災認定 222
労使協議制 224
労働 220, 268
労働基準法 268
労使協議制 36
労働協約 218, 268
労働組合 36, 217, 224, 268, 269
労働組合法 268
労働災害 269
労働三法 165
労働時間 203, 259, 268, 269
労働市場 269
労働者災害補償保険 269
労働者集団組織 36, 224
労働者派遣法 265
労働集約型産業 51, 105
労働生活の質 223
労働分配率 269
労働力状態 270
労働力人口 270
労働力率 269
ローカル化 36
ローカルコンテント 138, 146, 166
6K 141
65歳現役社会 270
ロジスティクス 49, 105
ロジスティック・システム 62
ロジャース, C.R. 235
ロースクール 270
ロビンソン, R.D. 166
ローラー, E.E. Ⅲ 32
ローリスク・ローリターン 89
ロールプレイ 252
ロールプレイング 241, 270
ローレンスとローシュ 105
論理的思考力 270

わ

和 167
ワイガヤ革命 167
ワイザー, M. 98
ワーク・シェアリング 167
ワグナー法 224
ワーク・ライフ・バランス 44, 106, 223
ワナウス, J.P. 185
割当雇用制度 271
ワンセット経営教育 271

欧文索引

A

Abegglen, J. C. 17,154
academic harassment 184
accountability 15,227
accounting for impairment 40
accounting profession 193
action learning 184
action research 16
ad hoc 16
adhocracy 16
administrative man 28,39
administrative management 33
admissions office 185
advertising creative strategy 35
AFTA 120
aged society 42
agenda 16
agent 21
alliances 17
an open class (a public lecture, an extension lecture) 210
Ansoff, H. I. 17
application software 66
architecture 15
ASEAN Free Trade Area 120
ASEAN (Association of South-East Asian Nations) 120,127
attitude survey 223
authority 83,227

B

balanced scorecard 83
band wagon effect 157
Barnard, C. I. 17,34,42, 48,**82**,95
Barney, J. B. 41
Beer, S. 48
behavior counseling 211
behavior therapy 212
behavioral sciences 42
Berg, I. K. 193
Berle, A. A. 37,59
Blake, R. R. 35
Blanchard, K. H. 22
blog 88
blue collar 257,260
borderless 159
borderless world 160
bottom-up management 92
bounded rationality 19
brain storming 257
brother system 192
bureaucracy 29
Burns, T. 46,98
business creation 52
business design 84
business ethics 31
business game 252
business model 85
business plan 253
business producer 84
business risk 85
Business School 191

C

CAD (computer aided design) 32
CAM (computer aided manufacturing) 32
capability 39
career 200
career anchor 200
career development program (CDP) 201
career path 202
career pattern 202
career stage 202
career woman 200
carve out 26
case method 40,199
CEO (chief executive officer) 51,237
Certification Test for Housing Environment Coordinator for Elderly and Disabled People 255
challenged 243
Champy, J. 101
CI 184
CLO (chief learning officer) 237
coevolution 33
cognitive behavior therapy 248
cognitive science 79
Cohen, M. D. 45
Coleman, J. S. 55
collaboration 46
collective bargaining 242
combination 63,71
commitment 45
Commons, J. R. 41
community business 46
company union (in house union) 131
competitive advantage 34
complex man model 87
compliance 47
conceptual skill 215
concurrent engineering (CE) 46
conflict 47
conglomerate 46
contingency 35
contingency theory 98
contingent worker 215
convention business 47
conventional alliances 17
COO (chief operating officer) 52
core competence 41,53
corporate culture 31
corporate goals 31
corporate objective 31
corporate reputation 44
corporate social responsibility (CSR) 55

cost of capital, capital cost 55
counseling 195
creativity development 238
crisis control 35
crisis management 35
critical mass 158
CRM 58
cross license 132
cross-cultural communication 122
cross-cultural education 122
cross-cultural interface 122
cross-cultural synergy 122
CSR (Corporate Social Responsibility) 51, 71, 147
culture-free 128
culture-shock 128
customer creation 43
customer retention 43
customer satisfaction 43

D

Davis, D. 87
day off 203
de facto standard 43, 151
de facto working hours 261
de jure standard 133, 151
Deal, T. E. 60
Deci, E. L. 221
decision-making theory 19
Deming, W. E. 151
deregulation 31
descriptive science 31
Dewey, J. 266
Dickson, W. J. 79
differentiation 105
digital economy 73
disclosure 73
distance education 191
diversification 68
diversity management 68

domain 76
Drucker, P. F. 29, 43, 76, 80, 153, 217, 242, 262
DSS (decision support system) 23
dual ladder 246

E

early career 202
EDI (electronic data interchange) 19
EI (emotional intelligence) 239
e-Learning 187
empirical science 38
employability 124
employment at will 192
employment satisfaction (ES) 56
empowerment 191
emprical science 32
entrepreneur 29
entrepreneurship 29, 199
EPA 122
EPRG 121
EQ (emotional quotient) 239
equal employment opportunity law between men and women 70
ergonomics 79
ethnocentric 124
EU (European Union) 123, 213
excellent company 21
executive job ratio of women 230
executive secretary 189
exit barriers 74
exit, voice and loyalty 189
expatriate 124
expectancy theory 32
experience curve 39
expert system 20
export of technique 131
externalization 63, 71

F

fabless 86
family business 86

family firm 86
Fayol, J. H. 82, 86, 165
FD (faculty development) 190, 240
flat organization 87
Follett, M. P. 231
foreign labor 194
formal organization 42
401K 99
4P 99
FP 254
Frederick, W. C. 31
Friedman, M. 55
FTA (Free Trade Agreement) 124
function 227

G

garbage can model 45
gatekeeper 40
GATT 148
gender empowerment measure 219
generalist 235
Gilbreth, F. B. 25
global standard 133
Global Village 134
globalization 36
glocalization 37
going concern 41
gray knight 92
green marketing 35
Greenleaf, R. K. 49
group dynamics 36
groupthink 206
Gutenberg, E. 34
Gysberg, N. 200

H

Hamel, G. 34, 41
Hamer, M. 101
Hawthorne Experiment 91
Hay system 258
Hersy, P. 22
Herzberg, F. 74, 82, 230
Heskett, J. L. 31
high performer 251
Hirschman, A. O. 189
home leave 203
homeostasis 92

Hoph, H. A. 25
horizontal integration **61**
hospitality **91**
HPI (high potential individual) 238, 262
HRM (Human Resource Management) **190**
human engineering **79**
human skill 215
hybrid management **157**

I

IAS (international accounting standards) **137**
IC tag **15**
ICT (information and communication technology) 15, 37, 192
identity **183**
IE 46
IHRM (international human resource management) **138**
import substitution **163**
in-basket method **188**
incentive wages **249**
incremental innovation **20**
inductive principle **32**
industry-academics cooperation **50**
informal organization **84**
information & communication technology 15
information literacy **226**
innovation **19**
institutional investor **29**
instructor **187**
integration 105
intercultural communication training **121**
interdisciplinary approach **25**
internalization 63, 71
international division **126**
international marketing **140**
international organization for standardization 119
international technological alliance **138**
internationalization 36
internet business **20**
intranet **20**
intrapreneur **187**
intrinsic motivation **78**
invisible assets **94**
invisible college **188**
IPA 221
IPC (international procurement center) **139**
IR (investor relations) **15**
ISO 43, 119, 133
ISO14000 86
ISO9000 86
IT (information technology) **15**, 37, 46, 192

J

Janis, I. L. 206
Japanization **143**
JIT (just-in-time) **142**
job **228**, 229
job description 228
job hopping **144**
job shadowing **230**
joint venture **137**
JST (Japan Science and Technology Agency) **219**
Jung, C.G. 220

K

kaizen **127**
Katz, R. L. 215
Kennedy, A. A. 60
knowledge capitalism 91
Koontz, H. 25, 87
Kotler, P. 78
Kotter, J. P. 31
Kram, K. E. 262
Kuehl, C. R. 215

L

labor scheduling **268**
Lambing, P. A. 215
late career 202
Lawler, E. E. III 32
Lawrence, P. R. and Lorsch, J. W. **105**
lay off **165**
LBO (Leveraged Buyout) **22**
leadership 66, **102**
leadership development program **267**
lean production **103**
learning by doing 26, **266**
learning through work experience **222**
Lengrand, P. 225
Lewin, K. 16, 36, 197
Liaison Office **266**
licensing **164**
Likert, R. 53, **102**
Lilienthal, D. E. 148
linking pin **104**
local content 136, **166**
local procurement **136**
localization 36, **136**
logistics **105**
lower management 76

M

M&A (merger & acquisition) **22**, 90, 122
macro organization theory **93**
management of trust **60**
managerial man 39
managerial woman **261**
March, J. G. 34, 45, 48
marketing **93**
marketing mix **93**
Maslow, A. H. 74, 93, 220
Mayo, G. E. 17, 25, 79, 84, 91, **95**, 223
MBA **190**
MBO (management by objectives) 73, 205, 233, **262**
McCall, M. M. Jr. 267
McCarthy, E. J. 99
McGregor, D. 74, 146, 189, 217, 262
Means, G.C. 37, 59

mécénat **96**
meeting industry 47
megacompetition 162
mental health 262
mentor 262
mentoring 262
merit rating 233
metaphor 96
Metcalfe's Law 80
micro-organizational theory 94
mid career 202
middle management 76,95
Mintzberg, H. 16,38,**95**
model of economic man 39
moral hazard 97
morale survey 223
MOT (management of technology) 190
motivation 66
Mouton, J. S. 35
MTP (management training program) 190
multinational enterprise 148
multinationalization 36

N

needs 37
network externality 79
network relations 80
new product development 60
new public management 33
NGO (non-governmental organization) 22,133
niche strategy 78
normative science 32
Not in Education, Employment, or Training 248
NPO (non-profit organization) 22,42,54,59,66, 75,85,217
NTB (non-tariff barriers) 158

O

OA 23,233
OD 65
OEM (original equipment manufacturing/manufacture) 125
office automation 23
Off-JT 144,**192**,198,209,220,228
offshore production 125
OJT (On the Job Training) 144,153,186,**192**, 198,209,220,228,231,267
Olsen, J. P. 45
OR (operations research) 19,**23**
organization development 65
organization man model 66
organization theory 93
organizational behaviour 93
organizational capabilities 53
organizational learning 65
OS (Operating System) 66
outplacement 119
outside motivation 25
outsourcing 184

P

paradigm shift 83
Parasite Single 83
Parsons, F. 201
part-timer 251
path-goal theory 251
Pauli, G. 64
pay increase 226
pay raise 226
PB 127
PDCA 211
Peattie, K. 35
performance rating 233
performance-based salary 249
Perlmutter, H. V. 121
personality 66

PERT 24
Peter, L. 220
Peters, T. J. 21
PFI (private finance initiative) 84
philanthropy 30,**87**
place 93,99
PLC (product life cycle) 158
Polanyi, M. 18
Porter, L. W. 32
Porter, M. E. 26,44,49,74, **91**,137
position 227,229
positive action 259
Prahalad, C.K. 34,41
pre-retirement education programs (PREP) 240
price 93,99
Prigogine, I. 99
process 99
product 93,99
product innovation 88
professional 257
professional manager 64
professional school 258
project innovation 88
project management 88
project team 88
promotion 93,99
pure risk 102
Putnam, R. 55

Q

quality control 85
quality control circle 203
quality management 85
QWL (quality of working life) 223

R

R&D (Research & Development) 17
radical innovation 101
real hazard 97
realistic job preview 185
recess 203

recruiter 267
regiocentric 165
regional headquarters 149
relearning 65
resource based approach 52
resource based view 52
responsibility 227
restructuring 102,140
Revans, R. W. 184
risk 101
risk hedge 102
Robinson, R. D. 166
Roethlisberger, F.J. 17,79,91
Rogers, C. R. 235
ROI 121
role conflict 264
role playing 270

S

sabbatical 217
safety education 185
satellite office 217
scenario planning 54
Schein, E. H. 31,87,200,222
Schleh, E. C. 262
Schmalenbach, E. 57
Schmitt, B. H. 39
School of Administration and Information 207
Schumpeter, J. A. 29,131
scientific management 25
SCM (supply chain management) 49,58
SD (staff development) 190
SE (system engineer) 189
SECI 71
second career 234
second schools 235
secretary 253
sectionalism 63
security management 63
self competence 221
self-organization 53

semantic noise 40
servant leadership 49
service management 49
sexual harassment 235
Simon, H.A. 17,19,28,34,41,**48**,53,54,83
simplification 50
skill 224
Sloan, A. P. Jr. 103
small business innovation research(SBIR) 71
social capital 55
social skill 239
socialization 63,71
software 66
SOHO (small office home office) 66,74,119,216
SPA 22
specialist 234
specialization 50
speculative risk 102
SQC 151
ST (Sensitivity Training) 197
stakeholder 61
Stalker, G. M. 46,98
standardization 50
starting up activities overseas 126
statistical quality control 151
stereotype 61
stock option 61
strategic alliance 17,64
strategic business unit 64
stress management 62
succession plan 216
Super, D. 200
supported employment 191
sustainable development 57
SWOT 237
symbiosis 33
symbolic manager 60
synergy effect 54
systems administrator 221
systems approach 53

T

task force 88
Taylor, F.W. 25,79,82,86
team innovation 242
technical skill 215
technique and art 28
technology transfer 131
telecommute 246
telework 74
theme park 74
theory of games 40
theory-Z 146
third party logistics (3PL) 49
TLO (technology licensing organization) 50,72
TOB 73,92
top management 76
top-down management 76
total quality control 151
Toyota Production System, TPS 152
TPS 69,142
TQM (total quality management) 85,150,151
traceability 77
trade association 33
TTP (temporary to permanent) 225
turn around manager 69
TWI (Training Within Industry) 198,245

U

ubiquitous 98
uncertainty 101
UNDP 219
unlearning 65
Urwick, L.F. 87

V

value chain 26
value of the firm 29
venture capital 89
Vernon, R. 123,163
vertical integration 61
visionary company 85

Vroom, V. H. 32

W

wage profile **244**
Wagner Act 224
Wanous, J. P. 185
wants 37
Waterman, R. H. 21
weblog 88
Weiser, M. 98
Welch, J. 64
welfare management **87**
whistle-blower system **90**
white collar **260**
white knight **92**
Whyte, W. H. Jr. 66
WIPO 150
Womack, J. P. 103
work sharing **167**
world trade organization **148**

Z

zero emission **63**
zone of indifference **95**

経営教育事典

2006年6月20日　第一版第一刷発行

編集者　日本経営教育学会
　　　　25周年記念編纂委員会

発行者　田中　千津子

発行所　株式会社　学文社

〒153-0064　東京都目黒区下目黒3-6-1
電話 (3715)1501代・振替00130-9-98842

Ⓒ 2006 NAME Printed in Japan
(乱丁・落丁の場合は本社でお取替えします)　検印省略
(定価は売上カード，カバーに表示)　印刷／新灯印刷
ISBN 4-7620-1565-2

経営教育研究　　日本経営教育学会編　（A5判　上製）

Vol.1　大競争時代の日本の経営　159頁　定価2100円
森本三男・藤芳誠一・工藤秀幸・村山元英・鎌田篤造・西澤脩・関口功・河口弘雄・戸田昭直

Vol.2　日本企業の多様化する経営課題　172頁　定価2100円
鈴木哲夫・芳川順一・井沢良智・根本孝・柳下孝義・吉野有助・山中伸彦・佐伯雅哉・立川丈夫

Vol.3　21世紀の経営教育　174頁　定価2100円
花房正義・河野大機・小川英次・小林惟司・菊池敏夫・小椋康宏・稲山耕司・酒井一郎・池田玲子・川口恵一・権藤説子・齊藤毅憲・佐々徹

Vol.4　経営の新課題と人材育成　182頁　定価2100円
河野重榮・佐伯雅哉・牧野勝都・山崎和邦・中村公一・鈴木岩行・古市承治・西田芳克

Vol.5　新企業体制と経営者育成　208頁　定価2100円
辻村宏和・柿崎洋一・小島大徳・林志鴻・大平修司・郭智雄・嶋根政充・金雅美・加藤里美・田中利佳

Vol.6　経営実践と経営教育理論　208頁　定価2100円
小椋康宏・辻村宏和・佐伯雅哉・原口恭彦・八杉哲・松本健児・作野誠・小島大徳・徐陽

Vol.7　企業経営のフロンティア　180頁　定価2100円
齊藤毅憲・小嶌正稔・宮下清・青木崇・石毛昭範・小野瀬拡・金在淑・高子原

Vol.8　MOTと21世紀の経営課題　320頁　定価2993円
吉川智教・近藤修司・巽龍雄・西岡久継・中村久人・杉田あけみ・金雅美・佐伯雅哉・石毛昭範・尹卿烈・呉淑儀・青木崇・内田純一・辻村宏和・酒井一郎

Vol.9　経営教育と経営の新課題　232頁　定価2415円
川端大二・井之川義明・井上善海・辻村宏和・室敬之・奥居正樹・呉淑儀・小島大徳・市古勲・當間政義・周学業